商业物业的物业服务与经营

戴玉林 主 编
王穗玲 汪启东 副主编

化学工业出版社

·北 京·

本书主要阐述目前几种常见商业物业（如写字楼物业、商场物业等）的物业服务与经营管理。为了使学习者能系统地学习和掌握各章内容，附录了一些相关范例，力求将理论阐述与操作实务相结合，在编写过程中考虑到我国商业物业服务发展的现实需要，在侧重于对未来商业物业服务发展宏观态势的分析与把握的基础上，总结了以前商业物业服务理论研究的成果，兼顾实际操作技能的培养，力求做到充分体现系统、全面、创新、实用的特色。

本书为高等院校的本科、高职高专等层次的物业管理专业教学用书，也可作为商业物业服务企业培训的教材和从业人员的工作参考书，还可作为成人教育、函授、自学考试和广大有志从事商业物业服务工作的人员自学用书。

图书在版编目（CIP）数据

商业物业的物业服务与经营/戴玉林主编．—北京：化学工业出版社，2010.1（2023.7重印）
ISBN 978-7-122-07384-6

Ⅰ．商⋯ Ⅱ．戴⋯ Ⅲ．商业管理：物业管理 Ⅳ．F293.33

中国版本图书馆 CIP 数据核字（2009）第 233169 号

责任编辑：王文峡　　　　　　　　　　　文字编辑：贺婷婷
责任校对：陈　静　　　　　　　　　　　装帧设计：尹琳琳

出版发行：化学工业出版社（北京市东城区青年湖南街 13 号　邮政编码 100011）
印　　装：北京科印技术咨询服务有限公司数码印刷分部
787mm×1092mm　1/16　印张 15　字数 386 千字　2023 年 7 月北京第 1 版第 9 次印刷

购书咨询：010-64518888　　　　售后服务：010-64518899
网　　址：http://www.cip.com.cn
凡购买本书，如有缺损质量问题，本社销售中心负责调换。

定　　价：39.00元　　　　　　　　　　　　　　　　　　　版权所有　违者必究

前　　言

随着我国商业物业的蓬勃发展，商业物业已经逐渐进入了繁荣时期，不少大城市商业物业红火经营。同时，大型商业项目像北京东方新天地广场、广州天河城、深圳中信城市广场及上海新天地等成功经营的案例，为许多商业房地产开发商提供了复制的动力和获得高额利润的想象空间，也不失时机地成为各地开发商开发商业物业的催化剂。然而，近几年来的实践证明，商业物业的开发经营并非易事，不少开发商虽然摸着石头过河，可还是呛了不少水，得到的结果是多数商铺销售成功，而项目经营失败。分析其原因，主要是开发商重视商铺销售，忽略项目的商业运营管理所致。为了适应新形势下商业物业服务对专业人才和专业知识需求的急剧增长以及商业物业服务从业人员的实际需要，本书作者立足于目前我国商业物业发展的现实需要，吸收了国内外商业物业运营管理的先进思想和实践经验，秉持"求实创新，兼容并蓄"的精神，撰写了这本专业教材，旨在为广大商业物业服务的从业人员以及对商业物业服务充满激情的学习者提供一本理论性和实践性兼备的专业教材。

本书共十章，内容包括商业物业的物业服务概述、写字楼物业的物业服务与经营、商场物业的物业服务与经营、零售物业的物业服务与经营、酒店物业的物业服务与经营、会所物业的物业服务与经营、会展物业的物业服务与经营、工业园区物业的物业服务与经营、医院物业的物业服务与经营以及其他物业的物业服务。为了学习者能系统地学习和掌握各章内容，本书附录了一些相关典型范例，力求将理论阐述与操作实务相结合，既考虑到我国商业物业服务发展的现实需要，又注重对未来商业物业服务发展宏观态势的分析与把握；既系统总结了以前商业物业服务理论的研究成果，又兼顾实际操作技能的培养，做到充分体现系统、全面、创新、实用的特色。本书既可作为高等院校的本科、高职高专等层次的物业管理专业教学用书，又可作为商业物业服务企业培训的教材、从业人员的工作参考书，还可作为成人教育、函授、自学考试和广大有志从事商业物业服务工作的人员的自学用书。

本书由戴玉林担任主编，王穗玲、汪启东担任副主编。全书共十章，其中第一、四、八、九章由广州城建职业学院（原广州大学城建学院）戴玉林老师编写，第五章由广州致诚物业管理服务有限公司王穗玲总经理编写，第七章和第十章由广西北海市久源房地产开发有限公司深海花园物业公司项目经理戴森林编写，第六章由曾在香港合和集团等公司工作过的郭小平先生编写，第二、三章由曾在香港和记黄埔、广东中奥物业服务有限公司、广州新世界物业服务有限公司等公司从事多年物业服务工作的汪启东先生编写。全书由戴玉林编写大纲、统稿、定稿。

本书在编写过程中，参阅了大量的相关著作及论文等文献资料，并将引用的资料列于书后的参考文献，如有遗漏，恳请谅解。在此向参考文献中的所有编、著作者对本书提供的大力帮助，本书在撰写过程中，还得到了化学工业出版社的大力支持与帮助，正是各位的帮助使得本书得以顺利出版，在此一并表示真挚的谢意！

由于编者理论水平、实操能力的限制，本书难免存在不足之处，恳请业界专家、同仁和读者批评指正，使本书不断得到完善！

编者
二〇〇九年九月于广州

目　　录

第一章　商业物业的物业服务概述 —— 1
第一节　商业物业的定义、特点与类型 …… 1
一、商业物业的定义 …… 1
二、商业物业的属性与特点 …… 2
三、商业物业的类型 …… 3
第二节　商业物业的物业服务模式 …… 4
一、自建自管 …… 4
二、自营与专业物业服务相结合 …… 4
三、委托经营 …… 4
第三节　商业物业的物业服务特点与内容 …… 5
一、商业物业的物业服务特点 …… 5
二、商业物业的物业服务要求 …… 5
三、商业物业的物业服务基本内容 …… 6
【思考题】 …… 7

第二章　写字楼物业的物业服务与经营 —— 8
第一节　写字楼物业概述 …… 8
一、写字楼的概念 …… 8
二、写字楼物业的类型 …… 8
三、写字楼物业的特点 …… 13
第二节　写字楼物业的物业服务方式与目标 …… 13
一、写字楼物业的服务方式 …… 13
二、写字楼物业的物业服务目标 …… 14
第三节　写字楼物业的物业服务内容 …… 15
一、写字楼前期物业服务内容 …… 15
二、营销租售管理 …… 15
三、写字楼日常物业服务的内容 …… 21
第四节　写字楼物业的安全服务 …… 24
一、写字楼物业安全服务的重点 …… 24
二、写字楼物业安全服务部组织机构 …… 24
三、写字楼物业安全服务工作规程 …… 24
第五节　写字楼物业的风险管理 …… 32
一、写字楼物业的风险管理概述 …… 32

二、写字楼物业的风险应对策略 …………………………………… 33
　【思考题】 ……………………………………………………………… 34

第三章　商场物业的物业服务与经营 ——————————————— 35
　第一节　商场物业概述 ……………………………………………………… 35
　　一、商场物业的概念 ……………………………………………… 35
　　二、商场物业的类型 ……………………………………………… 35
　　三、商场物业的特点 ……………………………………………… 37
　第二节　商场物业的物业服务特点与内容 ……………………………… 37
　　一、商场物业的物业管理要求 …………………………………… 37
　　二、商场物业的物业服务基本内容 ……………………………… 37
　　三、商场物业的物业服务重点 …………………………………… 43
　第三节　商场物业的招商管理 …………………………………………… 43
　　一、商业物业招商的特点 ………………………………………… 43
　　二、招商部门的组织结构 ………………………………………… 45
　　三、招商的基本原则与渠道 ……………………………………… 46
　　四、招商营销管理 ………………………………………………… 49
　　五、招商合同 ……………………………………………………… 51
　第四节　商场物业的安全服务 …………………………………………… 55
　　一、商场物业的安全服务特性分析 ……………………………… 55
　　二、商场物业的安全服务组织机构 ……………………………… 57
　　三、商场物业的安全服务规程 …………………………………… 57
　【思考题】 ……………………………………………………………… 61

第四章　零售物业的物业服务与经营 ——————————————— 62
　第一节　零售物业的物业服务概述 ……………………………………… 62
　　一、零售业的发展历程 …………………………………………… 62
　　二、中国零售业现状及发展趋势分析 …………………………… 63
　　三、零售商业物业的定义与分类 ………………………………… 68
　　四、零售商业物业的物业服务与经营内容 ……………………… 69
　　五、零售商业物业的物业服务与经营类型 ……………………… 70
　第二节　零售商业物业的租赁管理 ……………………………………… 71
　　一、租户选择 ……………………………………………………… 71
　　二、租金确定与调整 ……………………………………………… 73
　　三、租约制定 ……………………………………………………… 74
　第三节　零售商业物业的现场管理 ……………………………………… 75

一、策略与计划 …………………………………………………… 75
　　二、管理范围 ……………………………………………………… 78
　　三、管理目标 ……………………………………………………… 79
　第四节　零售商业物业的风险管理和安全服务 ……………………… 79
　　一、零售商业物业的风险管理 …………………………………… 79
　　二、零售商业物业的安全服务 …………………………………… 81
　第五节　典型零售商业物业的物业服务与经营 ……………………… 82
　　一、购物中心的物业服务与经营 ………………………………… 82
　　二、大型百货商店的物业服务 …………………………………… 92
　　三、商业街物业的物业服务与经营 ……………………………… 93
　【思考题】……………………………………………………………… 100

第五章　酒店物业的物业服务与经营 ——————————————— 101
　第一节　酒店物业概述 ………………………………………………… 101
　　一、酒店的定义 …………………………………………………… 101
　　二、酒店物业的分类 ……………………………………………… 101
　　三、酒店的星级标准和级别 ……………………………………… 103
　第二节　酒店物业的物业服务与经营 ………………………………… 103
　　一、酒店物业物业服务与经营的模式 …………………………… 103
　　二、酒店物业的物业服务与经营要求和重点 …………………… 105
　　三、酒店物业的物业服务与经营内容 …………………………… 106
　第三节　酒店物业的设备管理 ………………………………………… 110
　　一、设备管理制度 ………………………………………………… 110
　　二、设备的使用管理 ……………………………………………… 111
　　三、设备的维护保养管理 ………………………………………… 113
　第四节　酒店物业的安全服务 ………………………………………… 115
　　一、酒店物业安全服务内容 ……………………………………… 115
　　二、酒店物业安全服务工作要求 ………………………………… 116
　　三、酒店物业安全服务制度 ……………………………………… 116
　　四、酒店物业安全服务人员的工作职责 ………………………… 117
　第五节　酒店物业的保洁管理 ………………………………………… 119
　　一、酒店物业保洁工作特点 ……………………………………… 119
　　二、酒店物业保洁管理基本原则与要求 ………………………… 120
　　三、酒店物业保洁管理内容 ……………………………………… 120
　　四、酒店物业保洁管理方法与措施 ……………………………… 123
　【思考题】……………………………………………………………… 126

第六章　会所物业的物业服务与经营 —— 127

第一节　会所概述 …… 127
　一、会所的定义 …… 127
　二、会所物业的类型 …… 127
　三、会所物业的定位 …… 128
　四、会所物业的设计与布局 …… 129
　五、会所物业的经营项目 …… 130

第二节　会所物业的物业服务与经营原则和方式 …… 134
　一、会所物业的物业服务原则 …… 134
　二、会所物业的经营方式 …… 134

第三节　会所物业的物业服务与经营内容 …… 135
　一、前期介入阶段的管理 …… 135
　二、日常阶段管理内容 …… 135
　三、会所物业的服务管理要求 …… 136
　四、会所物业服务岗位职责 …… 138
　五、会所物业项目服务程序 …… 141
　六、会所物业服务人员的礼仪要求 …… 150
　七、会所物业的设施制度 …… 152

【思考题】 …… 153

第七章　会展物业的物业服务与经营 —— 154

第一节　会展业的概述 …… 154
　一、会展与会展经济 …… 154
　二、会展经济对城市发展的影响 …… 156
　三、我国会展业的发展现状 …… 157
　四、国内外会展业发展的特点 …… 158
　五、会展物业的类型 …… 159

第二节　会展物业的物业服务与经营内容 …… 160
　一、现代会展物业的特征 …… 160
　二、会展业物业服务与经营的特点 …… 161
　三、会展物业的物业服务与经营的内容 …… 162

第三节　会展物业的前期管理 …… 164
　一、会展物业的规划与设计管理 …… 164
　二、会展物业的建设管理 …… 167

第四节　会展物业的现场管理 …… 169
　一、会展物业的安全服务 …… 169

二、会展物业的现场组织管理 ……………………………………………… 171
　　三、会展物业的物流管理 …………………………………………………… 173
【思考题】 ……………………………………………………………………………… 176

第八章　工业园区物业的物业服务 —————————————————— 177

第一节　工业园区物业概述 ……………………………………………………… 177
　　一、工业园区的概念 ………………………………………………………… 177
　　二、工业园区物业服务的现状 ……………………………………………… 177
　　三、工业园区物业的类型 …………………………………………………… 178
　　四、工业园区物业的特点 …………………………………………………… 179

第二节　工业园区物业的物业服务特点与内容 ………………………………… 180
　　一、工业园区物业服务的概念 ……………………………………………… 180
　　二、工业园区物业的物业服务特点 ………………………………………… 180
　　三、工业园区物业的物业服务内容 ………………………………………… 181

第三节　工业园区物业的仓库管理 ……………………………………………… 183
　　一、仓库的定义 ……………………………………………………………… 183
　　二、仓库的分类 ……………………………………………………………… 183
　　三、仓库物业的物业服务内容 ……………………………………………… 184

第四节　工业园区物业的环境管理 ……………………………………………… 187
　　一、工业园区环境污染的防治 ……………………………………………… 187
　　二、环境绿化和保洁 ………………………………………………………… 188

第五节　工业园区物业的安全服务 ……………………………………………… 188
　　一、工业园区门岗安全服务运作规程 ……………………………………… 188
　　二、工业园区巡逻安全运作规程 …………………………………………… 189
　　三、工业园区进出车辆管理运作规程 ……………………………………… 189

【思考题】 ……………………………………………………………………………… 190

第九章　医院物业的物业服务 ———————————————————— 191

第一节　医院物业的概述 ………………………………………………………… 191
　　一、医院的概念、属性和特点 ……………………………………………… 191
　　二、医院物业的特点 ………………………………………………………… 192

第二节　医院物业的物业服务内容和要求 ……………………………………… 194
　　一、医院物业的物业服务基本内容 ………………………………………… 194
　　二、医院物业的物业服务要求 ……………………………………………… 196

第三节　医院物业的物业服务机构设置和职责 ………………………………… 198
　　一、医院物业的物业服务机构设置 ………………………………………… 198
　　二、岗位职能及机构配置 …………………………………………………… 199

三、职能运作基本方式和服务措施 …………………………… 200
第四节　医院物业的保洁服务 ————————————— 202
一、医院物业的保洁工作 …………………………………… 202
二、医院物业的消毒杀菌管理作用规程 …………………… 202
三、医院物业的保洁作业规程 ……………………………… 204
四、医用垃圾处理管理作业规程 …………………………… 215
第五节　医院物业的餐饮管理服务 —————————————— 215
一、饮食管理的特点和任务 ………………………………… 215
二、饮食社会化管理的方法 ………………………………… 216
三、餐饮管理服务的工作规程 ……………………………… 217
【思考题】 ……………………………………………………… 220

第十章　其他物业的物业服务 ——————————————— 221
第一节　其他物业概述 ——————————————————— 221
一、其他物业的主要类型 …………………………………… 221
二、其他物业的物业服务特点 ……………………………… 221
第二节　学校物业的物业服务特点与内容 ————————— 222
一、学校物业的物业服务特点 ……………………………… 222
二、学校物业的物业服务的内容 …………………………… 222
第三节　体育场馆物业的物业服务 ————————————— 224
一、体育场馆的物业特点 …………………………………… 224
二、体育场馆物业的运营特点 ……………………………… 225
三、体育场馆物业的物业服务内容 ………………………… 226
【思考题】 ……………………………………………………… 229

参考文献 ————————————————————————— 230

第一章 商业物业的物业服务概述

随着我国国民经济的发展和城市建设水平的提高，各种类型的商业物业迅速发展，商业物业服务作为物业服务的一个重要组成部分，其市场化、社会化的程度也比较高。商业物业有出租经营、确保最高回报率的目标，它们的设备设施比较先进、复杂，对专业物业服务的要求较高，要求管理者有系统的物业服务与经营理论、服务意识与操作技能，它最能反映现代物业服务的本质。

第一节 商业物业的定义、特点与类型

一、商业物业的定义

《辞海》对商业的定义是：商业是指连接工业同农业、城市同农村、生产和消费的桥梁和纽带；其职能是收购、销售、调拨和储存；其任务是为生产和消费服务。

西方学者是这样定义商业的：商业包括所有的交易形式，包含批发业、零售业、进出口贸易、转口贸易以及为进行交易而存在的一切服务业，如银行业、储运业、保险业及相关的中介服务等。在我国现行的统计指标体系中，"商业"被"批发零售贸易和餐饮业"所取代，进出口业和商业经纪代理业也包括其中。

商业和商务是有所区别的，有的人经常把办理商业事务的物业（即写字楼或办公楼）称为商务楼，并把兼有办公与居住功能的大楼称为商住楼。其实，二者的简称虽然都有一个"商"字，但此"商"非彼"商"，商业楼是进行买卖方式的商业行为的地方，如商店、商场、超市、购物中心等，而商务楼宇就是写字楼或办公楼。

从行业结构来看，商业类型有批发业、零售业、进出口业；从投资主体来看，商业类型由买卖型向外延伸为各类经纪代理和交易中介服务机构，如批发市场、商品交易所也被列入商业范畴。商业物业正是为商业流通、经济活动这种交易提供服务平台的物业，准确地说，商业物业就是指商业房地产开发商（或业主、租赁者）作为投资主体直接参与的、为生产和消费提供交易平台的商业场所。商业物业包括批发市场、零售市场、娱乐休闲消费市场、社区服务市场等商业场所；其内容包括策划、招商和日常营运管理；其任务是为生产者（或中间商）和消费者提供交易平台，并为企业获取未来不确定的收益。

目前，商业物业有两种说法，即广义和狭义之分。广义的商业物业是指用于商业用途或者具备商业功能的物业，它包含了购物中心、商业街、商场、写字楼、酒店、批发市场等。而狭义的商业物业是指用于商业服务的物业形式，主要有零售、批发、餐饮、娱乐、休闲等商业业态，它们在开发模式、经营模式和功能用途等方面都有别于住宅、公寓、写字楼、酒店等物业类型。所以说，商业物业包括各类商场、购物中心、购物广场及各种专业性的市场等，其中，集商业购物、餐饮、娱乐、金融等各种服务功能于一体的大型商场物业也称公共性的商业物业。

现在，世界各国城市的商业物业正向综合型、智能型等方面发展，如英国的米尔顿·凯恩斯购物中心。由于各国的城市用地紧张、昂贵，一些国家就开始兴建地下商业建筑，形成地下商业街，如日本的东京目前就已建成10多条地下商业街。

二、商业物业的属性与特点

（一）商业物业的属性

1. 经营性

商业物业具有经营性。业主或租户付出租金获得商业物业一定期限的经营权，其目的主要是通过商品的服务经营活动获取不确定的利润或进行商品展示。

2. 公众性

商业物业具有公众性。商业物业面向公众服务，为有需要的消费者提供服务。因此，商业物业原则上是向公众开放的，虽然也有一些商业企业制定了准入门槛，如麦德龙、山姆会员店等，但只要是会员的消费者，都可以进入店内消费。

（二）商业物业的特点

1. 商业用途精心规划、空间布局合理设计

随着我国经济的快速发展，商业的现代化水平也在不断提高，现在各大城市涌现了一大批商业物业。可以说商业物业和人们生产、生活关系十分密切，因此，对商业物业建设得是否合理化的要求也越来越高，对商业物业的布局、规模、功能、档次等方面都要求更加合理，更加适合经济发展的要求。所谓规划设计的合理，就是要合经济规律之理，合经济发展之理，合提高经济效益之理。商业物业的建设一定要与周围地区的人口、交通、购买力、消费结构、人口素质、文化背景等特点紧密联系起来，要因地制宜地规划设计方案，规模可大可小，功能宜多则多，宜少则少，档次宜高则高，宜低则低。即一切从商业物业的实际情况出发。

2. 建筑结构设计要新颖、别致，有特色

随着人们生活水平的提高，人们的购买习惯已发生了质的变化，都希望在舒适、高雅、方便、布置得富丽堂皇的气氛中无拘无束地购物，追求购物的享受和乐趣。因此，商业物业在设计时就要下工夫，务必求得新颖、奇特、别致，在外观上要突出商业物业的个性及地区特色，以给顾客留下较深的第一印象。对于商业物业的内部设计也要竭尽所能，进出口处都要有鲜明的标志，有条件的可以在内部配置一些像喷泉、瀑布、阳光走廊等小景点，而且内部装修颜色要协调，布局比例要恰到好处，令人赏心悦目、流连忘返。

3. 选址和规模要满足不同层次的需要

商业物业的设施要依据城市人口的数量、密集程度、顾客的多少，分散与集中兼备。在大城市中，由于常住的和流动的人口多，居民消费水平也高，因而所需要的商业、服务业的设施也就越多、越齐全，物业档次的要求也就越高。因此，高档的商店、高级餐厅等都要选在人口密集、流动人口量大的繁华闹市，有的可连在一起建成商业街、食品街或购物中心等。日用小百货店、一般的副食品商店或修理店就可以分设在各个居民区，以便就近服务。

4. 具有良好的商业氛围

商业物业的经营就是要吸引消费者。所以，商业物业首先要具备良好的地理位置和便利的交通条件，如是否有便捷的公共交通、足够的停车位，甚至免费接送车；其次，经营者还要利用市场聚集效应，如通过成行成市的商业布局来扩大有效商圈的辐射范围；最后，经营者还要利用户外广告、霓虹灯饰和巨幅门店招牌来营造营业气氛，吸引消费者的眼球。

5. 应保持良好的商业环境

良好的商业环境是提高物业收益率的保证之一。许多著名的商业中心和商业街，虽然经营的历史久远，但仍长盛不衰，除了其良好的商业信誉外，更为重要的原因之一就是其能不断地更新设施、设备，以保持消费环境的舒适，长期地吸引众多消费者前来购物消费。

6. 要具有较高的租赁比例

商业物业的价值是不能存储的，若一天没有租售出去实现收益，就会损失当天的价值。所以，很多商业物业的开发商或管理商把物业的全部或大部出租给中小商户进行经营活动，以收取租金作为投资收益。商业中心、批发市场、专业市场等商业物业绝大多数是出租铺位或摊位。很多开发商建成商业物业后，希望将所有商铺销售出去，而对商铺的租赁不予重视，这种做法的后遗症比较严重，容易因为物业产权的过度分散而无法实现统一管理，最终导致商业物业的经营失败。

三、商业物业的类型

根据第三产业的部门划分和商业物业的属性来划分，商业物业大致可分为以下四类。

（一）办公物业

指各种企事业机构用于从事办公、物业服务与经营的场所，又称为商务楼。商务楼是商品经济和社会专业分工发展的产物。当商品经济发展到一定水平，客观上就需要一种集中的办公场所，于是，商务楼就应运而生，并得到迅速发展。按照不同的角度，商务楼可以分为如下的不同类型。

（1）按建筑面积的大小　可以分为小型、中型和大型。

（2）按商务楼的功能　可分为单纯型、商住型和综合型。

（3）按大楼现代化程度　可分为智能化大楼和非智能化大楼。

（4）按建造等级和所处区位、收益能力等综合因素　可分为甲级写字楼、乙级写字楼、丙级写字楼。

（二）酒店物业

酒店一词是从英文"Hotel"译过来的。Hotel来自法文，原意是小旅馆，我国的称谓在古代为馆驿、客栈、驿站等。酒店是提供饮食产品及客房，各项设施与无形的服务效用的综合型产品与服务，从而获得利润的经济单位。酒店从古代简陋的小客栈发展到今天的"小社会"、"小城市"，完全反映了人类的经济和生活的发展变化，反映了人们的消费要求。人们的旅游动机无非有两大类，即公务和娱乐，而在酒店的类别中，也总是以这两者来区分的。因此，我们认为，酒店类别是为了人们的各种不同的旅游消费需要而出现的。

（三）商贸物业

商贸物业是为商品流通、销售而进行经济活动的场所，可以分为商场、会展、零售中心（购物中心）、批发市场（交易中心）和街区商铺等类型。

（四）娱乐休闲物业

主要指为人们提供娱乐休闲活动的场所。随着现代生活节奏的加快和激烈的社会竞争,在紧张工作之余,娱乐休闲已经成为都市人调节心理、恢复精力的重要手段。因此,该类物业近年在国内发展迅速,按照设施与功能,可分为综合性的娱乐休闲物业(社区会所、会员制俱乐部、主题公园)和专项性的娱乐休闲物业(舞厅、卡拉OK厅、保龄球馆等)。

第二节 商业物业的物业服务模式

一、自建自管

在商业物业中,有些开发建设单位投资兴建物业后,在即将竣工时则开始筹建班子,准备日后的物业服务与经营。凡适用于自建自管的物业,首先是开发建设单位本身是唯一的业主,物业中没有出售的部分。其次,也应该是以自用为主,只有部分出租。这样,就不会产生区分所有权的问题,没有共有部分,也甚少有共同事务。再次,该类物业需要自建自管,是因为它们的经营活动与管理服务的同步性极强,管理服务中的微小失误,都可能导致经营活动的损失,如在酒店中,服务员的粗心或保洁工的鲁莽,都可能使顾客中止消费。

所以,该类型的物业多为酒店物业,尤其对小型、低档次的酒店物业比较适用。而对于四星级或五星级的酒店,则最好按现代管理理论的要求,实行所有权与经营权分离,委托专业的酒店管理公司进行物业服务与经营。目前,国内外都有一批专门从事酒店管理的品牌公司,如美国的希尔顿酒店公司、假日酒店管理集团公司、喜来登酒店公司、香港的新世界酒店管理集团等,在管理国内一些星级酒店过程中都有良好的业绩。由香港新世界酒店管理集团管理的广州中国大酒店,是国内首批评定的五星级酒店,于1983年12月试营业,至1993年就完全偿还了外商投资的本息,经济效益居全国酒店之首。

二、自营与专业物业服务相结合

这种模式是由开发建设单位负责商业物业的出租经营和产权产籍管理,而聘请专业物业服务企业提供日常管理与服务。一些大机构投资兴建的商务楼常用这种模式,建成后部分楼层作为机构总部办公用,其余部分用于出租经营,但又对承租人的选择比较慎重。另外,有些零售中心和批发中心,开发建设单位掌握了较多的租赁客源,为降低出租经营成本,也采用这种方式。

三、委托经营

由开发建设单位把建成的商业物业委托物业服务企业,承担出租经营和日常管理服务工作。这种状况,主要是我国目前的物业服务企业,绝大部分为开发建设单位下属的子公司,物业建成后,开发建设单位"顺理成章"地交给子公司进行物业服务与经营。

这种模式要求受委托的物业服务企业有一定的商业物业服务经验,如果缺乏这种经验,一般都会在开业时聘请一些水平较高的专业物业服务企业担任顾问。

也有些开发建设单位把出租经营业务委托给房地产代理公司,这样,可以充分利用代理商的营销经验和租户网络,较快地完成物业租赁工作,取得较好的经济效益。

目前的商业物业,大部分都是委托经营型的,因此,研究该类型的物业服务,自然就成为商业物业服务的重点。商业物业服务工作中的每一部分,都应以满足当前的承租人需要和吸引新的承租人为中心。

第三节　商业物业的物业服务特点与内容

一、商业物业的物业服务特点

（一）要保持商业物业的美观、整洁、有序

商业物业不一定要像办公楼宇那样气派、雅致，而是追求热闹、休闲，往往在大空间、大间隔式的层面里显得商品琳琅满目，并一览无余，外墙上、商场内的广告往往铺天盖地，有的还在广场上建造了喷水池、室内摆设花卉，设置小瀑布或高大的人工绿树等，经营者为创立品牌做足了文章；商业物业的人流量和物流量较之其他物业来说大得多，因此，商业物业的服务、环境保护、广告管理、通道管理、咨询管理服务、车辆管理等要与之相适应，以保持商业物业的美观、整洁、有序。

（二）具有齐全、先进的设备、设施

商业物业尤其是豪华型商业物业的设备、设施配置齐全、先进，有的已属于智能化建筑。

（三）加强商业物业区域内的安全服务工作

商业物业的客流量不仅大，而且人员构成比较复杂，由于人们在进出商业物业时受到的限制较少，尤其是敞开式的商业购物中心，商品陈列四周，场地的安全服务工作就更加重要。同时，还要加强对易燃易爆商品的管理和清场后的商铺管理。

（四）要按照与经营者签订的契约实施物业服务

在对商业物业服务时，要和经营者签订管理委托合同，物业服务者必须按照合同的要求去做好每一项工作。同时还要为租户提供良好的服务和优良的经营环境。

二、商业物业的物业服务要求

商业物业依靠形体环境来显示企业实力，增大知名度，扩大影响力，设法把顾客引进来。因此，对于物业服务企业来说就要认真做好宣传广告活动，扩大商业场所的知名度和影响力，树立良好的商业企业形象和声誉，以吸引更多的消费者前去购物。具体地说，其物业服务要求有如下三点。

（一）商业物业应具有良好的形象

商业物业一般都沿街建造，对市容有很大的影响，既要符合社会的实用要求，又要符合社会的美学要求。为此，具有良好形体环境既是商业特色、是商界潜在的销售额，也是潜在的资产或无形的资产。具体要求如下。

1. 商业物业必须具有良好的形体环境和商业特色

商业物业的形体环境是指建筑群体的布局，建筑物，构筑物的造型、色彩并与雕塑、工艺美术、园林融合为和谐统一体，给人们创造出的一种舒适、安全、方便的购物环境。

每一个商场都具有自己鲜明的特色，这样才能吸引更多的顾客。而在管理上要突出一贯形象，使顾客熟悉、认识，印入脑海，潜移默化，产生联想。通过对具体形象、特征部分的认可，逐步达到强化认识、逐步接受的目的，这样可以帮助顾客克服记忆困难。

2. 商业物业的良好形象是潜在的销售额

公共商业物业的销售业绩，原则上应该和商场的知名度成正比例，因为，消费者对商场有认识，才可能产生好感和信赖感，并成为该店的顾客。同样的两家商店，知名度高的那一家一定优于知名度低的那一家，所以良好的形象可获得更高的潜在销售额。

3. 商业物业的良好形象是潜在的资产

企业的良好形象就是一种无形资产，当商业市场进入印象时代，消费者认可的店牌、品牌，则同样的商品在不同的商场，会具有不同的价值和效益。

（二）建立商业物业识别体系

企业识别系统是强化商业企业形象的一种重要方式，它包括：理念识别体系、视角识别体系和行为识别体系，三者互相推进、互相作用，能产生良好的商业效果。

企业识别系统是以改变企业形象、注入新鲜感、增强企业活力，从而吸引广大消费者的注意、提高销售业绩的一种经营手段。它的特点就是通过对企业的一切可视事务，即形象中的有形部分进行统筹设计、控制、传播，使商业物业的识别特征一贯化、统一化、标准化和专业化。具体做法是围绕商业物业周围的消费群体，以商业物业所特有的和专用的文字、图案、字体组合成的基本标志作为顾客和公众识别自己的特征。

（三）商业物业安全服务要求高

具体原因在于商业物业安全服务要求综合性强、服务性强，安全服务人员素质要求高。

1. 综合性强

一些大型的商业区、商住区，建筑物类型复杂、楼层高、楼幢多、功能各异、建筑面积大、进出口多，而且物业区内公司多、商场多、人流量大、人员复杂，这些就给制定和落实安全措施带来一定困难。同时，众多单位又各有各的管理部门，物业服务企业不可能过多地干预，只能同各单位、租户、业主的主管部门及派出所等密切合作、相互配合、积极参与，才能较好地完成管理工作。

2. 服务性强

物业服务企业的治安管理工作实质上就是服务，就是为用户提供安全服务，为保障商业区内员工、客户的人身和财产安全服务。因此，作为安全人员，一定要树立"服务第一、用户至上"的思想，既要有公安人员的警惕性，又要有服务人员的热诚；既要坚持原则，按制度办事，又要文明礼貌，乐于助人。

3. 安全服务人员素质要求高

作为一名安全服务人员，不但要有较高的思想品德，还要求知法、懂法和会用法；不仅要坚持原则，依法办事，还要讲究处理问题的方法和艺术。安全工作除了与违法犯罪分子作斗争外，更多的是与违反规章制度的群众打交道，治安人员一定要区分清楚，不同对待，以免处理不当，陷入被动。

三、商业物业的物业服务基本内容

商业物业的管理服务有许多同办公楼宇相同和相仿之处。但是，商业物业的物业服务还有许多特殊的内容，具体包括以下几点。

（一）楼宇与设备、设施的养护及维修管理

商业物业的设备、设施管理是非常重要的，除了对机电设备必须保障正常运转外，特别要保证在营业期间不发生突发性的停电故障，避免引起营业现场的混乱，甚至发生伤人事件。要把自动扶梯等的开关装置在顾客碰不到的地方。

（二）环境卫生及绿化管理

基本的保洁工作应安排在非营业时间，营业时间应避免使用长柄拖把，而宜用抹布擦拭，清场后必须把垃圾清理出现场，置放的绿化、盆栽要保持干净、鲜活，枯萎的要及时调换。

(三) 安全服务管理

中央监控室的值勤人员要以高度的责任心监督火灾报警装置和电视监控与录像工作，电视监控要对楼内与广场同时进行，要制定防止火灾、抢劫偷盗、流氓闹事等突发事件和恶性事件的应急预案并组织一定规模的演示。

(四) 广告管理

广告要执行广告法的有关规定，楼宇内外的广告牌、条幅、悬挂物、灯饰等由租户提出设计要求后，统一由物业服务企业制作、悬挂或由租户按物业服务企业的规定进行制作后悬挂在指定的位置，橱窗展示宣传要由物业服务企业统一规划以保持格调一致和富有特色，保持橱窗玻璃明亮，灯光及时开关。

(五) 装修管理

商业物业的装修十分频繁，要做到装修部位不会影响周围摊位的营业，在审批装修设计方案时，要密切注意温感器、烟感器、喷淋装置与送风方向的配置，在装修施工时还要密切注意这些设施是否被破坏，要提供装修咨询服务。

(六) 租赁管理

大型商场中有不少是采用柜台出租和层面出租管理方式的，负责租赁经营的物业服务企业要以良好的管理服务业绩来推动租赁业务，负责管理服务的物业服务企业同样要以良好的管理服务业绩来促进经营单位的租赁业务，物业服务企业的现场管理部门，如经营部要加强各类合同、契约的起草、协调，实施合、包、管工作。

【思考题】

1. 什么是商业物业？
2. 商业物业的特点有哪些？
3. 商业物业的物业服务模式有哪些？
4. 商业物业的物业服务内容有哪些？其特点是什么？

第二章 写字楼物业的物业服务与经营

第一节 写字楼物业概述

"写字楼"一词是由境外传入的，按照国内过去的习惯，通常称为"办公楼"，并主要作为所有权人的办公之用。随着第三产业的发展，人们对写字楼的需求逐年增加，写字楼的内涵、外延也更加丰富。因此，写字楼的管理与服务就更显得现实与迫切，许多物业服务企业将其管理与服务的指导思想，明确地定位为"以服务为宗旨、以经营为手段、以效益为目的"。

一、写字楼的概念

所谓写字楼是指供各种政府机构的行政管理人员和企事业的职员办理行政事务和从事业务活动的楼宇。

写字楼原意是指由办公用房、辅助用房和交通系统三部分组成的楼宇。

现代写字楼则是指楼宇具有比较现代化的设备，如有电脑控制的楼宇自动化系统、中央空调系统、通风设备、安全监控设备、自动给水滤水设备、消防自动报警设备、应急自备电力设备以及自动控制的高档电梯与升降机，而且环境优越、通信快捷、交通方便，有宽阔的停车场或地下车库相匹配。这种现代写字楼主要用作大公司或大企业从事各种业务活动的场所。

二、写字楼物业的类型

（一）写字楼物业发展历程

我国的写字楼物业发展经历了四个阶段，以深圳的写字楼发展为例，具体如下。

第一代写字楼一般是指计划经济体制下的行政办公楼，只能满足于基本办公功能。深圳第一代写字楼是20世纪80年代以深圳速度名贯全国的国贸大厦为代表，以及零散分布罗湖不同区域的写字楼，如房地产大厦、联兴大厦、深业大厦、晶都金融中心等。

第二代写字楼指的是外企进入中国，改革开放后获得开发建设的写字楼。这批写字楼除了满足功能需求之外，内部空间开始针对客户灵活分割，智能化水准有所提升。深圳第二代写字楼以出现于20世纪90年代初的深圳电子科技大厦、中银大厦为代表。

第三代写字楼在第二代的基础上开始考虑以客户的贴身需求为导向，加入绿色环保办公理念，提高舒适度，大大提高了智能化的水平。深圳第三代写字楼以20世纪末的地王大厦、赛格广场和江苏大厦为典型代表。

随着中国的入世，经济全球化的到来，第三代写字楼已经不能完全满足国际化商务办公的需要，在这种前提下，第四代写字楼的出现就顺理成章了。所谓第四代写字楼，即在第三代的功能基础上，强调以客户需求为中心，旨在提供低成本、高效率的商务平台，提倡人性化的沟通与交流，注重办公空间对企业文化和员工素质的培养和提高，引导智能化，强化绿色环保办公理念，从而达到国际化商务社区的标准。

和前三代写字楼相比，第四代写字楼具有以下几个特点。

(1) 目标客户明确　第四代写字楼瞄准各类跨国企业和外资企业以及有实力的国内大中型企业，在最大程度上满足使用者对办公舒适性和提升工作效率及效益的要求。

(2) 景观要求更高　国际上许多知名CBD或知名写字楼都是建在优美的自然景观附近的。除了自然景观，写字楼内的绿色景观也越来越受欢迎，有共享交流功能的楼内中庭式花园将成为日后写字楼发展的一种趋势。

(3) 更多商务空间　随着网络的普及，资源的共享成为提升工作效率的重要议题。故而办公环境的规划将突破传统的"办公室+公共走廊"的空间模式，从封闭及注重个人隐私逐渐走向开放和互动。第四代写字楼更大程度地提供给大家商务共享空间，使办公空间趋于模糊化，在倡导交流沟通的基础上提高工作效率，将工作融入休闲中，打造全新的办公方式。

(4) 提倡绿色环保　第四代写字楼不仅注重外部的环境景观，在内部的办公空间中也广泛引入立体绿色景观，形成健康环保的办公空间。此外，如何巧妙地将自然空气引入办公楼内也成为"后非典时期"写字楼客户非常关心的问题，因此目前正在规划中的大部分写字楼都已经将内部中庭花园和新风系统融进了设计当中。

(5) 高智能化　第四代写字楼的智能化程度达到了相当高的程度，并要求为将来的升级换代预留充足的升级空间，达到5A甲级标准将是最低的智能化标准，包括楼宇智能化、安防智能化、办公智能化等。

以上为一般写字楼的评定标准，伴随科技的进步和开发理念的成熟，写字楼的标准也将不断更新。

(二) 写字楼物业的类型

目前，我国写字楼物业分类尚无统一的标准，专业人员主要依照其所处的位置、规模、功能进行分类。

1. 按建筑面积分类

按建筑面积大小，可以分为四种。

(1) 小型写字楼　建筑面积一般在1万平方米以下。

(2) 中型写字楼　建筑面积一般在1万~3万平方米。

(3) 大型写字楼　建筑面积一般在3万平方米以上。

(4) 超大型写字楼　建筑面积一般在十几万甚至几百万平方米以上。例如，美国芝加哥市于2004年建成使用的南迪波恩大厦，高达609.75米，整个建筑共有108层，其中最高的13个层面为数字电视设备楼，32个层面为办公区，40个层面为公寓套房，11个层面为停车场，其余是购物及商务区。

2. 按功能分类

按写字楼的功能划分，可以分为三种。

(1) 单纯型写字楼　是指其基本上只有办公一种功能，而没有其他功能。

(2) 商住型写字楼　是指既能提供办公，同时又能提供宿舍的写字楼。

(3) 综合型写字楼　是指以办公为主，同时又具备其他多种功能，如公寓、商场、展厅、餐厅等多功能的综合型楼宇。

3. 按现代化程度分类

按照现代化程度划分，可以分为两种。

(1) 非智能型写字楼　指一般的写字楼。

(2) 智能型写字楼　指具有高度自动化功能的大楼，简称"5A"或"3A"智能化。"5A"是指OA（办公智能化）、BA（楼宇自动化）、CA（通信传输智能化）、FA（消防智能化）、SA（安保智能化）；3A，即OA、BA、CA，FA和SA包含在了BA中，近几年随着高科技智能控制系统在写字楼领域的广泛应用，楼宇控制、消防、安保的智能化程度越来越高，并成为独立的控制子系统，发展成为今天的"5A"。"5A"标准是目前较流行的评定方式，但"5A"概念有两种评定方式：一种狭义的，针对智能化硬件方面，包括OA、BA、CA、FA、SA；一种广义的，指综合"A"级评定标准，包括以下五项。

① 楼宇品牌标准：A级。写字楼是一个城市创造文化与财富的特定空间，写字楼的品牌形成，需要产品的差异化特征、商务文化特征、服务经营理念、地域标志性物业和城市历史记忆。从一定意义上说，处于"生产链条最高级"的写字楼的发展脉络，折射出了一个城市的发展历程和特性。因此，成为城市商务区地标性建筑的写字楼，其品牌要与城市有极大的关联性，对城市的未来发展具备重要的价值。因此，具备较大的区域影响力、能与城市品牌和谐统一的写字楼品牌可评定为楼宇品牌标准A级。

② 地理位置标准：A级。地理位置是投资和购买写字楼的关键要素之一。只有区位在城市现有或潜在商务区、地段良好、具有较高投资价值的写字楼才能获得地理位置标准A级。

③ 客户层次标准：A级。客户层次指的是入驻写字楼的业主或租户层次。大多数写字楼客户都有择邻而居的心理，因此一个写字楼的客户层次通常是趋同的。同时，客户层次的高低也直接影响了新的业主或租户的投资决策，因为较高的客户层次对他们的公司形象有较好的提升作用。

④ 服务品质标准：A级。服务品质一方面体现在高效的物业服务上，另一方面体现在对入住企业的专业化商务服务上。两者俱佳，将认为其具备服务品质A级标准。

⑤ 硬件设施标准：A级。主要考核建筑设计和建筑功能的创新。以及其所用的建筑技术、标准层高、标准承重、弱电系统、新风系统，以及电梯、智能等。在上述方面如果有两项以上不能达到优良，则不能获得硬件设施标准A级。

4. 按综合素质划分

按国际惯例，按写字楼综合质素不同，可划分为甲、乙、丙三个等级。

(1) 甲级写字楼　"甲级写字楼"是一种通行叫法，是外资发展商开发涉外写字楼过程中，逐步引进并流行起来的词汇。所谓甲级写字楼主要是参照了四星级酒店或五星级酒店的评级标准，是房地产业内的一种习惯称谓，是指具有优越的地理位置和交通环境，建筑物的自然状况良好，建筑质量达到或超过有关建筑条例或规范的要求；其收益能力与新近建成的写字楼相近；有完善的物业服务，包括24小时的维护维修与安全服务。

(2) 乙级写字楼　是指具有良好的地理位置，建筑物的自然状况良好，建筑质量达到有关建筑条例或规范的要求，但建筑物的功能不是最先进的，有自然磨损存在，收益能力低于新建落成的同类建筑物。

(3) 丙级写字楼　是指物业的使用年限已较长，建筑物在某些方面不能满足新的建筑条例或规范的要求；建筑物存在较明显的物理磨损或功能陈旧，但仍能满足低收入承租人的需求，因租金较低，尚可保持一个合理的出租率。

5. 按高档程度分类

按写字楼的高档程度划分，可分为高档物业（甲级写字楼）、中档物业（乙级写字楼）、低档物业（丙级写字楼）。而高档物业又可细分为两个部分：顶级和甲级写字楼。顶级写字楼与国际写字楼标准相符，甲级是按照本地市场现行标准划分的。由于写字楼物业在不同的市场各不相同，写字楼的分类标准通常是基于每个市场上的相对质量，如在一些小城市还没有顶级写字楼与国际写字楼。对于超大城市（如北京、上海、深圳）在办公物业划分时除一般要考虑楼宇品质外，还要充分考虑城市交通和城市规划（CBD布局）的因素，具体来说，写字楼物业等级和等级标准也可作如下的划分和界定。

（1）顶级物业（国际写字楼）

① 楼宇品质：建筑物的物理状况和品质均是一流，建筑质量达到或超过有关建筑条例或规范的要求；建筑物具有灵活的平面布局和高使用率，达到70%的使用率；楼层面积大，大堂和走道宽敞，从垫高地板到悬挂顶棚的净高度不少于2.6米。

A. 装饰标准：外立面采用高档次的国际化外装修如大理石外墙和玻璃幕墙，采用进口高标准的大理石、铝板、玻璃幕墙等材料；有宽敞的大理石大堂和走廊；公共部分的地面应为大理石、花岗岩、高级地砖或铺高级地毯，墙面应为大理石或高级墙纸或高级漆，应有吊顶，电梯间应为不锈钢、大理石贴面；卫生间安置进口名牌洁具，如科马、科勒、美标、TOTO等。

B. 配套设施：应有配套商务、生活设施，如会议室、邮局、银行、票务中心、员工餐厅等，专用地上、地下停车场，停车位充足，应有满足日常生活的商店，适合商务会餐的酒店，午间放松设施或娱乐设施，其他如公园、运动设施和图书馆。

C. 电梯系统：良好的电梯系统，电梯设施先进并对乘客和商品进行分区，一般每4000平方米一部电梯，平均候梯时间30秒左右。

D. 设备标准：应有名牌中央空调，中央空调系统高效；有楼宇自控；有安全报警；有综合布线。

② 建筑规模：超过50000平方米。

③ 客户进驻：国外知名公司的租户组合；知名的跨国或国内外大公司、财团。

④ 物业服务：由经验丰富且一流的知名品牌公司管理，配备实用的计算机物业服务软件，实现办公物业服务计算机化，建立办公管理信息系统，并与办公物业各系统实现连通和统一的管理，24小时的维护维修及安全服务。

⑤ 交通便利：位于重要地段，极佳的可接近性，临近两条以上的主干道。有多种交通工具和地铁直达。

⑥ 所属区位：位于主要商务区的核心区。

⑦ 智能化：3A～5A。

⑧ 开发商的背景：经验丰富并且资金雄厚。在项目开发的早期年份具有财务弹性，并且具有大规模房地产投资的丰富经验，这些开发商或是海外公司如来自美国、马来西亚、中国香港、韩国等，或者有海外经营成功经验的优质国有企业。

（2）高档物业（甲级写字楼）

① 楼宇品质：建筑物的物理状况优良，建筑质量达到或超过有关建筑条例或规范的要求；其收益能力能与新建成的办公楼建筑媲美。

A. 装饰标准：外立面采用大理石、高级面砖、铝板、玻璃幕墙等材料；有大堂，大堂地面应为大理石、花岗岩、天然石材等，墙面应为大理石、花岗岩或高级墙纸等材料，应有吊顶，柱应包大理石、不锈钢等材料；公共部分的地面应为大理石、花岗岩、高级地砖或铺高级地毯，墙面应为高级墙纸或高级漆（如立邦漆等），应有吊顶，电梯间应有不锈钢、大理石或木门套；卫生间安置进口名牌洁具，如科马、科勒、美标、TOTO等。

B. 配套设施：应有配套商务、生活设施，如会议室、邮局、银行、票务中心、员工餐厅等，专用地上、地下停车场，停车位充足。

C. 设备标准：应有名牌中央空调；有楼宇自控；有安全报警；有综合布线。

② 建筑规模：1万～5万平方米。

③ 客户进驻：有知名的国内外大公司，客户大多是从事研发、技术服务、电子商务或知名品牌代理等方面的业务。

④ 物业服务：由经验丰富的知名公司管理，完善的物业服务包括24小时的维护维修及安全服务。

⑤ 交通便利：有多种交通工具直达。

⑥ 所属区位：位于主要商务区或副都心区。

⑦ 智能化：3A及3A以上。

（3）中档物业（乙级写字楼）

① 楼宇品质：建筑物的物理状况良好，建筑质量达到有关建筑条例或规范的要求；但建筑物的功能不是最先进的（有功能陈旧因素影响），有自然磨损存在，收益能力低于新落成的同类建筑物。

A. 装饰标准：外立面采用面砖或瓷砖；有大堂，大堂地面为地砖，墙面为瓷砖或高级漆，有吊顶；公共部分的地面为地砖或铺中档地毯，墙面刷白；卫生间采用合资或国产中高档洁具等。

B. 配套设施：有专用地上、地下停车场。

C. 设备标准：有中央空调系统；无楼宇自控；有安全报警；无综合布线。

② 建筑规模：无限制。

③ 客户进驻：客户多为国内的中小公司，从事销售代理、产品研发。

④ 物业服务：有物业公司服务。

⑤ 交通便利：有交通线路到达，交通较方便。

⑥ 所属区位：副都心或较好的城区位置。

（4）低档物业（丙级写字楼）

① 楼宇品质：物业已使用的年限较长，建筑物在某些方面不能满足新的建筑条例或规范的要求；建筑物存在较明显的物理磨损和功能陈旧，但仍能满足较低收入承租人的需求。

A. 装饰标准：外立面采用涂料；无大堂；公共部分的地面为普通地砖或水磨石；卫生间采用普通国产洁具。

B. 配套设施：无。

C. 设备标准：分体空调；无楼宇自控；无安全报警；无综合布线。

② 规模：无限制。

③ 客户进驻：客户基本是小型私企，从事简单的销售业务。

④ 物业服务：可有一般性的物业服务如卫生、收发、值班。

⑤ 交通便利：有交通线路到达。

⑥ 所属区位：一般城区位置。

伴随信息革命、知识革命和经济全球化的浪潮，大量外资企业涌入，加之本土企业的不断成长壮大，对写字楼的需求不断增大，办公型物业从火爆、迷茫，逐步走向成熟，对于办公物业的等级评定标准时多出现"甲级"、"5A"、"第四代"等标准，更是纷繁混乱，迷花人眼。无论"甲级"、"5A"、"第四代"等标准只不过是不同角度界定办公物业的等级，这几个概念基本代表了评定写字楼等级的基本方向，"甲级"从综合品质角度出发评定写字楼的等级；"5A"是从硬件配置角度评定；而"第四代"则是从写字楼发展角度出发指定标准，这几个角度的评定方法各有特点，消费人群认清各个评定方法，从而可以避免造成概念上的混淆。

三、写字楼物业的特点

一般来说，写字楼物业具有如下的显著特点。

（一）地理位置多建于城市中心的繁华地段

由于大城市交通方便、经贸活动频繁、信息集中通畅，所以，各类机构均倾向于在大都市的中心地带建造或租用写字楼，以便集中办公，处理公务和经营等事项。以金融、贸易、信息为中心的大城市繁华地段，写字楼更为集中。

（二）建筑规模大，办公单位多，人口密度大

写字楼多为高层建筑，楼体高、层数多、建筑面积大、办公单位集中，其间可以拥有几十甚至上百家租赁单位，工作人员以及往来客人将形成巨大的人流。这些无疑将会增加管理工作的难度。

（三）建筑、设备先进

为了显示富有与事业成功，也为了吸引有实力的公司机构进驻办公，满足他们体现身份、高效办公的要求，写字楼一般所选用的建筑材料都较为高档先进，外部装饰大都会有独特的格局、色彩，内部一般都配有先进的设施设备，如给排水系统、供电系统、中央空调、高速电梯、安全消防系统、通信系统、照明系统等。因此，也给其维修养护与管理带来了较大的难度。

（四）功能齐全，自成体系

现代写字楼一般还拥有自己的设备层、停车场，以及商场、会议、商务、娱乐、餐饮、健身房等工作与生活辅助设施，为客户的工作和生活提供很多方便，进而满足租户在楼内高效率工作的需要。因此，同样造成其管理与服务内容的复杂化。

（五）使用时间集中，人员流动性大

一般来说，写字楼物业使用时间比较集中，多数都在早8点以后、下午6点以前。上班时间，整个写字楼是人来人往，川流不息，下班后是人去楼空，冷清异常。这一特点决定了写字楼物业服务也必须有相应的特殊安排。

（六）物业服务与经营要求高、时效性强

由于现代写字楼本身规模大、功能多、设备复杂先进，加之进驻的多为大型客户，自然各方面的管理要求都较高；另外，由于写字楼具有收益性物业的特性，高的出租（售）率是其获得良好稳定收益的保证。物业服务与经营不当，就不能赢得客户，甚至会马上失去已有的客户，而当期空置即意味着当期损失，所以其物业服务与经营的时效性极强。

第二节　写字楼物业的物业服务方式与目标

一、写字楼物业的服务方式

因写字楼的规模不同、功能不同、用户要求不同、业主或投资者的目的不同等，所以各写字楼的管理方式也不同，大体上说主要有三种方式。

（一）委托服务型物业服务

委托服务型物业服务是指业主或投资者将建成的写字楼委托给专业的物业服务企业来管理。这种类型的物业服务企业不拥有物业的产权，只拥有物业服务与经营权。物业服务企业为了获得更好的经济效益，可同时接管多幢大楼乃至另一类物业。其职能包括房屋及其附属的设施设备的保养、维修、治安、环卫、交通、消防、绿化等服务。

（二）自主经营型物业服务

自主经营型物业服务是业主或投资者将建成的写字楼，交由属下的物业服务企业或为该幢写字楼专门组建的、从事出租经营的物业服务企业，通过收取租金收回投资。收回投资后，业主或投资者不仅拥有了该幢物业，并可继续出租获取利润。由此可见，这样的物业服务企业对该物业不仅拥有物业服务与经营权，而且还拥有产权。因此它对该物业不仅具有维护性的管理职能，而更主要的是对所管理的物业的出租经营，可获取长期、稳定的利润。它的经营职责不只是将写字楼简单地租出去，还须根据市场需要和变化对所管物业作出适时的更新改造，如室内装修、外墙粉饰、空间的重新分割等，以提高物业的档次和适应性，改造和完善物业的条件，如电信通信、楼层、交通、庭院美化和绿化等，进而调整租金以反映市场价格的变化，从而获取更多的利润。

（三）专业服务企业的物业服务

所谓专业服务企业的物业服务是指业主或物业服务企业接管写字楼后，将有些专业性较强的内容委托给社会上一些专业的服务企业去做，如电梯公司、热力公司、保洁公司、安全公司、园林绿化公司等。专业化的服务公司一般都具有人员精干、技术水平高、技术装备全、服务质量好、服务收费合理的特点。各专业服务公司在发达国家是相当普遍的，在我国由于整个物业服务行业起步较晚，所以专业化分包管理还不太成熟，但在一些大城市中也已相继出现一些专业公司。

二、写字楼物业的物业服务目标

写字楼的租户以高效率的工作为主要目的，相应的管理与服务必须满足他们的这一需要。一般来讲，物业服务企业对写字楼实施管理与服务时，应确立以下目标。

（一）为业主和用户创造安全、舒适、快捷的工作与生活环境

所谓安全是指让业主及用户在大楼里的工作和生活有安全感。具体包括人身安全、财产安全和消防安全。一旦发生意外，要及时救护、报案，并保护现场。

所谓舒适是指在写字楼内创造一个优美的环境，让业主及用户在大楼内工作、生活都能感觉到舒服、方便。具体做法是要确保大楼内各种设备处于良好运行状态的同时，利用写字楼内的裙楼、地下室等，开辟必要的停车场、商场、会议、商务、娱乐、餐饮等生活服务设施，满足租户的基本需要，进而为其创造方便、舒适的工作和生活环境。

所谓快捷是指让业主及用户在大楼内，可随时与世界各地联系，交换信息，抓住商机。

（二）应延长使用年限及其功能正常发挥

写字楼建成后，由于使用和自然力的作用会发生一定的损坏。自然力的作用因素主要有震力、重力、风力、大气与水的侵蚀作用等。在使用过程中，由于人为因素的作用也会受到损坏。如设计、施工质量较差，建筑材料不合格，使用不当等情况。因此，随着时间的推移，房屋的结构部位、维护部位、装修、上下水及其设备管道等，都将发生不同程度的损坏，如不及时进行维修、养护和加强管理，就会影响到物业功能的正常发挥，如电梯中途停止运行，清水管、便池漏水、屋面漏雨、煤气、供热、空调、供水、供电中断，装饰层脱落等。以上这些情

况的发生，不仅使房屋的作用和功能不能正常发挥，还会过早达到危房程度或损坏，以致影响用户工作、生活的正常进行。实施良好的不间断的专业管理服务，不仅在于确保物业在整个使用周期内作用和功能的正常发挥，还可以延长物业的寿命，保障业主的经济利益。

（三）使物业保值、增值

物业服务得好，就是通过不断地维修养护，进行旧楼的更新改造、室内装修等，不仅使物业及其设备处于完好状态和正常进行，而且可以提高物业的档次和适应性，使物业保值增值，也更容易招徕顾客，利于出租或出售这些房屋，获取更多的租金或利润，从而产生较高的经济效益。

第三节　写字楼物业的物业服务内容

一、写字楼前期物业服务内容

（一）签订物业服务合同

物业服务公司与业主或写字楼业主委员会签订物业服务合同，明确责、权、利关系并制定业主公约或客户公约。

（二）制订物业服务方案

制订物业服务方案，草拟写字楼各项管理制度、服务质量标准、物业服务费标准、各工作岗位考核标准和奖惩办法等。

（三）成立业主委员会

根据业主或投资者投资这类物业的意向，是业主自用还是出租或部分自用部分出租，是一个客户还是多个客户占用一栋写字楼，是单用途还是多用途等具体情况，成立写字楼业主委员会。

（四）编写物业维修公约

根据写字楼不同的标准和各部分的用途，编写物业维修公约，计算写字楼各部分所占的管理份额，使各单位使用者公平地负担物业服务费及管理专项维修资金。

（五）制订规划并具体落实

物业服务公司根据写字楼的特点及周边环境，制订争创全国或省、市、自治区物业服务示范写字楼的规划与具体的实施方案，并落实到各部门。

（六）做好物业的接管验收

按照有关规定，做好写字楼的接管验收工作。

二、营销租售管理

写字楼是收益性物业，写字楼除了业主少部分自用外，大部分用于出租，有时也会出售转手。写字楼客户的流动性较高，如果物业服务公司接受业主的委托代理物业租售业务，营销推广则是其一项经常性的管理工作。为了保证写字楼有较高的出租（售）率和较高的收益，物业服务公司必须做好营销服务，写字楼的营销推广服务内容包括：写字楼营销的市场调研工作和制订营销计划，整体形象设计，宣传推介，引导客户考察物业，与客户的联络、谈判、签约，帮助客户和业主沟通等。

（一）营销推广

写字楼是收益性物业（商业物业）的特性，决定了营销推广是其一项经常性的管理工作内容。当今的写字楼除了少部分自用外,大部分都用于出售和出租(主要是出租)。写字楼的整体形象设计塑造、宣传推介,办公空间的分割布局与提升改造,市场分析调研,与买租客户的联络、谈判、签约,客户投诉与要求的受理与处理,客户与物业服务和经营者、客户与客户间关系的协调,以及组织客户参加目的在于联络感情的各种联谊活动等均属于写字楼的营销推广工作范畴。目前,写字楼的营销推广活动主要有如下几类。

1. 写字楼的客户公关活动

卓有成效的公共关系活动能使写字楼与公众建立良好的关系,为写字楼塑造良好的社会形象。

写字楼的客户公关活动主要是指针对写字楼客户而开展的各种公共关系活动。常见的活动方式有以下五种。

① 建立重要客户档案。物业服务公司的公关人员要将重要客户的生日、国籍、兴趣、爱好等资料收集存档。每到他们过生日时,可以准备一份精美的礼品送给他们。让客户有一种宾至如归的感觉,这就是我们所说的感情投资中的一项。在送礼品时,应注意以下事项。

A. 应以写字楼物业服务公司总经理的名义送,因为他是这个企业的最佳代表。

B. 应准备生日祝词卡,附加总经理名片。

C. 送礼品的人员可为总经理本人,也可由公关经理代表或是有关的销售人员,但无论是谁都应该注意外事礼节。

D. 送给客户礼品时,应当面呈交而不能让人代转。

E. 应该特别注意所送礼品的含义。

② 定期或适时组织联谊活动。组织联谊活动,范围可分全部和局部;对象可分为的重要客户、一般客户或秘书职员等;也可按业务性质分类组织。组织不同规模、不同形式的联谊活动,可与客户保持密切联系、增进友谊、促进交流,从而及时了解客户意向,保证销售工作的顺利完成。

组织联谊活动的方式有:定期安排写字楼物业服务公司总经理拜会客户代表;适时组织客户郊游或文体娱乐活动;举办重大节日的联欢会或答谢宴会;组织客户参观及介绍写字楼内的服务设施;组织邀请客户观看精彩演出;邀请客户参加趣味竞猜活动;组织客户进行体育比赛等。

③ 定期走访客户,征求客户意见。物业服务公司主动征求、收集客户对写字楼管理与服务等方面的意见,是对客户负责的一种表现,这样做能够增加客户对写字楼管理水平与服务质量的信心,也是检验写字楼管理水平与服务质量的一面镜子。写字楼的管理人员应给予足够的重视并运用这一手段来定期自我检查。这里应特别注意在征求客户意见后,要及时将内容反馈给有关部门,限期给客户一个满意的答复,以确保企业的信誉。征求收集客户意见可使用填表的方式,也可使用与客户座谈的方式。征集意见大致可分为管理、服务、设施使用、环境、交通及客户建议等方面的内容。

④ 将写字楼增设服务的信息传达给客户。物业服务公司要及时将写字楼增设服务的信息传达给客户,以便让客户了解及配合写字楼的管理工作。例如,写字楼要定期清洗外墙与外窗,在实施这一项工作之前,不妨给客户发一个通知,告诉客户写字楼外墙将于近期清洗,请客户予以协助,并对由此给客户带来的不便之处表示歉意。试想,客户在接到这样的通知后,一定会为写字楼管理者向他们提供的这项服务感到高兴,即使有不便之处也不会做太多计较。

⑤ 利用节日向客户表达衷心的祝福。节日里的人们往往都会心情愉快,在这个时候,物业服务公司向客户表达最衷心的祝福,客户会感到亲切无比。同样,在节日里,把写字楼装饰出节日气氛,客户看见后会感受到物业服务公司的热情,从而增进彼此之间的友谊,保

持良好的业务合作关系。

2. 写字楼的社会公关活动

写字楼的社会公关活动主要是指与新闻媒体、业务单位的宣传工作以及间接协助销售的公共关系活动。写字楼的社会公关活动内容主要包括以下五项。

① 与各新闻媒体建立并保持良好的合作关系，运用灵活多变的方式，利用新闻传播工具宣传写字楼，树立良好的企业形象，促进写字楼销售工作的顺利完成。

② 与政府有关部门保持密切的联系，及时了解国家的有关方针政策，以便制定正确的写字楼经营策略。

③ 与其他写字楼保持良好的协作关系，了解市场变化情况，交流写字楼管理经验，随时互通有无，加强横向联系。

④ 与各种媒体、广告公司保持良好的关系。

⑤ 与写字楼所在或附近的小区保持良好的关系。

由于转变投资地点、方向，兼并、破产等各种原因的影响，写字楼客户变动的情况时有发生，固有的客户对办公空间重新布置、面积增减、改变设备配置与服务等的要求也经常存在。因此，为吸引和留住客户，写字楼的营销服务工作是一项十分重要的经常性工作，否则，便不能保证较高的租售率，影响写字楼物业的收益。这方面应有专门的营销人员在写字楼前台工作或设立专门的办公室办公，进行市场行情调研，主动寻找目标客户，征求已有客户对物业的使用意见，尽力满足各方面客户的要求，保证物业保持较高的租售率。

（二）租赁物业服务与经营管理

1. 写字楼租赁合同的签订

写字楼租赁是一种商品交换形式，是出租与承租的经济关系。写字楼的业主有时会委托物业服务公司代为管理租赁业务。为保障物业租赁双方当事人的合法权益，写字楼的租赁要明确双方的权利义务关系，所以事先必须签订写字楼租赁合同，即以物业为租赁标准的契约。签订写字楼租赁合同的具体操作过程如下。

① 销售代表在自己的权限内，代表物业服务公司与客户商谈、拟定租约条件后，制定销售协议书，同时整理租赁合同审核表，报财务部审核。

② 财务部按规定日期将审核后的租赁合同审核表返回销售部。

③ 销售代表将合同及有关房租、保证金收费通知一并送给客户签字。

④ 在客户签好合同返回后，销售代表要再次确认合同内容有无改动，然后呈送总经理签字。

⑤ 将客户签字的房租及保证金收费通知转送财务部，由应收会计催账。

⑥ 将签订的合同一份归档，另一份送还给客户。

2. 写字楼租赁合同的执行

写字楼租赁合同的执行是指客户迁入写字楼以及客户迁出写字楼的整个过程。

（1）客户迁入程序

① 经营部的工作职责。经营部要向客户送达合同约定的第一期房租及保证金收费单，及时将有客户签字确认的收费单转送财务部作为收款凭证，另留复印件存档；根据客户要求，向工程部发放工作单，安排办公室装修、通信安装、商社名牌安装等事宜；向客服部发工作单，安排为客户办公室配置所需办公家具、更换客户房间门锁以及清扫等工作；在客户正式迁入前，向各部门发出客户迁入通知，并将合同中的特殊条款通知有关职能部门。

② 财务部的工作职责。财务部在接到经营部转送的收费单后，应及时确认款额到账情况，并将具体情况通知经营部。

③ 工程部的工作职责。工程部在接到经营部转达的工作单后，要及时与客户联系并洽谈有关办公室装饰事宜，为客户推荐一到两家装修公司进行报价。根据客户与装修公司签订的施工合同，拟订三方协议（即客户、工程部和装修公司）。协助装修公司到写字楼安全服务部办理动工手续并监理施工。客户办公室装修竣工后，工程部要与客户一同进行工程验收并填写工程验收报告。

④ 安全服务部的工作职责。安全服务部按经营部签发的工作单，为客户提供所需的门锁以及其他安全工作。

⑤ 公关部的工作职责。公关部在客户正式迁入时，总经理应代表物业服务公司向客户送鲜花篮、欢迎卡等表示欢迎，并收集客户主要人员的资料。

(2) 客户迁出程序

① 经营部向有关部门发放会签表，要求签署意见。经营部在接到写字楼内客户书面迁出通知后，立即向有关部门发放会签表，表内设前言、致部门、发表日期、公司名称、房号、迁出日期、部门经理签字栏、返回日期及会签项目栏和附件，并和客户约谈搬迁事宜。

② 各部门接到会签表后的工作。各部门接到会签表后，应立即安排本部门与客户的会签工作，认真填写，部门经理核签后，按表中返回日期返回经营部。

A. 安全服务部。按会签表中注明的日期，安排预留停车位；认真按经营部转送的客户物品出门清单核验搬出物品。在检验过程中，如有不符之处，及时通知经营部与客户联系解决。在会签表中注明的迁出日期之前，和客户约定检查客户办公室内有关消防设施情况。在客户迁出过程中，与经营部负责现场监督管理工作。

B. 客户服务部。接到经营部签发的会签表及工作单后，在客户迁出之日，安排专用货梯服务。检查本部门与客户收费结账情况，在客户迁出后立即清扫房间，使房间保持良好的待租状态。信件、报刊服务在客户迁出一周内终止，这些事宜可电话通知客户取件。一周后信箱提供有偿服务，价格由相关部门和客户具体商谈（以不超过一个月为宜）。接到经营部转回信箱钥匙后，立即调换箱锁，做好为客户提供信箱的准备。接到经营部会签表后，客服部要和销售代表商定核查客户办公室内家具的时间，按销售代表提供的有客户签字的家具清单到客户办公室与客户一同核查。依据家具现状，对家具种类、数量和破坏情况进行核查，会签并提出相应的赔偿方案。客户迁出后，客服部负责把室内家具摆放整齐，然后到销售部办理交接手续。

C. 财务部。提供客户的写字楼账面保证金、房租金额及对应租期的单据，以便经营部核对；将客户尚未结账事宜通知营业部，并协助催款；核查客户缴费结账情况，向客户催收各项未缴款额；按照物业服务公司总经理批示的保证金结算方案，及时办理有关事宜。

D. 工程部。接到经营部的会签表后，在客户迁出时，与客户一同对房间的地毯、墙纸、天花板等设施进行系统检查、会签并将会签表按时返还经营部，将通信服务截止时间在会签表上注明，根据经营部的工作单，为客户拆卸门牌、代码等。

E. 经营部。以工作单形式通知有关部门，安排客户迁出事宜；在客户迁出以前，及时与客户联系并办理通信线路过户等工作；在客户迁出的过程中，销售代表负责协助安全服务部在现场监督管理工作；在客户迁出之日与客户办理退房手续（接收客户退还的房门、信箱及地库钥匙），并向各部门发出该客户的迁出通知。

经营部按各部门会签表说明的情况及时与客户确认有关保证金结算事宜，并要求客户书面提供开户行、账户及账号。客户正式迁出后一周内，销售代表撰写保证金结算报告，向物业服务公司总经理报批，得到批复后向客户发保证金结算书。

3. 写字楼客户的选择

选择什么样的客户并与之保持长久的友好关系对于物业服务公司或业主来说非常重要。选择的主要原则是客户经营业务的类型及其声誉、财务状况、所需物业面积的大小及其需要提供的特殊物业服务内容等。

(1) 客户经营业务的类型及声誉　客户经营业务的类型应与写字楼的功能相匹配，物业服务公司必须认真分析每个客户的声誉，调查其租住的用途及经营内容是否与现有客户经营的内容相协调。因为一个客户的满意程度不仅取决于物业服务公司所提供的优质服务，在某种程度上还取决于客户整体之间的相容性和相宜性，就是说客户的人员情况或营业性质要与写字楼内其他的客户相容相宜，从而提高写字楼的整体形象。相容是指能互相接受和平安相处，相宜则要能互补互利、相得益彰。

(2) 客户的财务状况　物业服务公司对客户应有较详细的资信调查。这种调查可以通过以下几个方面进行：通过客户填写的申请表，了解其经营内容、当前的办公地址及其承租时间、从事业务经营活动的范围，如果是某公司的分支机构，那么还应了解它的总公司地址、开户行的名称、信誉担保人或推荐人的情况、对承租面积的具体要求等；还可以从税务机构、工商管理机构、往来银行、经纪人及客户提供的财务报表来判断其信誉和财务状况；另外，还可通过专业的资信调查公司提供客户的资信报告，了解客户的财务状况、支付方式、支付习惯以及是否经常拖欠款等；在详细核查中还要搞清客户的组织结构和财务体制，特别是对某些大公司的子公司、特许权公司等，要搞清它们之间的财务责任关系，因为很多子公司、特许权公司的财务是独立的，总公司没有责任承担这些小公司的债务。核查客户财务状况的目的，主要是为选择客户时作出决策。那些被证明财务状况良好、声誉极佳的大公司就是入选对象，对那些财务状况不佳、信誉不好的公司则要多加小心，一般应予以拒绝。

(3) 客户所需物业面积的大小　选择客户的过程之所以复杂，就是因为要核定写字楼内是否有足够的空间来满足客户对面积的特定需要，这一点常常能够决定潜在的承租单位能否成为现实的客户。虽然每个工作人员封闭的办公面积一般只需要 5~6 平方米，但接待室、会议室、储藏空间、办公设备所占的面积以及公共活动所需的面积等都应考虑周全。

(4) 客户需要的物业服务　为了顺利开展业务，有些客户可能需要物业服务公司提供特殊服务。如果客户要求提供的特殊服务与物业服务公司已提供的标准服务有很大差异，在以后的管理过程中就会出现很多矛盾。但在接受或拒绝客户的特殊要求之前，物业服务公司及业主应该考虑整个租赁期限内的实际费用支出与增收效益比率，以便在日后签订租约时确定由谁来承担特殊服务的费用。物业服务公司满足客户的特殊服务，应与写字楼的功能相适应，与其他客户相容相宜，并不能与当地法规相抵触。

4. 写字楼租金的确定

物业租金是物业租赁的价格，是分期出卖物业使用价值的货币表现，是物业商品一种特殊的价格形式。

(1) 写字楼租金的构成

① 商品租金。通常来说，商品租金由下列八项因素构成。

A. 折旧费。也叫价值补偿费。折旧费是按写字楼耐用年限计算的，以此逐渐收回建造房屋的投资。在长久的使用过程中，写字楼由于自然损耗和人为损坏，其价值会逐渐减少，这部分因损耗而减少的价值，以货币的形态来表现，就是我们通常所说的折旧费。

B. 维修费。为保证写字楼的正常使用和延长写字楼的使用年限，必须对其进行维护、保养，从而增加写字楼及配套设备的使用价值。维修费是租金中不可缺少的组成部分。

C. 管理费。管理费是指物业服务公司为出租写字楼、提供优质服务和进行必要的管理所收取的费用。管理费主要包括物业服务人员的工资、公务费和业务费等。

D. 地租。地租是指写字楼占有国家土地而交纳的土地使用费。
　　E. 利息。利息是指物业服务公司从事写字楼租赁业务向银行贷款支付的费用。
　　F. 税金。税金是指物业服务公司需向国家财政部门交纳的税金。
　　G. 保险费。保险费是指物业服务公司或业主为保证自己的房产免受意外损失，向保险公司进行房产保险所支付的保险费。
　　H. 利润。利润是指物业服务公司从事写字楼租赁业务和管理而获取的平均利润。
　　② 成本租金。成本租金是写字楼租赁交换时物业服务公司要维持再生产所确定的最低租金标准，是写字楼租赁经营盈利和亏损的临界点。成本租金由折旧费、维修费、管理费、利息和地租五项构成。
　　③ 基础租金。基础租金通常是指客户租用每平方米可出租面积需按月或按年支付的最低金额。在确定租金时，必须以价值为基础，以成本为最低经济界限，根据物业服务公司希望达到的投资收益率目标及其可接受的最低租金水平（即能够抵偿抵押贷款还本付息、经营费用和空置损失的租金），确定的一个基础租金。
　　④ 市场租金。市场租金是在商品租金的基础上，反映物业供求关系而出现的一种租金。写字楼的市场租金水平主要取决于写字楼所在地的市场供求关系，当供大于求时，租金下降；反之，则租金上升。但在一定的市场条件下，某个写字楼的整体租金水平主要取决于物业本身的状况及其所在的位置。
　　(2) 写字楼租金的确定方法
　　① 物业服务公司应在制定写字楼基础租金价格的基础上，将写字楼所处的地理位置、自然条件、质量标准、装饰档次、设备配置等作为定价的参考因素，以便合理地确定每处、每幢、每层、每间房屋的租金。
　　② 在写字楼市场比较看好时，市场租金通常要高于基础租金，物业服务公司可根据市场竞争状况来决定哪些经营费用计入租金，哪些经营费用可以单独收取。当基础租金高于市场租金时，物业公司就要开始考虑降低经营费用，以使基础租金向下调整到市场租金的水平。
　　③ 写字楼租约通常有两种类型，即毛租约和纯租约。毛租约主要是指客户支付固定的租金，物业服务公司要支付物业经营过程中的所有费用，并且在所收取的租金中包括这些费用，这种租赁安排在大型写字楼出租中并不多见。因为在"毛租"的情况下，将经营费用全部加到租金里面去，物业服务公司或客户会有多支出了物业服务费的感觉。纯租约也叫做净租约，主要是指客户除了支付租金外，还要承担其他的费用。一般适用于大型写字楼较长期租约的通常做法是，一些经营费用，如能源费用，可由写字楼客户以某种方式按比例分摊，由物业服务公司向客户单独收取后直接交给供电部门，这种代收代缴的方式很受业主或客户的欢迎。当所有的经营费用均由客户直接分担时，就称这种出租方式为"净租"。
　　在租约中，要具体规定代收代缴项目名称以及每项费用在客户间按比例分摊计算的方法。比较常见的是代收代缴除房产税和保险费以外的水、电、天然气等资源的使用费。另外，设备使用费和写字楼公共空间的维修养护费也常常要单独交纳。设备和公共空间的更新改造投资也要在客户间进行分摊。
　　④ 写字楼物业的租约通常都要持续很长的时间，在租约中一般都要规定租金定期增加方式的租金调整条款。为此，客户和物业服务公司通常会商定一个固定的年租金增长率或增长量，该增长率或增长量在整个租赁期内都有效。例如，月租金每平方米在100元的基础上，每年每平方米增长8元或每年上调7%，当租期很长时，也可规定每2年就将租金调整一次。为了使租赁双方共同承担通货膨胀带来的风险，有时租金可以按消费价格指数调整，

但又需规定一个上调比例的最高限,以便由客户承担最高限以内的风险,由物业服务公司承担最高限以外的风险。

⑤ 写字楼租金通常都以每平方米可出租面积作为计算基础。因此,准确测量写字楼的建筑面积、可出租面积和出租单元内建筑面积非常重要,它关系到能否确保物业的租金收入和物业市场价值的最大化。对于写字楼建筑,公用面积分摊系数一般在 0.2~0.3 之间。

⑥ 写字楼租赁能够产生非常可观的经济效益。确定某栋写字楼物业的整体租金,主要取决于物业本身的状况及其所处的地理位置。写字楼内某具体出租单元之间的租金则根据其在整栋建筑内所处的位置有一定差异。物业服务公司在确定出租单元的租金时,常用位置较好的出租单元的超额租金收入来平衡位置不好的出租单元的租金收入,使整栋写字楼的平均租金保持在稍高于基础租金的水平上。

三、写字楼日常物业服务的内容

写字楼物业的特性和使用要求,决定了写字楼日常管理的工作内容与工作重点主要在以下几个方面。

(一) 商务中心的服务与管理

大型写字楼办公机构集中,商务繁忙,一般都提供各种商务服务项目的商务中心(与大型酒店、酒店类似)。

1. 商务中心的设备配置

商务中心须配备的主要设备及用品有中英文处理机、打印机、传真机、电传机、打字机、电脑、装订机、塑封机、口述录音机、电视、电话、影视设备、投影仪及屏幕、摄像机以及其他的办公用品等。商务中心设备的配备可根据服务项目的增设而添置。

商务中心设备的正常使用和保养,是提供良好服务的保证。商务中心人员在使用过程中,应严格按照正常操作程序进行操作,定期对设备进行必要的保养,设备一旦发生故障,应由专业人员进行维修。

2. 商务中心的工作要求和工作程序

商务中心的服务是小区域、多项目的直接服务。客人对商务中心服务质量的评价是以服务的周到与快捷为出发点的。要做到服务周到、快捷,必须依靠经验丰富的工作人员和一套健全的工作程序。

(1) 工作要求 对商务中心工作人员的要求:有流利的外语听说读写能力,熟练的中英文打字能力,熟练操作各种设备的能力,熟悉商务信息知识,熟悉秘书工作知识,具备基本的设备保洁保养知识。

(2) 工作程序 服务前,了解客户所需的服务项目、服务时间及服务要求,向客户讲明收费情况,开具收费通知单并收取一定比例的押金;服务中,以准确、快捷为原则,按客人的要求准时、精确地完成服务;服务后,填写商务中心费用收据单,引导或陪同客人到财务部结账。商务中心费用收据单一式三份,一联交给财务部,一联交给客人,一联由商务中心存档。

商务中心的主要对象是客人,有时写字楼内部人员也因工作需要在商务中心使用设备,为此应制定商务中心签单程序:写字楼内部人员到商务中心使用设备,必须是因工作需要;使用前,必须由该员工所在部门经理同意;须在商务中心设备使用申请单上填清楚原因、内容、使用时间及批准人后,在不影响为客人提供服务的前提下使用;使用后须在费用结算单上签名。

(3) 商务中心的服务项目 写字楼客户业务类型不同,自身办公条件不同,对商务中心的服务范围要求也不同。较齐全的商务中心提供的服务项目有：翻译服务，包括文件、合同等；秘书服务，包括各类文件处理；办公系统自动化服务；整套办公设备和人员配备服务；临时办公室租用服务；传真、电信服务；商务会谈、会议安排服务；商务咨询、商务信息查询服务；客户外出期间保管、代转传真、信件等服务；邮件、邮包、快递等邮政服务；电脑、电视、录像、摄像、幻灯、手机租赁服务等；报纸、杂志订阅服务；客户电信设备代办、代装服务；文件、名片等印制服务；成批发放商业信函服务；报刊剪贴服务；秘书培训服务等。

（二）前台服务

小型写字楼的前台仅提供基本的问讯解答、引导服务，大型写字楼的前台服务项目较多，主要包括：问讯服务和留言服务，钥匙分发服务；信件报刊收发、分拣、递送服务；个人行李搬运、寄存服务；出租汽车预约服务；旅游活动安排服务；航空机票订购、确认；全国及世界各地酒店预订服务；餐饮、文化体育节目票务安排；文娱活动安排及组织服务；外币兑换、代售磁卡、代售餐券服务；花卉代购、递送服务；洗衣、送衣服务；代购保洁物品服务；公司"阿姨"服务；其他各种委托代办服务。有的写字楼的报修点也设在前台，方便客户报修。

（三）设施设备管理

写字楼的设施设备管理主要应做好以下各项工作。

1. 设备管理

建立设备档案，做好写字楼各项设备验收文件资料的存档，建立设备登记卡；完善工程部架构；建立各部门、各工种的岗位责任制；抓好物料采购、供应和消耗环节的计划与控制，开源节流；制定设备的保养和维修制度；建立监管制度，监督检查专项维修保养责任公司和个人的工作。

2. 维修与保养

报修与维修程序可分两类进行：自检报修和客户报修。

设备的保养一般可建立三级保养制度：日常保养（又称做例行保养）、一级保养、二级保养。

设备的维修：对于设备的维修控制，关键是抓好维修计划的制订和维修制度的完善。

编制维修计划时应注意：是否按设备分类编制计划；维修周期是否科学（周期是指两次大修之间的工作时间）；维修方法是否恰当。

一般的维修方法有以下四种。

（1）强制维修法　即不管设备技术状况如何，均按计划定期维修。

（2）定期检修法　即根据设备技术性能和要求，制定维修周期，定期检修。

（3）诊断维修法　即根据使用部门的报告和提供的技术资料，对设备进行检查诊断，确定要维修的项目或部件，然后进行维修。

（4）全面维修　即当设备出现严重磨损、损坏或故障时，对主体和部件全面修理（大修）。

建立设备维修制度主要是设备检修制度和报修制度。

3. 设备的更新改造

关键是要把握好更新改造的时机，制订切实可行的更新改造方案。

（四）安全服务与消防管理

1. 安全服务

① 安全服务的基本原则是宾客至上，服务第一；预防为主；谁主管，谁负责；群防群

治,内紧外松。
② 建立安全部的组织机构。
③ 制定严密的安全规章制度,明确本部门各类人员的岗位职责。
④ 加强治安防范,主要是加强安全措施,配备专门的安全人员和安全设备(报警装置、门户密码开启装置、闭路电视监控器等),加强写字楼内部及外围安全巡逻,加强对停车场的安全及交通指挥,防止人为破坏治安秩序,杜绝各类事故的发生。

2. 消防管理
(1) 消防管理工作的指导思想 以防为主,宣传先行,防消结合。
(2) 写字楼的消防系统 一般主要有以下四种。
① 干式消防系统:自动报警系统、联动总控制屏、BTM气体灭火系统。
② 湿式消防系统:自动喷淋系统、消火栓系统(消防泵)。
③ 消防联动机构:消防送风和排烟风机的功能和联动试验;空气系统鲜风机和排气机的功能和联动试验;消防电梯的功能试验。
④ 火灾报警系统:自动报警系统(包括感温式火灾报警、感烟式火灾报警、感光式火灾报警)、手动报警系统(包括电铃报警、破碎玻璃报警、紧急电话报警)。

3. 日常消防工作
① 进行消防宣传。宣传的形式有消防轮训、利用标语或牌示进行宣传、发放消防须知(防火手册)。宣传的内容有消防工作的原则、消防法规、消防须知。
② 建立三级防火组织,并确立相应的防火责任人,即物业服务公司总经理、部门经理、班组长。
③ 把防火责任分解到各业主、租户单元。由各业主、租户担负所属物业范围的防火责任。
④ 明确防火责任人的职责,根据《中华人民共和国消防条例》的规定,制定防火制度。
⑤ 定期组织及安排消防检查,根据查出的火险隐患发出消防整改通知书,限期整改。
⑥ 制定防火工作措施,从制度上预防火灾事故的发生。
⑦ 配备必需、完好的消防设备设施。
⑧ 发动大家,及时消除火灾苗头和隐患。
⑨ 建立自防、自救组织。即建立义务消防队;建立专职消防队;抓好消防训练,每年组织一次写字楼全体人员消防演习。
⑩ 明确火灾紧急疏散程序。做好疏散的准备工作,人员疏散在先,转移危险品、抢救贵重财产在后。
⑪ 建立消防档案。
⑫ 制订灭火方案及重点部位保卫方案,每个房间安装消防走火示意图。

(五) 保洁管理
保洁是写字楼管理水平的重要标志,也是对建筑和设备维护保养的需要。日常保洁工作的重点体现在以下五个方面。
① 制定完善的保洁细则,规定清楚需要保洁的地方、使用材料、所需次数等,并严格执行。
② 制定部门各岗位的责任制。
③ 建立卫生保洁的检查制度。如定期巡检法(随见随报、定点检查、划簿登记);每日抽查;巡查制度;食用水质及排污处理检查。
④ 保持楼内公共场所的保洁。如大堂、洗手间、公用走道等。

⑤ 提供全面的保洁卫生美化服务。

除以上各项管理与服务工作，协调好写字楼与客户和社会各界的关系也是搞好写字楼管理的一项重要内容。

第四节　写字楼物业的安全服务

写字楼物业内的人员流动较大，楼内隐蔽死角较多，因此，必须加强楼内各区域的定期及不定期巡逻检查，并完善楼内的安全监控措施，使人工监控和自动化监控有机结合，确保人身和财产安全。

一、写字楼物业安全服务的重点

（一）保持设备完好，运行正常

写字楼购进的设备设施都非常先进，尤其是智能写字楼，自动化程度很高。在写字楼办公的客户，对电脑、打印机、传真机、通信设备等各种办公设备的使用率极高。因此，写字楼物业对电力的依赖非常大，必须保证不间断的供电，保证供电系统的正常运行。写字楼一般都设有变电站所或配电站为写字楼供电，管理上一般都设有操作室，实行24小时值班监控；同时按规定进行检查维护，发现问题及时检修，对不安全隐患及时解决，以保证安全供电及写字楼各种设备设施正常运行。写字楼一般都是高层建筑，电梯是最重要的交通工具。写字楼电梯配备的数量很多，使用率高，要制定严格的运行保养制度，进行科学合理的养护，提高电梯的安全性，确保电梯运行无阻。除此之外，还有通信系统、电视广播系统、自动化监控系统等设备都需要按规定进行检查维护，确保这些设施设备的正常运行。

（二）提供安全保障，常备不懈

作为公共场所，写字楼内的安全工作非常重要。首先是安全秩序和消防安全要求高。写字楼多为高层或超高层建筑，人员密度相对较大，写字楼内一旦发生火灾，后果难以设想。因此，写字楼消防管理的基本目的就是预防火灾的发生，最大限度地减少火灾损失，物业服务工作除了要保障消防设备设施的完好和消防通道的畅通之外，还要消除消防隐患，加强写字楼内的装修管理和员工及用户的防火宣传教育工作，消防工作要做到常备不懈。另外，对建筑物容易造成人员伤害的部位要贴上醒目的标志，以达到警示的作用。

由于写字楼内的设备系统、建筑结构和楼内人员的复杂性，物业服务企业要时刻保持警惕，随时准备应付各种突发事件。要建立完善的突发事件应急预案，如火灾预案、水管爆裂预案、公共卫生应急预案、刑事案件应急预案等，并进行定期或不定期的演习，做到常备不懈，防患于未然。

二、写字楼物业安全服务部组织机构

写字楼物业安全服务部组织机构，如图2-1所示。

三、写字楼物业安全服务工作规程

（一）巡视检查制度

写字楼物业服务公司安全服务部应对其管理写字楼的安全服务事务进行巡查，发现问题及时处理。认真做好物业建筑设备的维修、保养和管理工作，及时发现并消除消防安全隐患。

（1）巡查工作　物业项目的消防、安全服务巡查工作，由物业安管部指定人员分工

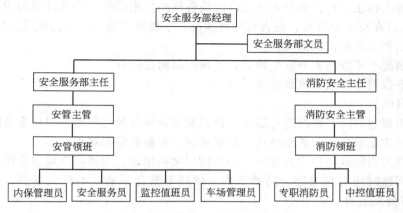

图 2-1 写字楼物业安全服务部组织机构

负责。

(2) 建立档案　建立物业维修、保养的档案。

(3) 巡查记录　做好详细的巡查工作记录，巡查记录表由安管部巡查员填写，并妥善保管。发现问题应及时通知相关人员处理，发现严重问题应及时报告安全服务部经理并进行处理，属于租户内部问题应督促其整改。

(4) 安全服务部巡查管理员的任务和要求

① 对工作用房内部、停车场、自行车保管站、租户正在装修的区域以及管辖区的卫生情况应做每日巡查。

② 检查公共区域供电线路是否正常、安全，工作用房内的电器、电源线路安装是否规范。

③ 检查户外广告牌、招牌、指示牌是否有松动或脱落。

④ 检查各租区和工作用房的安全门是否有效、窗户是否松动。

⑤ 检查各租区和公共区域的供水管路、排水管路是否有堵塞或水流量细、漏水和积水的现象。

⑥ 检查各公共区域公共消防设施、消防设备、标志是否完好齐备。

⑦ 检查公共区域各走廊、楼梯、墙壁、楼板等是否有异常情况。

⑧ 租区装修是否影响结构、排污管路、电源等问题。

⑨ 认真巡视外围路面以及在恶劣天气后的现场情况。

由于特殊原因，写字楼物业公司安管部会临时性安排相关人员在特定时间段对特定区域进行巡视监督工作，相关人员应遵循指示，认真对待，并将巡视结果以口头或书面形式上报部门领导。

(二) 日常巡视管理制度

1. 巡视要求

① 每日上班后，对写字楼各公共区域进行巡视及监督检查工作。

② 按照规定的巡视路线对写字楼进行巡视，大致巡视区域为办公区、地下车库、公共区及外围区域。

③ 巡视中如发生任何异常，应立即进行了解，并对有影响写字楼正常办公秩序的行为进行制止。

④ 在巡视检查中发现的问题应及时报告值班领导，特殊紧急情况可直接上报部门经理。

⑤ 巡视的内容主要有检查公共区域内的设备设施使用情况、公共区域的卫生保持情况、是否有闲杂人员在写字楼逗留、是否有任何违反写字楼管理规定的行为或现象发生。

⑥ 检查安管人员的值勤情况。

⑦ 任何情况下不准与租户发生冲突,处理问题前先问好。

⑧ 每日下班填写好当班执勤情况。

2. 巡视岗位

① 严格按规定时间、路线进行巡视,注意发现各种涉及写字楼及租户安全的隐患。

② 巡视时注意形象,着装要整洁,脚步要轻,走路姿势要端正。

③ 遇有租户询问或向租户查询时,必须使用文明用语,遇到租户应主动问好并礼让。

④ 处理问题时应有理有序,巧妙工作,做到不激化矛盾,不扩大事态,不动手打人、骂人并及时将情况上报。

⑤ 对发生的突发事件,应立即保护现场,禁止无关人员进入并及时报告。

⑥ 巡视使用对讲机时应回避租户及无关人员,并将音量调至适中,加强保密。

⑦ 巡视时不准喝水、吃东西、吸烟,不准指手画脚、大声喧哗。

⑧ 巡视时不准私自会客,扎堆聊天和接打私人电话,不准在通道处休息。

3. 巡视时间

每班巡视两次:8:00～11:00,14:00～17:00。

4. 巡视路线

根据写字楼内的布局情况,自行安排。

(三) 档案保密管理制度

1. 内容和范围

严格遵守《中华人民共和国保守国家秘密法》。认真贯彻国家秘密及其密级具体范围的规定。公司保密制度的具体内容如下:

① 物业公司的管理规则及各类管理文件。

② 有关写字楼登记租户的一切资料。

③ 公司各种会议内容和文件。

④ 各种合同书、业务往来文件、业务洽谈情况以及投资和业务开展意向。

⑤ 与公司关系密切的合作伙伴和客户情况。

⑥ 公司的经营情况、策略、操作手段,公司内部重要人员的情况。

⑦ 招、投标及其他需保密的有关材料。

⑧ 其他属于保密范围的事项。

2. 保密措施

① 未经许可不得随意将有关重要文件资料携带离开公司。

② 不得在公共场所谈论涉及公司具体经营操作方面的保密事项。

③ 重要文书资料必须重点保管,发现问题及时上报。

④ 涉及公司、写字楼租户秘密的各类载体应实行严格管理,各部门均应确定相应的管理人员负责本部门的密件管理工作。

(四) 贵宾接待制度

为保障写字楼内外正常秩序,保护贵宾人身安全,保证留有充足的贵宾车位及车辆完好无损,为更好地完成来宾接待任务,体现物业公司的良好形象,必须做好贵宾接待工作。

1. 安全服务部接待贵宾标准

① 当接到来宾接待通知后,安全服务部各级人员要立即通知到各岗位,以及上报部门

负责人。

② 安全服务部各级主管、领班在接到通知后，要及时对各岗位的人员做好传达及对各岗位的人员、着装、物品以及各项准备工作做好检查，具体安排如下：各领班及班队长要提前到各岗位，并认真检查队员的仪容仪表及着装情况，对不符合要求的以及不标准的队员及时作出调整；各巡逻安管人员要提前将现场周边不符合要求的物料和设备及时做好清理和告知。

2. 安管部接待贵宾流程

① 安全服务部接到有关部门的活动通知后，要对参加活动的贵宾情况进行详细了解。

② 对为活动服务的所有人员进行摸底，如发现有可能闹事的人员，建议有关部门进行临时替换。

③ 了解贵宾车辆情况，提前清理车场车辆，保证贵宾车位。

④ 提前一小时对活动场所及其他可能经过、涉足的场所进行细致的检查，重点检查有无易燃易爆物品和其他可疑物。

⑤ 检查同时安排安管人员对贵宾将停留的场所设置固定岗位，发现和阻止无关人员进入，发现可疑情况及时通知上级。车场安排安管人员以保证停车场秩序及贵宾在停车场区域的人身安全，并负责看护贵宾的车辆。

⑥ 便衣安管人员保护贵宾进出活动场所，并观察动态及时同上级保持联系。

⑦ 途经路线设置安管人员，保证贵宾行走安全，维护正常秩序。

⑧ 活动结束后，便衣安管人员协同车场、安管人员护送贵宾上车直至离开写字楼。

⑨ 期间保证足够的机动力量应付各类突发事件的发生。

（五）出入证管理制度

1. 查验证件

① 写字楼各租户办公和施工人员凭安全服务部发放的正式出入证和临时出入证出入写字楼。

② 值班安全服务员应严格查验进入写字楼人员的出入证，对无证人员应当予以阻止进入写字楼。

③ 查验时应使用文明用语，做到文明值勤，礼貌待人。

④ 如办公人员忘带出入证，在核实其身份并进行登记后方可放行。

⑤ 如遇外来人员应礼貌指引到前台进行会客登记，并密切注意。

⑥ 对非办公时间及节假日进入写字楼的办公人员在查验出入证后，需详细填写《非办公时间出入登记表》。

⑦ 如因刚迁入写字楼办公而未办理出入证的人员，可凭工作证及其他有效证件进入写字楼，并礼貌提醒租户尽快办理。

2. 办理证件

（1）写字楼各租户办公人员　均需办理正式出入证。

① 持单位介绍信，到物业服务公司安全服务部统一办理。

② 在介绍信中写清单位名称、办公人员姓名、性别、办公房间号，每人提供两张近期一寸免冠照片。

③ 出入证工本费×元/个（背面盖章）。

④ 退租时，将出入证交回物业服务公司安全服务部。

（2）施工单位维保人员　均需办理临时出入证（红色）。

① 由施工单位负责人开具文字证明，到物业公司安全服务部统一办理。

②证明中写清楚单位全称、维修保养人员姓名、性别、维保期，每人提供两张近期一寸免冠照片。

③临时出入证工本费×元/个（背面盖章）。

④临时出入证维保期内有效，如需续办请在维保期内进行办理并将旧证交回安全服务部。

（3）二次装修及临时施工人员　需办理临时出入证（红色）。

①持需施工、装修单位证明到物业公司安全服务部统一办理。

②证明中写清施工单位全称、施工人员姓名、性别、施工工期，每人提供两张近期一寸免冠照片及身份证复印件。

③临时出入证工本费×元/个，押金×元/个（正面盖章）。施工结束后，由施工单位统一将证件收回，交安全服务部退还押金。

④新入职员工由人力资源部统一到安全服务部办理员工出入证。如遗失应及时报安全服务部并进行补办，交纳工本费×元/个。离职时将出入证交回公司安全服务部。

（六）钥匙使用管理制度

1. 钥匙管理规定

①写字楼安全服务部设立专门的管理人员，对留存于安全服务部的所有钥匙进行管理，其他任何人员无权私自动用任何钥匙。

②留存钥匙必须全部存放于安全服务部指定的钥匙柜内，专门的钥匙管理人员负责将钥匙柜柜门钥匙放置在视频监控室内并进行封存，不得委托他人代为保管，任何人未经允许严禁私自启封封存的备用钥匙柜和使用备用钥匙。

③设立钥匙领用记录本，任何钥匙的使用都必须有领用人、钥匙管理人员及以上领导签字后方可发放领用。

④钥匙领用记录本不准丢失、损坏、缺页、撕毁、涂改，如有此类情况发生，直接追究钥匙管理人的责任。

⑤钥匙交接必须由交、接班钥匙管理人员共同进行交接，其他人员无权参与。

⑥钥匙交接时要核对钥匙的名称、数量是否相符，封存的钥匙是否开封，未封存的钥匙有无损坏。

⑦钥匙交接时还要认真检查钥匙领用记录表，核实当日钥匙使用情况，对未收回的钥匙要查明原因并做好记录。

⑧日常管理中，发现钥匙出现问题（如开封、损坏或丢失）要立即上报写字楼安全服务部负责人，并写出事情详细经过，上交写字楼安全服务部处理。

⑨每隔两个月要对所有钥匙重新进行核实，以防出现意外。

⑩钥匙档案整理两份，一份存放于钥匙管理人手中；一份存放于安全服务部文件柜内。

⑪未经许可，任何人不得将钥匙带出写字楼或借给非写字楼非甲方工作人员使用。

⑫任何钥匙如有损坏，不允许私自配制，需将残品上交写字楼安全服务部，由安全服务部负责配制，配制费用由损坏者承担。

⑬租户退房后，安全服务部与工程技术部将对单元门锁芯进行调换。调换后存放于安全服务部并登记备查。

⑭任何钥匙如有丢失，需将丢失原因详细写出书面报告上交安全服务部存档备查。

2. 钥匙使用规定

（1）员工借用钥匙　需到安全服务部登记后领取，每年核对一次，调离岗位时，需交出钥匙，办理相应手续。

(2) 租户钥匙管理

① 租区钥匙应保存两份以上，一份由安全服务部保存，以便应急时使用；另一份由租户使用，未出租房间的钥匙由租户服务部保存。

② 安全服务部保存的钥匙，应由租户单位负责人员当场封存签字，租户应留有负责人应急联络方式，并做好首次封存钥匙记录。联络人员变更，随时通知写字楼安全服务部。

③ 租户要启用写字楼安全服务部保存的钥匙，安全服务部应先与该单位负责人联系，负责人同意后，由安全服务部、租户单位人员当场确认封存情况后，方可启封。启封使用完毕后，应重新封存，做登记。

④ 物业公司遇紧急情况需启用安全服务部保存的钥匙，安全服务部应先与该单位负责人联系，获该单位负责人同意，并报项目总经理同意后，由两名以上人员在场的情况下方可使用，并做好详细记录。

⑤ 发生火灾报警并发生火情时，在两名以上安全服务部人员在场的情况下，可开启该租区的房门灭火，应做好详细记录，保存好视频监控设备报警单，并在事后向租户报告。

⑥ 因租户自身钥匙管理问题造成财产损失，租户单位自己承担责任。

(3) 设备间钥匙管理　由工程技术部负责，交安全服务部保存一份备用钥匙。

3. 备用及封存钥匙使用程序

① 所有备用钥匙均由安全服务部统一保管封存，只作为消防火灾报警现场确认和其他紧急情况下使用，写字楼任何人员不得以任何理由擅自挪用。

② 遇特殊情况租户使用本单位办公房间备用钥匙时，使用人需持有本人出入证和其单位主要负责人签字并加盖公章的批示，经安全服务部经理批准后方可使用。

③ 写字楼各部门因工作需要使用备用钥匙时，使用人须持有本部门经理开具的情况说明，经安全服务部经理签字确认后，报总经理批准后方可使用。同时，应通知租户及时到场，如租户无法到场，写字楼人员不得借用各办公单位房间的备用钥匙（紧急情况下除外）。

④ 用后归还备用钥匙时，使用和开启人员必须认真仔细填写《备用及封存钥匙使用情况登记表》。

⑤ 用备用钥匙必须由安全服务部人员陪同和开启。

⑥ 安全服务部备用钥匙柜柜门钥匙在视频监控室封存，如因工作需要启用备用钥匙时，租区房间备用钥匙须由安全服务部经理批准，其他部位备用钥匙须由值班主任批准。

⑦ 用完毕后，由开封人进行封存，安全服务部经理或值班主任在封口处签字，开封及开封时须在《钥匙领用登记表》上签字。

⑧ 视频监控室负责接收或发放写字楼其他部门交于安全服务部寄存的钥匙，接收或发放时应在《钥匙档案登记表》上做详细记录。

⑨ 有接收的钥匙除外，如果需要另外接收的，需先经安全服务部值班主任同意后，方可接收。

⑩ 接收时检查钥匙封存情况，要求封口、底封处要封严，封口处有封存人签字，方可接收。

⑪ 各种登记表格和批示应长期妥善保存备案。

4. 安全服务部更换房间门锁程序

为确保写字楼租户的财产安全，防止发生失窃问题，退租租户迁出后，应及时更换门锁，并做好钥匙移交工作，具体程序如下。

① 租户迁出写字楼时，由物业公司租户服务部人员负责收回租户租区的房间钥匙（租户自配的钥匙一并收回），并通知写字楼安全服务部更换门锁。

② 安全服务部接到通知后，通知工程技术部进行更换门锁。

③ 更换门锁前应由工程技术部派人员和安全服务部主任填写《更换门锁登记表》，经双方部门负责人批准，工程技术部人员负责进行更换，安全服务部人员负责现场监督。

④ 门锁更换完毕后，安全服务部应立即调换备用钥匙，封存在备用钥匙柜中，并将新锁余下钥匙移交租户服务部。

⑤ 安全服务部负责向租户服务部收回退租房间的所有钥匙，整理好后将钥匙全部移交工程技术部再次使用，并填写《钥匙移交登记表》。

⑥ 租户服务部负责新租户的钥匙发放和配制工作。

（七）消防管理规章

1. 消防管理制度

① 严禁将易燃易爆等危险品带入写字楼，如有发现应做好解释工作，并报告安全服务部。

② 严禁使用电炉生热器具及其他大功率电器。

③ 在通道和入口设置明显疏散指示标志。

④ 消防疏散门、通道要时刻保证畅通无阻，不许对其封堵、侵占，消火栓处1.5米范围内不得堆放物品。

⑤ 写字楼内禁止吸烟，离开房间时要随手关灯。

⑥ 保洁员打扫办公室房间时，要注意是否有遗留火种、火柴梗，确认完全熄灭后方可将垃圾袋运走。

⑦ 写字楼管辖范围内不得点蜡烛，禁止燃烧物品，灯具附近不得旋转可燃物，不得使用灯具烘烤物品。

⑧ 安全用电未经工程技术部批准绝不允许私自乱接电线，不得将电源插板拆开，电线裸露或不接插头直接插入电源盒。

⑨ 安管员要经常查看消防器材，不得随意挪动位置或按动按钮。

2. 消防中控室管理制度

① 消防控制室必须昼夜24小时设专人值班，值班人员应坚守岗位，严禁脱岗，未经专业培训的无证人员不得上岗。

② 消防中控室值班人员要认真学习消防法律、法规，学习消防专业知识，熟练掌握消防设备的性能及操作规程，提高消防技能。

③ 值班时间严禁睡觉、喝酒，不准玩电脑游戏、打私人电话，不准在控制室内会客，严禁无关人员触动、使用室内设备。

④ 显示火警信号后，应立即派人前往，观察、确认火情后，应立即通知安全服务部经理或值班经理，按消防预案操作。

⑤ 严密监视设备运行状况，遇有报警要按规定程序迅速、准确处理，做好各种记录，遇有重大问题要及时报告。

⑥ 未经公安消防机构同意不得擅自关闭火灾自动报警、自动灭火系统。

⑦ 值班期间必须保持消防中控室保洁卫生，物品摆放整齐，下班前30分钟将消防中控室卫生重新打扫一遍。

（八）停车场管理制度

1. 地下停车场管理规定

① 本管理规定适用于任何时间在写字楼地下停车场范围内使用写字楼地下停车场的车辆（以下简称"车辆"）及任何使用写字楼地下停车场的人士（以下简称"使用人"）。

② 写字楼地下停车场范围内的同一车位于同一时间内只可停泊一辆车，停泊时应将车辆停放在车位线内。同时，任何车辆不得停泊于写字楼地下停车场出入口、行车道、预留车位或其他写字楼地下停车场规定的非泊车位置，若有违反，物业公司有权对违反规定的使用人予以纠正并采取相应的措施。例如锁车、拖车等来维护车场的正常秩序，而由此产生的费用均由车辆使用人承担，开锁费为×元/次，拖车费用根据实际情况收取。

③ 写字楼地下停车场设有固定月租车位、非固定月租车位及时租车位三种类型，固定月租车位及非固定月租车位的使用，需到物业公司办理停车证等相关手续，并缴纳车位租金，停车证不得转借并于到期前一天办理续租手续。时租车位按照车辆停放的时间收取相关费用，并采用先缴费，再取车的形式。时租车位使用人在缴费后15分钟内，必须将车辆驶离本车场，逾时需重新缴费。

④ 写字楼地下停车场内行驶速度不得超过5公里/小时，并留意车库限高。

⑤ 严禁在写字楼地下停车场范围内进行车辆维修，严禁在车场范围内添加燃料，或在写字楼地下停车场范围内居住、赌博、聚会、饮酒、喧哗、打斗、严禁兜售物品或超出泊车之外的活动，若有违反，物业公司除有权制止外，并可根据实际产生的损失追究当事人赔偿责任。

⑥ 使用人在月租车位使用期间如发生车牌或车辆变更或停车卡丢失时，应及时到物业公司办理补充、变更手续，并重新核发相关证件。

⑦ 人员离开车辆之前应确保关闭发动机并将门窗及行李箱等关闭锁好，贵重物品请勿留在车内。

⑧ 发生在写字楼地下停车场内的任何车辆或物品丢失或被盗事件，写字楼地下停车场将不承担任何责任。

⑨ 写字楼地下停车场使用人在车场内驾驶或停泊车辆时，必须遵守写字楼地下停车场的管理规定、各种标识及现场管理人员的指挥。使用时租车位停放的车辆原则上不得持续停放超过7天，超过7天，物业公司有权对该车辆采取拖车或报警等措施，而由此产生的费用均由车辆使用人承担，包括但并不限于实际停车费、人工费、行政费等。

⑩ 因使用人及车辆原因造成的写字楼地下停车场范围内的任何人身、财产伤害，写字楼地下停车场不承担任何责任。

⑪ 使用人不得停泊或携带任何构成威胁其他车辆或人身安全的车辆或物品。

⑫ 任何情况下不得以任何理由，干扰车场内车辆的行驶及安全。

⑬ 不得在物业公司指定的区域以外的地方装卸货物。

⑭ 月租车位使用人进入写字楼地下停车场请出示有效停车证明，否则写字楼地下停车场有权拒绝其进入。月租车位使用人因未携带停车卡而利用时租票进入车场，则需按照时租停车来处理，并交纳相关的停车费用。

⑮ 写字楼地下停车场可放行任何能出示停车收费证明及持有停车证的车辆，或能出示任何可足以令写字楼地下停车场认可的证据，以证明其为该车车主或该人有权领取的车辆，对此写字楼地下停车场无须承担任何责任。

⑯ 在特殊情况下，写字楼地下停车场管理员有权要求车辆使用人提供姓名、电话及有效文件。

⑰ 因使用人的责任而导致写字楼地下停车场的任何装置、设备、设施及器械等物品的损坏，使用人必须按价赔偿。

2. 露天停车场管理规定

① 写字楼露天停车场属对外承包的车场，安全服务部负有检查、监督责任，其管理工

作由安全服务部和承包方共同完成。

② 车场工作人员必须着工装上岗，文明值勤。在打开租户车门前，必须请租户带好手机、钱包等贵重物品。禁止无驾驶证人员驾驶租户车辆。

③ 车场工作人员在签订劳动合同时，应提供个人身份证明，由车场管理人员保留身份证复印件。

④ 每日7:30之前，应将车场打扫干净，平时应保持车场的保洁。

⑤ 写字楼露天停车场，为租户提供有偿服务。租户如需车位，要办理停车证手续。

⑥ 租户必须按车场设置的交通标志、标线行驶，服从停车场管理人员的疏导和管理，如屡次违犯露天停车场管理规定，终止其使用停车场。

⑦ 不得在车位内洗车、加油、修车和动用明火，严禁装载易燃易爆物品的车辆驶入停车场。

⑧ 车位的租户只能将车位用做停泊车辆，不得放置货物。不得在车位四周设围栏或锁链。

⑨ 车主在离开车辆时，必须锁好车门，带走车内有价值的物品，车内物品遗失，车场不承担责任。

⑩ 如在停车场内行驶或停放过程中造成其他设备、设施损坏，使用人照价赔偿。

⑪ 安全服务部负责协调承包方对车辆发生的任何事故的处理。

⑫ 安全服务部经理负责检查停车场管理工作，并向总经理汇报。

第五节 写字楼物业的风险管理

一、写字楼物业的风险管理概述

（一）风险管理的定义

风险管理是现代企业和家庭所必不可少的，尤其是经济发达国家，风险管理已成为一门新兴学科深入到教育领域，并已引起社会普遍重视。所谓风险管理是指经济单位通过对各种潜在风险的认识、鉴定、衡量、控制和处理，从而力求以最少的成本使风险所导致的损失降到最低度，以获取最大安全保障的管理方法。

现在，风险管理已成为企业管理的重要环节，大企业都设置有专业性的风险管理部门，或在一般管理部门之下设立风险管理单位，专职从事风险评估和控制；中小企业则可通过指定人事管理经理承担风险管理职责，也可聘请社会专业风险管理顾问公司或保险公司、保险经纪公司的专业人员，协助进行风险管理。

（二）写字楼物业风险管理的特点

（1）全员性 写字楼风险的识别不只是物业总经理或物业服务企业个别人的工作，而是全体员工参与并共同完成的任务。

（2）全期性 写字楼风险的不确定性，决定了风险识别的全寿命性，即写字楼生命周期中的风险都属于风险识别的范围。

（3）动态性 风险识别并不是一次性的，在写字楼经历的竣工验收交接过程、二次装修管理过程、正式营运管理服务过程的全过程中都要根据情况的变化，适时进行风险识别。

（三）写字楼物业服务风险的种类

写字楼物业服务风险的种类包括：工程隐患风险；设备运行风险（机毁人亡的重大事故，商务信息中断、丢失）；消防防范风险；安全防范风险；自然灾害风险。

二、写字楼物业的风险应对策略

风险应对策略一般应包括风险回避、风险转移（购买写字楼物业保险即为此种策略之一）、风险减轻、风险承担（将损失摊入经营成本，建立意外损失基金等）、风险分担和应急措施。物业服务企业必须承认风险的客观存在，可以采取以下风险管理对策有效地管理风险，积极地规避风险。

（一）对管理标的风险识别和评估

风险识别是风险管理的基础。没有风险识别的风险管理是盲目的，通过风险识别，可以将那些可能给写字楼带来危害的风险因素识别出来，是制订风险应对计划的依据。尽管风险的发生具有四种不确定性，即每年发生频数、发生时间、发生空间和发生程度的不可预知性，但人们还是可以运用科学的大数法则和概率规则来加以分析和认识，以此确定某一标的可能遭遇风险的相对严重程度和损害波动的大致幅度，并将风险纳入可管理的范畴，然后有针对性地选择最佳风险管理方法，实现风险的有效分散和合理转嫁，最终控制自身可能承担的经济损失。

（二）确立风险管理目标

确立物业风险管理目标，如同所有的管理活动目标一样，风险管理就是要通过对各种潜在损失风险的研究，分析和识别风险发生和变动的规律，进而采取有效的防范手段，以保障公司和个人的经济效益，减少因风险导致的财产、人身以及责任赔偿损失，保证有关物业经营和管理活动的正常进行。风险管理目标可分为损失前目标和损失后目标。其中损失前目标具体包括经济目标即减低管理成本，提高公司利润，解决忧虑以便专心致志于事业的发展，并努力树立公司良好的社会形象。损失后目标包括维持公司生存，保持公司继续营运和持续发展，保障公司稳定的盈利能力和有利的社会声誉。因此，物业服务企业应做好如下几个方面的工作。

1. 写字楼物业的风险管理应对计划

写字楼物业风险应对计划应尽可能详细，比如说在什么情况下采取什么行动，风险应对计划一般应包括如下内容。

① 已识别的风险及其风险特征描述，对写字楼哪些方面造成影响，风险如何影响写字楼物业服务与经营的目标。

② 风险承受主体及相应的责任分配。

③ 定性和定量风险分析过程的结果。

④ 对某一具体风险经过分析，接受的风险应对措施。

⑤ 风险策略实施后，预期的残余风险水平。

⑥ 用于执行选定的风险应对策略的具体行动计划。

⑦ 应对措施的预算和时间。

⑧ 意外事故应急计划和反馈计划。

2. 制定详细的风险应对程序

接下来应制定详细的风险应对程序，如图2-2所示。

（三）写字楼物业的风险规避

在采取了各种安全和风险管理措施后，写字楼物业仍有可能在持有期内由于某种意外的原因使物业损毁，从而导致出租经营过程的中断。为了抵御这种突发事件给物业带来的财务风险，业主或其委托的物业服务企业通常要作出综合保险安排。一般说来，单一的保单不可能为投资者提供完全的保障，而即使有这样一种能提供全面保障的保单，保险费的数额也可

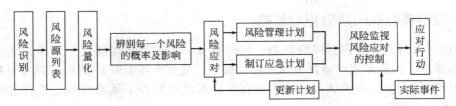

图 2-2 写字楼物业风险应对程序

能是很难承受的,所以写字楼物业投保过程中,投保人的保险计划经常是由多个保单组成的保险组合。

从理论上来说,物业投资过程中的所有风险都可能通过保险安排来进行规避,但在物业投保的过程中,业主或物业服务企业通常还要在投保项目和保险费支出之间作出平衡。如果将所有风险都通过投保的方式转嫁给保险公司则可能会由于过高的保险费支出使投资者徒劳无功。因此,写字楼的业主主要是选择那些自己无法控制的风险项目进行投保,对于那些自己可以控制或规避的风险项目就承担下来,以获取高于平均收益水平的风险报酬。

写字楼物业的业主、物业服务企业和租户都要参加保险,以保障其自身的利益和其他与物业有关方面的利益。写字楼物业的业主通常将收入损失、结构毁损和第三者责任投保,此时业主被称为投保人,物业服务企业为附属投保人。但写字楼物业投保的最大特点是:保险费是物业运营成本的一部分,而且这部分费用最终要转嫁给"租户"。由于写字楼物业的整体险不包括各租户承租内的空间,因此大多数写字楼的租约要求租户就其承租空间内的办公设备等财产单独投保,写字楼物业租户投保的项目应以能够保持其企业正常运转并能承担租约中规定的其要承担的责任为原则,当然租户也可能就其他项目投保,如专业顾问公司可以投保专业责任保险、职工医疗保险、职工养老或失业保险等。

保险公司和投保人之间的保险协议使得投保人有权利在意外灾害发生时得到保险公司的赔偿。例如,写字楼内由于用电安全问题导致火灾,业主就可以向其投保的保险公司索赔。当然,如果事实证明是租户的职员用电不甚导致了火灾的发生,则业主的保险公司就可以向租户或其保险公司索赔,以弥补自己的损失。

【思考题】

1. 什么是写字楼?写字楼与办公楼有哪些区别?
2. 写字楼物业的物业服务方式与目标有哪些?
3. 写字楼物业的物业服务内容有哪些?
4. 写字楼物业的安全服务内容有哪些?其重点内容是什么?
5. 写字楼物业的风险管理有哪些内容?如何进行写字楼物业的风险管理?

第三章 商场物业的物业服务与经营

第一节 商场物业概述

一、商场物业的概念

(一) 商场的含义

商场是具备一定规模的营业面积，汇聚各类商品进行零售经营或批发经营的交易场所，通常由一幢或数幢物业相连而成。

(二) 商场物业的含义

商场物业广义上是指建设规划中必须用于商业性质的房地产，它是城市整体规划建筑中的一种重要组成部分，其直接的功能就是为消费者提供购物场所。狭义上是指供商品流通和进行经济流动的物业及其附属的设备、设施，是进行买卖方式的商业行为的地方。商场物业包括各类商场、购物中心、购物广场及各种专业性市场等。其中，集购物、餐饮、娱乐、金融等多种服务功能于一体的大型商场物业也称公共性商业物业。

随着房地产商品化进程的发展，这些商场物业的产权性质也出现了各种形式，其经营方式多种多样。其中，公共性商业物业是因商业发展而兴起的一种新的房地产类型，与一般零售商店不同，零售商店即使规模再大，仍然只有一个经营实体。公共性商业物业一般会有很多独立的商家从事经营，各行各业的经营服务都有，范围远远超过零售商店。它不仅包括零售商店，而且包括银行、餐饮等各种服务性行业和各种娱乐场所。

二、商场物业的类型

(一) 从建筑结构上划分

(1) 敞开型　是指商品摆放在无阻拦的货架上，顾客可以直接取货挑选。如广州的天河城、正佳广场等都属此类。

(2) 封闭型　是指顾客购物时不能进入柜台里面直接挑选商品，而由售货员拿商品给顾客挑选。如香港的统一中心、太古城等。

(二) 从建筑功能上划分

(1) 综合性的商业购物中心　具体包括购物、娱乐活动、健身房、保龄球场、餐饮店、影剧院、银行分支机构等，如广州的天河城。

(2) 商住两用型的物业　底楼层部位是商场，批发部等；高层则为办公、会议、住户用房等，如宁波的世贸中心，金光中心等。

（三）从建筑规模上划分

（1）市级购物中心　这种购物中心一般建筑规模在 3 万～10 万平方米以上，其商业辐射区域覆盖整个城市，服务人口在 30 万人以上，年营业额在 5 亿元以上。

（2）地区购物中心　这种购物中心的建筑规模一般在 1 万～3 万平方米，商业服务区域以城市中心某一部分为主，服务人口在 10 万～30 万人，年营业额在 1 亿～5 亿元。

（3）居住区商场　这种购物中心一般在 0.3 万～1 万平方米，商业服务区域以城市中的某一居住小区为主，服务人口在 1 万～5 万人，年营业额在 3000 万～5000 万元。

（四）从物业的档次上划分

（1）经济型　是指出售大众化的一般商品，装修较为普通的物业，开支小，成本少。

（2）豪华型　是指大型商场、高级商场乃至著名的专卖店，其建筑也独具风格，设备设施齐全，装修、装饰豪华，设有彩电监控器或者是高档监控器，玻璃破碎感应器，手动脚动应紧急报警开关、红外线区域设防系统以及消防系统、收款联网系统、空调系统、客货分用电梯、购物车辆、停车场等。

（五）按物业服务模式细分的标准划分

① 大型批发兼零售专业市场管理模式的商业物业。
② 主题式专业零售商场管理模式的商业物业。
③ 大型百货商场管理模式的商业物业。
④ 步行街商业街（一种业态和综合业态）管理模式的商业物业。
⑤ 写字楼管理模式（带有商业群楼）的商业物业。
⑥ 大型 mall 形态管理模式的商业物业。
⑦ 购物中心管理模式的商业物业。
⑧ 娱乐类商业物业服务模式的商业物业。
⑨ 旅游休闲类管理模式的商业物业。
⑩ 酒店类管理模式（与商业结合的综合商厦）。
⑪ 度假山庄管理模式。

（六）按市场功能和建筑形态来划分

① 底商、裙楼（商场）、社区临街商铺的商业物业。
② 专业市场、专业商场的商业物业。
③ 整合性复合性的商业楼的商业物业。
④ 写字楼的商业物业。
⑤ 步行街的商业物业。
⑥ 地下商业城（街）的商业物业。
⑦ 购物中心（shopping mall）的商业物业。
⑧ 酒店（产权式酒店）的商业物业。
⑨ 会展中心、会馆、会所的商业物业。
⑩ 文化产业商业地产（电影院、娱乐城）的商业物业。
⑪ 卫生产业商业地产（药房、诊疗所）的商业物业。
⑫ 教育产业商业地产（校园商业广场）的商业物业。
⑬ 工业园区商业地产的商业物业。
⑭ 旅游商业地产的商业物业。

三、商场物业的特点

(1) 建筑空间大，装饰设计新颖、别致，有特色　建筑内部一般用大间隔、大空间设置；外观设计讲求宏伟、富丽，有的还配置休闲广场；内部装饰追求典雅、奇特。建筑外部、进出口处都要有鲜明的标志。

(2) 设施齐全　现代商业设备设施先进，除一般现代楼宇拥有的基本设备设施外，还有滚梯、观光电梯、餐饮和娱乐设施等。

(3) 客流量大　商场进出人员杂，客流量大，不受管制，易发生意外，安全保卫非常重要；还有些商品属于易燃易爆物品，消防安全也不能马虎。

第二节　商场物业的物业服务特点与内容

一、商场物业的物业管理要求

(1) 要树立商场的良好形象　企业的良好形象就是一种无形资产。商业物业必须具有良好的形体环境和商业特色，以增大知名度，扩大影响力。因此，物业管理企业要认真做好广告宣传活动，扩大商场的知名度和影响力，树立良好的商业企业形象和声誉。

(2) 需要确保商场的安全性　商场建筑物类型复杂、楼层高、功能多、建筑面积大、进出口多，造成人流量大，人员复杂，这些人在进出商场时又不受任何的限制，尤其是敞开式的商场堆满了商品，给制定和落实安全措施带来了很多困难。物业管理企业应通过完善的技防和人防措施，最大限度地保证业主和使用人、顾客的利益，保证他们的安全。

许多商品属于易燃易爆物品，火灾的防范工作尤为重要。物业管理企业平时应做好对消防设备设施的维护保养工作，同时制定完善的应急预案，保证应急措施的实用。

(3) 要确保顾客消费的便利性　商业物业内部要保持各种引导、提示标识的完整性，为前来消费的顾客提供一个明确的休闲、消费导向，为顾客提供消费便利。作为物业管理企业应该经常对各种标志进行巡视检查，如有损坏及时更新，如有变化应及时更换。

(4) 要确保设备、设施的可靠性　商业物业设备设施的正常运行是开展经营活动所必需的保证，任何一种设备设施的故障都会给销售者和顾客带来不便，甚至会带来巨大混乱，造成不安全因素。因此，要对商业物业的设备设施精心养护、及时维修，保证运行可靠。

二、商场物业的物业服务基本内容

商场物业的物业服务有许多同办公楼宇相同和相仿之处。但是还有许多特殊的内容，具体包括如下内容。

(一) 建立商场物业的识别体系

商场物业一般要依靠形体环境来显示企业实力，增大知名度，扩大影响力，设法把顾客引进来。因此，对于物业服务企业来说就要认真做好宣传广告活动，扩大商场的知名度和影响力，树立良好的商场形象和声誉，以吸引更多的消费者前去购物。

企业识别系统是强化商业企业形象的一种重要方式，它包括：理念识别体系、视角识别体系和行为识别体系，三者互相推进、互相作用，能产生良好的商业效果。

商场一般都沿街建造，对市容有很大的影响，既要符合社会的实用要求，又要符合社会的美学要求。商场物业的识别体系既是商业特色，是商界潜在的销售额，也是潜在的资产或无形的资产。因此，建立商场物业识别体系的具体要求是：要与商场的形体环境和商业特色相统一，要树立商场物业良好的形象。

住宅类物业设计形象的主要目的在于美化居住环境，除在一定程度上促进物业销售外，在日常物业服务上并无其他商业考虑，而商业物业的形象设计则肩负着极强的商业使命，恰如其分的商业形象设计能够诱发顾客的潜在购买欲望，使之形成现实的消费；良好的外观设计、优美的内景布置能够使顾客为这种具有艺术美的商业氛围而实施自己的购买行为。现代的商业大厦（商场、商城）正是利用卓越的商业形象设计使顾客产生美感愉悦的同时，引导顾客消费，从而促进商业营销的。举凡成功的商业物业无不具备独树一帜的成功商业形象，如深圳铜锣湾商业广场独特的中庭设计、深圳山姆会员店科学合理的功能分区等。同时，舒适、幽雅的购物环境与和谐有序的消费氛围，不仅可以树立商业物业良好的自身形象，促进自身商业发展，还可起到形象示范作用，影响、带动周边商业物业形成区域发展，达到整体提升周边商业环境的效果。总之，保持物业良好形象是商业物业服务的主要任务。

由于商业物业内不同区域的功能分区不同，为正确地导引人群、疏导车辆、维持物业内部的有序经营，在适当的位置（如出入口处、楼层梯间、坡道处等）设置明显的指示牌显得格外重要。在顾客分流方面，应采取积极合理的措施（如专人导引、专题广告导引、语音导引等），既能使顾客轻松流畅地进出，又能使顾客感觉到热烈的商业气氛。如果停车场、人行入口处过于拥挤，将会严重影响购物环境，并且影响顾客情绪。另外对于物业内各经营单位（商户）的招牌（广告牌）应妥善管理，保持物业外观整洁。

影响商业物业商业形象的因素很多，完善的物业服务是非常重要的一个方面，通过良好的物业服务可以创造良好的公众形象，增强公众信心，从而吸引消费，有效促进物业内的各项经营活动。

（二）设施养护管理

商场物业的设施设备管理是非常重要的，除了对机电设备必须保障正常运转外，特别要保证在营业期间不发生突发性的停电故障，避免引起营业现场的混乱，甚至发生伤人事件。要把自动扶梯等的开关装置在顾客碰不到的地方。因此，商业物业（楼宇）高起点、高质量的设备设施需要具有先进的现代化管理手段和专业化养护维修技术。在养护维修方面，必须有一支专业化队伍，对物业的各种设施设备加强养护，如空调设备、电梯设施等。由于商业物业（楼宇）使用频繁，预防性的维护工作与建筑地面、设备的日常检查工作就显得尤为重要。商业物业内部属于人流高度密集区域，空气调节必须适宜，载人运输工具必须保证长时间安全运行，因此必须加强各类设施、设备的维修保养，减少停机率，并在商业物业开放运行中及时处理各种设备故障，保证其正常运转，为物业业主及使用权人提供方便及不间断的服务。

（三）环境卫生及绿化管理

1. 环境保洁管理

商业物业的环境整洁与否是衡量物业服务水平的重要标志，保洁工作对物业业主、租户及顾客的影响极大，越是高档、现代的商业物业，对保洁工作的要求就越高。商业物业的人流多且人员杂乱，产生垃圾的源头较多，加上有可能部分租户居住在物业内部（如某些专业批发商场），存在生活垃圾的处理问题，保洁工作相对难以控制。除应有专人负责流动保洁、及时清运垃圾、随时保持室内外卫生之外，同时应注重提高保洁工作的专业性，满足商业物业内部各种设施设备的保养需要。商业物业（楼宇）的保洁形式具有以下主要特点。

① 由于商业物业日常的保洁需求时间较长（营业时间长且节假日照常营业），在保洁人员的工作安排上一般实行两班倒，即将巡视和保洁分开，隐蔽部位（如消防通道内的设施）的保洁工作安排在白天巡视时间完成，夜间主要对营业区域进行保洁，包括地面、卫生间、

玻璃、消防器具等公共设施。

② 商业物业的保洁重点在大堂及大门入口处。大堂、大门是出入人群的必经之地，且位置最接近物业外部环境，只要注意大堂和大门出入口的卫生保持，并及时进行保洁作业，便可在很大程度上减轻其他楼层和部位的保洁压力，但需注意在顾客经过出入口防尘垫之后，仍会有部分灰尘散落地面，如逢雨天，应组织人员将污迹控制在大堂入口范围内。

③ 商业物业保洁巡视的人员配备主要由物业自身的档次来决定，楼宇档次越高，巡视的内容越单一，需配置的保洁人员越少；楼宇档次越低，巡视工作所需的人员越多，巡视频度越大，特别是集市型的商业物业，保洁质量的高低取决于巡视保洁的质量。另外商业物业保洁还需注意对停车场、理货区及垃圾存放点的巡视保洁，为方便顾客，还应注意垃圾收集桶摆放的数量与位置是否合理。

④ 商业物业对保洁人员的素质要求较高，包括及时发现问题的能力和正确处理保洁作业过程中的各种应注意事项的能力，在人员管理方面还涉及防自盗等情况，物业服务单位应合理安排保洁人员的工作时间、工作区域及作业方式，做到既要保证物业环境的保洁卫生，同时也尽量避免因保洁作业对物业内部正常的商业经营活动造成的不良影响。商场的基本保洁工作应安排在非营业时间，营业时间应避免使用长柄拖把，而宜用抹布擦拭，清场后必须把垃圾清理出现场，置放的绿化、盆栽要保持干净、鲜活，枯萎的要及时调换。

2. 绿化管理

营造良好的购物环境是商业物业（楼宇）成功的基本条件，而出色的绿化管理则能提高商业物业区域环境的"含金量"。尽管商业物业的单位面积价值昂贵，但仍需要通过环境绿化来点缀，并以此营造和谐舒适的宜人气氛，提高业主、租户及顾客的生活、工作质量。商场内外的绿化搞得好能使周围的环境得到改善，并提升商场的品位。

商场外围的绿地，在基建时就已定型，管理服务通常主要是养护工作。商场内部植物花卉的摆放，是有较大伸缩余地的。花卉的摆放，需要请专业园艺师进行整体布局设计，商场的整体绿化风格和局部独立的构图要统一协调，水平绿化和垂直绿化要相得益彰。商场绿化还可以开辟许多新的领域。如被誉为"空中花园"的屋顶绿化及平台绿化、墙面绿化等。绿化管理应配备专业技术人员，依据季节、气候、地域条件的不同和树木花草的生长习性及要求，制定详细的管理细则，指导养护人员实行。

商业物业的绿化管理以经济适用、美观大方为原则，为与建筑环境气氛取得协调一致的效果，应对其进行统筹规划，合理布局。具体的绿化方案设计应结合客观环境，合理布置，既要考虑美观，通过绿化起到美化环境、改善环境小气候的作用，也要考虑植物品种的选择，方便长期的日常养护。

同住宅物业相比，商业物业（楼宇）因其着重商业综合使用功能及建筑空间方面的限制，使得物业内可绿化区域面积较小，加上室内阳光照射不充分，因此给绿化工作带来困难，为较好解决这一问题，应充分利用有限场地，采取水平绿化与垂直绿化相结合的方法，在拥挤的有限空间里营造绿意的环境。在绿化装点室内空间时，应注意以下几点。

① 商业物业的绿化配置主要以室内绿化为着眼点，属花卉租摆范畴，对花卉的质量要求相对较高，花卉在摆放期间应表现出良好的生长状态，防止出现乱叶、黄叶、虫害、萎蔫、老化、不规整等生长不良的情况。

② 商业物业室内的亮度主要由日光灯补偿，光线较柔和，因此在品种选择上以观赏叶片花卉为主，叶片质地应为革质以上，光亮无毛，颜色纯正。在养护中应及时保洁叶片，去除灰尘，以保持叶片光亮，必要时可喷施少量光亮剂。

③ 室内花卉的选择应注意避免选用姿态臃肿的花卉，主要突出线条美和层次美。同时

要避开有异味、有毛、有毒的植物。花木摆放讲究艺术,品种配置与摆放位置要适当,风格统一协调,构图合理美观。

④ 因室内光照度有限,不宜摆放较高大的植物,注重环境配置的商家往往采用人造花搭配部分真花,并在透视的焦点部位人为加上背景以烘托气氛。

⑤ 室内花木一般产自热带,因此室内的湿度要较大一些。由于受到环境的制约,室花更换较频繁,日常的养护大多限于夜间浇水或补充少量颗粒剂复合缓释肥料。

⑥ 搬运花草植物时,保护花卉枝叶不受损伤,同时注意花木放置场地的卫生保洁。经常对植株进行检查,适当进行绿化补缺与品种调剂,确保植物生长成型,成活率达95%以上,保持植物常盛态势,可使室内环境充满生机与活力。

(四) 安全服务

商业物业面积广、商品多、客流量大,需要一支训练有素的安全和消防队伍,并有一套紧急情况下的应急措施。安全服务工作的基本要求是保障物业安全,维持商业物业的物业服务与经营秩序。商业物业的安全服务注意事项有以下几点。

① 将物业服务中的安全服务与商业经营中的防损要求结合起来。商业物业内的人流构成复杂,几乎任何一家商业机构都要面对商品防损的难题,采取包括录像监控、便衣巡查等各种安全措施力求杜绝商品流失。物管机构的安全人员应根据委托管理合同的要求,合理分工,明确责任。若商业物业的物业服务与经营方自身设有专门的保卫部门(如商品防损部),物管机构应注意明确同防损部门的职责分工、责任区域的划分及具体工作的对接程序。若商业物业的物业服务与经营方将防损工作交予物管机构管理,物管机构应在自身安全服务部门内部明确各安全岗位的具体设置及岗位职责,通过有效分工,采取各项有效措施,在做好物业社区治安工作的同时,积极重视商业防损工作,将商品的损失程度限制在最小范围内。

② 将物业安全管理同物业消防管理相结合。消防安全是物业安全的重要环节。由于商业物业内人员密集、设备昂贵、财物(产)汇集,发生火灾所造成的生命、财产损失无法估量,因此商业物业物管机构的每一位安全人员都应同时是兼职消防安全服务员,并具备相应的消防知识与技能,及时发现并处理各种火灾隐患。

③ 将安全服务与客户服务工作相结合。商业物业的物业服务对象较多,包括业主、租户及商业顾客,同其他类型物业的物管工作相比,由于物业的商业特性,商业物业的物业服务更加强调管理的服务性。安全服务人员在日常工作中,随时都可能会接到客户的各种服务要求,因此,必须将安全人员的日常工作纳入到客户服务工作中去,为顾客提供各种细致服务,尽可能地保护业主、租户和顾客的利益。

④ 紧急事故的应急处理。住宅小区的整体环境属于封闭型或半封闭型,而商业物业属开放型环境。现代物业服务中的安全服务概念正变得越来越复杂化、严格化,已不仅仅局限于物业方面的安全服务,还包括犯罪、意外事故、自然灾害及危险物等紧急事故造成的安全保护问题。安全人员所承担的责任随着社会的发展和业主需求的变化而不断增加。

就高度密集性的商业物业而言,若发生紧急事故后处理不当或不及时,将会造成无法估量的生命财产损失,因此必须设计一套有效的紧急事故处理程序,该套程序必须为诸如火灾、电源失控、水管爆裂、犯罪活动、爆破威胁、电梯事故、严重伤病等紧急事项有所准备。有安保人员必须与物业电气、机械、交通和控制设备相关人员及物业业主、租户紧密配合。

任何一项安全计划都应有四个目标:预防措施、问题的检测和报警、损坏遏制及防止损失的进一步扩大。处理物业紧急事故最先进的方法在于预防的措施。由于物业服务者无法事先准确预测事故的发生，因此在设计保护计划时，必须尽可能地提前考虑任何紧急事故可能发生的各种情况，最大限度地作出反应。一些具体的预防措施如事先做好电梯的准备工作，以便在紧急情况下供事故发生楼层的受伤人员疏散使用；在租户中提倡使用不易燃、防火性家具及材料；组织业主、租户定期举行各种应急反应训练和活动；编制紧急事故程序指南手册并发放到所有物业工作人员、业主、租户手中；储备少量紧急物资等。

一旦紧急事故发生，人身安全就处于第一位。物业服务者应按设计好的基本应急程序履行职责，立即与业主、租户建立个人联系，通告危机现状以及解决办法。物业服务者必须全力以赴，以避免发生更大的损失，尽可能快地恢复正常的工作运行是减少商业经营损失的最好办法。

提高安全的重要性还包括免受犯罪活动的侵袭。商业物业的一些地方是较易发生犯罪活动的，如商业中心的停车场就是犯罪分子与歹徒经常活动的主要地方。对此，物业服务机构有许多需要改进的地方，例如，增加照明灯以加强顾客的安全感；人行道附近和停车场不应有藏身之处；为顾客提供的哨岗应安排在停车场的重要位置等。增加训练合格的安全人员，配备高性能的安全设备，都可在一定程度上提高安全而降低犯罪发生。商业物业的物管机构应与当地公安部门加强联系，获得必要的建议与帮助。另外，租户若发现有可疑行迹应立即互相通告，这样由于失误导致的犯罪事故就会减少。

（五）广告管理

广告要执行广告法的有关规定，楼宇内外的广告牌、条幅、悬挂物、灯饰等由租户提出设计要求后，应统一由物业服务企业委托专业广告设计人员按商场整体布局设计、悬挂或由租户按物业服务企业的规定就其广告式样、颜色等由物业服务公司审核后进行制作，而且要悬挂在指定的位置，做到管理有序。

橱窗展示宣传也是重要方面，橱窗展示宣传要由物业服务企业统一规划以保持格调一致和富有特色，应做到橱窗玻璃洁净、明亮，灯光及时开和关，陈列物品整洁有序。

（六）装修管理

商场楼宇的租赁往往以整个层面向外出租，出租后，由客户依据经营要求，提出装修申请。也有的业主把一个层面装修完毕之后出租铺面。客户对铺面只能通过申请批准后做一些小的变动装修，因此，商场的装修活动十分频繁，要做到装修部位不会影响周围摊位的营业，装修管理应做好以下几个方面。

① 在审批装修设计方案时，要密切注意温感器、烟感器、喷淋装置与送风方向的配置，在装修施工时还要密切注意这些设施是否被破坏，要提供装修咨询服务。

② 建立周全、详细、便于操作的管理制度。

③ 专人负责对工程实行严格的监督；选定资质高、信誉好的工程承包商进行装修。

④ 对装修现场进行监督管理。

（七）租赁管理

大型商场中有些商场引进了承包制，逐步发展到柜台出租、楼宇层面或整楼出租，作为物业服务公司在做好楼宇租赁的同时，还要注意租赁管理。

1. 出租方式

主要有租金投标和协议租金两种。在地段好、客流量大的商场，承租单位往往要争相租赁，在同时出现多个承租单位的情况下，可用竞标方式，以获取理想的租金。在一般地段，承租单位争铺面的情况尚未出现时可用协议租金，这一方式较灵活便利。

2. 租金管理

在租金商定时要考虑多方面因素,如商品经营的范围及类别;附近商场楼宇的空置率;承租单位的经营特色;商场所处的位置。另外,经营商品给管理带来的难易程度也应作为一个因素。租金计算可采用两种形式,一种先规定一个固定的月租金(根据面积),然后根据市场情况和货币升、贬值决定几年后再增加合理的幅度。一种是按面积定出最低租金,然后根据承租单位销售总额按一定的百分比收取租金。

无论是采用柜台出租和层面出租,负责租赁经营的物业服务企业要以良好的管理服务业绩来推动租赁业务,负责管理服务的物业服务企业同样要以良好的管理服务业绩来促进经营单位的租赁业务,物业服务企业的现场管理部门,如经营部要加强各类合同、契约的起草、协调、实施合包管工作。

(八) 产权、债权关系

商业物业(楼宇)的所有权人可能是个人、一间或数间公司。房地产的开发建设经常是通过抵押等方式来筹集资金的,所以物业本身可能存在着所有权或债务形式多重性的特征,对于物业服务者来说,了解物业债权的实质性关系和所有权类型是相当必要的,若物业产权不清,从物管市场的角度而言,意味着物管需求方的主体不确定,必将导致物管作业因服务对象的不明确而陷入混乱无序的状态。若物业债权关系复杂,则有可能使物管企业卷入不必要的债权纠纷,在一定程度上加大经营风险。物业服务是属于长期经营的产业,物业委托方的产权、债权关系是否清晰明确必将影响物业委托双方的长期合作发展。

(九) 公关关系

1. 商业社区文化

商业社区文化活动对于商业物业内的所有单位及个人均有重大意义。第一,文化活动的开展有利于在物业社区内形成一种和睦、融洽、安宁的气氛,密切内部各商业单位间的往来,为互相之间的沟通提供了渠道,俗话说,和气才能生财。第二,通过开展多种形式的商业社区文化活动,有利于加强业主、租户与物业服务单位的沟通,增进相互间的了解,及时化解矛盾,使物管工作得以顺利开展。第三,商业社区文化活动的开展有利于唤起全体业主、商户的荣誉感,制造名牌效应。如通过组织业主旅行团、音乐会、康乐比赛等文化活动,一方面可唤起全体业主、租户的参与意识,另一方面也提高了物业知名度,能为物业带来可观的商业效应。第四,通过开展文化工作,保证了物业社区的"安全文明",为社区的稳定和长期发展奠定了基础。

2. 商业推广、促销活动

加强同商业物业内各经营单位(商户)的联络,有组织、全方位的促销活动不可或缺。物管机构可精心策划、积极配合商业物业的物业服务与经营方组织、宣传和开展各类促营销活动,如示范表演、展示会、联合促销、季节性社会活动等,努力为吸引顾客提供各种周到细致的服务。这样,一方面可以增添商厦热闹兴旺气氛,促进物业内各商家与顾客之间的联络,另一方面可扩大商厦的知名度,吸引大批顾客前往消费。

总之,商业物业服务机构处理公共关系的核心内容就是通过各种有效沟通渠道,采取多种形式加强同物业经营方、业主、租户的联系,并在经营合作上明确与物业经营方的专业分工,物业经营方负责物业的商业经营,物管机构则专门负责物业服务,双方合理分工、协力合作,致力达到共同经营、整体发展的目标。

(十) 其他综合服务

其他综合服务包括报刊、信函的收发;物业服务费的收取;水电费的代收代缴;小件物品的寄存服务及其相关服务等。

三、商场物业的物业服务重点

（一）安全服务

商场物业的面积大，商品多、客流量大，需要一支训练有素的负责安全和消防的队伍，并有一套紧急情况下的应急措施。无论安全和消防，都应有 24 小时的监控设备系统和岗位责任，人防与技防相结合，尽可能地保护业主、租户和顾客的利益，使顾客安全、可靠、放心地购物。

（二）环境和车辆管理

应做好日常环境和车辆管理工作。购物商厦人员流动量大，要有专门人员负责商厦外部环境和内部的流动保洁，把垃圾杂物及时外运，随时保持室内外的卫生。要有专门停放机动车和自行车的场所和管理人员，维持好进出商厦通道的良好秩序。

（三）设备设施的维修与管理

商业物业的高起点、高品位、高质量的设备设施，需要具有先进的现代化管理手段的管理人员和专业化养护维修技术的技术人员，因此在养护维修方面，必须有一支专业化维修队伍。这支技术队伍不仅了解和熟悉设施复杂智能化商厦的设备功能，而且在商厦运行中能够及时处理各种设备的故障，保证其正常运转。

（四）物业服务及时方便

为了实现物业服务及时方便的这一要求，在管理措施上，物业服务企业应依据有关政策法规，订立一套适合商场物业服务的规章制度，规范各专业岗位的职业守则。对设备维护、保洁卫生、安全服务等日常工作，按照高标准订立工作日程和服务质量标准，使商场始终保持保洁文明的营业状态。

第三节　商场物业的招商管理

商场物业的收益直接通过招商收取租金或营业额提成来实现，因此，招商对于商场物业的经营来说非常重要。所以，商场物业招商是指商场的产权者通过一定的渠道，将拥有的经营权全部或分散的以租赁或其他联营方式，交给各个大小商户进行经营，以获取租金或营业额提成的招商模式。

一、商业物业招商的特点

招商是商业地产收益的实现形式，一个商业地产项目运作成功与否就看是否能按计划成功招商。因而，对于开发商来说，掌握商业物业的招商特点有利于商业地产项目的运作成功。与传统的零售服务业相比，商场物业的招商具有以下五大特点。

（一）目标客户主次分明

首先是确定主力店群，其作用主要有四个。其一是有助于稳定整个项目的经营，主力店群一般占有整个项目一半左右的营业面积，其影响之大可想而知。知名度较高、有良好业绩记录的主力店可使项目更加稳定，且有利于项目的可持续发展；其二是知名的主力店群的入驻能够吸引投资客的眼球，刺激铺位的销售，以及对中小店群的招商；其三是主力店群各自拥有一定忠诚度的消费群体，这一优点可以帮助项目在日后的营运中，能在保持一定量客流的基础上发挥更大的效用；其四是主力店群的进驻能够影响中小店的租金水平，提高项目整体租金收入。

其次是在确定了主力店群之后,再确定中小店群。其作用主要有两个:其一是按业态组合设计招入中小店群,以满足项目商圈内不同层次、不同需求的消费群的购物或消费需求;其二是中小店的铺位租金往往是主力店的4~10倍,有的甚至更多,其租金总和是项目的主要利润来源。

(二)租金高低悬殊,租期长短不一

主力店群投资大,投资回收期长,其租期要求一般需8~10年,有的长达15年甚至20年。其租金相对便宜得多,一般在第4年起,租金开始递增,递增幅度在3%~10%。由于发展商考虑了多种因素,成功经营的主力店最终是有利于项目的可持续性发展的。而中小型店的租期一般为3年左右,租金较高,一般在第3年起递增租金。以深圳市某近80000平方米的购物中心为例,先行入驻的主力店(某百货店),其租金为80元/(平方米·月),租期为15年;而同一层楼名店廊的铺位租金高达300~800元/(平方米·月),租期为3年。可见,其租金的悬殊还是非常大的。

(三)招商时间长

商业物业的招商时间相对较长,从业态组合确定开始至项目全面营业,它可分为主力店群和中小店群两个招商阶段。主力店群的招商集中在项目业态组合之后、规划之前。而中小店群的招商则分散于整个项目的建设期间。由于主力店群决定项目产品的形式,在产品形成之前,发展商需确定主力店群,并按其要求设计、建造相适应的产品——商业物业;而中小店群则对形成后的商业物业改造要求不大,因而中小店群的招商可在主力店群确定之后才正式进行,当然项目建设期间可进行各类中小店的招商咨询登记工作。

(四)招商难度大

招商难度大的主要原因在于以下四个方面。

① 项目建设期较长,主力店群对项目业态变化趋势把握不住,不容易与开发商结成合作联盟。

② 装修进度影响中小店群的入驻。虽然有项目装饰效果图,但中小店主的担忧是有一定道理的,毕竟他们也需要在适合的场地发展新的分店。

③ 功能分区的招商进度影响了各类店的进驻决策,按照合理的功能分区计划,顺利入驻相应的商店或服务机构可使各类店的经营互动起来,对于项目和各店经营大有帮助,而一旦某一类商店或服务机构招不进来,则整个项目服务功能可能不尽理想,特别是能够吸引人气的各类主力店或同类店中的知名店(特色店)没法入驻时,更是影响了整体的经营。在进驻决策过程中,各类店除考虑区域布局外,这一点也是考虑的重点。

④ 营运商较低的知名度和缺乏经验,使招商难度进一步提高。商业地产在我国兴起的时间不长,像广州天河城购物中心成功经营的案例更是寥若晨星。绝大多数的发展商或营运商并不具备丰富的商业地产营运经验。

(五)招商技术要求高

招商技术要求高主要表现在以下四个方面。

1. 招商人员需具备丰富的零售服务知识

① 必须熟悉商品或服务的类别及特点、地产开发、物业服务等相关的基本知识。

② 掌握市场学、经济学、管理学中的一些基本原理。

③ 了解租赁、消费、产品、销售等相关的法律法规。

2. 招商人员需具备较强的招商技巧和谈判能力

① 由于招商难度大,这就要求招商过程中使用一些技巧,如制造某些位置有多家入驻的抢手局势等。

② 在招商前期，主力店的招商工作异常艰难，知名度较高的主力店一般会大受商业物业的欢迎，其在某一区域内选址的机会也较多，因而要在了解竞争对手之后制定出吸引其入驻的条件和谈判策略，并争取同时分别与不同的多家主力店洽谈入驻意向、入驻条件。

3. 招商人员需具备较强的评估能力

在租户表达了入驻的意向之后，招商小组应派有关人员考察租户的经营情况，特别是主力店的调查和评估，其评估的内容包括资金实力、经营业绩、经营特色、注册资本金、管理层的管理能力、营业额及其增长率、财务状况、合作意愿程度等项目，并按一定标准进行量化评估，为选择租户决策提供科学的数据及报告。

4. 招商人员需采取合理的招商推广策略

招商推广的好坏将影响到资金的预算和招商效果，招商推广策略应符合招商策划内容的要求，并围绕项目的市场定位、功能定位和亮点设计等内容进行招商推广策略的制定和实施，以保证招商工作少投资，高效率。

二、招商部门的组织结构

招商需要效率，只有掌握招商部门的组织结构管理，才能使整个招商活动达到高效率、低投入的效果。

招商部门组织模式的选择要受到项目人力资源、财务状况、产品特性、项目规模、消费者及竞争对手等因素的影响，项目应根据自身的实力及项目发展规划，精心"排兵布阵"，量力而为，用最少的管理成本获得最大的经济效益。

下面介绍几种常用招商组织模式：业态型组织模式、片区型组织模式和复合型组织模式。

（一）业态型组织模式

随着招商员对业态重要性的理解，加上业态的不断发展，使许多大型项目都用业态线来建立招商队伍结构。特别是当业态组合复杂，按业态分类组成招商队伍就较合适。例如，一个10万平方米的购物中心，它必含有零售、娱乐和餐饮多种业态，而各业态又有多种不同的业种，招商组织就可以按照零售、娱乐和餐饮分为三个小组，每个小组又可以安排每个招商员负责不同的业种（见图3-1）。

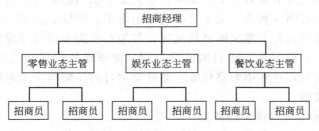

图3-1 业态型组织模式图

业态型组织模式与实际联系密切，适合业态种类多的项目。

（二）片区型组织模式

项目也可以按商业物业的不同楼层或片区来组建自己的招商队伍。例如，一个中小型商业项目，可以把它的商户按所规划的楼层分布来加以划分（见图3-2）。

此模式最明显的优点是每个招商员都能了解自己的招商任务，有时还能降低招商队伍费用，更能减少渠道摩擦。

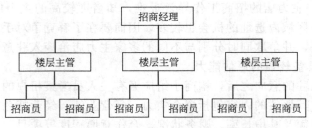

图 3-2 片区型组织模式图

(三) 复合型组织模式

对于超大型的商业项目,其往往拥有一群建筑体,因此,多数管理商采用了综合业态和片区的复合结构,招商员可以按业态、建筑体、楼层或片区进行划分。

三、招商的基本原则与渠道

招商工作多是主动性的,也就是说招商人员主动上门寻找目标客户进行沟通,最终说服客户进驻项目投资经营。但是,招商并不是让招商人员无目的地到市场上找客户,而是有计划地、有目标地进行。商场物业招商有其特有的基本原则和渠道,招商人员应掌握相关知识与技巧,在招商工作中肯定有所帮助。

(一) 招商的基本原则

1. 按业态和业种规划原则

业态规划是在前期市场调研的基础上制定的,它对商业物业的建筑设计、招商、销售和运营管理具有重要的指导作用,按照业态和业种规划的原则进行招商,可以防止在招商工作中走弯路,同时便于控制竞争激烈的业态和业种,从而减少开业后一年内的换租率,使整个项目的业态在随后的经营中更加合理。例如,假设某城市购物中心业态比例最终确定为,零售:餐饮:娱乐为 5:2:3,则招商就要尽量按照这个业态比例执行,当然,按市场要求作适当的调整是合理的,也是必要的。

2. 按市场定位物色品牌对象的原则

市场定位同样是经过前期市场调研而制定的,市场定位报告在招商之前,已经告诉了我们,项目的主要目标消费群是哪一类,如果已明确是中低档品牌的,则没必要去投入更多的精力引进高档品牌,否则既费力,又不适合商圈的需求。同样的道理,如果确定为中高档的品牌,则应想尽办法招入符合要求的高档品牌,甚至有些能带动招商的特殊品牌,可以采用短期内联营的方式,以保证整个项目的成功招商。由于市场的低档品牌较多,招商相对容易,招商人员往往在招商过程中弃高就低,使整个项目的品牌档次未能按原定的市场定位执行,项目也不容易成功。

3. 按赢利模式确定经营模式的原则

赢利模式是商业物业开发商在开发项目之前已确定的,其依据是市场对商铺投资需求预测、企业自身的资金实力、企业未来开发目标、运营管理团队的管理能力预期等诸要素的综合分析。商铺的赢利模式有两大类:一是销售类,销售类又可分为销售代租、销售返租、投资客自营;二是租赁或联营类,租赁或联营类可以分为租赁、联营提成和管理商自营。

由于赢利模式不同,其招商方式也不一样,销售类的商铺,除在代租期或返租期外,其余时间应在业态、业种、市场定位方面加以指导和约束;而租赁或联营类则应以长期经营为目标进行招商,为日后商铺的快速增值创造条件。

4. 主力店先行的原则

大型商业物业租赁对象并非是直接的购物消费者而是大型商家甚至是主力店。因此，寻找主力店也是开发商或管理商的首要工作，主力店对卖场的面积、停车位的面积、货架的陈列、空间的高度等都有一系列的要求，如果在做设计时不符合这样的要求，那么项目开发越深入，后期招商的困难就越大。故此，需按照主力店的要求进行规划设计。同时，主力店的成功进驻，也能带动中小店的招商工作，一般情况下，知名品牌的主力店的成功经营，可以吸引更多的消费人群，从而促进中小店的销售。

另外，由于主力店和中小店的招商时间段不一致，主力店招商时间长，应安排在建筑设计之前，而中小店的招商时间相对短些，一般安排在开业前的几个月进行。

5. 宜采用"放水养鱼"长线经营的原则

因为商业物业经营具有长期性的特点，为适应项目、适合市场的需求和竞争环境，可采用低租金起点的做法，项目开业后，通过市场推广力度的递减和租金的递增，使整个商业物业的整体价值逐步最大化。

商户租赁的目标就是获取未来不可确定的收益，开发商或管理商有必要在项目起步之际，用实际行动支持商户，降低开业后的商铺换租率，为项目良好持续经营创造条件。

6. 招商动态原则

在招商策划方案开始实施后，招商的实际进程并非能够完全按照策划方案所描述的进行，市场毕竟是不断变化的。招商必须面对三个方面的变化：一是项目竞争对手的变化；二是招商目标开店计划的变化；三是项目目标消费群的变化。一旦市场变化，招商目标和实施细节也要作出适当的调整。

招商政策的制定也需要随市场的变化作相应的调整，特别是租金和租金递增率这些比较敏感的指标。另外，对于可能有助于整个项目招商的特殊品牌，应采取更优惠的招商政策。

（二）招商渠道

招商渠道是指开发商或管理商将商业物业的招商信息传递到潜在商户的途径，它直接影响招商效率。准确的渠道设计和选择，可缩短招商时间，提高成功率。除了招商策略和租金策略之外，开发商或管理商对渠道策略也越来越重视。

1. 评估选择招商渠道

招商渠道方案确定后，商户就要根据各种备选方案，进行评价，找出最优的渠道路线。通常渠道评估的标准有三个，即经济性、可控性和适应性标准，其中最重要的是经济标准。

（1）经济性标准评估　主要是比较每个方案可能达到的成功招商面积及费用水平，企业对上述情况进行权衡，从中选择最佳招商方式。

（2）可控性标准评估　一般说，采用招商代理商可控性小些，企业直接组建团队招商的可控性大，招商渠道多，可控性难度大，渠道少，可控性较容易些，企业必须进行全面比较、权衡，选择最优方案。

（3）适应性标准评估　如果开发商或管理商同所选择的招商代理商的合同为独家委托招商合同，而在此期间，自己的直接渠道更有利于招商，但开发商或管理商不能随便解除合同，这样企业选择招商渠道便缺乏灵活性。因此，开发商或管理商必须考虑选择策略的灵活性，尽量不签订独家委托招商合同，除非在经济或控制方面具有十分优越的条件。

2. 招商的主要渠道

（1）利用新闻和大众媒体进行招商　进行招商的渠道很多，利用新闻媒体进行招商是一种比较基本、普遍但又是特别重要的渠道。随着现代科学技术的发展，新闻媒体的表达形式和渠道越来越先进，如电视、广播、报纸、刊物、互联网等。对于扩大开发商或管理商的知名度和影响力有着十分重要的作用。利用新闻媒体进行招商要注意处理好以下几个关系：综合性与新闻性的关系；计划性与随机性的关系；一般宣传与重要宣传的关系；各种新闻媒体的科学组合和综合运用等。此外，还要注意新闻媒体宣传中对开发商或管理商的负面宣传影响的处理等。

除新闻媒体以外，其他的大众媒体也是进行招商的一个基本渠道，这些大众媒体的主要渠道有：反映开发商或管理商全貌的印刷品，如宣传册等；非公开发行的企业内部刊物。与新闻媒体比较，通过这类大众媒体宣传进行招商，可能较少受到时间的限制，能较完整、准确地进行招商，且具有一定的稳定性和时效性。

（2）利用招商活动进行招商　招商活动主要有会议和各类主体活动，会议和活动是开发商或管理商进行招商的常用方法。根据不同的招商群体，不同的开发阶段可以策划并组织不同类型的会议与活动，如主力店群招商会、各类主题店、专业市场的招商会等。

有时也可以采用反向思维举办一些商品展览会、采购大会等，一来可以吸引消费群，为日后经营进行预热；二来可以让商品经销商和厂家到项目地体验项目所辐射的商圈人气，增强其签约进驻的信心。例如，童装批发商城在招商预热期间，可以举办儿童商品采购大会，组织大量的厂家和经销商参加交易，开发商或管理商可以为它们免费提供交易场所和相关的广告宣传，同时也将项目的招商信息传递出去。

招商有时也可以采用品牌嫁接的招商方法，这种方法对于商业相对欠发达的地区特别有效，具体的做法是，由开发商或管理商举办大型的品牌连锁加盟会，邀请外地的目标品牌厂家和本地的同类产品经销商和投资经营者参加，帮助他们"快速配对"，使外地的目标品牌能通过本地经营者的加盟而进驻本项目。

（3）通过专业人员进行招商　各类专业招商人员可以经常参加各类相关的商品和服务展览会，直接与厂家或区域总经销商、代理商等相关人员直接面谈交流，这是一种最直接、最高效的招商方法。

专业人员推介可以与商户面对面交流，机动灵活、介绍全面，有效地避免和缩小信息的不对称性。此外，还具有较强的针对性，可以与商户保持广泛而密切的联系，及时发现和解决商户多方面的疑虑和担心，建立信任感。另外，可以把商户的各方面信息及时反馈。一方面不断完善开发商或管理商的服务功能，另一方面也可以不断扩大招商线索，争取更大的招商份额。在通过专业人员进行招商的过程中，人员素质和敬业精神是很重要的，直接关系到开发商或管理商的声誉和影响，因此，要对招商人员进行系统的、专门的选拔和培养。

（4）通过中介机构或各类商会进行招商　中介机构（亦称招商代理商）或各类商会是具有法人资格的经济组织。选择中介机构或各类商会进行招商是开发商或管理商与该中介机构或各类商会以市场经济原则为基础，建立起经济上的关系和工作上的默契。中介机构或各类商会为开发商或管理商在一定时间或区域内进行招商、推广项目、安排活动等。开发商或管理商则为中介机构或各类商会提供一定的活动经费或按招商额支付佣金、提成等。通过中介机构或各类商会进行招商联系商户，虽然需要支付费用，但往往要比开发商或管理商直接招商的成本低得多，而且成功率相对较高。

（5）通过互联网进行招商　由于很多进行招商的工具和途径都有一定的局限性，通过互联网了解信息，往往成为商户广为利用的一种重要工具。因为，互联网本身对项目的表述更清楚，对推介的项目介绍更翔实，不受时间、地点、推介成本等限制。现在，很多如新浪网、搜狐网等大众网站及其他一些专业网站，其浏览量非常大，开发商或管理商不要忽视在互联网进行招商。

在实际招商运用中，开发商或管理商更需要对招商方式进行组合，以便能带到事半功倍的效果。

四、招商营销管理

招商活动的整个过程就是一个招商营销过程。根据营销观念的要求,招商营销管理过程可分为分析招商机会、研究和选择目标商家、确定招商营销策略、制定招商营销规划及招商营销实施(包含组织、执行和控制)五个环节。

(一)分析招商机会

分析招商机会是招商营销管理的首要环节,它要求必须从环境机会中找到项目机会。因此,在招商机会分析中,要分析环境机会和项目机会两个方面。

1. 环境机会分析

环境机会是指由项目所处的市场环境所提供的机会。分析环境机会时,主要是分析各种环境因素的变化可能引起的需求及其变化。项目所处的市场环境,一般由各种具体的环境因素构成,如人口因素、经济因素、自然因素、社会文化因素、竞争因素等,每一环境因素的变化都可能创造某种需求,或引起原来的需求发生变化。因此,只要环境因素的变化是向创造需求,或向有利于原来的需求增大的方向变化,这些环境的变化就会引起环境机会的出现。由于环境因素或大或小都是在变化的,所以,环境机会是经常存在的。

例如,近些年国家在加快城市建设步伐的同时,对住宅房地产市场陆续出台了一系列的调控措施,加上中国加入WTO后,众多的国际零售商如沃尔玛、家乐福等大规模拓展国内市场,使得商场物业的开发在全国各地轰轰烈烈的陆续上演。

2. 项目机会分析

项目机会是指与一个具体项目的内部条件相适应的环境机会。环境机会虽是经常存在的,但并不是说环境机会就是项目的机会。环境机会是否是项目机会,还必须对项目的内部条件进行分析。项目的内部条件实际就是项目的内部资源,主要包括资金、规模、稀缺性、商业定位、招商能力与政策、营销及运营管理等方面的组织能力,分析项目现有的和可以获得的条件能否满足利用特定的环境机会所需要的条件,同时还要看利用这种环境机会在竞争中能否取得成功。如果项目具备了利用某种环境机会的条件,并且具有较强的竞争能力,这种环境机会就变成了项目机会,项目就可以利用这种机会去促进招商的成功。

例如,商业地产市场出现的机会,对于资金实力薄弱、商业人才较少的项目就不是项目机会,而对于那些资金实力雄厚、各种资源相对较多的项目就是一种项目机会。

(二)研究和选择目标商家

研究和选择目标商家实际是对项目机会进行进一步的研究,以便从中找到项目的目标商家,并进行产品定位的调整。因此,研究和选择目标商家包括市场预测、市场细分、目标商家选择及产品定位调整等内容。

1. 市场预测

市场预测是对市场机会的定量化描述。通过市场预测,可以了解市场的需求规模及发展变化趋势,便于判断所选的市场对项目吸引力的大小,以及项目要进入该市场需求的资源投入的大小。

2. 市场细分

市场细分是指将一个市场按照顾客需求的差异划分为一系列具有不同特征的细分市场的过程。市场细分针对不同的市场可能使用不同的细分因素。如果商业物业的经营者所属区域不同,可以分为本地商家和外来商家。

3. 目标商家选择

对市场进行细分以后,需要从不同的细分市场中选择自己要进入的细分市场,这种细分市场就是项目的目标市场。在选择目标市场时,首先需要对不同的细分市场进行评价,评价的内容主要包括细分市场的规模及潜力、细分市场的吸引力及项目的目标和资源。当这些方面都满足时,这样的细分市场就可以作为项目的目标市场。

例如,一个大型纺织品专业市场的招商目标,就必须选择一定距离的同样为经营纺织品的多个市场。

4. 产品定位

确定了目标市场,并不意味着选择目标市场工作的结束,项目需要对所提供的产品在目标市场客户心目中占据什么样的位置作出调整决策。当然,如果在策划之前的商业定位准确的话,这项工作就可以轻松许多。在进行产品定位时,主要是要找到能吸引目标市场顾客需求的项目优势,使项目的优势能为项目创造更多的价值。

(三)确定招商营销策略

确定招商营销策略是要决定项目在市场中应处于什么样的竞争地位。项目进入市场以后,将面临市场的竞争。

项目在市场的竞争地位可以分为领导者、挑战者、追随者和补缺者四种。希望处于或已处于不同竞争地位的项目,所使用的招商营销策略不同。

对于市场领导者,要保持其市场领导者地位,必须敢于扩大其市场需求,采取切实有效的策略进行防守和攻击,以捍卫其市场领导者地位。

对于市场挑战者,为从市场领导者手中夺取较大的市场份额,必须选择合适的进攻目标,使用正确的进攻策略。

对于市场追随者,为了不在市场竞争中落伍,也必须选择适当的追随路线,使用适当的追随策略。

对于市场补缺者,为了避开与势力强大的项目的竞争,应在大项目遗漏的小的细分市场进行经营。因此,市场补缺者可以通过寻找竞争空隙,或对市场进行细分,避免和其他竞争者正面冲突。

例如,一个在核心商业区拆迁后再建的大型商业物业,就应该采取大胆的攻击策略,以捍卫其市场领导者地位;而对于一个新区的商业项目,则宜采取适当的市场补缺策略,吸引远距离的消费群。

由于市场环境不断变化,项目必须根据市场的反馈信息修正营销策略。

(四)制定招商营销规划

招商营销策略只有转化为招商营销规划才能真正发挥作用。招商营销规划的内容包括招商营销费用决策、招商营销组合决策等方面的基本决策。

1. 招商营销费用决策

招商营销费用决策对项目营销目标的实现有决定性的影响。招商营销费用的决定可以采取以下不同的方法。

① 可以按照项目预期租金收入的百分比决定。

② 可以参照竞争者营销费用的比例决定。

③ 可以根据项目的招商营销管理能力及各方面营销目标的要求,计算出所需的营销费用的大小。

2. 招商营销组合决策

招商营销组合是指项目为达到目标市场的营销目标所使用的一组招商营销因素的组合。这一组合含有四个因素,这四个因素分别是业态与业种、租金、招商渠道、促销。招商营销组合决策决定在特定的时间不同的营销因素如何配合使用,即将商铺、租金、销售渠道中所包含的营销变数具体定在什么水平。

(五) 招商营销工作的实施

招商营销工作的实施包括组织、执行和控制三个方面,是保证项目的招商营销策略和规划顺利实施的重要条件。营销工作的组织是指根据项目招商营销工作的要求组织招商营销资源,建立招商营销组织。招商营销组织设计的要求是能够完成项目所规定的招商营销工作。所以不同的项目,招商营销组织可能会有较大的差别。一个小项目只需要很少的人就可以完成各种招商营销工作;一个大项目就需要建立各种有关的职能小组,如推销、市场研究、推广策划、进驻协调服务等小组,并由一名招商副总经理或招商总监负责协调,才可能完成需要完成的营销工作。

在招商营销计划的执行过程中,可能会因为市场环境发生没有预料的变化而影响到项目营销目标的顺利实现。因此,项目必须采取相应的信息反馈和控制措施,以确保项目所定的招商营销目标能够实现。招商营销控制一般包括计划控制、赢利性控制和策略控制三个方面。

计划控制是将反映项目招商目标的指标按时间阶段进一步具体化,定期检查这些指标的完成情况。如果计划指标不能按期完成,就应认真检查不能完成的原因,并采取相应的补救措施,对各部门的营销活动进行调整。

赢利性控制是指对不同产品、不同市场的赢利情况进行监控,以检查所制定的赢利目标能否实现。进行赢利控制要求对不同业态与业种、不同品牌的进驻接受程度进行认真的记录和报告,以便招商经理定期作出评价报告。通过评价报告,如果发现赢利目标没有完成,就应进行诊断分析,找出赢利目标没有完成的原因,以对相关的营销职能部门加强管理,提高其招商营销效率。

策略控制是指评价项目采取的营销策略是否适合市场环境的要求。由于市场环境是不断变化的,所以,对项目招商营销策略的适应性进行定期审计是非常必要的。如果项目的招商营销策略不能适应环境变化的要求,就应对项目的营销策略进行调整。

不论对招商营销工作进行哪方面的控制,最主要的是通过招商营销诊断,找出计划与实际执行情况的差距及产生这些差距的原因,以便对症下药,对项目的招商营销工作的不同方面进行调整、改进。

五、招商合同

由于商场物业多采用租赁方式,因此,这里重点介绍房屋租赁合同。房屋租赁合同是出租人与承租人签订的、用于明确租赁双方权利义务关系和责任,以房屋为租赁标的的协议,是一种债权合同。租赁是一种民事法律关系,在租赁关系中出租人与承租人之间所发生的民事关系主要是通过租赁合同确定的。因此,在租赁中出租人与承租人应当对双方的权利和义务作出明确的规定,并且以文字形式形成书面记录,成为出租人与承租人关于租赁问题共同遵守的准则。

(一) 房屋租赁合同的法律特征

1. 房屋租赁合同是双务合同

双务合同是指合同当事人都享有权利和负有义务的合同。这类合同的每一方当事人既是债权人又是债务人,而且互为等价关系,即双方各自享有的权利和负有的义务,正是对方应尽的义务和享有的权利。双务合同的主要意义在于合同的履行,即任何一方在自己未履行合同义务的情况下,无权请求对方履行义务而自己只有权利,否则就成了单务合同。

2. 房屋租赁合同是有偿合同

有偿合同是指当事人享有合同规定的权利时必须付出代价的合同。有偿合同大多数是双务合同。区分有偿合同与无偿合同的法律意义在于确定当事人履行合同义务时应达到和完成的程度及违约责任大小。一般而言,有偿合同义务的履行,其完成程度要高于无偿合同,有偿合同义务的违约责任比无偿合同义务的违约责任要重。

3. 房屋租赁合同是诺成合同

所谓诺成合同是当事人意思表示一致即告成立的合同。而虽然当事人意思表示一致,但还须交付标的物,合同才能成立,称为实践合同。这种法律上的分类,主要用于确定合同成立的时间。承租方占有房子才算租赁合同成立。

4. 房屋租赁合同是要式合同

要式合同是相对不要式合同而言的。凡要求有特定形式和履行一定手续的合同称为要式合同,否则为不要式合同。要式合同由法律直接规定的,称为法定要式合同;法律无明文规定的,只是当事人约定必须履行特定方式和手续的合同,称为约定要式合同。房屋租约是法定要式合同。房屋租赁,当事人应当签订书面租赁合同,没有书面合同的租赁行为不受法律的保护。

5. 房屋租赁合同是继续性合同

房屋租赁当事人双方的权利和义务,均与合同的存续期相关,时间是合同的基本元素,因而房屋租赁合同属于继续性合同。

(二) 房屋租赁合同基本条款

1. 当事人姓名或名称

租赁合同是房地产权益的转让证书,它必须包括租赁双方的姓名并且有承租户和出租人或授权代表人签名。如果租赁当事人是一个组织或公司,则必须有该组织或公司的法人代表的签名及公章。

2. 房屋的坐落、面积与工程界面

这些条款是对出租物业的描述。如果出租物业包括了土地,则在合同中必须有精确的法律描述,如果出租物业只是一栋大厦的一部分,则应注明大厦的地址及商铺编号。同时还必须有租户对使用公共部位如电梯、楼梯、大厅、屋顶、外墙、停车场位置以及走廊等处的使用权有所描述,除此以外还要有一张表示铺面位置的平面图附在租约后面。

物业描述中可能规定了对租赁空间的间隔、装饰、设施方面的要求以及费用的分担方法。有时这些具体的要求会使租赁合同显得复杂,这样租赁双方可另立一个补充合同作为正式合同的附件。

3. 租赁用途

租赁用途是租赁合同中的一个重要条款,是指合同规定的出租房屋的使用性质。承租人应当按照租赁合同规定的使用性质来使用房屋,不得变动使用用途,确需变动的,应当征得出租人的同意,并签订补充合同作为附件。一般的商铺,不得用于居住。

4. 租赁期限

作为严格的租赁行为必须有明确的租赁期限。租赁期限的表达应完整、明确,注明开始与终止的日期。出租人应当按照租赁合同规定的期限将出租房交给承租人使用,租赁期满后,出租人有权收回房屋。出租人在租赁合同期满前需收回房屋时,应当事先征得承租人同意,并赔偿承租人损失,承租人有义务在房屋租赁期满后返还承租的房屋。如需继续租用原租赁的房屋,应当在租赁期满前征得出租人同意,并重新签订租赁合同。

商业物业租赁时，租赁期限的条款中常常涉及续租的优先权条款。此条款给予承租户在规定的条件下，有权续约一定时间。优先权条款一般都规定了承租户提前通知的时间要求，也规定了通知形式、递送方式、通知接受人、续约的期限。

5. 租金及支付方式

租金标准是租赁合同的核心，是引起租赁纠纷的主要原因。租赁合同应当明确规定租金的标准及支付方式。同时，租金标准必须符合有关法律、法规的相关规定。出租人除收取租金外，不得收取其他费用。承租人应当按照合同规定交纳租金，承租人如拖欠租金，出租人有权收取滞纳金，甚至单方面解除合同。一般情况下，租金在第三年开始有一定的递增率。有的主力店租赁合同中，约定每三年或五年递增一次；有的则是在第三年后每年递增一次。

6. 房屋的修缮责任

租赁双方必须在租赁合同中明确列出各自的修缮责任，修缮责任由双方当事人在租赁合同中约定。房屋修缮责任人对房屋及其设备应当及时、认真地检查、修缮，保证房屋的使用安全。修缮责任人对形成租赁关系的房屋确实无力修缮的，可以与另一方当事人合修。

租赁合同还应说明，如果房屋在租赁期内被出售，出租人的责任在出售之日结束，除了承担将保证金归还承租方或转移给新出租人以外，其他责任均由新的出租人承担。

7. 当事人约定的其他条款

租赁合同中当事人可根据各自的情况和要求以及市场的情况，商定一些双方同意的条款。如，转租与退租的约定；改建商铺的约定；保证金或押金的约定；变更和终止合同的约定；税收与保险费分担的约定；违约责任及赔偿额约定；其他双方约定的事项。

[范例一]

××商场房屋租赁合同

出租人： （以下简称甲方）

承租人： （以下简称乙方）

甲乙双方本着平等、互利、自愿、诚实信用原则，经友好协商，双方就房屋租赁有关事宜达成一致，特订立此合同，以资共同遵守。

一、租赁楼宇地点： 省 市 街 号某商城 楼 单元。

二、租用面积：建筑面积共计 平方米。

三、楼宇用途：乙方所承租的房屋只能作为商业办事处或办公机构场所使用。

四、租赁期限：从 年 月 日起至 年 月 日止共计 年。

五、租金标准：每月每平米 元，每月计人民币 元。

六、物业服务费：每月每平米 元，每月计人民币 元，由乙方向物业服务公司缴纳，具体事宜由乙方和物管公司书面约定。

七、室内所耗水电费按国家规定价格以表计费，每月按时查表，乙方在查表后规定时间内缴清费用。

八、付款方式：采用预交结算法。租房费用每 结算一次，每次计人民币 元（大写 万 仟 佰 拾 元整）。首次租房费用在合同签订后三日内一次性付清，以后每 月的租房费用亦在到期前一个星期内一次性支付。甲方按照租房费用的实际金额开具正规的租赁业发票。

九、履约保证

1. 乙方签约之日应向甲方支付一个月的租金共计 元作为履约保证金。合同届满不再续租时，乙方将完好物业归还甲方，并没有违约行为，业主即在十日内，将保证金（不计利息）

返还乙方。

2. 在租赁期内，乙方应合法经营，照章纳税（负责交纳与房租无关的通信、网络、视讯等其他费用）。乙方应向甲方提供乙方的营业执照、法人代表身份证复印件以及与经营相关的文件各一份。同样甲方亦应为乙方提供营业执照及房产文件（房屋产权证或购房合同，国土证）。

3. 在租赁期间，乙方应爱护房屋的设施、设备，不得损坏主体结构。由于乙方原因，造成租赁房屋（含内部设备、设施）毁损，乙方应负责维修或在房租中作赔偿。乙方在对房屋装修时应提前三天向大楼物业工程部办理相关手续，方可进行装修。乙方在对房屋进行装修或布置网络系统工程前要将装修改造方案及图纸报甲方同意。如装修、改造、增添部分出现故障，后果自负，并须赔偿由此造成的对相邻客户的影响和损失。

4. 租赁期间，乙方应严格遵守市、区消防治安部门的有关规定，签订消防责任书，如乙方对租赁房屋使用不当（如未关好门窗、部分办公区无人或无前台值班等），在乙方上班时间内发生的消防事故或治安事件由乙方承担经济责任和民事责任。在下班后发生的案件，由公安机关裁定责任。

十、违约责任

1. 在租赁期内，未经甲方同意乙方不得将所租赁的房屋转租给第三方，否则，甲方视乙方违约，不退还履约保证金及剩余租金，并有权收回出租的房屋。

2. 乙方在承租期内未按合同约定的时间缴付租金的，每逾期一天按月租金的0.3%缴纳违约金，逾期超过7天不缴纳租金的，甲方可以单方解除合同，不返还履约保证金，并向乙方提出赔偿。

3. 租赁期间，乙方不能改变经营用途和范围，否则甲方有权终止合同。

4. 租赁合同生效后，甲方不得将已出租的房屋转租给第三方或提前收回，如有违反，应付给乙方两个月房租作为违约金。

十一、合同的变更、解除与终止

1. 经双方协商同意，可以解除合同。

2. 乙方由于自身的原因需解除合同时，应提前两个月，以书面形式，通知甲方，甲方应在十日之内书面回函给乙方。如乙方单方解除租赁合同属违约行为，甲方不退还履约保证金及所交租金并有权将该房屋收回，如乙方人为损坏房屋及设备，应照价赔偿。

3. 因不可抗力致使不能实现合同目的，合同可以解除。由于不可抗力在大楼内造成甲方或乙方的人身或者财产损失的，双方均不承担赔偿责任。

4. 装修及装修附加部分在解除合同或合同履行完毕后，乙方应完整将其房屋整体移交给甲方，不得拆出房屋装修部分。甲方无义务对装修及添加的装修部分予以补偿。

5. 经协商双方同意，解除或终止合同后，甲方需验收物业是否完好无损，如有损坏应在乙方所交的房租中或履约保证金中扣除乙方违约金及所欠的水、电费和乙方应承担的费用，其超出部分退还给乙方。如乙方所交保证金或剩余房租款不足以补偿由此造成的经济损失时，应负责赔偿。结清房租、物业服务费、电费、停车费用等，方可在三天内搬迁完毕，否则按违约而论。

十二、租赁期满，租赁合同自然终止，甲方有权收回出租房屋。乙方如要求续租，则必须在租赁期满两个月前书面通知甲方，经甲方同意后，重新签订租赁合同。

十三、本合同适用中华人民共和国合同法，发生纠纷双方协商友好解决。协商无效，提交当地有管辖权的法院审理。

十四、本合同壹式贰份，两方各执壹份，经两方签字盖章并在甲方收到履约保证金及房租后开始生效执行。

甲方（盖章）：　　　　　　　　乙方（盖章）：

代表：　　　　　　　　　　　　代表：

签约日期：　　年　　月　　日

（三）双方的权利与义务

1. 出租人的权利与义务

（1）出租人的权利

① 有按期收取租金的权利。租金的收入是实现房屋价值和房屋修缮资金的来源。按照合同规定的租金标准收取租金是出租人的权利，对租金拖欠者，应收取滞纳金。

② 有监督承租人按合同规定合理使用房屋的权利。承租人在使用房屋过程中，不得擅自拆改，私搭乱建，损坏房屋结构和附属设备，不得擅自改变房屋使用性质。承租人也不得租用承租房进行非法和损害公共利益的活动。出租人有权制止承租人的违法和违约行为，并要求恢复原状或赔偿经济损失。

③ 有依法收回出租房屋的权利。房屋定期租赁的，在租赁期满后，出租人有权收回；承租人如有违约、违法、拖欠租金等情况出现，出租人有权提前收回房屋。如承租人拒不执行的，可以诉请人民法院处理。

④ 有向用户宣传、贯彻执行国家房管政策和物业服务公约、管理规定等权利。出租人有权制止承租人违反国家和地方政府的有关管理规定的行为，也有权制止违反物业服务规定，如绿化、消防、安全等规定的行为。

（2）出租人的义务

① 有按照合同规定提供房屋给出承租人使用的义务。出租人应当依照租赁合同约定的期限将房屋交付给出承租人，不能按期交付的，应当支付违约金，给承租人造成损失的，应承担赔偿责任。

② 有保障承租人合法使用房屋的义务。房屋一旦出租，就是向承租人移交占有权和使用权，在正常使用范围和期限内，出租人不得干预。

③ 有对设备设施进行正常维修的义务，如无力修缮，可与承租人合修，费用可以租金折抵偿还。

2. 承租人的权利与义务

（1）承租人的权利

① 有按照租约所列的房屋规定的用途使用房屋的权利。

② 有要求保障房屋安全的权利，对非人为的房屋与设备损坏，有权要求出租人维修、护养。

③ 出租房屋出售时，有优先购买权。

④ 有对物业服务状况进行监督、建议的权利。

⑤ 经出租人同意有转租获利的权利。

（2）承租人的义务

① 应按约定用途使用房屋。

② 按期交纳租金。

③ 有维护原有房屋，爱护使用的义务。

④ 有遵守有关国家政府法规和物业服务规定的义务。

第四节　商场物业的安全服务

一、商场物业的安全服务特性分析

商场物业是为消费者提供包罗万象的商品或服务的场所，如商场、超市、购物中心以及配套的各种服务、娱乐场所和银行等。商业行为，是一种以出租房产（摊位）供各类商家零售商品或提供服务而获得营业收入的物业项目。

(一) 商场物业安全服务的特点

① 进出人员控制难度大，人员成分复杂。

② 设备全，商品多，客流量大，安全防范、消防工作量大。

③ 购物、活动等纠纷和矛盾多，物业服务人员又无权处理，公共秩序维护难度大。

④ 对于超市、专业市场等，使用人员采用摊位经营则较分散和独立，相互之间竞争激烈，统一管理难，欠费、逃费现象时有发生。

(二) 商场物业安全服务的重点

1. 安全防范和消防管理

(1) 重点做好公共场所的秩序维护工作，预防和制止可能发生的意外事故，引导、疏散集中的人群，遇紧急情况时，注意用广播等各种设备安抚群众，避免出现慌乱而使事态恶化。

(2) 对物业内部的防火、防盗工作要时刻警惕，思想上不能有丝毫松懈和麻痹。因为是公共场所，随时都可能发生意外事故。所以，要制定详细可行的火灾、盗窃、混乱等情况的应急处理方案，并把专业技能、快速反应、应急方案的演练等作为物业服务人员（尤其是安全人员）日常训练的重点，以增强突发事件的处理能力。

现代商业物业（楼宇）大多是立体性建筑，且机电设备较复杂，故其消防工作显得难度更大，也更重要。消防工作的目的就是为了预防物业火灾的发生，最大限度地减少火灾损失，为业主、租户和顾客提供安全环境，保障其生命财产安全。商业物业常见的引发火警的原因主要有烟蒂或火种处理不当、电器引致的火警、装修不慎等。商业物业内部人群密集，短时间内的人员疏散压力较大，消防通道必须保持畅通无阻，遇有紧急情况时能及时疏散人群。商业物业建筑应严格按国家消防部门的具体有关规定配备消防装置及设备，如火警报警系统、应急发电机、应急照明系统、花洒系统、空气调节系统等。楼宇内各类消防设施及消防通道的指示标识必须完整、齐全、清楚，所有固定装置、设备或装饰品均须达到高度安全标准，保证顾客，特别是儿童不致意外受伤。物业的消防管理还必须注意物业服务机构与业主、租户（使用人）之间的联合管理，组成以物业服务公司为主，业主和租户为辅的消防管理网络，必须注意消防宣传与强化消防管理之间的结合，才能真正把各项消防管理措施落到实处。

(3) 组织广大业主或物业使用人成立义务消防队和义务安全队，以保证物业正常的经营活动。恪守自己的职责，防止超越自身的管理范围。经营者不违反管理规定，管理人员不得干涉经营者的正常经营活动。

2. 车辆管理

商业类物业（楼宇）一般均位于本地商业旺区，用地有限，各类停车场所、车位较为紧张。据典型调查（北京零点市场调查公司数据），在商业物业（商场、商城、商厦等）的实际消费购买人数（约占总客流量的40%）中，70%为乘车或驾车人士。一座较为成熟的商业物业，其建筑面积与停车场面积的合理比例大致为4∶1。由于停车面积供应紧张，对往来车辆实施有序管理难度较大。商业物业各类停车场（地上、地下停车场）应合理规划、加强使用管理、提高使用效率，不仅保证物业服务区域内的良好的交通秩序和车辆停放秩序，确保业主、租户、顾客的车辆不受损坏和失窃，还应注意将车辆管理与环境管理、治安管理、消防管理及交通管理相结合。例如在环境管理方面要求车辆和人员保持停车场内的清洁，禁止乱丢垃圾。在消防管理方面按消防要求设置消火栓，配备灭火器等。做到既方便顾客的交通往来，吸引顾客消费，又能保持整洁的物业环境和物业辖区内的安全与交通秩序。

3. 设备设施的安全服务

保证物业的能源正常供应，重点防止停电事故的发生和做好一旦停电时的应急处理工作。对于电梯等使用频繁和对安全性要求高的设备，要重点检查维护，确保安全运行。作为公共场所，人流量大且相对集中，一旦出现停电或电梯事故等，难免会引起骚乱，若不能及时处理，后果不堪设想。

二、商场物业的安全服务组织机构

商场物业的安全服务组织机构如图 3-3 所示。

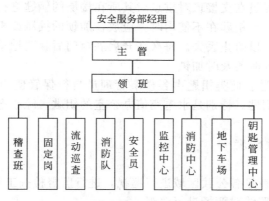

图 3-3　大型商场安全服务部门组织机构

三、商场物业的安全服务规程

（一）开、闭店安全服务制度

为了加强对大型商业场所进驻商铺的日常管理，使商铺经营能够保持良好的经营秩序，应制定开、闭店管理规定。

① 商铺经营者及店员严格遵守大型商业场所商铺规定的时间进出大型商业场所，严禁任何人员在开店前提前进场，在闭店后滞留在现场。

② 商铺内不要存放大量现金。

③ 对商铺内的重要物品进行中妥善存放，确保店内贵重物品的安全。对商铺内有可能产生危险的物品按照安全规定进行妥善存放。

④ 对于安装在店内的公共系统设施应该爱护，对于消防安全设施不能私自进行拆装和改造。

⑤ 店铺的钥匙应交专人进行保管，开闭店时对商铺出入口进行开启和关闭。

⑥ 商铺开闭店前要接通或切断店内照明灯具、用电设备电源，检查需要 24 小时运转的电器设备，保证设备的安全正常使用。

⑦ 商铺人员在开闭店前检查店铺门窗是否锁止，是否完好后开启或关闭店铺。

⑧ 如果商铺在进行开闭店检查时发现有任何异常情况，请及时与管理方进行联络。

⑨ 在商铺人员自检后，管理方统一核查各商铺大门是否关闭及人员滞留情况。如发现有商铺门未锁，安全服务部用链锁先将其锁上，并记录在当日的开、闭店巡查表内，待核实商铺经营者身份并进行登记后，由安全服务部将链锁打开。

（二）钥匙保管和使用规定

① 空置店铺的地锁、链锁钥匙（各楼层管理员负责使用和保管）。此类钥匙要使用钥匙

板按顺序进行编号和排列，以便于查找。安保员在交接班时重点对其所在楼层的钥匙进行交接，查验钥匙的数量有无增减，钥匙是否损坏。钥匙在不使用时，应放在加锁的抽屉或柜子内，不能随意放在管理用房的桌面或柜面上，以防止丢失。

② 因商户长期不开业而加锁的钥匙，因拖欠公司费用涉嫌跑店商铺而加锁的钥匙（此两类钥匙由水电充值处保管）。钥匙和链锁要进行编号，各楼层安保员若需开启因上述两种原因而加锁的商铺门，需征得主管或经理同意并做好登记，使用完毕要及时归还水电充值处。

③ 所有门禁、展馆部分通道防火门的钥匙。此类钥匙要使用钥匙板按顺序进行编号和排列，以便于查找。安保员在交接班时重点对其所在楼层的钥匙进行交接，查验钥匙的数量有无增减，钥匙是否损坏。钥匙在不使用时，应放在加锁的抽屉或柜子内，不能随意放在管理用房的桌面或柜面上，以防止丢失。每次在开启展馆门后，要记录进入或使用展馆的单位或部门，当使用部门离开时要及时加锁。

④ 各管理用房的钥匙。此类钥匙由各楼层管理员自行保管使用，不得保管除自己管理用房外其他管理用房的钥匙。特别是水电充值办公室的钥匙，除水电充值人员外，其他人员严禁保管和使用。

（三）商场日常巡视制度

1. 巡视要求

① 每日上班后，对商场各公共区域进行巡视，进行监督检查工作。

② 按照规定的巡视路线对商场进行巡视。

③ 巡视中如发生任何异常情况，应立即进行了解，并对有影响商场正常经营秩序的行为进行制止。

④ 在巡视检查中发现问题应及时报告当班领导，特殊紧急情况可直接上报部门经理。

⑤ 巡视的内容主要是：检查公共区域内的设备、设施使用情况，公共区域的卫生保持情况，是否有嫌疑人员在商场逗留，是否有任何违反商场管理规定的行为或现象发生。

⑥ 保洁公司人员作业的情况，以及安全人员的值勤情况。

⑦ 任何情况下不准与商户发生冲突，处理问题先问好。

⑧ 每日下班填写好当班执勤情况。

2. 巡视岗位

① 严格按规定时间、路线进行巡视，注意发现各种涉及商场及商户安全的隐患。

② 巡视时注意形象，着装要整洁，脚步要轻，走路姿势要端正。

③ 遇有商户询问或向商户查询时，必须使用文明用语，遇到顾客应主动问好并礼让。

④ 处理问题时应有理有序，巧妙工作，做到不激化矛盾，不扩大事态，不动手打人、骂人并及时将情况上报。

⑤ 对发生的突发事件，应立即保护现场，禁止无关人员进入并及时报告。

⑥ 巡视使用对讲机时应回避商户及顾客，并将音量调至适中，加强保密。

⑦ 巡视时不准喝水、吃东西、吸烟，不准指手画脚、大声喧哗。

⑧ 巡视时不准私自会客，扎堆聊天和接打私人电话，不准在通道处休息。

3. 巡视时间

每班巡视四次：开店～10:00，11:00～15:00，16:00～19:00，20:00～闭店。

（四）卸货区管理规定

为保证在大型商业场所内经营商户的安全，保证正常的办公、经营及运送货物的便捷，物业安全部应制定卸货区管理规定。

① 向本大型商业场所运输各类货品的车辆，均需按物业安全部指定的时间和路线并听从管理员的指挥。

② 运输车辆在指定卸货区装卸货物或装修材料后应立刻离开。

③ 运输车辆和人员在卸货区卸货时，应注意爱护地板、墙面、消防等设施，如因卸货造成大厦任何设施损坏，将由物业工程部安排修补，修补费用由卸货人员或装修公司支付。

④ 卸货人员在装卸货物时，应保证卸货区域的保洁，如造成卸货区域脏乱，则要求卸货人员清理，如无法清理或没有清理，则根据需清理的情况向物业公司进行赔偿。

（五）商场会展活动安全服务方案

制定此方案的目的是为配合商场的会展布置、管理工作，做好会展期间的物业服务及相关后勤保障工作。会展形式及规模可分为大、中、小三种类型，以便于根据实际情况合理配置工作人员及相关资源，以最适当的投入取得令参展商、观展人员最满意的物业服务。

（1）参加会展的参展商

① 参展商的货品一律由大型商业场所专用货梯进出会展现场（特殊货品除外）。

② 进出货人员需携带参展人员证明，以备检查，否则不予放行。

③ 进入货品无须开具《进货单》，参展商出货需至大型商业场所前台开具《物品放行单》，并由大型商业场所展览部人员签字方可放行。

④ 进出货车辆须在指定位置停放，并听从安全人员安排进出临时卸货区域，人员及车辆不得无故滞留。

（2）会展现场内道具

① 会展现场内道具由人事行政部统一管理，并暂存于大型商业场所专用储物间内。

② 会展布置时由大型商业场所展览部人员根据会展需要，向物业公司人事行政部开具《借调物品清单》办理借用手续。

③ 由大型商业场所展览部人员协调相关人员根据现场需要搬运及布置现场，物业公司给予必要的力所能及的人员及相关工具支持，同时物业公司须派专人至现场进行监管。

④ 归还物品时，由大型商业场所展览部同物业人事行政部确认物品归还状态，如确认物品有损坏或丢失，由大型商业场所展览部负责追缴或赔偿。

（3）人员进出管理

① 展位装修人员由大型商业场所专用货梯进出会展现场。

② 展位装修人员须提前至物业安全服务部办理临时工作证，每个工作证押金人民币×元，布展期间装修人员凭工作证进出会展现场。

③ 会展开展前装修人员须至物业安全服务部归还工作证，并由物业退还其工作证押金，逾期未归还，证件将自动作废且不予办理押金退还手续。

④ 参展人员在营业时间可由大型商业场所专用通道进出大型商业场所，乘坐大型商业场所客梯进出大型商业场所会展现场，非营业时间内由大型商业场所专用货梯至大型商业场所进出会展现场。

⑤ 参展人员证明可由会展组委会制定，或由大型商业场所展览部统一办理发放，组委会或展览部须在参展证投入使用前将参展证复本交至物业安全服务部封样备档。

⑥ 重要领导或知名人士可乘车直接进入大型商业场所地下停车场客梯处，乘梯进入会展现场，物业将根据实际情况，安排适当人员进行警卫及疏导工作。

（4）布展及撤展管理

① 布展前参展商须与物业相关部门及展览部共同确定参展位置及展位现状，并履行交接手续，物业商管部负责具体协调工作。

② 会展现场不准制作展台等道具，所有道具须在场外制作、组装。
③ 所有展台背板、展板等设施严禁以任何方式直接固定在展馆内天花板、地面等处。
④ 严禁参展商私自接驳电源、水源（物业公司提供的接驳点除外）。
⑤ 严禁动用大型商业场所设施布置现场。
⑥ 布展工具材料不得滞留会展现场，如因无故滞留物品至现场导致物品损失，物业公司概不负责。
⑦ 布展及撤场产生的垃圾由参展商自行处理，集中装袋或捆束后由大型商业场所专用货梯运至大型商业场所垃圾间，所有垃圾不得随意丢弃，如有违反，物业将协同大型商业场所展览部对违规展商处以退展的处罚并赔偿相关损失。
⑧ 撤展完毕后参展商须与物业及大型商业场所展览部共同进行撤场验收工作，根据进场交接表确认大型商业场所设施/设备是否完好，如有损坏，参展商须进行维修或赔偿。
⑨ 布展/撤展施工人员管理规定有如下内容。
　A. 工作现场内严禁饮食、吸烟。
　B. 工作人员不得利用大型商业场所内休闲椅等客用设施休息。
　C. 工作现场不得动火。
　D. 不得从事打扑克、下棋等娱乐活动。
　E. 不得从非指定通道进出大型商业场所。
　F. 其他管理规定详见《装修手册》及《装修管理规定》。
　G. 现场参展商严禁喷涂作业。
　H. 商管部在布展期间须对参展商按上述规定进行检查，并详细记录上报主管。
　I. 布展前及布展结束/撤场后，商管部应组织保洁人员对展馆进行彻底保洁（保洁标准同楼内各区域保洁标准）。
　J. 撤场保洁清理完毕后商管部组织工程部及安保部对展馆进行彻底检查，并写出开展期间的会展活动报告。
（5）会展期间管理
① 开展后，各参展商不得再进行布展工作。
② 会展现场严禁吸烟、饮食。
③ 各参展商应严格按组委会或大型商业场所展览部规定的作息时间，安排进退场时间，如有违反，物业可协同大型商业场所展览部对其进行处罚。
④ 展馆内禁止私自播放音乐或大声喧哗。
⑤ 不得在参展区域处派发宣传品、宣传单。
⑥ 会展期间物业应按会展规模及即定人员配备，安排进行日常工作并详细记录工作内容，会展结束后将记录工作内容汇总后上报领导。

（六）商场物业特别任务安全服务方案
　　大型商业场所商业广场接待任务越来越多，为了加强领导，提高安全意识，确保任务安全有序进行，并结合本广场的实际情况对警力进行布置，合理调动、统筹安排。
　1. 组织架构
　（1）总指挥　为物业公司总经理。
　（2）副总指挥　为物业总监、安保部经理、商管部经理、工程部经理。
　（3）组员　为各部门主管级人员。
　2. 任务分配
　（1）总指挥　全面负责，调配人手及岗位。

（2）副总指挥　明确各岗位情况，掌握处理各种突发事件的处理办法，负责与其他部门的沟通、协调、保证活动安全进行。

（3）内勤主管　带领一名管理员，负责视察路线、客流疏导、突发事件的处理、安全警卫等工作。

（4）外勤主管　主要负责来宾车队指引，客流、车流疏导，监管各岗位执行情况。

（5）物业经理　位于广场正门，主要负责来宾车队的疏导、停放及广场安全警力布置等工作。

（6）展厅岗　位于展厅内部，主要负责客流疏导。

（7）正门入口　安排两名警卫，主要负责礼仪服务、客流疏导等安全警卫工作（冬季还要负责挑放门帘工作）。

（8）停车场岗　位于广场出口附近，主要负责车辆秩序维持，客流疏导，活动结束后，车队驶离广场路线指引及安全警卫工作。

3．通信保障

采用对讲机联络为主、电话为辅，对讲机各岗位人手一部，各部门人员使用统一频道，必须做到有叫必应。

4．突发事件的处理

① 突发事件处理原则：保护视察领导安全，全力执行应急方案。

② 遇到突发事件，如停电、火险、爆炸、破坏等，在第一时间报告总指挥，并立即保护参观领导撤离现场，同时，听从总指挥的现场安排。

③ 如需要严密封锁现场，则全员到岗（除重要岗位外），执行封锁；如需要人员疏散，则立即组织安排人手。

④ 对于人为破坏，则立即截留或监视破坏事件可疑人物，等待总指挥通知进一步处理。

⑤ 值勤中不与客户争执，如发生意外，必须立即报告，劝说围观群众散去，如情况难以控制，立即报告副总指挥，不准私自处理。

⑥ 事后将有关情况作出书面报告，归档备查。

5．安全服务要求

① 所有值勤人员必须提前30分钟到岗，时刻保持警惕，坚决服从命令，听从指挥，做到万无一失。

② 明确各自职责，坚决完成任务。

③ 发现问题立即上报，及时处理。

④ 必须做到纪律严明，按要求着装，做到整洁统一。

【思考题】

1．什么是商场物业？
2．商场物业的物业服务特点有哪些？其内容有哪些？
3．如何进行商场物业的招商管理？
4．商场物业的安全服务的内容有哪些？

第四章 零售物业的物业服务与经营

第一节 零售物业的物业服务概述

一、零售业的发展历程

(一) 零售业的定义

所谓零售业 (retail industry) 是指以向消费者销售商品为主,并提供相关服务的行业。从零售业的发展史看（见表 4-1),商业零售业态主要受到消费需求和工业生产两股力量的制约。在供给力量大于消费力量的卖方市场下,谁适应工业生产的要求,谁就能生存发展,此时的流通业只是"桥梁"和"渠道"作用。然而在买方市场上,尤其是在今天人们的物质需求已获得相对满足,供给日愈过剩的情况下,虽然"供给决定需求"仍具意义,但消费者已成为主宰市场的绝对力量,只有那些胜任消费需求的企业才有生命力。此时的零售业已不仅仅是"桥梁"和"渠道",而是起着先导作用,即一方面开发需求,另一方面引导生产。谁能更好地发挥这种作用,谁就能获得发展,这是我们认识当今零售业必须具有的概念。

表 4-1 商业零售业态发展过程表

机构类型	快速成长期/年	从出现发展到成熟所经历的时间/年	目前处于期生命周期中的阶段
杂货店	1800~1840	100	衰退期/已消失
单一专业店	1820~1840	100	成熟期
百货商店	1860~1940	80	成熟期
邮购店	1915~1950	50	成熟期
联销店	1920~1930	50	成熟期
折扣店	1955~1975	20	成熟期
方便超级市场	1935~1965	35	成熟期/衰退期
购物中心	1950~1965	40	成熟期
联营店	1930~1950	40	成熟期
快餐店	1960~1975	15	成熟期
高级专卖店	1975~1985	10	成长期
仓储式零售	1970~1980	10	成熟期
计算机控制的商店	1980~1985	5	成熟期
电子化超级市场	1980~1985	5	成熟期
厂商低于零售价销售（直销)	1980 至今		成长后期
大型商厦	1985 至今		成长期
仓储式销售俱乐部	1985 至今		成长后期
美式大型超级市场	1986 至今		成长期
电子化购物	1990 至今		成长期

（二）零售业态的定义及分类原则

1. 零售业态的定义

零售业态（retail formats）是指零售企业为满足不同的消费需求进行相应的要素组合而形成的不同经营形态。众所周知，零售业态总体来说经历了四次大的革命，即百货商店、连锁超市、购物中心和无店铺销售。这种业态的演进不是偶然的或无根据的，而是零售业适应社会经济和文化技术发展的产物。如百货商店的出现是适应西方工业革命大量生产、大量销售和城市化进程的要求而产生的，连锁超市是适应商业降低成本、方便顾客的要求而产生的，购物中心则是城市空洞化、居住郊区化的必然反映，而无店铺销售则是电子技术和信息技术在流通领域的延伸。应该说，零售业态的每次创新都更好地满足了消费者的利益和需求，更好地推动了工业生产的发展。

2. 零售业态的分类

零售业态从总体上可以分为有店铺零售业态和无店铺零售业态两类。如果按照零售业态分类原则分为食杂店、便利店、折扣店、超市、大型超市、仓储会员店、百货店、专业店、专卖店、家居建材商店、购物中心、厂家直销中心、电视购物、邮购、网上商店、自动售货亭、电话购物17种零售业态。

同时，对待目前西方眼花缭乱的零售业态，我们也不能盲目照搬。不同的国家和地区有着不同的生产力发展水平、消费习惯和心理，即便是同样的业态在不同的国家和地区也表现出不同的发展方式、速度和结果。发展一个地方的零售业，必须与当地地情相结合。而且，一种业态之所以成功和确立，必有其内在的规律和特征。把握精髓，为我所用，才是明智的抉择。

二、中国零售业现状及发展趋势分析

（一）中国零售业的现状

进入20世纪90年代以来，中国的零售业正经历着一场深刻的变革，它不仅使零售业成为经济发展的热点行业，而且对整个流通业乃至经济运行方式都产生了积极影响，这种变化和影响主要表现在几个方面。

① 国内零售市场容量迅速扩大，社会商品零售总额从1990年的8300亿元增加到2003年的45842亿元，这意味着中国的零售市场规模每4年左右就要翻一番，中国已成为亚太地区乃至全世界最具增长潜力的市场之一。

② 连锁经营方式成功导入，超级市场、便利店、专卖店、仓储式商场等新的业态形式层出不穷，近几年连锁经营在大中城市、沿海经济发达地区发展很快，并受到消费者和经营者的普遍认同。2003年底，全国各种形式的连锁公司已达5000多家，经营网点100000多家，连锁企业实现销售逐年提高，2003年增长52%。1996年上海、北京连锁企业实现的销售额占当地社会商品零售总额的比重分别达到30%和18%。

③ 新的经营理念、营销方式、管理手段和管理技术被零售业率先采用，并向整个流通业传播，POS系统、电子订货系统的业务流程、管理方式发生了变化，引发了国内以流通社会化、现代化和逐步与国际市场接轨为主要内容的流通革命。

④ 零售业作为流通的最终通道对上游产业的拉动作用和主导化趋势日益明显，2000年以来，我国消费品市场的增长已连续三年超过同期的国民生产总值的增幅。国内市场对国民经济增长的贡献率稳步提高，经济增长由原来的投资驱动、生产导向逐渐转向消费驱动和市场导向，流通产业对国民经济和产业结构调整的相关作用增强。

从发展角度看，中国零售业的变革还只是处在起步阶段，伴随中国经济的发展和活跃人口（即人均年收入 800 美元以上居民）数量的增加，国内零售业今后的发展空间十分广阔，变化的节奏会进一步加快，内涵也会更加丰富。

（二）中国零售业态存在的问题

虽然零售业取得了长足发展，各种零售业态几乎都在中国出现，但零售业态的现状仍不容乐观，存在诸多问题。

① 百货商店在零售业中不再占有绝对优势与大型百货商店盲目发展的倾向同时存在。我国零售业态已突破以往百货商店一统天下的格局，出现了超市、折扣店、便利店、仓储店、专卖店、连锁店等多种新的业态。但是由于 20 世纪 90 年代初的市场疲软，大型零售企业在与生产企业的交往中进一步占据了主动，给人们造成了"大型商场不为市场疲软所动"的印象；同时，大型百货商店以其较高的商誉、良好的服务、先进的设施、优美的购物环境倍受消费者青睐，成为零售业中的佼佼者。因此，像某些行业一度看好造成过度发展一样，大型零售商店也因一段时间效益较好而成为投资的热点。近几年，各城市大型商店的增长速度远远超出了社会商品零售总额与城市居民生活费用支出的快速增长，大型百货商店相对过剩。

② 传统业态市场定位多元化与盲目比装修、比环境、比规模现象同时存在。我国零售业的传统业态——百货店已经改变了过去"购物不讲环境，经营不求特色，商品不分档次，服务不要质量"的无市场细分、无市场定位的状况，出现了市场定位多元化的现象。许多商店对市场进行了细分并加以明确的定位，使得不同档次的商店根据自己的优势把握住了自己的目标市场，拥有了相应的目标顾客群。通过这种手段，商场提高了消费者的满意度，增加了企业的竞争力。但是，在激烈的市场竞争中，有些企业误认为商场越大越好，认为豪华就等于现代化，盲目比环境、比装修、比规模，步入了企业发展的误区。

③ 零售业态布局在某些地区存在不合理的状况。比如郑州市二七塔商业区，单是营业面积超过 15000 平方米的大型商场就有亚细亚商场、亚细亚五彩购物广场（北京华联已接手）、华联商厦、商城大厦、天然商场、华侨友谊广场、郑州百货大楼、金博大城、正弘购物俱乐部 9 家，单一业态过度集中，亚细亚集团已倒闭，许多大商场都难以为继；其他城市也不同程度地存在类似问题。

④ 我国零售业的探索首先是从超级市场开始。20 世纪 80 年代中后期，在百货商店蒸蒸日上的同时，超级市场也作为现代商业的代表形式被搬回来加以模仿。国内的许多大城市都陆续涌现出一批超级市场。尽管它们也是开架售货、顾客自助服务，但实际上与国外的超级市场有着根本的不同。因为它们既没有与生产部门建立起有机的联系，又没有靠大量进货、大量销售及现代化管理而形成低成本、高效率。相反，这些位于繁华商业区的"超级市场"，由于设施的改造，对部分商品的重新包装和加工以及大量监视防盗设施的投入，增加了售货成本，致使所售商品的价格明显高于一般商店。这与西方零售革命中超级市场低成本、低售价的特点相距甚远，不易为消费者所接受，因而进入中国十余年也难成气候，我国第一次超市热以失败而告终。究其原因，贺名仑教授曾形象地概括道："在不适当的时机，采用不适当的手段，推行不适当的营销方式，最后只能是失败。"进入 20 世纪 90 年代以后，又掀起了第二次超市发展的高潮，发展速度之快，普及面之广，效益之理想都是前所未有的。似乎证明中国超级市场时代已经来临。但超市发展良莠不齐，现代管理思想和现代化管理手段还未深入人心，管理人才缺乏，超市在中国的发展还有很多盲区和误区。

零售企业要在不断变化的市场环境中赢得属于自己的市场份额，必须不断调整经营战略，其中包括业态调整和重新选择业态。国外大型零售企业往往不局限于一种零售业态。每种业态除保持一定的特点外，在商品组成及营销策略等方面并非一成不变。我国零售业要在激烈的市场竞争中求得生存和发展，很有必要研究国外零售企业的不同业态特点及其发展过程，这对建立适合国情的、满足本国消费者需求的零售业态会有一定的借鉴意义。

（三）零售业的发展趋势

1. 国际零售业发展趋势

随着社会生产力的发展、科学技术的进步、人们消费心理的个性化，社会产品的种类和数量越来越多。为了使这些产品在适当的时间通过适当的方式到达目标人群的手中，商业这一行业作为连接生产领域和消费领域的流通环节，其自身的形式在不断更新，销售方式也在不断变革。这些变化首先直接作用于商品流通的最终环节——零售业，那么零售业也就必然成为流通环节中竞争最激烈的一环。综观世界零售业总的历史发展趋势来看，20世纪60年代，零售业界采取综合型营运，因此，百货公司、大型综合零售势力高涨；20世纪70年代，零售业则进入专业化的发展阶段，专门店、连锁店、超市、便利店、自助家庭用品中心等业态相继发展；进入20世纪80年代，大型购物中心等在世界商业发达国家范围内兴起；而20世纪90年代末则朝经营业态细分化发展，单品店、生活题材馆、无店铺销售、郊外大型专门店、产地直销及家庭购物等新型零售业态纷纷兴起。就以我国所地处的亚洲来看，近几年来随着经济的快速飞跃发展，其零售业也发生着翻天覆地的变化，主要体现在以下几个方面。

① 零售业市场高度集中化、规模化。从市场份额上来看，零售业近几年来在亚洲出现了相当的集中度，少数大的零售商掌握当地市场，占有垄断意义的市场份额。换言之，亚太地区的零售业从产业经济学的角度考虑，其根据市场份额计算的市场绝对集中度指标 CR_n 已经处于一个相当高度。1997年我国香港地区前5名零售商销售额（CR_5）已经达到总销售额的70%，同期新加坡和中国台湾的 CR_5 都超过35%，这种情况有可能与地区的区域面积有关，但从这3个国家和地区零售业的发展水平来看，零售业市场的高度集中是亚太地区零售业发展的必然趋势。

再来看一看衡量一国零售业规模水平的重要指标——平均每间零售店覆盖的消费者数量：1996年日本的单店覆盖人数高居亚太地区各国首位，达到1560人，基本上是同时期中国覆盖量250人的6倍。众所周知，日本的零售购物环境在全球享有盛名，这与其零售商业的规模是分不开的。

② 传统零售形式的优势逐渐减弱，新型零售形式蓬勃发展。

首先，总体上亚太地区传统零售业形式在各个国家和地区仍占有主导地位，传统零售店数量全部超过当地零售店总数的50%。1996年统计数据显示，在亚洲各国中，中国传统食杂零售店（非自动型超市、便利店）数量的相应比例最高，为99.8%；最低的新加坡相应数据也超过半数，为68%。

其次，虽然传统零售业仍占相当大的份额，不可忽视的是以自动超市、便利店为代表的新兴零售店正在兴起。从1996年中国香港超市、便利店数变化的相关统计数据来看，1992~1996年超市、便利店分别增长了25%和26%，同期的传统食杂店比原来减少了19个百分点。可以看出，传统零售业正逐步为新型零售店所取代，其优势正在逐步减弱。

③ 大型、超大型量贩店及货仓商店迅猛增加。近年来，亚洲各国及地区大型、超大型量贩店和货仓商店的数量不断增加。根据有关数据，到1997年，中国台湾、泰国及韩国的大型、超大型量贩店、货仓商店的数量依次为亚太地区的前3位，其中中国台湾及泰国分别

为69家，韩国为60家。以中国台湾为例，从1976年的1家到1997年的69家，平均每年就有六七家大型量贩店、货仓商店开张，考虑到台湾当地零售业市场的饱和度，这样的发展速度只能用"迅猛"来形容。

④ 跨国企业的拓展。20世纪90年代以来，欧美从事零售业的大型跨国企业由于种种原因，加大了在亚洲市场的开拓力度。以家乐福为例，由于法国国内市场已经饱和，竞争激烈，法国政府为了保护传统的中小零售企业，制定了严格限制开设大型零售商店的法规，规定凡是投建大型零售商店面积超过300平方米（上限为1000平方米）的大型零售商店，都要经过由7人组成的商业设施委员会审批。全法大型超市的投建由1995年的12家锐减为1996年的7家、1997年的6家，1998年甚至1家也没批准投建。海外销售正逐渐成为家乐福总体销售额的主要来源。另一方面，为了与美国的沃尔玛抗衡，开拓并抓住广阔的亚洲市场，也是家乐福等一批欧洲跨国零售企业拓展亚太市场的目的所在。

2. 我国零售业发展趋势

中国作为亚太地区的重要组成部分，其零售业与其他国家和地区有着一定的差距，但由于地域上相同的人文背景，中国零售业的发展方向不会背离整个亚太地区的总体趋势。事实上，中国的一些前沿城市，已经在零售商业的形式方面积极创新，努力求变。

（1）零售业业态革命变化多端

① 零售业业态呈现多样化。表现在业态形式已突破往昔传统业态（百货店）一统天下格局，而出现多种新的业态。不仅地处沿海发达城市的各种新兴业态：超市、连锁店、仓储店、折扣店、专业店、专卖店等纷纷介入零售业战场，即使在地处中西部内陆不发达地区的城市，也有些商家带领其"新型部队"投入零售业的战斗。

② 传统业态市场定位呈现多元化。表现在传统业态——百货店自身已一改往昔"购物不讲环境、经营不求特色、商品不分档次"的无市场细分、无市场定位的状态，而出现市场定位的多元化倾向。

③ 零售业态空间摆布呈现合理化趋向。表现在各种零售业态在空间上的摆布已一改往昔城市中心的状态，而出现"边缘崛起"、区域性零售分中心与市中心并存、选购品经营在城市或区域性商业中心、便利品经营在邻近居民集中居住区设点的情况。

④ 营销理念的消费者本位化。零售业业态革命的本质在于营销理念的革命性变革。具体地说在于以消费者为本位理念的真正确立。这是零售界对市场大势由卖方市场转向买方市场这个特定社会经济环境顺天应势的反映。

（2）零售业业态发展趋势多元化　新兴业态的竞争将更加激烈，经过一阶段的市场争夺后将会出现"优者存留，劣者败退"的景象。前面说过，基于种种理由，国内众多资本十分看好购物中心、超市、连锁店等新兴业态，这必然会出现未来国内资本对此块阵地大争夺的战况。而国外资本面对这个神秘待开发国土、占世界人口近1/4的广阔市场空间，相信，随着国内市场与国际市场的对接，外资进入我国零售业新兴业态发展的势头将更加凶猛。凭着他们的财大势壮，尤其是颇为丰富的实战经验，必将形成对国内竞争者的强大威胁。有理由相信，未来新兴业态的竞争将更加激烈。

撇开其他因素不论，单就新兴零售业态迅猛而有质量的发展就足以对其产生强大的威胁，所以基于对现实的认知，依据对事物发展规律分析与展望，我们可以清晰地预期到以下几点。

① 呈现"三超"趋势。大批量的一次性购买和小批量的频繁购买对于现代城市家庭来说显得同等重要，以超市、大卖场为代表的零售商店的规模化正好迎合了这一需求的变化。

以上海为例，现在上海外资大型零售商店已有 80 余家，年销售额占上海商业年销售总额的 8%，且有继续增加的趋势。这些海外零售商在上海开设大型零售商店，形成了"超大、超全、超值"的"三超"趋势。

A. 超大。从上海地区近几年开办的外资大型超市、大卖场来看，占地面积超过 5000 平方米、结构为多层的不在少数，且有继续增加的趋势。包括华联、联华和农工商在内的国有连锁超市也纷纷开设大卖场，虽然在购物环境及管理上与一批外资大型超市有一定的差距，但规模化的趋势是不变的。

B. 超全。其一，商品品类的齐全。小到家庭用的日常用品，大到大件的家用电器，在如今的大卖场中都有提供。其二，品类摆放的科学性。商品种类的增长，对货架的摆放提出了更高的要求，单是"分区分块"对于消费者在面积庞大的卖场中迅速找到所需商品是远远不够的。科学的摆放、详细的导购标识、专门的导购平面图成为当前大型零售超市的重要组成部分。其三，各类相关的服务。如今上海的各个大型超市、大卖场，都为消费者提供方便的餐饮娱乐休闲服务，给消费者的购物行为带来了相当的便利。

C. 超值。大型超市、大卖场由于进货渠道的特点，价格上的优势很容易展现在消费者面前，但进货渠道的同质性，价格上的优势又不足以区别于同一市场上的其他企业。在目前竞争激烈的上海零售业市场，怎样使附加的各种服务超值化，成为新的趋势之一。定期的、直接到消费者手中的 DM，顾客的会员化，甚至于固定的免费班车接送，各种各样的超值化服务在使自己的企业覆盖更大的地理面积的同时，也覆盖了更为重要、更为广阔的消费者的心理面积。

② 专业性零售商业的特色化与连锁化。随着生活水平的提高，为了满足不断细分的消费者需求，零售行业中出现专门从事某一类产品零售的商店是不可避免的。还以上海为例，上海地区的专业零售商业正走着一条专业化、特色化、服务连锁化发展的道路。

以上海地区的眼镜配制行业为例，日资"巴黎三城"凭着自己的专业性，美资"美式眼镜城"凭借其快速便捷的特色化服务成为其中的佼佼者，以它们为代表的一批外资零售商几乎都以连锁店的形式覆盖了上海地区相当大的范围。针对外资零售企业在该领域的挑战，以吴良材公司为代表的上海当地的专业零售商也正在积极开拓一条连锁特色化经营的道路。吴良材公司在保持公司"以卖带修"的专业特色服务的同时，发展连锁经营形式。目前吴良材公司在上海拥有 14 家连锁分店，这一数量还将不断增加，其连锁特色化经营也已取得了一定的成果。

③ 主题化商圈的建立。相应的，如果将地处相同街道相近相连的几家百货商店圈起，赋予其一定的主题，配以相应的文化氛围，形成"商业圈"，做到商业街道的品牌化，其连带效应对上海地区的零售商业无疑是积极有效的。例如，南京路步行街是以"中华商业第一街"为主题，配以良好的购物环境，以旅游功能为主，带动了整个圈内的各个零售百货店的销售增长；四川北路将其地理区域内的专业特色店进行串联，形成专业特色一条街，把价格优势作为整个商圈的强势优势予以推出；又如淮海路商业一条街以高档次、高价位为特色，是时尚购物的第一选择。如上海地区传统的零售商业形式——百货商店正受着各方面，尤其是大型超市、大卖场的冲击。单个百货商店很难在这样的环境下谋求发展。

④ 零售业与商业地产关系更加紧密。尤其像购物中心这样的商业设施实际上是房地产业、零售业和金融业的边缘产业。未来零售业的发展期盼金融创新，以便更多地运用金融衍生产品来支撑大型零售业的发展。未来将会出现多种业务合作和资本融合的模式。尤其 REIT（房地产投资信托）形式的出现和发展对大型商业设施建设起良好的促进作用，有利于

改变依赖银行信贷的单一投融资模式,减低金融风险;有利于增加民间投资渠道,充分利用社会闲散资金;有利于资本支撑与专业经营的优化组合,提高经营水平和投资收益;有利于大型零售企业破解资金链的难题,以合适的投融资形式,来适应大型商业设施项目的发展。

三、零售商业物业的定义与分类

(一) 零售商业物业的定义

零售商业物业是被零售商用来销售商品或服务的物业。零售商业物业的范围相当广泛,从小型店铺、百货商场到大型现代化购物中心,面积规模从十几平方米到十余万平方米,其服务的地域范围从邻里、居住区到整个城市甚至全国。在房地产开发与投资领域,零售商业物业又称为商业地产。

传统的零售商业区域主要坐落在市中心的城市中心商业区,但随着城市道路交通设施、交通工具的发展和郊区人口的快速增长,位于城市郊区和城郊结合部的大型零售商业设施不断涌现,使传统中心商业区的客流得以分散。为此,从城市中心商业区发展起来的大型零售商开始在城市更广泛的范围内开设其连锁分支机构,从而大大方便了城市居民购物,使居民在城市的任何一个地方都能以几乎相同的价格买到相同的商品。

超级市场的出现,大大降低了人工成本,使商品的价格更加具有竞争力;各零售商对商业聚集效应的认同,为更大规模的零售购物中心的发展提供了条件,近年来,随着我国国民经济的飞速发展和人民生活水平的迅速提高,全国各主要城市的零售商业营业额大都以每年20%以上的速度增长。在消费者购物支出大幅度增长的同时,人们不再仅仅关注商品的质量和价格,还对购物环境提出了越来越高的要求,这就为适应这种需要而发展起来的零售商业物业服务提出了广阔的前景。

(二) 零售商业物业分类

零售商业物业因其面积、规模、结构、环境等的不同有较大的区别,小到几平方米的便利店,大至几十万平方米的大型商厦都称为零售商业物业。零售商业物业的分类依据不同的标准主要分如下几类。

1. 依据其建筑规模、经营商品的特点及商业辐射区域的范围划分

① 市级购物中心。在市级购物中心中,通常由一家或数家大型百货公司为主要租户。

② 地区购物商场。地区购物商场中,中型百货公司往往是主要租户。

③ 居住区商场。居住区商场内,日用百货商店和超级市场通常是主要租户。

④ 邻里服务性商店。

⑤ 特色商店。

2. 从物业服务的角度划分

① 从零售商业物业经营商品的不同,可分为电器商店、服装商店、肉菜市场、综合商店等。

② 从零售商业的组织形式来划分,包括各类商场、购物中心、购物广场及各种专业性市场等。

③ 从零售服务辐射范围的大小不同,可分为都市型的大型综合商厦、商业街、购物中心(购物广场)、区域性的百货公司、连锁式经营的超级市场、货仓量贩店、专卖店、便利店等形式。

④ 从零售商业物业的产权性质来看,随着房地产商品化进程的发展,这些物业的产权性质也出现了各种形式,其经营方式多种多样,大致分为统一产权、分散产权、临时转移产权和综合的多种形式的产权。

四、零售商业物业的物业服务与经营内容

零售商业物业的物业服务与经营工作，主要分为招商及承租户组合、零售技术、物业维护、营销、保险及风险管理、财务管理共六个模块。

（一）招商及承租户组合

在某一项写字楼或公寓大厦的项目，每个出租单元可以分别成功地经营，即承租户间是彼此独立的，单一承租户的成功不必依赖、仰赖于其他承租户的成功。但是在购物中心等零售商业物业项目中，这是无法成立的，每个承租户的成功，非常依赖甚至是取决于其他承租户的成功。这类似于生物界中的所谓共生，即彼此间是一种互惠或互相依赖的关系。

为了维持这种共生关系，购物中心必须整合各家商店的经营项目，有如经营一家综合商厦。所以，各商店是不能被区分销售的，必须整合为一个整体，以免在物业服务与经营上失去掌控。

要维系对各商店的掌控，要有如首席指挥家在指挥交响乐曲般地计划各商店的定位配置，这就是承租户组合。想想一首管弦乐曲组合：有弦乐器在这拨弹、铜管乐器在那吹奏及敲击乐器在稍远处打着拍子，承租户组合就是如此这般。然而，组合是会因为承租户而改变的，也会因为定位而改变。

成功的招租，对购物中心业主及管理者而言，是稳定的收入来源。未出租空间对购物中心业主及管理者是没有生产力的，而且还会影响其他承租户的生产力，愈少的店铺，表示愈少的消费者，表示愈少的业绩。

（二）零售技术

虽然每个单一商店的经营是留给各店经理的一片天空，但是购物中心的物业服务师仍必须有基本的零售技术。尤其需要了解以下几点。

（1）商品选择　迎合消费者对流行、款式、品质及价格的需求。
（2）选项范围　在充分了解消费者及其需求特点的基础上确定。
（3）商品盘存　与当前销售量相匹配的供应数量。
（4）橱窗陈设　必须能吸引消费者注意并能驻足观看，且需要时常更换。
（5）商品内部陈设　帮助销售商品及组织商品，分门别类，清楚易见，标价清晰规范。

（三）物业维护

购物中心的维护工作是通过保养、维修及淘汰更换零件、系统来落实的，通常承租户只负责他的承租范围，而业主则是负责公共区域。维护工作的计划是一种艺术的要求，要实现保全机能、节约能源及避免危机的目标。一般来说，承租户除租金外，需要给付所配比的公共区域维修基金，该基金由购物中心业主统筹管理。

（四）营销

商品及服务用策略性的手段带给潜在的消费者，并引起消费者的注意，以如何进入购物中心视为一项"商品"，这是必须要有手段去营造并且维持一贯的形象去告知及吸引消费者的，这就是所谓的营销计划。简单地说，营销计划的重点包括情境分析、问题与机会分析、目标与宗旨、策略和手段等内容。

（五）保险及风险管理

由于保险费是购物中心业主及承租户一项主要的支出，风险管理就是节流的主要手段。其中一项最简明的风险管理方法，是确保灾害不会发生，不出租给造成危险的承租户。

（六）财务管理

购物中心经理人必须极大化购物中心的"价值"，即购物中心的公开市值。影响购物中

心价值的外部因素,包括了社会、经济、政治、自然、租金收益管理及节流的方法,管理水平的高低也能够影响购物中心的"价值"。

五、零售商业物业的物业服务与经营类型

按照管理层面的不同,零售商业物业的物业服务与经营可以分为策略与运行管理、现场管理这两个层次。

(一)策略与运行管理

策略与运行管理是零售商业物业的物业服务与经营的核心内容,这项工作最早可以在该物业尚处于可行性研究时就开始进行,并在物业的生命周期内一直持续,包括市场需求分析、选址分析、经营业态和租户的选择及更替、租金和租约的确定及调整等。这些工作正是从资产管理的角度出发,其目标是实现零售商业物业的收益最大化。策略与运行管理有时由投资商自己(投资商的一个部门或子公司)承担,有时由投资商委托给专业的零售物业服务企业承担,这取决于投资商对商业物业经营的熟悉程度。

从管理层面上来看,策略与运行管理是零售商业物业的物业服务与经营的更高层次,对于零售商业物业的成功运营也更为关键,是零售商业物业服务的发展方向。例如,大连万达集团与包括国美电器、沃尔玛等零售企业合作的过程中,新加坡嘉德地产与华联商厦合作的过程中,都已经充分的认识到,能否找到合格的、能承担商业物业策略和整体运营管理的商业物业服务企业是成功的关键。

然而目前在我国,由于能够独立承担大型现代商业物业策略与运行管理的专业物业公司极少,加之投资商或业主对把商业物业交由专业物业公司管理的认识也有限,因此目前由传统物业服务企业承担这一层次管理工作的商业物业并不多见,一般直接由投资商完成,或委托给专业的商业物业服务与经营公司或顾问公司。

(二)现场管理

现场管理则是在物业建成投入运营之后,对物业的保洁卫生、安全服务和公共空间的维护,以及为租户提供日常的管理和服务。现场管理是对物业"硬件"的管理。现场管理有如下几种类型。

1. 按管理组织形式不同分类

目前一些大型现代商业物业的现场管理在管理组织形式上通常采取"门里门外"的做法,即门里小物业,门外大物业。

小物业是指商业经营单位所属的后勤和总务部门中单独设立一些岗位,其人员负责商业经营面积区域内的物业保洁、工程小修(如接电源、安插座等)、内部安全工作(如歇业封门、监控等)。大物业是指在商业经营面积区域外的工作由专业物业公司承担,如负责与商业经营有关联的工程大系统的运行和保养、门前三包、外部保洁、消防系统及停车场的管理等。

这种"门里门外"物业服务形式所涉及的各方的责任、负责的区域等事项必须通过合同加以详细确定。它的优势是责任明确,商业经营者不必为物业服务过多操心,小物业配合商业经营活动会更加便捷。它的劣势是条块分割太明确,统一协调不便,处理突发事件时往往会产生协调不顺畅的问题。另外由于各方利益不同,难免会发生相互推诿的情况。

2. 按专业和分包形式的不同进行分类

还有一些大型商业物业的产权人或经营者根据物业服务各个专业的特点,将关键专业和费用开支大的专业(例如消防工程和安全监控等)留给自己负责,而将一些简单、劳动密度大和费用可控制的专业(例如保洁和安全警卫等)对外实施分包。有的是将所有的专业全部

发包给一家物业服务企业,有的则是分别分包,对外签订几份甚至十几份的专业委托合同。

上述分别分包的形式一方面可以使专业分工更加细化和明确,另一方面也存在一些弊端,例如沟通环节过多,全面协调困难;用工人数较多,总体成本加大;各合同起止时间不一,相互影响正常工作,因此必须严格控制好工作中的关键点。

第二节 零售商业物业的租赁管理

制定租赁方案和租赁策略是零售商业物业策略与运行管理的核心内容,其目的是实现物业收益的最大化。

一、租户选择

在选择零售商业物业的租户时,物业服务企业要对许多因素进行权衡。除了消费者的自然习惯外,物业服务企业必须预计有哪些因素可以主动地吸引消费者的光顾。理想的租户要能提供货真价实的商品和服务,且与其他零售商业物业的同类商家相比具有竞争力。

此外,理想租户所经营的商品种类应该配合整个物业的统一协调规划,避免在同一零售商业物业内部出现多个经营同类型商品的商家而引起不必要的竞争。还要对零售商的信誉和财务状况进行了解和分析,因为除了租户所提供的商品与服务的质量及其对消费者所承担的责任外,还要看它是否有支付租金的能力。物业服务企业还要了解潜在租户欲承租的面积大小、经营商品或服务的类型及其对物业的特殊要求,因为这将影响到能否在本物业内安置该零售商以及在哪个具体位置安置更合适等问题。

(一) 声誉

声誉是选择零售商作为零售商业物业租户时首先要考虑的因素。由于声誉是对商家公众形象的评估,所以物业服务企业要注意了解零售商对待消费者的态度。这对于一些大型百货公司、连锁店或准备改变经营地点的零售商来说,很容易对其声誉作出评估。例如,一个购买了某商家商品的消费者,能否方便地享受退货或更换服务,就反映出了该商家的顾客服务质量。观察零售商的售货员对待消费者的态度和服务水准,了解消费者对商家的评价,也能帮助物业服务企业认识潜在租户是如何做生意的。

除了顾客服务质量外,柜台中商品更迭频率也是考察零售商的一个方面,如果商品包装陈旧或表面积满了灰尘,则说明该商家的销售状况很差,如果柜台内或货架上的商品总在不断地更新,则说明该商家销售状况良好。此外,售货员对所销售的商品了如指掌且着装整洁、服务规范,也可以视为整个商场的一笔无形财富;零售商在多大程度上进行广告宣传也表明了其在建立和保持声誉方面所做努力的大小。

经营业务新则意味着商家所面临的风险较大,但其收益可能会超过其所承担的风险。一个新建立的充满活力和创造力的企业,只要它与当前的零售商或连锁店有与众不同之处,很快就可以建立起自己的客户群。一个新的发展中的企业可能缺乏有关声誉的记录,但物业服务企业可以评估其经营思想和策略,一个企业如果有一套清晰的发展新业务的计划,且经过对所处商业影响区域内消费者的研究,确定了合理的商品种类和适应当地消费者支付能力的价格结构,肯定会好于那些没有认真进行市场策划的商家。

(二) 财务能力

除了租户的声誉外,物业服务企业还要认真分析可能租户的财务状况。大型零售商在某一个连锁店经营的成功,并不表明其母公司或其母公司的母公司或其相关权益人的成功。母公司可能会通过转让其下属的某一连锁店,来解决整个企业对资金的需求,而在商店经营权更替的过程中，虽然可能对母公司所经营的业务影响较小，但对某一个具体连锁店的经营业务影响较大，从而加大了整个购物中心空置的风险。

低于预期的资本回报水平，是商业经营失败的最大原因，这就要求物业服务企业对租户开展的每一项新的商业经营项目进行认真的分析研究。经营零售业的经营成本不仅包括租金、公共设备设施使用费和建筑物内营业空间的维护费用，还包括存货和流动资金占用利息、职员工资、货架及收款设备折旧、商店设计和广告费用等支出，对于转移经营地点的零售商，迁移成本和迁移过程中的停业损失也应考虑在经营成本之中。潜在租户有否足够的储备基金来应付开业初期营业额较低的压力，也是衡量租户财务能力大小的一个方面。

（三）租户组合与位置分配

一宗零售商业物业内经营不同商品和服务的出租空间组合构成了该物业的租户组合。以一个大型百货公司为主要租户的购物中心将以其商品品种齐全、货真价实吸引购物者，以仓储商店或折扣百货商店为主要租户的商场将吸引那些想买便宜货的消费者。主要租户的类型决定了每一零售商业物业最好的租户组合形式，换句话说，次要租户所经营的商品和服务种类不能与主要租户所提供的商品和服务的种类相冲突，两者应该是互补的关系。

与租户组合相关的另外一个问题，是在考虑零售商业物业内所经营的商品和服务种类时，同时满足有目的性的购物和冲动性购物的需求。消费者进入购物中心的眼镜店或珠宝店时，往往有很明确的目的，也就是说消费者来到该购物中心的目的就是寻找某项特定的商品或服务。如果消费者在到达或离开其目标商店的过程中随手买了一支蛋卷冰淇淋，则属于冲动性购物。良好的租户组合应该很好的满足目的性和冲动性购物的需要，以提高整个零售商业物业的总营业额。

当购物中心内有两个或两个以上的主要租户时，应该注意他们各自提供的商品和服务种类是否搭配合理，且与次要租户所提供的商品类型互为补充。将每一个独立的零售商都作为整个购物中心内的一部分来对待，是使租户组合最优化的有效方法。

合理确定各租户在整个购物中心中的相对位置非常重要，位置分配的目标是在综合考虑各零售业务之间的效益外溢、效益转移、比较、多目标和冲动性购物行为等因素的前提下，实现购物中心整体利润的最大化。鞋店往往是男女服装店很自然的一种补充，冰淇淋等冷饮店一般设置在商场的入口或与快餐店为邻；较小的、较高销售密度的零售业务，例如食品和珠宝，趋向于位于距离购物商场中心较近的地方；较大的、较低销售密度的零售业务，例如家用器皿和妇女服饰，趋向于位于离中心较远的地方。当一个新的购物中心落成时，合理地为每个租户确定位置，对于提高该租户乃至整个物业吸引消费者的潜力大有益处。

（四）租户需要的服务

零售商作为零售商业物业内的租户，非常关心是否有足够的楼面面积来开展其经营活动、其所承租部分在整个物业内的位置是否容易识别，整个购物中心的客流量有多大等。除此之外，某些租户还有一些特殊的要求，例如餐饮店需要解决营业中的垃圾处理和有害物排放问题；家具店需要特殊的装卸服务；超级市场需要大面积的临时停车场；银行需要提供特殊的安全服务等。是否提供以及在多大程度上提供这些特殊服务，是租赁双方进行租约谈判时要解决的重要问题。

尽管获得某些特殊服务的租户要为此支付额外的费用，但仍会引起其他租户的关注，解决这一问题的最好办法，是由物业服务企业向全体租户作出公开的说明。例如购物中心内的餐饮娱乐部分如果在商店关门后继续营业，通向餐饮娱乐部分的公共空间就需保持开启，以方便顾客通行。但即使通向商场的大门采用坚固的钢质卷闸门并上锁，商场内的租户也会担心酒后的食客会对其商店构成威胁。物业服务企业应该理解租户的这些疑虑，并给予必要的解释，采取必要的措施。例如可由物业服务企业聘请专门的安全人员（由餐饮娱乐的经营者提供费用），负责商场营业时间之外而餐饮娱乐部分营业时的安全工作，同时限制购物中心入口的开启数量（例如仅留一个出入口）。物业服务企业还可以向购物中心内的租户说明，餐饮娱乐部分的晚间营业时间，也可能会在商场关门前给他们带来额外的生意。

二、租金确定与调整

（一）基础租金

基础租金又称最低租金，常以每月每平方米为基础计算。基础租金是业主获取的、与租户经营业绩（营业额）不相关的一个最低收入。

（二）百分比租金

当收取百分比租金时，业主分享了在零售商业物业内作为租户的零售商的部分经营成果。百分比租金通常以年总营业额为基础计算，但具体可以按月或季度支付。由于该类租金以零售商的营业额为基数，其数量可能在每个月之间有较大的波动，所以百分比租金常常作为基础租金的附加部分。

收取百分比租金时，没有统一的百分比标准，因为租户经营的商品种类和经营方式不同，使其经营毛利润率水平有很大的差异，但不论经营什么内容，都存在在一个可接受的百分比范围。例如，超级市场的营业额很高，但其毛利水平非常低，因此其1%的营业额就可以产生一个非常大的百分比租金；相反，男女时装店的营业额相对来说很小，但其毛利水平非常高，也许其10%的营业额作为百分比租金才比较合适。在实践中，具体的百分比是可以协商确定的，而且通常仅对超出某一营业额以外的部分才收取此项超额租金。例如，某租户的基础租金为10万元/月，如果营业额的5%作为百分比租金，则只有当月营业额超过200万元 [100000/5%＝200（万元）] 时，才对超额部分的营业额收取百分比租金。当然，如果零售商的月营业额低于200万元，则仍按10万元/月的基本租金收租。

在前面的案例中，每月200万元的营业额为自然平衡点，如果零售商在一个月内的营业额为250万元，则其应支付的租金为10万元加上超出自然平衡点的营业额乘以5%（在本案例中，50万元的5%为2.5万元），故该月应缴纳的租金总额为12.5万元。然而，租户和业主之间可能要协商一个人为平衡点作为计算百分比租金的基础，人为平衡点可以高于或低于自然平衡点，而如果人为平衡点低于自然平衡点，在百分比不变时，会令业主的收入增加。

（三）代收代缴费用和净租约

像写字楼出租时一样，当使用毛租的形式出租零售商业物业时，所有的经营费用都应由业主从其所收取的租金中全额支付。然而，许多租户喜欢净租的形式，也就是说一些物业的经营费用由租户直接支付。而业主提供的净租形式，决定了业主要支付哪些费用、哪些费用是属于代收代缴费用、哪些费用是按租户所承租的面积占整个物业总可出租面积的比例来收取、哪些费用主要取决于租户对设备设施和能源使用的程度。净租的形式一般有以下几种。

① 租户仅按比例分摊与物业有关的税项。
② 租户要按比例分摊与物业有关的税项和保险费。
③ 所有的经营费用包括与物业有关的税项、保险费、公共设施设备使用费、物业维护维修费、公用面积维护费、物业服务费等都由租户直接支付，而业主一般只负责建筑物结构部分的维修费用。

当然在不同的城市可能还有许多其他的分类方法，但不论是哪种情况，租户在租金外还需支付的费用项目都要在租约中仔细规定。租户为了保护自己的利益，有时还会和业主就租金外的一些主要费用项目（如公用面积维护费用）协商出一个上限，以使租户对自己应支付的全部承租费用有一个准确的数量概念。

（四）租金的调整

由于零售商业物业的租约期限很长（对于主要租户来说，通常是 20～30 年；次要租户的租期也达到 3～10 年），因此在租约中必须对租金调整作出明确规定，以便租约有效地发挥作用。像写字楼物业的租约一样，租金调整可以基于消费者价格指数、零售物价指数或其他租赁双方商定的定期调整比率。租金调整条款一般仅对基本租金有效，经营过程中的费用可根据每年的实际情况确定。对于主要租户一般每 5 年调整一次，次要租户可每年调整一次。

三、租约制定

零售商业物业的标准租约是根据该类物业的特点制定的，目的在于就容易引起租赁双方矛盾的问题和今后若干年中可能出现的不可预见因素作出具体约定，租约中除了对租金及其他费用的数量和支付方式、支付时间等进行具体规定外，还要对下述的几个特殊问题作出具体规定。

（一）关于每一独立承租单元的用途

某零售商业物业在开发建设过程中是对一个特定服务区域内的一个特定市场设计的，如果物业内的某一租户想改变其经营商品与服务的种类或对其经营方式进行重大调整，必须事先告知物业内的其他租户并获认可。制定该项条款的主要目的是为了防止某一个租户随意改变其所承租物业的使用方式，保持整个购物中心或商场的统一协调。

（二）限制经营内容相似的租户

设置该项条款的目的，是为了防止购物中心内的租户经营类似的商品，尽可能减少来自购物中心内的竞争。但人们一般认为，在一个购物中心内允许存在某些竞争通常是利大于弊，而限制经营内容相似的租户同时出现在一个购物中心，可能不利于提高经营效果。由于在对购物中心进行整体规划时，就统筹考虑了各租户间所经营的商品种类的协调互补性，且保护当前租户的利益能有助于其履行按时支付租金的义务，因此业主一般不会同意新的租户经营与原租户雷同的商品。租户经营与原租户雷同的商品，从租户的角度来说，除非是那些特别抢手的旺铺，否则也不愿以咄咄逼人的架势进行公开的竞争。所以该条款发挥作用的机会并不多。

（三）限制租户在一定地域范围内重复设店

该条款旨在防止某一租户于购物中心的一定距离范围内（通常为 4～8 公里），重复设立经营内容相似的商店或发展相似的连锁店。业主作出这一规定的目的是为了确保百分比租金收入不受影响，因为允许租户在一定地域范围内重复设立连锁分支店，会分散前往购物中心购物的顾客，影响其在购物中心的营业额。当然，如果租户同意在该范围内连锁分支店的营业额之全部或部分，亦纳入缴纳百分比租金的范畴，业主也应该同意与其协商。

（四）营业时间

同一个购物中心的租户之间，营业时间的安排应协调一致。制定该条款的目的在于授权物业服务企业确定整个购物中心统一的营业时间，以方便物业服务工作。统一的营业时间一般以购物中心内的主要租户为准，次要租户可以适当缩短营业时间但不能超过统一营业时间。有关营业时间的条款可能还包括随季节变化对营业时间的调整、节假日营业时间的具体规定等。

(五) 公用面积的维护

该条款应准确地界定购物中心内公用面积的组成，说明租户为此应支付哪些费用。该条款往往还授权业主增加、减少或调整公用面积分布的权利。大型购物中心内的公用面积一般包括大堂入口、电梯和自动扶梯、顾客休息处、走廊及其他公用的面积。公用面积的维护费用通常按租户独立承租的面积与购物中心可出租总面积的比例分摊。例如，某租户承租了3000 平方米的面积，占整个购物中心可出租总面积 30000 平方米的 10%，该租户就要分担10%的公用面积维护费用。

(六) 广告、标志和图形

为了增强物业的形象和感染力，大型零售商业物业都为自己设计了一套统一的图形符号，并以此作为物业的统一标志。业主保留对购物中心内所有招牌和标志的尺寸大小、悬挂位置、语言文字的使用等进行限制的权力。由于这项工作是物业整体广告宣传与促销活动的一部分，因此租户通常要拿出其毛利润的一定比例来支付旨在推广其商店和整个物业的广告费用。

(七) 折让优惠

同写字楼租约一样，业主为了能够签订新的租约或保持现有租户到期后续租，常常给予租户一定的折让优惠。在理想的情况下，给予租户的任何优惠尽量不要使租约中所载明的租金水平降低，因为任何形式的折让优惠尤其是租金折扣会导致物业价值的下降。折让优惠的具体方式包括向租户提供装修补贴、为租户支付搬家费用或提供一段时间的免租期等。

(八) 其他条款

除上述条款外，零售商业物业的租约中还经常包括中止租约条款和持续经营条款（保持商业经营活动的连续性和稳定性），有时还有对租户承租面积的变更、租户经营风险投保作出规定的条款。对租户使用停车位的权力和限制条件的规定、租户为整个物业统一的市场推广计划承担财务义务的规定、租期延展、租约中止的处理等也常常出现在租约的条款中。

第三节 零售商业物业的现场管理

一、策略与计划

零售商业物业的现场管理是否成功，有多方面的影响因素。其中，正确的物业服务与经营策略、有针对性的管理方案设计和精确的费用测算是三个主要的方面。

在这三个方面的工作中，策略是基础，计划是前提，费用是根本。

(一) 现场管理策略

1. 经营策略

针对不同的零售商业物业，物业服务企业需要不同的经营策略。就中高档项目而言，经营策略主要包括以下几个方面。

① 树立品牌形象，参与市场竞争。管理一个零售商业物业项目，对于任何一个物业服务企业来说，都面临着巨大的挑战与机遇。一方面是因为物业服务企业一般很少接触商业物业的管理，经验不足；另一方面是因为一旦物业服务企业成功地迈进了零售商业物业服务的门槛，发展前景将非常广阔。因此，树立良好的品牌形象和以积极的心态参与市场竞争，就成为企业经营策略的中心。

② 与开发商建立密切联系，考虑长线战略联盟。有实力的开发商从来都是物业服务企

业希望与之结成长期合作关系的最佳合作对象。虽然在某一具体项目上物业服务企业可能不会得到很高的经济回报，但是，一旦其管理水平和经营理念得到开发商的认可，随之而来的潜在收益则是非常可观的。因此，通过高质量的物业服务获得开发商的青睐，与其建立长期的战略联盟关系，对于物业服务企业的发展是非常有利的。

③ 必要的经济回报。物业服务企业进入零售商业物业服务领域的目标归根结底是要取得合理的经济回报。同时，追求经济回报应与企业的战略发展计划相协调。

2. 管理策略

对零售商业物业实行什么样的管理策略，既与物业服务企业的战略发展有关，也与特定项目的条件有关。

（1）管理模式　即物业服务企业采用什么样的模式对项目进行管理，是成立子公司、分公司，还是项目部或者管理中心等，不同形式具有不同的管理意义。如果建立子公司，则说明该项目的重要性和风险基本是均等的，其规格明显高于其他形式的管理。但是，此种管理形式在一定意义上使总公司丧失了一部分对项目的直接管理权，上级企业的控制力相对较弱，子公司管理的独立性较强。

（2）管理承诺　即物业服务企业对委托方进行哪些承诺，关键是内容和深度。比如，物业服务企业是否需要垫付开办费，是否要承诺优先录用开发商推荐的工作人员，是否只有在委托方同意的情况下才能从项目上撤出，其本质是管理的主权掌握在哪一方。

（3）管理期限　管理年限并非越长越好，而是要因项目而异，其长短可以从一个侧面反映出物业服务企业的管理思路。

（二）现场管理计划

完善的零售商业物业现场管理计划应当包括：机构设置和人员编制、费用测算和依据、服务内容和服务标准、工作流程和规章制度五部分。

1. 机构设置

零售商业物业的机构设置应当考虑到商业服务的特性，不能完全照搬对写字楼、公寓或住宅小区的物业服务模式。同时，在考虑机构设置时还要兼顾精简高效的原则。下面举例说明一般的机构设置方式。

（1）办公室　负责行政事务和人事管理，主要包括：员工的招聘、录用、调配、考核、奖惩、晋升、辞退工作；工资福利、劳动保险、劳动争议的处理；对商户承租户员工的进店培训；办公用品的审批、文件的收发、传阅、审批、存档；公章、介绍信的使用和管理；制订并负责落实培训计划；设计培训项目，制定工作纪律，完善培训体制；检查服务指标达标情况；各部门每月采购计划的汇总及实施；库房的管理，固定资产、低值易耗品的实物管标与否；员工餐厅的管理；总经理安排的其他工作等。

（2）财务部　负责项目的经济核算；编制年度预算及决算；控制资本性开支，审查并参与1万元以上的经济合同的制定；控制财务成本，定期向项目总经理报告；编制、审核、分析会计报表；收缴各种应收费用，催收迟付款项；资产的监督管理；负责项目的保险工作；参与项目的物业服务与经营；与国家有关部门保持联系；按规定支付、交纳有关费用、税款。

（3）工程部　负责根据接管情况，适时制订年度、季度、月、周保养计划并组织实施；与设备生产厂家或供应商建立联系，确认保修协议或供货合同；修葺公共设施、主要结构、屋顶等；负责审批承租户的二次装修方案；负责与政府有关部门的业务联系；机械设备、电气设备的日常维修和保养；建筑、装潢等设施的日常维修和保养；维护通讯设施、卫星接收设备、背景音响设备；负责环境保护和紧急排污。

(4) 安全服务部　负责组织制订项目安全制度和工作计划；部署、安排、调整警卫的消防监控人员；负责地面、地下停车场的安全和车辆管理；负责项目消防设施的日常使用、检查；负责项目监控系统的日常使用和检查；负责安委会、消委会、国家安全小组的日常工作；组建、管理、训练义务消防队；对新招聘员工进行消防安全培训；定期、不定期对项目安全消防情况进行检查，提出整改意见；协调与政府有关部门的关系，协助完成相关工作；负责公共区域的 24 小时安全、巡逻；负责财务部日常提送款的安全押送任务。

(5) 物业服务部　负责保洁、绿化、杀虫灭鼠、垃圾清运等工作；负责与客户的联络，处理有关服务投诉；收集客户对物业服务的意见和建议，并及时向领导和有关部门反映；督促相关部门解决与客户投诉有关的问题；定期组织客户联谊活动；办理客户/承租户进场与退场手续；建立、完善客户档案，协调客户与项目各部门之间的关系；负责项目公共区域的保洁服务；评估、审议保洁报价与服务标准；负责项目公共区域的卫生防疫包括虫害、鼠害、垃圾处理；负责项目员工工服制作、洗涤、保管、缝补、调换等；负责公共区域绿化养护、花卉植物租摆；负责客户往来信函的分发。

除上述基本部门之外，根据零售商业物业服务的特殊性，还应考虑设置对承租户的管理部门，一般称为商管部、商务部或租户管理部等。

2. 费用测算

对一个新建成的零售商业物业而言，费用包括两个方面：日常管理费用和开办费用。

(1) 日常管理费用

① 公共能耗费（约占总费用的 40%）。此费用包括电费、水费、热力费、排污费等，是指商厦内非某一具体承租户使用的能源消耗（比如商厦大堂照明和夜间楼体照明、电梯用电、集中供暖、集中空调、卫生间用水等）。它是开销中最大的一项，因此应当请工程技术人员反复测算，力求准确。

② 设备维护费（约占总费用的 3%～5%）。一般来讲，新建的零售商业物业的前两年在设备维修方面不会发生开支，仅是对设备的日常保养和维护费用产生开支，所发生的数额相对比较小，但随着设备的逐渐老化，就应该不断加大对工程设备设施的费用支出。

③ 工资及福利（约占总费用的 30%～35%）。包括工资、奖金、福利费用、国家规定的各类保险、加班费、餐费、工服制作费、个人所得税等。

④ 绿化及保洁费（约占总费用的 2%～3%）。包括室内绿色租摆、绿地养护、公共区域日常保洁、卫生间清扫、外墙保洁、虫害消毒杀菌、垃圾清运等。

⑤ 安全服务费（约占总费用的 0.5%～1%）。主要指安保部的日常开销，比如更换对讲机电池，消防演习费用以及消防器材的补充和更换等。

⑥ 办公费（约占总费用的 3%）。此项费用包括的内容很多，归纳下来主要有办公用低值易耗品、员工工服洗涤、节假日装饰费、交际差旅等费用。

⑦ 保险费（约占总费用的 1%）。一般讲，物业管理企业在管理零售商业项目时，主要上的保险为公众责任险和财产一切险。只有当物业服务委托方有明确要求时才考虑上其他类型的保险。

⑧ 不可预见费（约占总费用的 2%）。一般按照日常管理费的 2% 计算。

⑨ 物业服务酬金（约占总费用的 8%～12%）。由于竞争日趋激烈，不少物业服务企业为了拿到合适的项目而不得以压价竞争，导致管理费酬金一降再降。据不完全统计，物业服务企业的平均管理酬金的比例为 2.5%～3.5% 之间，不会达到 8%～12% 的程度。

⑩ 税金（约占总费用的 5.5%）。国家规定的营业税金。

(2) 开办费　为了保证项目的正常开业，前期需要一定的开办费用。开办费用一般采取先由物业服务企业提交报告和预算,经过开发商审批后由开发商分阶段拨付给物业服务企业使用。主要包括以下内容。

① 筹备期的人员工资和奖金。主要是指开业前2~3个月的筹备期间的物业管理企业派到项目上的人员以及招聘到岗人员的工资、奖金等人员费用。

② 招聘费用。包括广告费、面试场地费、上岗前的培训费等。

③ 小型工具购置费。主要是工程专业所需的小型维修工具和器具,如扳手、测速表、万用表等。

④ 办公设备购置费。包括办公家具、办公设备、办公软件等。

⑤ 成品保护费。商厦在精装修之后,还不能马上投入使用,必须经过有关部门检验合格后才能投入商业运行。在这个阶段内,需要对成品加以保护,以免遭受不必要的损失,影响使用效果。

⑥ 安全服务费用。主要是购置灭火器、巡逻灯、照相机、应急灯等。

⑦ 工服制作费。

⑧ 必要的交通办公费用等。

3. 零售商业物业的特色服务内容

管理零售商业物业,除了一般性的物业服务项目之外,零售商业物业的服务还包含一些特殊服务内容,主要是统一的收银服务及假钞管理;商品投诉服务(对假冒伪劣产品的处理);室内广告布局及商品陈列服务;室外广告效果及交易的处理;商品进出店的核实登记;大型促销活动的协调组织和物业服务;反扒工作;商品垃圾清运;统一开闭店及夜间店堂巡视。

4. 工作流程

工作流程是保证服务内容能够准确实施的保障性手段,应当给予高度重视使服务内容相辅相成,互为补充。这里以客户投诉处理为例对工作流程进行要说明。

客户投诉一般分为来访投诉、电话投诉和来信投诉。当客户到服务中心面对面进行投诉时,客户关系员应具体接待,并做好记录,当面将相应的投诉处理单第一联交相关部门落实,第二联留物业部备查。如果客户采取电话投诉或来信投诉的方式,客户关系员应根据投诉内容填写投诉处理单,同样转给相关部门。

相关部门在接到投诉处理单后,应立即派出人员到投诉客户住处或指定地点调查处理,并将处理结果填在投诉处理单后转回客户关系员。客户关系员根据相关部门的处理意见并亲自核实后联系投诉客户,听取对处理结果的最终意见,后填写回访记录并连同投诉处理单一并交办公室统一编号登记装订。办公室每月向总经理汇报上月客户投诉情况及处理结果,提出相应改进措施。总经理视情况采取相应管理措施或通过行政命令等手段,加强相关部门工作,减少客户投诉,提高客户满意度。

5. 规章制度

规章制度是为了对项目实行所谓的"法制"管理,以便有章可循,照章办事。如果制度不完善、不合理,反而会在员工中产生负面影响,一个企业的管理是否严谨到位,不仅要看规章制度有多少,关键要看它们的执行情况和修订情况。

二、管理范围

(一)现场管理的基本范围和内容

① 地下停车场、地面停车场、自行车棚。

② 员工食堂、员工休息室、沐浴室、更衣室、更衣柜、员工吸烟室。

③ 工程设备机房、维修间、管道间、值班室、开水间。
④ 大楼屋顶、大楼外立面、大楼层天花及公共区域照明。
⑤ 各楼层走梯、公共通道、紧急疏散通道、应急照明。
⑥ 消防监控室、警卫室、倒班宿舍、公共区域消火栓、灭火器。
⑦ 主要出入口、员工出入口、卸货平台、员工通道。
⑧ 室外绿地、树木、园林小品、室内公共区域绿色租摆。
⑨ 商品周转库。
⑩ 商厦内客人、儿童休息区。
⑪ 商厦内公共厕所。
⑫ 物业服务用房。
⑬ 公共区域广告。

（二）需要特别界定的区域

租户和产权人需要特别界定责任与义务的管理区域有以下这些。
① 专用电梯的使用、维修和保养责任。
② 公共区域中单一租户使用的立柱的使用方式、时间和费用。
③ 承租区域或天花照明的更换责任及费用。
④ 租户单独使用的库房、客人更衣室的消防安全和防盗责任。
⑤ 租户经营产生的垃圾、包装物的清理。
⑥ 租户的内部装修和改造的审批程序。
⑦ 租户业务收银的管理。
⑧ 室外广告位的进入和更换。
⑨ 租户二次装修的管理及限定条款（用电、防火、人身安全等）。
⑩ 租户提供的商品的质量责任。
⑪ 物业工程大系统与商业经营区域的接口划分（水、电、空调、燃气、照明的管理与计量）。

三、管理目标

现场管理的目标是为租户的经营活动提供安全、有序和舒适的场所，为实现租户的经营目标和整个物业的收益目标而服务。在具体实践中可将其具体化为统一的店面形象管理、统一的员工管理、统一的安全服务、统一的承接租赁管理、统一的物价质检管理。

第四节 零售商业物业的风险管理和安全服务

一、零售商业物业的风险管理

（一）风险种类及特点

1. 管理模式的风险

不同的物业服务企业对于管理零售商业物业的方式不尽相同，有的是成立子公司，有的是成立分公司，有的是组建管理中心或者是项目部。管理方式的不同导致企业所承担的责任和风险程度也存在差异，甚至是本质的区别。

成立子公司是目前最稳妥的办法。子公司是独立法人，独立承担民事责任，可以最大限度地降低项目一旦运作失败给物业服务企业造成的影响，可以说是在项目和物业服务企业之间建立了一道有效的"防火墙"。但是，成立子公司时间长，手续繁杂，不利于迅速开展工作。

除了子公司之外的其他形式都属于非法人机构，不承担民事责任，项目一旦发生问题，物业服务企业难逃干系。另外，项目的账目要与物业服务企业合并，这中间存在着非常复杂的财务关系，如果处理不好则会对物业服务企业产生一系列不利影响。

2. 产权与管理权相分离风险

投资商成功开发零售商业项目后，对项目的处置方式一般有以下三种：完全拥有产权或直接出售一小部分产权，自己仍维持大股东的身份；将大部分产权出售，成为小股东；全部出售套现。

当第一种现象出现时，投资商是第一大股东，具有处置物业服务权的责任和权力。因此，在与物业服务企业谈判专业管理合同、签署合同以及履约方面承担着全部或大部的责任和义务，没有任何法律障碍。其聘请物业服务企业的决定，具有唯一性和专属性。

但是除了第一种情况之外，其他任何一种情况的出现，都会对物业服务企业的正常运行和有效管理产生影响和制约。由于产权分散、业主众多，意见难以集中，而大部分业主又没有管理零售商业项目的经验，凭想象和主观推断的人不在少数。更有甚者，购买产权的人中有相当多的是属于投资行为，期望通过经营在短期内产生良好的效益，收取利润回报。有的受投资商片面宣传，以高价购得产权，加大了对项目良好经营前景的乐观情绪，使得大家对管理的效益期望过高，对开业后的盈利能力持过高的不切合实际的期望。这些对于物业服务企业都是巨大的风险，因为一旦上述期望无法实现，产权面积小的业主将很可能拒交管理费用，不服从或不参加统一的促销活动和统一的管理，导致商业项目经营状况的持续恶性循环。

3. 管理范围不确定风险

在零售商业项目的管理上，特别要注意投资商、物业服务企业与物业服务企业的责任和管理范围的划分，避免权责不清、互相推诿带来的风险。例如对于仅负责现场管理的物业服务企业而言，下面的工作应由其负责。①开闭店。②室外保洁和门前三包。③室内公共区域保洁。④顾客对服务质量的投诉处理。⑤与政府相关管理部门的联系、汇报及提交相应报表或资料。⑥整体殿堂的装饰装潢。⑦节假日促销活动的统一协调和安排。⑧外围和室内公共区域的安全。⑨公共区域的供水供电供暖。⑩共用设备设施的维护保养。⑪承租面积的装修管理审批。

而下面的工作不属于物业服务企业的负责之列：顾客退换货；收银及长短款；承租区域内的卫生、安全服务；非物业服务企业员工的招聘与辞退；库房物品的管理及安全工作；承租商各自的工商税务手续；承租区域的装修质量。

4. 垫款风险

有时投资商或委托方要求物业服务企业垫付零售商业项目的开办费用，这存在着很大的风险，特别是当投资商或委托方没有足够资金支持的情况下更是如此。有时对方就会以无法偿还垫款为由，提出更为苛刻的条件，强迫物业服务企业同意。

5. 突发事件风险

一般来说，合同中对突发事件的性质都有明确的规定，大都归入不可抗力的范围中。一旦发生，对企业的经营会造成巨大的而且是直接的影响，因此必须高度重视。2003年春夏之交在中国发生的"非典"疫情，无疑是当年所有服务行业面临的最大的突发事件，企业损失不可估量。什么时间发生，发生什么样的事件都是无法事先预测的。唯一的办法就是建立健全防范机制，在事件发生后的最短时间内采取最有效的办法，使损失减少到最低程度。

(二) 风险防范

1. 建立风险防范机制

为确保物业服务企业的声誉和经济利益不受损害,应在物业服务与经营过程中实行预警制度,即要根据收支计划和实际财务运作测算出收支保本点,规定一旦低于保本点多少幅度时,企业就要自动进入警戒。当在日常物业服务与经营活动过程中财务状况接近该警戒线时,项目总经理要及时向物业服务企业总经理提交预警报告,其中应包括预先对财务状况的前景作出的预测与分析、如何扭转财务状况的措施及设想、需委托方及物业服务企业给予的支持等。物业服务企业负责人与项目负责人要密切注意改进措施的实施情况,将亏损萌芽消灭在收支保本点以前。

2. 把握重要环节

为保护物业服务企业的利益,在物业服务合同中应格外强调和认真制定下列条款。

① 合同文本的最终确定应征得全体业主或租户的一致同意和认可。
② 全体业主和租户对按时全额交费承担责任和义务。
③ 物业服务企业对欠费业主或租户处理方式的认可。
④ 对前期投资商向个别业主承诺的处理方式。
⑤ 少数服从多数管理原则的认可。
⑥ 对服从统一管理的承诺。
⑦ 启动资金的管理和使用。
⑧ 物业服务费用不足时的处理程序。
⑨ 投资商前期工作与后期物业服务的衔接。
⑩ 物业服务企业退出管理的方式、条件。

二、零售商业物业的安全服务

零售商业物业的安全服务,可以细分为防火安全、安全服务、劳动安全、媒体风险防范安全等方面。

(一) 防火安全

无论是物业服务企业还是零售商业物业项目,都要成立消防安全组织,其最高管理机构是"安全委员会",由物业服务企业和委托方人员共同组成。物业服务企业派往该项目的负责人是项目消防安全第一责任人,对本项目的消防安全工作全面负责。物业服务企业应根据物业具体情况确定重点要害部位,制定有针对性的消防预案,定期组织演练,并不断加以补充完善。同时本着"谁主管、谁负责"的原则,实行逐级防火责任制,把消防工作落实到人。遇有火情应及时组织员工扑救,并认真协助消防部门查明原因。

(二) 安全服务

物业服务企业应结合该零售物业的经营范围、经营方式和安全环境等具体情况,制定安全服务制度(包括检查、考核、评比、验收办法)、治安防范措施和预防各种突发事件的具体实施方案,切实加强监督检查。应确定重点防范部位和划定责任区域,指定专人负责,明确安全责任。当发现安全隐患和漏洞时要限期解决。

特别要加强对印章、现金、票证(卡)、物资、设备、商品和食品的安全服务,指定专人负责。财务部、外币兑换处和各收银网点等重点部位必须加装报警装置和录像设备,并经常测试,保证设备灵敏有效。各种钥匙及客用保险箱管理,应指定专人负责,严格履行登记制度,定期检查,发现隐患及时查处。零售商业项目中有文娱设施的,需加强监督和检查,严防治安事件的发生。

（三）劳动安全

物业服务企业应将劳动安全放在重要位置，切实为员工提供适宜的工作条件和必要的劳动安全保障，避免发生人为的工伤事故。应依据国家或当地政府主管部门对工伤事故管理的有关规定，对员工进行安全教育，贯彻"安全第一，预防为主"的方针。物业中所有电气设备、线路、各类电动工具的安装和使用都必须符合安全规定。需要经常对员工进行安全劳动教育，并加强内部的日常安全劳动检查及节假日的安全检查。一旦发生工伤事故，应在最短的时间内上报物业服务企业及政府有关部门，不得隐瞒不报。

（四）媒体风险防范安全

正确处理与媒体的关系，利用一切机会树立零售商业物业和物业服务企业的正面形象，是管理零售商业物业时应着重注意的问题。物业服务企业应提高在与媒体交往中的责任意识、法律意识和授权意识，教育员工了解媒体的工作性质和社会影响力，避免发生媒体风险事故。物业服务企业应设立以下规定。

① 在与各媒体的工作接触和工作交往中，物业服务企业总经理具有唯一的决定权力。

② 项目如需在报刊、杂志、电台、电视台或其他媒体上进行宣传报道、参加公关活动或刊登招聘广告时，必须事先得到物业服务企业的批准和核准，否则不得进行。

③ 项目在日常经营和管理活动中，应严格执行物业服务企业的统一 VIS 设计（包括文字、格式、字体、颜色等），不得随意改动。

第五节　典型零售商业物业的物业服务与经营

一、购物中心的物业服务与经营

又一新兴业态——购物中心将会迅猛发展。今天购物中心的模式已在世界各地发达国家被广泛采用。在有些发达国家，它已是一个国家经济发展中必不可少的重要组成部分。购物中心在我国经济成长壮大的过程中，也将在零售行业中占据十分重要的地位。这是因为：随着我国经济的成长壮大，居民消费水平的提高，休闲与购物相结合的"一站终点"的消费需求必将迅速增长。而这正是购物中心迅猛发展的重要支撑点。大中城市商业物业的发展呈现强劲之势。目前一些有眼光和相当实力的大房地产商在介入商业物业的开发时，已逐渐引入购物中心经营和管理模式。而购物中心的建设如果没有有实力的房地产商及具有相当管理水平的专业商业经营公司的介入是难以想象的。

（一）购物中心的基本定义

目前，各国对购物中心定义的表述还是不尽相同的。

1. 美国购物中心协会的定义

购物中心是由开发商规划、建设、统一管理的商业设施，有大型的主力店、多元化商品街和宽广的停车场，能满足消费者购买需求与日常活动的商业场所。

2. 日本购物中心协会的定义

购物中心是由一个单位有计划地开发、所有、管理运营的商业和各种服务设施的集合体，并备有停车场，按其选址、规模、结构，具有选择多样化、方便性和娱乐性等特征，并作为适应消费需要的社交场所，发挥着一部分城市功能。

3. 中国商务部的定义

购物中心是多种零售店铺、服务设施集中在一个建筑物内或一个区域内，向消费者提供综合性服务的商业集合体。这种商业集合体内通常包含数十个甚至数百个服务场所，业态涵盖大型综合超市、专业店、专卖店、饮食店、杂品店以及娱乐健身休闲等。

4. 国际购物中心协会的定义

购物中心（Shopping Center/Shopping Mall）是指一群建筑，是组合在一起的商业设施，按商圈确定其位置、规模，将多种店铺作为一个整体来计划、开发和经营，并且拥有一定规模的停车场。根据购物中心的建筑、设施和形态的不同，国际购物中心协会又将购物中心细分为"摩尔"（Mall，停车场与店铺间有一定的距离，通常在整体建筑的地下或外围，而店铺间有专门的步行街连接，如区域型、超区域型购物中心）和带状中心（店铺前各有停车场，店铺间通常没有专门的步道连接，如邻里型、社区型等）。

由此可见，从严格意义上讲，购物中心不是一种商业业态，而是一种有计划实施的全新的商业聚集形式，有着较高的组织化程度，是业态不同的商店群和功能各异的文化、娱乐、金融、服务、会展等设施以一种全新的方式有计划地聚集在一起。它通常以零售业为主体。与自发形成的商业街相比，购物中心在其开发、建设、物业服务与经营中，均是作为一个单体来操作的，一般是物业公司建楼、出租场地，专业商业管理公司实行统一招租、管理、促销，承租户分散经营。购物中心通常由一个管理机构组成、协调和规划，把一系列零售商店、超级市场组织在一组商店群内，配合各种类型的专业店、食品店、饮食店、银行、游乐场甚至电影院等，形成一个区域性的商业中心。

（二）购物中心的分类

购物中心按照不同的标准，分类也不同。

1. 按开发商背景及购物中心物业服务与经营的模式（包括自营的比例）分类

（1）物业型购物中心　又分为物业型购物广场 Shopping Plazn/Square/Centert 和物业型摩尔购物中心 Mall。

① 物业型购物广场。一般由大房地产商开发建在市中心黄金地段，实行的是租赁制。其特点是：面积一般在 5 万～10 万平方米，由于面积还不够大，故其定位还必须突出某一目标顾客群体，所以入驻的业态一般不齐备即业态业种的复合度不够（通常定位于高端市场，大租户以高级百货为主，许多业态没有引入），还称不上真正的摩尔购物中心 Mall。

② 物业型摩尔购物中心 Mall。又称普通摩尔购物中心，普通摩尔的物业所有者一般不进行零售经营，而是将场地出租给专业零售商，委托专业管理公司进行管理，实行所有者、管理者与经营者的分离。优势互补，既可保证和提高管理水平，又可使摩尔以一个统一的社会形象面对消费者，同时由于摩尔内的各零售商分别经营自己的产品，可以充分展示自己独特的品牌形象和经营风格。这种购物场所的组织和构造形式，包含着一种促销思想，即要让消费者在购物场所尽可能停留较长时间。普通摩尔购物中心 Mall 由大房地产商按 Mall 的要求设计开发建在市中心黄金地段或城郊居民聚居区，实行的是租赁制。其特点是：面积比购物广场大许多，一般在 15 万～30 万平方米；业态业种的复合度高度齐全，一般为全业态全业种经营。

建购物中心容易，管理购物中心难。一个大规模购物中心的正常运行，首先要求有成功的策划设计。美国购物中心除了事先策划外，还实行专业化的管理。管理主体可能是房产所有者，也可能是房产所有者聘请的专业化商业管理顾问公司。把购物中心管理简单地视为物业服务或是商业管理都是错误的。它几乎是一门边缘学科，是物业服务与商业管理的交织。购物中心管理者不仅要保证水、电、暖、空调等设备的正常运转，周围环境的整洁与安全，还应该知晓店铺经营知识，为各零售商提供信息服务和有参考价值的建议，更重要的还在于进行统一的促销活动，负责把顾客引进店中来。购物中心不是集贸市场，管理者也绝不是仅收租金的地主，他必须保证入租的客户具有完美和大体一致的形象，从而保证他们能赚取理想的利润，否则哪有租金给你呢！所以很多物业型购物中心的物业服务与经营方面由专业购物中心管理公司负责。如中国台湾的多家购物中心（如京华城）就是聘请新加坡的专业购物中心管理公司管理的。

物业型购物中心在东南亚如新加坡，中国香港等地发展的很多，其代表有：中国香港的时代广场、海港城、太古广场、又一城；新加坡的义安城 Ngee Ann City、莱佛士城 Reffles City、威士马广场（Wisma Atria）、先得坊 Centre Point，菲律宾马尼拉的 Glorietta Plaza 和香格里拉广场 Shangrila Plaza；马来西亚吉隆坡的刘蝶购物中心（LOW Yat Plaza）、燕美购物中心（Imbi Plaza）、乐天购物中心；泰国曼谷的世界贸易中心（World Trade Center）、暹罗广场（Siam Center）、River City、The Emporium；中国台湾的京华城、中华城、台茂购物中心、厦门的"SM 城市广场"。海外的著名 Shopping Plaza/Square 一般都只租不售，以便保持购物中心自身的品牌形象和管理力度。

国内的代表有：香港九龙仓投资的上海时代广场、北京时代广场；香港和记黄浦投资的上海梅龙镇广场、北京东方广场，香港嘉里投资的上海嘉里不夜城、北京国贸中心。

国内的物业型购物中心除少数较成功外，很多面临着三个困境。困境之一：客流不旺。诸多大城市开业的纯物业型购物中心都面临客流不旺的灾难，走进购物中心给人以萧条冷清的感觉，顾客像看画展一样浏览各个专卖店，真正掏钱购物的人不多，稳定的回头客就更少了。困境之二：租户难求。纯物业型购物中心采用招租方式经营，就是开发商把店铺或摊位出租给零售商。因而租金是开发商的重要利润来源。要取得稳定而理想的租金，必须找到信誉好的零售商。但是，购物中心建成后常常遇到招商难题，期待的零售商他不来，而想来的又不想要。我国的专业店和专卖店本来就数量少、质量低，使购物中心没有充足的选择余地。外国专业店和专卖店倒是成熟化了，但又不一定适合中国目前的消费状况；有些虽然适应了，但在中国又不一定有营业执照。困境之三：管理乏力。购物中心里常有上百个所有权独立的零售商，应通过统一管理来树立购物中心的整体形象。但是，购物中心的管理比百货店管理难度大得多。面临的问题诸如所有零售商是否接受统一收银，是否接受统一营业时间，是否接受进行统一的促销行动等。如果协调无效，就会损害购物中心的整体形象，使顾客失去光顾的兴趣。

(2) 百货公司型购物中心　由大型连锁百货公司发展或扩建而成。面积一般在 10 万～15 万平方米，由于面积还不够大，故其定位必须突出某一目标顾客群体，入驻的业种一般很齐备但业态的复合度通常不高（通常定位于高端市场，以自己的百货公司为主，虽然百货公司自身的超市一般也很大很有特色，但一般没有引入大卖场、家具城、玩具反斗城大卖场等业态），仍称不上真正的摩尔购物中心 Mall。但随着百货公司型购物中心不断扩建及兴建别馆等，不同业态也正被引入百货公司型购物中心内，迈向真正的摩尔购物中心。如亚洲最大的百货公司型购物中心——新光三越百货台南新店，面积达 16 万平方米，引进了几乎所有的业态，已经称得上是真正的摩尔购物中心 Mall 了。

百货公司型购物中心比纯物业型购物中心有一定的优越性。百货公司由于信誉佳、客户关系多、营销促销管理水平高，故招租招商较容易，且业绩一般也较佳。其代表有：中国台湾远东百货集团的大远百购物中心、中国台湾新光三越百货的台南购物中心和台北信义二馆、东京高岛屋百货、汉城乐天百货总店。内地的代表有：北京庄胜崇光 SOGO 百货、上海第一八佰伴商厦、武汉广场等。

(3) 连锁摩尔购物中心 Mall　由专业的连锁购物中心集团开发并经营，特点是自营比例较高（50%～70%）。连锁摩尔购物中心是指：由专业连锁购物中心集团开发并经营，自营比例较高（自营百货公司、超市、影城、美食城等），业态业种的复合度极度齐备，商品组合的宽度最宽、深度最深，定位于家庭（全家/全客层），能满足全客层的一站式购物消费和一站式文化、娱乐、休闲、餐饮享受的特大型购物中心。专业连锁购物中心可解决购物中心的招租难题，可迅速实现购物中心的全面开业，且管理促销的力度和号召力比普通购物中心高许多。对内地而言，由于内地的商品品种和各类专卖店只有国外的30％左右，购物中心的招租就更难，所以专业连锁购物中心是一种值得推广的购物中心经营模式。但专业连锁购物中心的物业服务与经营的要求和难度比其他业态更高，所以，国内市场主要引入外资的专业连锁购物中心集团。如菲律宾的 SM Super Mall 集团（自营 SM 百货公司、SM 超市、SM 影城、SM 玩具反斗城大卖场、SM 美食城）和 Robinsons 集团（自营 Robinsons 百货公司、Robinsons 超市、Robinsons 影城、Robinsons 玩具反斗城大卖场）、泰国正大集团的 The Mall 集团（自营易初莲花超市）、马来西亚金狮集团属下之百盛购物中心（自营百盛百货公司和超市）。

2. 按购物中心的商场面积规模分类

(1) 巨型/超级购物中心（Super Mall/City Mall）　面积在24万平方米以上。如曼谷西康广场 Seacon Square、马尼拉 SM Megamall 和香格里拉广场 Shangrila Plaza、吉隆坡 Midvally Megamall 购物中心、台北京华城、新加坡义安城和新达城广场 Suntec City、上海正大广场、香港海港城。

(2) 大型购物中心　面积在12万～24万平方米。如广州天河城和中华广场、大连和平广场和新玛特。"摩尔"就是巨型或大型的购物中心。超大型购物中心的发展，大多不是一步到位的，而是分步进行投资，分为一期二期工程兴建，因此可以随时进行调整。

(3) 中型购物中心　面积在6万～12万平方米。如上海友谊南方商城、成都摩尔百盛、广州中泰百盛、北京东方广场、北京中友百货、上海九百城市广场太平洋百货。购物广场一般也是中型购物中心。

(4) 小型购物中心　面积在2万～6万平方米。如乐购上海七宝店、JUSCO 吉之岛青岛东部店。生活购物中心、社区购物中心也是小型购物中心。

3. 按购物中心的定位档次分类

真正的"摩尔"由于面积巨大，故定位于家庭（全家/全客层）的一站式购物消费和一站式休闲享受，所以商品高中低档必须齐备，以保证商品品种齐全；理想的高、中、低档的比例为3：5：2。当然由于所处商圈不同，各购物中心的高、中、低档比例可以有所调整。

(1) 以高档商品为主　如香港时代广场、上海恒隆广场、马尼拉 Glorietta Plaza、香格里拉广场 Shangrila Plaza、台北京华城。但如果70％以上的比例经营高档商品，则这个购物中心一般最大只能为10万平方米。开在国内的话，其集客能力将很有限，一般为购物广场，故也称不上摩尔购物中心 Mall。

(2) 以中高档商品为主　即高、中、低档比例协调（比例为3：5：2）。如广州天河城、马尼拉 SM Megamall、台北大远百、马尼拉的 Robinsons Place、上海正大广场。

(3) 以中低档商品为主　如马尼拉 EVER 摩尔。但低档商品不能超过60％，否则就成为大型跳蚤市场、小商品市场或批发市场，称不上摩尔购物中心 Mall 了。

4. 按购物中心的选址地点分类

(1) 都会型购物中心　东亚日本和中国的香港、台北一带多为都会型购物中心，位于市中心黄金商圈且连通地铁站。一般楼层较高：营业楼层达到地下2～3层，地面8～12层。地下3～5层为停车场。如马尼拉 SM Megamall 和香格里拉广场 Shangrila Plaza、台北京华城、新加坡义安城和新达城广场 Suntec City、上海正大广场、香港时代广场。

(2) 地区型购物中心　位于市区非传统商圈，但交通便捷。

(3) 城郊型购物中心　欧美多为城郊型购物中心，位于城郊高速公路旁。一般楼层较少；营业楼层为地下1层，地面2～4层。室外停车场巨大，达到1000车位以上；甚至还有1000车位以上的大型停车场附楼。例如菲律宾的SM Mall购物中心较为美式，且同时经营着都会型和城郊型两种购物中心。城郊型购物中心，如马尼拉24万平方米的SM Nedsa Mall、SM South Mall，上海的17万平方米的莘庄购物中心。

(4) 社区购物中心　位于大型居民社区内。社区购物中心一般面积较小。

5. 依据国际购物中心协会的分类

(1) 按商圈辐射范围分类　可分为邻里型购物中心、社区型购物中心、区域型购物中心、超区域型购物中心（业态复合度最高，是真正的"摩尔"）。

(2) 按入驻商家的主要业态和行业分类可分为　时装精品购物中心、大型量贩购物中心、主题与节庆购物中心、工厂直销购物中心。

这是1994年ICSC（国际购物中心协会）分类出的八种不同的购物中心。这八种购物中心共通的特点是：有一致而整体的建筑设施规划、完整的交通道路系统、足够的停车空间、多元性商店业种与服务、统一的经营策略及店面管理、独立个性的购物环境。就整体而言，密闭式购物区（Mall）通常是购物中心的主体，采用密封式设计，并且将店面两两相对的每条商店衔接，以中央温度调节系统的消费购物通道加以连接，形成四时四季都很舒适的购物环境。

6. 按购物中心的业态复合度的程度分类

(1) 业态复合程度极高　如面积超过12万平方米，即可称真正的摩尔购物中心Mall。如泰国曼谷西康广场、施康广场（Seacon Square）、菲律宾马尼拉SM Megamall等。

(2) 业态复合程度较低　如只有大型百货公司，而没有大卖场；或只有大卖场，而没有大型百货公司；或没有大型影城，就称不上摩尔购物中心Mall。

7. 按摩尔购物中心的外观分类

(1) 美国式简洁的外立面　粗看如同特大型仓库或工厂，如菲律宾SM Megamall、厦门的SM城市广场、美国Mall of America。

(2) 童话般的欧洲古城堡式外立面　如中国台湾的台贸购物中心、菲律宾的Robinsons等。

(3) 豪华高贵的现代派　如同特大型百货公司，如上海正大广场、台北京华城、菲律宾Robinsons Place、菲律宾SM Asia-Mall、菲律宾香格里拉Mall等。

(4) 分散的多个商业建筑组成的建筑群　如香港黄浦新天地、菲律宾Tutuban Centre、菲律宾Filvest Super Mall、宁波天一广场等。

(5) 购物乐园式的摩尔　如韩国汉城乐天乐园世界内的Lotte摩尔（乐天百货集团投资）等。

(6) 交通综合枢纽　换乘式综合摩尔购物中心，具有内地特色的购物中心。

(7) 美国式的小型购物中心　如青岛佳世客Jusco等。

(8) 附带写字楼的摩尔　如北京百盛、北京新世界中心等。

（三）购物中心的基本功能

购物中心功能的核心是集合，它把分散在城市各个角落的商店聚集在一起，把遍布在街头巷尾的服务机构集合在一个建筑物中。因此，购物中心不是一家商店，而是聚集商店的场所。它通过调整各种零售形态的布局，疏通买卖渠道，让人们方便地购买和享受。

1. 售卖功能

提供齐备的商品是购物中心的基本功能。它与百货商店和超级市场不同。百货商店的目标市场是高档和中档消费者,超级市场的目标市场是普通大众,而购物中心的目标市场是由内含的各个商店来体现的,因此它包容各个消费者层次。

2. 生活(社区)功能

购物中心的另一个特征是具有生活功能。消费者来到购物中心,不仅可以买到各种商品,而且可享受各种现代化的服务。购物中心不仅是商店,而且还是人们的休闲场所,它汇集了休闲、娱乐、文化、艺术、金融、饮食等全方位的内容。如深圳的国贸商场,除了定期开放音乐喷泉,提供休闲广场、音乐、观光和接待,组织艺术和时装表演、特类商品展览等外,还汇集了多家银行、证券公司、饮食公司和健身美容院等,为人们提供了一个购物、理财、漫步、约会、集会和享受的好去处,构成了现代社会生活的一个场景,形成了一种新型的城市多功能社区。

(四) 购物中心物业服务的对象及其侧重点

购物中心物业服务的对象主要分为三个层面,即发展商(业主或代理人)、零售商(租户)和消费者,统称为顾客。虽然三者之间的责任、义务、利益相互交叉,但由于所站角度和利益取向不同,故对物业服务的要求侧重点也不尽相同。

1. 发展商(业主或代理人)

购物中心由于产权相对集中,故发展商通常为一个公司或一个组织机构,主要负责经营策划和管理,而非直接从事营销活动。其经营主导思想通常为以下三点。

① 注重形象的塑造(社会知名度和关注度),以便尽可能提高商铺出租率和租价。

② 保证租约正常履行(主要指管理不善的影响)。

③ 延长建筑物和设备设施的使用寿命(降低运营成本)。

因此,发展商对物业服务的要求侧重于购物中心外观形象(如公共场所保洁卫生和绿化、物业标志和广告设置、灯光效果)的保持;共用设施设备(包括广场雕塑、音乐喷泉、停车场)的有效管理和合理使用;商业秩序的正常维持;消防、建筑物及设施设备的完好率等。

2. 零售商(租户)

购物中心的零售商来自四面八方,各行各业。它们与发展商(业主或代理人)签订租约,直接从事营销活动。每一位零售商都依赖其他零售商产生的人流,以此产生群体效应;加上百分比租约的普遍使用,因此零售商的成功即意味着给发展商(业主或代理人)带来相关的投资收益。其经营主导思想通常为以下四点。

① 尽可能提高商铺使用率(空间和时间)。

② 注重购物中心的工作环境和商业气氛。

③ 重视自己的品牌价值和保持自己独特的风格。

④ 关心物流的畅通和货品的安全。

因此,零售商(租户)对物业服务的要求侧重于装修时的配合程度;适当的营业时间;商铺商用设备的安装条件;购物中心的灯光照明、广告效果、空气调节、声音控制;营业厅通道、楼梯、货运电梯的畅通;安全措施等。

3. 消费者

消费者到购物中心购物和休闲,其所关注的除了品种、价格、服务外,购物中心的营销环境(商场外观、店内气氛、店堂布局、商品摆放、安全因素等)也是影响消费者心理选择的重要方面。随着社会经济的日益发达,人们的生活方式日趋多样化,许多消费者购买商品和服务不仅是为了满足物质和身体方面的需要,更是为了满足心理需要,以此充分表现自己的个性特征。因此,对于消费者来说,物业服务应侧重于创造舒适优美的销售环境。

(五) 购物中心物业服务的内容及其特点

1. 前期介入

为了保障购物中心这种新型商业社区长久的正常发挥其复杂的功能,前期物业服务,特别是技术方面的管理显得更为重要,提出了更高的要求。

(1) 前期设计 购物中心建筑内大量的设备、设施如电(扶)梯、中央空调、供配电、给排水、通信网络及各种监测系统是否正常工作,有赖于前期设计是否合理,安装调试质量如何,与供应商的沟通成效以及物管工程师的熟悉程度等。其中供配电、中央空调的设计容量应引起足够的重视。

如前所述,购物中心是聚集商店的场所,由于这些商店处于阶段性的变化之中,且经营的内容、品种和装修的风格、档次不一样,所需的电力供应大小也不同。譬如相同面积的文具店与餐厅就大相径庭。加上商场人流量大,热源多,营业时间长,出入口多,中央空调负荷量大且不均匀,给供配电的总容量带来不稳定因素。因此在前期设计中,可结合发展商的原有规划,建议适当加大供配电及中央空调的设计容量。

(2) 消防 购物中心的消防问题十分突出,一旦发生火灾,扑救十分困难。因此需对前期设计的消防监控系统、自动喷淋、消火栓及防排烟系统的设置和分配予以高度重视,并加以完善。对防火分区的设计划分要从消防安全和日后购物中心的经营考虑,两者要相互协调。当然,在建筑项目施工过程中,必要的消防安全监控和现场管理也是不可或缺的。

(3) 电子监控 购物中心地形复杂,电子监控的观察区域是需要经心选择的,其作用是配合人防和协助突发事件的调查取证,加强人防的薄弱环节和重点部位的监控,例如:电(扶)梯、主通道、收银台、大厅、外场、地下车库等区域。

(4) 管线 在设计施工时应充分考虑预留管线。如果情况允许,应尽量采用综合布线系统,避免在以后的经营中各自为政,乱拉乱接。对购物中心来说,装修相对频繁,使用单位众多,因此预留充分并合理分配各种强弱电管线、插座尤为重要。

2. 日常运作

购物中心集聚各行各业,人流量大,物业及设备设施使用频繁。因此,预防性的控制措施和保洁工作与建筑物、设备设施的日常检查维修尤为重要。

(1) 广场管理

① 购物中心广场四周出入口及场内通道需设置醒目标识,明确划分广场各功能区域(停车区、休闲区、绿化区、广告区等),提醒各类人员和车辆可通行的区域,并注意控制进场车辆的速度和行人的安全。

② 保洁人员应重点保证广场休闲区美观洁净,电子屏、各式坐椅、垃圾箱等公用设施经过美化处理后置于恰当位置。

③ 安全巡逻岗加强休闲广场内各公用设施的巡查和交通的疏导。

④ 严禁在广场内摆摊设点,向游客兜售商品。

(2) 外观管理

① 购物中心店面装饰必须突出商业行业的特点,有独特的风格,色彩图绘要反映购物中心的经营特色,满足商品销售的需要。

② 户外广告要根据建筑物的整体造型和结构特点做好广告规划、制作、发布和监督工作,以防对建筑物造成损坏,威胁人身安全。

③ 招牌的设计应做到"新颖、醒目、简明",引导消费者进店购买商品。如果购物中心地处交叉路口,各路口一侧上方均应有招牌。

④ 室外灯光照明应突出建筑物的轮廓和店面装饰的宣传效果。休闲广场宜采用别具风

格的路灯、树灯、地灯多层次、低密度立体辉映。

⑤ 定期对外墙、店面装饰、招牌和室外照明设备进行检查清洗,特别关注室外供电线路的老化及构件的锈蚀。

(3) 营业大厅管理

① 购物中心营业大厅需统一开放,营业时间也应统一,零售商(租户)及其雇员务必在规定的开放时间凭有效证件进场,做好营业前的准备工作,如点名;打扫卫生、补货上柜、检查标签标价、准备售货用品、工具等;按规范姿势站立迎宾。

② 零售商(租户)在正常营业时间内不得停止营业;当营业时间结束时,按照商场规定(分开放式和店铺式)清理和整顿货品,采取相关安全措施,在规定时间内出场。待全部零售商(租户)及其工作人员离场后,营业大厅实行封闭式管理(分外围式和内场巡逻式两种)。

③ 零售商(租户)因特殊情况,须于非开放时间进出营业大厅,必须从指定入口进入,并出示个人身份证明及登记,方能获准进入。在此段时间非零售商(租户)不得入内。应确保购物中心所有雇员,包括零售商(租户)的雇员,均知道上述安全安排,以免在安全人员严格执行时发生尴尬或冲突。

④ 营业时间内,大厅出入口的安全固定岗和场内巡逻岗应礼貌注视来往人员,提供咨询服务和指引,禁止在大厅内吸烟、摄影和携带宠物,保证大厅公共通道不被堵塞物占用,人流物流井然有序和绝对安全,突发事件能得到及时应付和处理。

⑤ 大厅内部安全由大厅固定岗、信息中心(或中心控制室)与安全巡逻岗配合进行,安全员密切注视大厅及电梯口情况,发现异常立即通知信息中心或就近岗位安全员及时协同处理。

⑥ 大厅内公共场所和部位,由于往来人多,保洁员应实行定时、定期和日常巡查相结合的全天候保洁,保证无卫生死角,各部位无一污迹。定期项目如地面清洗、打蜡、抛光、玻璃幕墙刮洗以及日常项目中的扶梯保洁等,原则在非开放时间进行。

⑦ 大厅内的垃圾箱、自助雨具架应置于适当位置并定时清洗。遇下雪或下雨天,应在大厅进出口放置伞袋、踏垫,铺上防湿地毯,并树立"小心防滑"的告示牌和增加拖擦次数,以防客人滑跌及将雨水带进大厅。

⑧ 垃圾及废物的处理是成功商场运作的重要环节,要求零售商(租户)在非指定时间内不得把垃圾放置于公共通道或服务通道。营业结束前,各商铺应清理店内的垃圾并予以捆扎或装袋,放在指定的地方,保洁员在规定的时间予以收集和处理。

⑨ 残疾人士或有需要人士能够得到安全员或保洁员的及时帮助。

⑩ 发现客户遗失物品,应送交商务服务中心或公司安全部,相关人员须记录被发现物件的资料及保留有关物件三个月。

⑪ 营业大厅设置商务服务中心,本着"迅速、准确、安全、方便"的方针,为零售商(租户)和消费者提供信息咨询、报刊递送、邮递、通信、物流运输、商务秘书(如文件起草、打字、复印、传真)、物业中介代理、电器维修等服务及有关购物中心发布的管理信息,处理相关事务。

⑫ 维修管理员应对商铺的内部装修进行有效的管理和配合,务必保证装修材料和装修方案符合消防之规定,并提供必要的商铺商用设备的安装条件。

⑬ 大厅内的空气调节应本着经济实用的原则,夏季保持室内外温差4℃左右,冬季控制在15~18℃左右。在控制好室内外温差的同时,还要保持厅内空气清新,使人有舒适之感。

⑭ 大厅内的照明灯光分为基本照明、商品照明和装饰照明三类,物管人员主要控制基

本照明和装饰照明,控制的方案一般分为三级:一级为基本照明和装饰照明全开,用于节日庆典和商业活动;二级为开启 2/3 或全部的基本照明灯光,用于日常营业时间,一般选择大厅内的直照灯、广告灯以及陈列橱窗照明灯;三级开启 1/3～1/5 左右的基本照明灯光,用于特殊情况或非营业时间,一般选择主通道和重点部位的灯光。除此以外,根据夜间封闭式管理的形式需要,设置值班照明。各级照明的开启和转换时间依据营业时间而定。

⑮ 大厅内的背景音乐和广告宣传按规定时间启闭,不宜连续播放。播放时要控制音量,亦不影响场内的交易。背景音乐多选择休闲音乐,广告宣传声音要柔美动听。

⑯ 大厅内的店堂色彩要结合空间特点、各分部经营特点和商品特点及服务对象进行配置,特别在节假日或购物中心自办购物节期间,用亮丽的喜庆色彩作为基调,配合灯光照明,在大厅的主要部位举办风情各异的演出,渲染节日欢乐气氛,宣传商场内的各种商品特点,以吸引消费者进店购买。

(4) 货物运输

① 购物中心货运电梯提供零售商(租户)搬运货物,货运电梯在指定时间内开放,一般在首层安排专人看守。

② 选择靠近货运电梯的合适地点作为购物中心的卸货区,所有送货的车辆均可享有半小时的免费停泊,半小时后该车辆须按章缴付泊车费用。除非得到管理公司事先批准及缴付额外费用外,任何于非正常开放时间内的送货安排均不获准许。

③ 营业大厅在营业时间内一般禁止大宗货品的搬运。零售商(租户)于任何时间内,严禁使用铁辘车运送货物或使用扶手电梯送货。

(5) 设备设施管理

机电设备及其配套公用设施是购物中心使用功能的生命线,关系到全体发展商、零售商(租户)的切身利益,在日常管理中应高度重视。

① 设备设施的维修宜采用"全面生产维修"(Total Productive Maintenance, TPM)即事后维修 BM (Breakdown Maintenance) 和预防维修 PM (Preventive Maintenance) 相结合的方式,形成一套既可提高设备利用率,又能保证经济效果的先进的设备管理与维修制度。

② 日常运作应重点做好设备点检工作,根据设备在购物中心的重要程度对设备进行分类,进行检查、维护。对一般设备按照"5S"即整理、整顿、保洁、清扫、素养的要求和点检标准进行日常点检与维护,清洗擦拭,按规定加油润滑,坚固、调整、小修、更换个别零件。对重点设备如高精度设备、停修时间长而且难修理的设备,除了进行日常点检外,还要由专人负责进行预防性的定期点检(必要时进行专题检查),以保持设备的性能,测定设备机能的劣化状况并及时进行调整。所有的点检都要认真记录并进行整理和分析,作为维修保养、制订和修改各种标准的重要依据。

③ 根据点检的情况,有针对性地采用适用的手段和方法进行维修和改善,以降低设备整个寿命周期的费用。对利用率较低,有代用设备、出了故障不影响购物中心运作、容易修理、价格便宜的非关键设备实行事后修理。对关键设备设施根据日常定期点检所取得的有关信息,在设备发生故障前,进行有计划的预防性修理,包括日常维护、预防性检查、定期的预防性计划修理,并根据使用情况进行改善维修、更新改造,进行维修预防,从根本上防止设备故障的发生。

④ 设备设施的维修保养作业不能对购物中心任何部门的工作造成影响,涉及某商铺的作业要提前书面通知使用人。

⑤ 定时或定期测试、保养、检修安排于非营业时间进行。

⑥ 备用发电机保证可随时于停电时即时恢复供电。
⑦ 电（扶）梯定期保养检修，错开保养梯次和营业时间。
⑧ 严格按功能和相关限制，合理的使用设备设施，避免造成损坏和发生安全事故。
⑨ 制定科学合理的设备设施开停时间，既配合了商场的日常运作，又最大限度地节约运营成本。

3. 安全及生命保障

安全及生命保障是购物中心物业服务的核心内容之一，作为一个特殊的管理概念，随着社会的发展，正变得越来越复杂化。"安全"已不再局限于购物中心财产的安全服务，还包括应付诸如火灾、爆炸、地震（在一定地理区域）、台风或恶劣的天气、炸弹恐吓、安全疏散以及电梯突发事件等紧急情况。

(1) 安全及生命保障的目标　安全及生命保障管理是通过熟练地利用全体人员、设备和程序来达到以下四个目标。
① 制止紧急事件发生或防止安保工作不到位。
② 尽量查出事故原因并报警。
③ 尽可能控制破坏与损失。
④ 对事件快速、正确地做出反映，例如灭掉一场大火或逮住盗窃者。

(2) 购物中心安全及生命保障管理要点
① 与发展商（或零售商）书面确定各自的安保范围及责任，并建立有效的联系。
② 每一位物业服务者必需详细了解购物中心工作系统的情况以及处理紧急情况时可能发生的问题。
③ 向每一位零售商（租户）提供关于紧急情况救护的手册，内容应包括火灾或爆炸时的疏散路线及自我保护，台风或恶劣天气下的防御及合作，盗窃、打劫或炸弹恐吓时的应有反应及措施，电梯故障时的呼救方式及心理准备。并在紧急情况发生时和得到控制时立即与他们联系，开诚布公地详细解释和回答问题。
④ 购物中心人流量大，地形复杂，安全防盗任务艰巨，要从两个方面为客户提供可靠的安全保障：一是建立先进、完备的技防网络，配备可靠的监视设备，如闭路电视、红外探测、门禁等安保系统；二是建立切实可行的规章制度，科学合理地设定各安全岗和安全责任区域，保证无论在日间或是夜间，所有区域都可涉及而无盲点，覆盖空间和时间，并充分协调监控中心和现场安全人员，发现问题及时处理。
⑤ 对消防系统、安保系统各设施、器材定期检修、检测，保证无损坏或失效。
⑥ 针对各种可能的紧急突发事件，拟定相应的应急措施和程序，建立快速反应、快速支援的安全体系。
⑦ 由于购物中心是公众地方，在突发事件中，新闻媒介总是设法接近现场，进行报道。有可能的话，物业服务者应尽力与新闻机构、政府部门或其他团体合作，但也应依法保护自身的正当权益和对突发事件的控制能力。

(六) 电影院休闲娱乐场所的管理要点

如前所述，购物中心除了售卖功能外，还兼有生活（社区）功能，近几年流行的各种"Mall"代表着购物中心的发展方向。随着兴建规模越来越大，购物中心涵盖了越来越多的商业形态，电影院就是其中的典型代表之一。国贸物业在南京管理的"新城市广场"(Shopping Mall)中，就有"时代华纳"影城。为了使物业服务更好地贴近这类业主，有必要对其基本运作及管理特点作以了解。

1. 影院的基本运作

电影院属于文化娱乐商业消费的范畴，它自身没有产品，提供的是一种感官的服务（视觉、听觉的还原效果以及空气、温度、坐椅等综合性的舒适程度，与影片的内容好坏无关），其专业运作自成体系，随着时代的发展，为满足消费者的多元化要求，电影院已由单一的放映厅变为多个甚至十多个不同大小、不同功能的放映厅。

电影院的内部运作主要分为三个部分，即票务、场务和机务。票务顾名思义，就是售票，主要的工作是负责影院的票房营销、产品选择和服务推介（外部），一般影院的小卖部也归纳到票务；场务主要的工作是负责影院的场次安排、进出场操作和放映场内的各项事务和服务（内部）；机务则是负责电影的放映，场内音响和灯光的调控，供配电、中央空调、监控系统的运行和操作。

2. 影院物业服务要点

首先，影院的人流相对集中，特别是出场人流呈脉冲状态，短时间的安全疏散是必须关注的。为此需提供相关的无障碍通道和明确的指引；其次，由于影院放映场次交错，大厅及其关联通道有滞留人群，如何监控人群的安全流动，提供卫生的环境和相关的咨询服务，也是必须考虑的；还有停电、盗窃、可能发生的火警及刑事案件等，都需要事先预定应急方案以便迅速应对。

由于影院装修档次一般较高，保洁卫生工作较为繁重。其关注重点在于每个放映厅场次转换之间，场内短时间（10 分钟左右）的集中清扫以及场内外通道大面积的地毯清理工作。因此，合理的项目、人力和班次安排是提高效率、降低成本的首要条件。

二、大型百货商店的物业服务

（一）从百货商店到购物中心转化的趋势

目前百货商店通过引入新的管理模式，即所有者、经营者和管理者相分离的模式的实践并不多，但这是非常有前途的。从发展趋势来看，我国大型百货商店正在不断朝多功能方向发展，与购物中心有很多的类似之处。20 世纪 90 年代中期，百货商店经营的商品品种越来越丰富，不仅如此，百货商店还普遍增加了娱乐、餐饮和服务功能，加入了游戏机、滑冰场、小电影院、儿童游乐场、卡拉 OK 厅和舞厅等娱乐设施，以及咖啡厅、美食街和快餐厅等餐饮设施，让购物者在购物之余品尝风味独特的各式快餐，另外还增加了各种金融、通信和服务机构，提供用具修理、婴儿看护、电话、储蓄和消费咨询等服务项目，使之不仅成为消费时尚的引导者，而且成为消费者的休闲地、家庭娱乐地和社会交往场所。

百货商店的功能多样化虽然为改造成购物中心创造了条件，但是也给建筑设计和改建增加了难度，要求在改建设计中根据具体情况，采取灵活的方式把大小承租户商店联成一体，同时又能够满足它们独立经营的需要。

（二）百货商店的物业服务与经营模式的转变

百货商店转变成为购物中心的关键在于物业服务与经营模式的改变。购物中心采用集中管理、分散经营的租赁模式，而百货商店的所有者就是经营者和管理者，因此百货商店导入购物中心管理模式，就是从集中管理和经营到管理者与经营者的分离。零售物业服务社会化和专业化是未来的发展趋势，百货商店引入购物中心管理模式不仅有助于提高管理水平，也为目前大型百货商店走出困境提供了一条途径。现阶段的一些做法是百货商店短时间内作为主要承租户和经营者，同时又充当管理者，管理其他承租户，主要承租户和普通承租户独立经营，一些特级市场可以通过引入独立的承租户变成焦点中心（即 Focused Center，一般以一个主导商店作为大承租户，面积占可出租面积的 70%～90%，余下的由几家小租户承租。最常见的主导商店是超级市场，家具店、折扣店和仓储自选店有时也可能成为焦点中心的主导商店)。另一种方式是商业设施的所有者作为购物中心的管理者，招商经营。

(三) 百货商店的物业服务

1. 要实现类似购物中心的管理模式

我国已有的零售物业服务经验主要来自百货商店，在社会分工和专业化管理方面仍然经验不足，购物中心的管理优势难以体现，只有导入购物中心的管理模式，实现所有者、管理者和经营者各司其职的分工模式，才能把零售物业服务提高到一个新水平，最终获取商业利益并取得公众的认可和支持，这是购物中心发展面临的一个重要任务。

2. 租赁模式与管理

在大型商场中引入其他经营者，如出租柜台、引厂入店，更重要的是要引入先进的专业化物业服务，这是对物业服务行业的一种新挑战。具体地要确定招商的面积、租价、租赁过程，配合装修，制定经营模式、利润分配方法、日常物业服务项目和管理要求。

三、商业街物业的物业服务与经营

(一) 商业街的定义、特点

什么是商业街？商业街就是由众多商店、餐饮店、服务店共同组成，按一定结构比例规律排列的商业繁华街道，是城市商业的缩影和精华，是一种多功能、多业种、多业态的商业集合体。其特点主要有以下几个方面。

(1) 功能全　现代商业街至少应具有购物、餐饮、休闲、娱乐、体育、文化、旅游、金融、电信、会展、医疗、服务、修理、交通等 15 项功能和 50～60 个业种，现代商业街要力争做到"没有买不到的商品，没有办不成的事"，最大限度地满足广大消费者的各种需求。

(2) 品种多　现代商业街是商品品种的荟萃，如北京西单、王府井和上海南京路，作为国际大都市的商业街，不仅要做到"买全国、卖全国"，而且要有比较齐全的国际品牌，既是中国品牌的窗口，又是国际名牌的展台，把民族化与国际化有机地结合起来。

(3) 分工细　分工细、专业化程度高，是现代商业街的重要特色，现代消费已从社会消费、家庭消费向个性化消费转变，要求经营专业化、品种细分化，商业街除了少数几个具有各自特色的百货店以外，其余都由专门店、专业店组成。

(4) 环境美　商业街的购物环境优雅、整洁、明亮、舒适、协调、有序，是一种精神陶冶、美的展现和享受，突出体现购物、休闲、交往和旅游等基本功能。

(5) 服务优　服务优是商业街的优势和特点，除了每一个企业塑造、培育和维护自己的服务品牌，推进特色经营外，要突出商业街服务的整体性、系统性和公用性，提高整体素质、维护整体形象、塑造整体品牌。

(二) 商业街的分类

综观现在各种商业街，大致可以分为三大类：中央商业街、地区商业街和特色商业街。

(1) 中央商业街　"中央商业街"一词是大都市商业发展到一定程度的产物，西方国家比较早的采用了这种提法，如美国纽约的曼哈顿、日本东京的银座等均被冠之中央商业街的称号，但中央商业街的内涵究竟是什么，至今没有明确的、权威的界定。可以说，一个真正的中央商业街必须是这个城市的商务功能的核心。从一般意义上讲，作为中央商业街要具备以下几个特征。

第一，商业特别发达。这里所说的"商业"不能作狭义的理解，而是泛指一个具有综合性功能的区域。它不仅涵盖了一般的零售业和服务业，而且包括了金融、贸易、信息、展览、娱乐业、房地产、写字楼及配套的商业文化、市政、交通服务等设施，是一个大商业的概念。

第二，有较高的社会知名度。像上海的南京路、北京的王府井、香港的中环、纽约的曼哈顿第七大道等都在区域经济活动中起着举足轻重的作用，甚至影响着世界经济的发展，其社会知名度要明显高于其他地区的商业中心。

第三，中央商业街的功能要辐射整个城市而不是仅在某一地区某一范围内发挥作用。换句话说，中央商业街应是一座城市的开放窗口，它是整个城市经济和商业发展的中枢，是南来北往的客流集散地，特别是搞商务活动的人都必须要前往的地方。

第四，中央商业街应位于城市的黄金地段。地价和土地的利用率最高，交通极为便利，人流、车流量最大，建筑物高度集中，有现代化的市政、信息环境，对国际跨国公司有巨大的吸引力。

（2）地区商业街　与中央商业街相比较，还存在地区性的商业街，即分布在各个居民住宅区、主干线公路边、医院、娱乐场所、机关、团体、企事业所在地的商业繁华街道。二者有明显的主从区别，概念不能相互混淆。相对中央商业街而言，地区商业街的主要有以下两个特征。第一，地区商业街的总体规模小，它以零售业为主，是简单的商业组合，其功能比较单一。比如，超市、百货公司、仓储商店等，其活动范围局限在有限的商圈内。第二，地区商业街是一种社区化消费场所，不是辐射整个城市的行为。

（3）特色商业街　是在商品结构、经营方式、管理模式等方面具有一定专业特色的商业街。商业特色街分为两种类型。一是以专业店铺经营为特色。以经营某一大类商品为主，商品结构和服务体现规格品种齐全、专业性的特点，如文化街、电子一条街等。二是具有特定经营定位。经营的商品可以不是一类，但经营的商品和提供的服务可以满足特定目标消费群体的需要，如老年用品、女人用品、学生用品等。在我国现阶段，特色街已经取得了长足的发展，在很多地方都形成了各种具有特色的商业街，如北京的隆福寺商业旅游文化街、华龙街餐饮娱乐一条街等。这些特色街，或汇集名人故居、酒吧餐馆，以观光休闲美食见长；或荟萃世界名品，以展示流行，提高生活品味为特色。幽静的小路，婆婆的树影，摇曳的灯光，舒适的环境，专、特、精的经营方向，现代与传统交相呼应，散发出浓郁的城市型文化休闲气息。

（三）商业街在我国发展的必要性

随着我国经济的成长壮大，居民消费水平的提高，休闲与购物相结合的"一站式购物"（one step shopping）将作为一种全新的购物理念，逐渐被人们接受。今天，当我们注意到消费者在购买选购商品时对购物场所的选择已在摒弃单个购物场所的意识，而具有"街"的意识，即卖点是否集中、能否"一站终点"，是否有充分的消费选择权时，当我们对我国未来经济的成长壮大充满信心时，便不难发现这点。而这又是商业街迅猛发展的重要支撑点。

顺应这种新的消费潮流，1999～2000年，商业街与购物中心（shopping mall）迅速热起来，从商业街和购物中心大量共有的相同遗传基因判断，二者具有明显的血缘关系，他们的社会作用、功能、经营结构是共同的，都是在为商业、服务业企业集中营造一个更理想、更舒适的经营环境；都是商业、服务业多种业种、零售业多种业态的有机组合体；在店铺数量上，都是以专卖店为主，大型商场或超级市场为辅；都可以满足人们购物、餐饮、休闲、观光、娱乐、健身等多种需要；由于集吃、住、游、购、娱多功能于一身，二者都可以成为商业与旅游业的黄金结合点。中国为什么有商业街的生存空间呢？

这是由于中国的特殊国情决定的，一是因为中国轿车没有发展，人们不可能骑自行车或挤公共汽车经常到仅有一家购物中心的郊区购物；二是因为中国人骨子里有一股浓烈的怀旧情结，中国的古都、古城、古镇很多，商业街动辄上百年、几百年历史，它是民族工商业神采飞扬、精英荟萃之地，它有太多的名人遗迹、历史典故、神话传说，是鲜活的"清明上河图"，shopping mall 虽然光鲜亮丽，但无法具有商业街的历史厚重感和传统文化的穿透力；三是中国人天生爱热闹，每逢节假日城里人爱逛街，乡下人爱赶集，位于市区繁华地带、集购物、休闲、娱乐、餐饮、观光于一体的商业街必然成为本地人、外地人的最佳选择；四是因为商业街不仅仅是承载人们购物的场所，它是城市的"名片"、"客厅"，是城市改造大局中的一个棋子，而城市改造的背后则矗立着市长们提高城市竞争力的巨大决心，某种程度上反映着商业发展繁荣的程度，进而体现着一个城市的整体形象，有的甚至成为招商引资的"龙头项目"。

可以这样说，商业发展到今天提出了商业街建设，这是商业经营者自觉或不自觉地进行错位竞争的一种表现，是市场由同类重复、无序竞争向理性竞争、有序竞争发展的一种表现，既是对中心城市原有商业资源的一种整合，也是商业向更高阶段发展的一种准备。既然在我国商业街具有如此大的魅力，那么我们应该如何着手去建好一条商业街呢？我们必须从战略和战术两个方面加以考虑。战略即商业街的市场细分和市场定位问题，战术即在建商业街的过程中采取的具体方针，如到底是政府行为，还是企业行为；其管理模式究竟是怎样的；应采取什么样的业态组合以及在建设过程中的具体问题，如交通、服务设施等。

（四）商业街建设的物业服务与经营

1. 进行恰当的定位

商业街市场定位，是根据消费者的数量、需求、偏好以及购买力的不同，对各种类别、层次的消费者进行细分，以确定该商业街的规模、经营门类及商品档次等。由于不同年龄、职业、文化层次的人在购买心理和需求层次等方面存在着很大的差异，使得商业街市场定位的成功与否并不以决策者们的主观意愿为转移，而是通过消费者的购买状况反映出来。所以，成功的市场定位应建立在对消费者及其消费行为认真分析的基础之上。

企业在对商业街定位之前，首先应该认真分析为之服务的那个顾客群的人口特征，了解各人口因素在消费中所产生的影响，并充分了解市场，注重商店的布局、商品档次的搭配与消费者需求相吻合，并定期了解消费信息，对定位不当之处及时进行调整，否则将会浪费有限的资金及空间。

（1）消费者群体目标对象的选择　指的是一条商业街消费者主体的界定，也就是一条商业街所能吸引到的、在商业街内有消费意愿的消费者群体。不同的商业街所应考虑的消费者群体是有所差异的，不进行细分容易使市场定位偏离主体，而如果对所有的消费者都进行考虑，又浪费人力、财力。所以应选择消费者主体进行分析，并考虑商业街的地理位置及商品设置两个主要因素。从地理位置因素来看，市中心的商业街可以在较广区域的人口中再进行细分，而较偏僻地区的商业街，就应着重选择该商业街所能辐射到的一定区域的人口。

从商品设置的角度来看，以日用品为主的商业街应重点考虑周围居民的人口因素，而以耐用品为主的商业街，其辐射区域就要大得多。通常人们在购买日用品之前，更多考虑的是交通便利因素，大多愿意就近购买；而当购买耐用品之时，就更看重产品的质量与信誉，所以可以对交通便利因素考虑得少一些。如果商业街的产品设置为年轻人追求、喜爱的用品，那么决策者应重点分析年轻人的消费心理及变化趋势；同样，如果商业街内流动人口比重较大，决策者们就应该在这一部分人口群体的消费需求上多花精力。总之，不同的商业街其消费者主体的界定应有所不同，对消费者进行细分有利于市场定位的成功及资金的合理安排。

（2）商业街市场定位所应考虑的消费者因素

① 消费者的数量。一定数量的消费者是建成一条商业街的先决条件，也是确定一个商业街规模大小的基础。市场规模的大小由那些有购买欲望并且有支付能力，同时能够接近商品或劳务的现实购买者与潜在购买者决定，如果现实购买者与潜在购买者越多，市场规模就

越大。而这些购买者数量的多少自然也决定于人口状况。在人均消费水平已定的条件下,人口数量越多,增长越快,市场规模就越大。所以人口数量因素,应成为商业街规模确定必须考虑的因素。

② 消费者的性别、年龄结构。随着人们生活的日益提高,性别、年龄的不同在消费中所体现出的差异越来越明显,不同性别年龄结构的人在购买力、消费心理及消费层次上的差异是很大的。一般讲,年轻人购物较容易有冲动、攀比的倾向,购买商品注重的是外表、款式及时尚,在购买前所作的思考较少,同时由于年轻人的收入相对较低,对商品档次的追求无力过高;而中年人的消费心理较为成熟,对服装的需求量也比年轻人有所下降,对于商品更注重质量与品牌,持币待购现象比较普遍,有一定的购买潜力。同时,不同年龄段的人口,在耐用品消费上所体现的差异性更大。不同性别的消费者在消费中的差异主要体现在消费心理的不同上,女性较之男性,在购物上更为谨慎、细腻和爱美。在大城市中,女性购买服装、化妆品、鞋袜等商品的比例要明显高于男性,在一些城市设置"女人街"也正是充分利用了这一特点。决策者们在为商业街定位之前,应充分考虑以上因素,不仅要分析消费者中各性别年龄段人口所占的比例,还要对未来各年龄段的人口数进行预测,注意下一阶段的变动趋势,不断调整,才能取得成功。

③ 消费者的职业特征。不同职业的人所处的工作、生活环境及收入水平差异较大,反映在消费上,也会形成较大的差异。如果把从事不同职业活动的人按脑力劳动者和体力劳动者粗分为两大类的话,我们可以看出,脑力劳动者的想象力和联想力较丰富,审美意识强,他们比较注重商业街的外观造型、橱窗陈列、色彩搭配等,对产品的追求注重品牌和内在质量。随着市场经济体制在我国的确立,在分析人口特征时,应兼顾不同单位类型的劳动者在需求中表现出的差异。一般而言,在外资企业工作的职员,工作节奏较快,自由支配的时间很少,所以他们购买商品的目的性较强,易出入固定的购买场所。另外,由于所处环境的关系,他们多追求高档名牌产品,女性对服装、化妆品及首饰的需求量较大。对这类消费者应体现出商品的新风格、新款式,时髦商品可以首先在他们身上展示出现。

④ 消费者的文化程度构成。消费者的文化程度构成是人口素质中的一个重要部分,对商品需求的影响相当明显。人们的市场需求随人口文化结构的变化而不断变化。文化素质较高的消费者对文化消费等发展资料的市场需求相对较大,而文化程度构成较低的阶层,即使收入水平与知识分子阶层相当,其消费的重点往往仍停留在吃、穿、住等消费资料上。对于一个城市而言,由于一些历史原因,使得城市中不同地理区域内的居民及工作者的文化层次不同,进而也形成了消费的差异性,决策者们在商业街市场定位之前,应充分了解到这一因素。同时需要注意的是,同样是大学及以上的人口,在业与不在业的人相比,他们的消费层次也是不同的。比如大学生虽然在消费品位上有较高追求,但其收入状况大大约束了消费行为,这也是在大学周围较少能形成高档商业街的缘故。

⑤ 消费者的收入状况。消费者的收入是影响消费构成和消费水平的重要因素,因而应成为商业企业在商业街定位时考虑的重点。总的说来,收入高的消费者,他们的消费水平也较高,在面对同类商品和类似的商品时,往往会选择质量好而价格较高的商品。相反,低收入者就不具备这种消费能力。消费者的收入,也是市场规模大小的一个重要的测量器。

2. 商业街建设应是企业和政府的珠联璧合

商业街是城市化的必然产物,是城市商品交易最活跃的场所,是市容市貌中最繁华、最绚丽的景观,是推销一个城市时最引人注目的门面,就好像名片,不管真实情况如何,制作精美的名片终能带来更多的机会,为了提升城市形象、加强城市竞争力,一些自发形成的老商业街立即被列入改造的规划,在资金上予以安排,商业街在很大程度上自然而然成了一种政府行为。这也许具有一定的合理性，因为商业街它本身具有很多特殊性，如它的所占地一般是城市的中心地带；在建设方面有很强的规划性；有大量的公共设施存在等，这就要求必须有一个非盈利性的机构对商业街实施统一规划、建设和管理，才能使商业街形成独特风格、环境优美、秩序井然的良好气氛，逐步形成人气、商气两旺的局面，如果完全以对待某种具体零售业态的态度对待商业街，那么这种商业街的建设是没有价值的。

于是在"城市的名片"思想的指导下，大规模的改造或兴建开始了，对象是"街"，目的是诸如"漂亮"、"洋气"这样的审美价值，而其间所依赖的也是建筑或城市规划方面的专家。工程结束后的验收表明：达到了城市美容的目的，但街道所赖以生存的商业氛围却没有相应的增强，巨额的投入并没有迎来更多的消费。而作为商业街，"商"之不存，"街"将焉附？既然是"商业"街，那它就绝对离不开市场的检验，商业街不是造出来的，而是市场选择的结果，建设商业街要尊重市场规律，它归根到底是一个商业问题，而不是城市建设问题。追溯商业街的起源，都是市民经济的产物，私营小业主靠着勤奋和机敏在商业街上立足，市场机制在其中扮演主要角色，经营不佳的企业自然被市场淘汰，而商家为了保住在黄金地段上的位置，也会绞尽脑汁，迎合顾客的需求。所以企业应是商业街的绝对主体，政府的职能仅仅是"引导"企业去发挥商业街的总体优势，并且这种职能也有让位于民间资本的趋势，如在广东新会就出现了一条由民营企业出资、改造并冠名的商业街——悦洋商业街，这条商业街全权由企业规划，并从事日常管理，然后将一部分利润以地租、税收的方式回报给政府。

但是对于一些历史文化遗产非常丰富并且地处黄金地段的老商业街，如果全部交给企业去开发，由于地价和获准进入的成本都非常高，从利益最大化的角度考虑，企业会尽量扩大建筑面积和容积率，以降低每平方米所分摊的建造成本。对于整条商业街的协调问题，比如老商业街的传统风貌与现代设施的关系，则在考虑的"倒数之列"。因此，商业街改造后，往往面目全非，高楼大厦代替了小门脸，现代商场排挤了老字号，一派欧美情调，民族特色荡然无存，2000年定海古城的灰飞烟灭，就是一个很好的例子，这时候，政府的干预则显得至关重要。

3. 物业服务与经营模式上要不断创新

现在，我国商业街的物业服务与经营模式大致分为三种：委托制，在管理办下设监察大队，受政府相关职能部门的委托，对街区道路、公共设施、户外广告、卫生绿化等进行综合管理，如上海南京路步行街；抽调制，从政府各机关部门抽调人员，合署办公，综合执法管理，成立由宣传、技监、工商、物价和辖区负责人参加的管委会，如南京市湖南路商业街；物业服务制，成立物业服务公司，靠向商家收取一定的管理服务费维持正常管理工作，并协助相关职能部门维持街区的正常管理秩序，如深圳市东门商业街。笔者认为物业服务制是一条值得探索的新路子，我国住宅区和写字楼的物业服务已经有了成功的经验，而把这种模式引入商业街的管理，目前还处于尝试阶段。

4. 各种类型商业街侧重点应各有不同

中央商业街作为一个城市的中心地带，是城市的"代言人"，它承载的不仅仅是商业功能，还有展示城市个性特色的功能，因为在建设、改造过程中最忌讳的就是对文化的漠视，对城市历史的否定。地区商业街作为一个社区的纽带，应以其无限的亲和力取胜，与周遭的环境、人文融为一体，强调"三民"方针，即"便民"、"利民"、"为民"。认真分析周围居民的消费特征，进行准确的市场定位，如美国纽约百老汇大道之所以集中了众多的豪华商店、餐馆、旅社、影剧院、音乐厅和博物馆，成为世界最大规模的商业街，主要是缘于纽约市600万有很强购买力的人口。专业商业街作为某种商品或某类人群消费品的集合，要做到各种品牌、规格、档次的齐备，要在人们脑子里形成一种共识，即当我要买这种商品时，首先想到的就是这条街。

5. 业态、业种组合要合理，各种功能要配套

如何对商业街业态业种进行合理的规划引导，是商业街管理的一大课题，也是规划建设的大问题，因为商厦不管是政府开发还是私营企业兴建，最终都是分散卖给或租给中小业主，如果事先没有合理的规划和引导，难于形成商厦的主业和特色，很容易造成商品"千店一面，单调雷同"的局面，并难以形成规模效应，甚至相互影响，降低整个商业街的档次。中心商业街业态应以专业店、专卖店、百货业为主，地区商业街应以便利店、超市为主，特色街应以专卖店、专业店为主，各商业街在业种上应有零售业、餐饮业、大众娱乐业、通讯服务业（电话亭、坐椅、医疗设施、酒店等）。根据调查，最佳的业种搭配为：零售业占65%，餐饮业占20%，大众娱乐业占10%，通讯服务业占5%。

6. 注意整体风格的营造，与城市风格浑然一体

对于世界上任何一个大城市来说，其发展都有它的独特性，长年累月聚集起来就构成了城市的个性，这是一个城市的灵魂所在。商业街的建设必须注意保护和继承城市所拥有的历史、人文和文化传统，使其成为城市整体建设的一个组成部分。商业街区的形成都具有历史缘由和大众逐渐认可的过程，规划建设中应尽量避免使用推倒重建的方法，否则商业街的气氛会大损。商业街的古老历史文化遗址，在改造建设中应更好地融入到新的规划中，使传统与现代相结合。

另外，还必须注重突出城市主调，与城市风貌浑然一体。如北京环故宫的几个商业街，从其发展演进看，虽接近紫禁城，但都没有为了突出自己、炫耀自己而干扰古都的城市主调与风貌。这些商业街建筑的平均高度、体量、格局以及建筑的形制、色彩等诸方面，都注意到都城的文化特色，构造出一种独特的氛围，并与古都风貌浑然一体，相得益彰。给人的印象是，京城里的商业街，说不上显赫华贵，但有大家风度，透着北京文化的那种厚度和迷人的魅力。

7. 注重细节的魅力，交通方便，购物环境优美

商业街改造必须考虑配套设施的建设，如停车场、公共厕所、垃圾收集点、休闲广场、演出舞台、绿化景观、街头小品、广告设施等，如果配套设施跟不上，势必造成难以弥补的遗憾，也给商业街管理带来相当大的麻烦。从垃圾桶、坐椅、花盆、电话亭到休闲广场，所有细节都要经过精心设计，强调整体风格的一致性，同时，又要通过这种"一致性"展现出"个性"，即该商业街的独特卖点。

交通问题向来是商业街建设的一个难点问题，主要表现在交通与流通的矛盾关系上，一方面交通带动流通；另一方面流通又限制了交通，商业街往往车流、人流停留率很大，特别是人们逛街、购物，要往返穿行一条繁忙的城市"公路"，人为造成交通和商业的"打架"。从西方国家的实践检验看，解决这一问题的主要做法就是商业的岛区化，即"人与车的分离"——把商业活动区域从汽车交通的威胁下解放出来，兴建步行街。现在，在我国也迅速掀起了一股步行街热，笔者认为这种做法，尤其对于中心商业街来说是非常值得提倡的，它不仅解决了人车争路的问题，让人们在没有车辆的商业街上安心地购物、休闲，让车流在没有行人的道路上畅快地奔驰，还可以使人们在一个没有汽车尾气的干净环境下购物，这符合绿色消费的大趋势。但是，如果没有交通把人流带到步行街，步行街建设得再好也没有用，因此，步行街应该在交通交汇点的附近或和主要交通干道平行，并在附近配有一定量的停车场，这是步行街繁华的一个重要条件。另外，针对有的步行街过长的问题，可以配备一些具有步行街特色的非机动车辆供人们在疲惫时乘坐。也可采取在一定的时间段对公交车开放的

做法，即半封闭管理，如北京的王府井、中山孙文路、广州等地的步行街，都采用这样的管理办法，大大减轻了对周边道路的压力。

8. 商业街的物业服务

物业服务与商业街区开发配套，对商业街区进行综合性、全面性多层次的管理服务，是项目不可缺少的服务配套。对于住宅物业的物业服务我们已经不陌生了，在住宅产品领域里，物业服务对于任何一个住宅项目都具有举足轻重的作用，物业服务已经成为住宅开发商的营销利器。同住宅相比，商铺的使用周期短，但也有 40 年之长，不同物业类别的管理项目、管理特色通常也有很大的差别，住宅、办公楼、商业物业的物业服务是三种不同管理模式的公共服务。建立一个完善的物业服务体系，对商业街区的经营运作、商业气氛、购物氛围、游乐环境和积聚人气都具有极其重要的作用。

虽然物业服务是商业街区的售后服务工作，在房子交付使用后才真正开始向业主以及商家提供服务，然而在商业街区的营销策划过程中，开发商就必须要将物业服务作为项目营销策划的重要内容，提前为业主和商家设计好商业街区物业服务的服务蓝图，对市场作出一系列的物业服务承诺，将物业服务融入项目形象当中去。从项目开始招商一直延续到项目的整个营销过程，为促进项目的前期招商和后期大拆零销售带来无限动力。因此，商业街的物业服务应加强如下六方面管理职能。

（1）建筑物与装修的维护　商业街区通常是一组现代化建筑物业，为了保证商业物业的形象，做好建筑物与装修的维护，保证物业不受损害尤为重要，一方面，是保持良好的商业形象，相信没有消费者会喜欢到建筑破烂、装修陈旧的商场购物消费；另一方面，是物业保值和增值的需要，商业街区中的商业物业以投资市场为主要市场，投资大型商业项目和买铺就是想赚钱，越是经营良好、保养得当的商业物业，就越是能不断增值。主要服务内容包括：商业物业建筑结构维护；商业物业建筑外观维护；商业街区公共区域装修；商家装修审批与管理；规范单、双铺店面门面装修；商业街区内部导向标志维护。

（2）商业街区配套设施、设备的维护　首要工作是保证配套设施、设备能够安全运转，如果不幸出现故障，往往会对商业街区产生很大的负面影响，所以商业街区物业服务公司应对配套设施、设备进行完善的保养，杜绝事故隐患。主要服务内容包括：电梯、自动扶梯的维护保养；后备发电机维护保养；电线、电路的维护保养；供水、供气系统维护保养；大型商业设施空调、冷气系统维护保养；三废排放及处理系统维护保养。

（3）消防与安全的管理　商业物业是通过配套设施、设备、人员和保险方式来避免由于人为或自然因素引起的对物业或人员的危害。让商业物业的业主、经营者安心从事商业活动，让消费者安全、舒适地享受购物的乐趣，消防与安全的管理工作不仅是物业安全的保障，而且也是广大市民、公众人身安全的保障。主要服务内容包括：消防设施的维护保养；消防器材配置；消防设施标志；大型商业设施出口与通路管理；大型商业设施内部安全巡查；自动报警系统维护保养；其他危及安全的防范。

（4）环境管理　这个职能是商业物业服务职能中最基本的，特别是向一些强调生态的商业街区、综合步行街、文化休闲广场、康体公园、游乐场所的日常保洁以及对当地饮用水源的水质维护，环境保洁卫生管理对创造一个良好整体形象起着举足轻重的作用。主要服务内容包括：商业街区内部道路保洁；公共区域管理；公共区域的摆设和植物管理；商业物业的日常保洁；促销宣传资料发放管理；垃圾清理；环卫设施维护；公园及游乐场所保洁管理；自然河道及人工河道、人工湖的环境及水质维护。

（5）车辆管理　在越来越多汽车走向家庭的今天，停车难的问题已经为阻碍人们出门购物消费的因素，停车是否方便，以及交通的安全与否，都将直接影响到商业街区客流的增减。车辆与交通管理最重要的目的就是为消费者创造舒适、便利的消费机会。主要服务内容包括：车辆交通疏导指挥；停车场管理；货流运输管理；车辆安全服务；路面交通管理；部分道路限时通行管理。

（6）紧急事故的处理　商业街区是一个人流集中的公共场所，物业服务机构及工作人员要随时保持戒备的工作心理，防范包括来自商业街区内部和外部的突发事件。主要服务内容包括：商业建筑与装修事故；停电或电路故障；电梯故障；设备或设施故障；发出火警；恶劣天气；人员受伤或急病；买卖纠纷；消费者之间严重冲突；犯罪事件。

【思考题】
1. 什么是零售物业？其物业服务内容有哪些？
2. 零售物业的租赁管理的内容有哪些？
3. 零售物业的现场管理的内容有哪些？
4. 如何进行零售商业物业的现场管理？
5. 零售物业的风险管理的内容有哪些？
6. 零售物业的安全服务的内容有哪些？

第五章 酒店物业的物业服务与经营

第一节 酒店物业概述

一、酒店的定义

酒店（Hotel）是提供旅客餐饮、住宿、娱乐、设施的建筑物，是顾客的第二个家，它是一种特殊的物业。Hotel 是国际上公认并通用的对多功能的旅馆、酒店的通称。为区别于规模较小、功能单一的餐饮企业，国内外均以"酒店"惯称。

现代酒店特指借助一定的建筑物及必要的设备、设施，将其和接待服务人员的劳务相结合，向客户出售客房、餐饮、服务等商品，满足客户物质和精神方面需求的经济组织。从根本上讲，酒店只销售一种东西，就是服务。提供劣质服务的酒店是失败的酒店，反而搞好服务质量才是成功的酒店。酒店的目标是向顾客提供最佳的服务，而酒店的根本经营宗旨是让宾客得到舒适和便利。而现代酒店已成为向客户提供食、宿、行、乐、购物、健身、商务活动于一体的，能满足客户多种需求的综合性服务企业。

二、酒店物业的分类

酒店的类别是因人们的各种不同的消费需要而出现的，根据不同的需要，按照不同的标准和尺度，可把酒店物业划分为不同的类型。

（一）根据规模大小划分

根据酒店物业规模大小，即酒店拥有的客房数量的多少，可分成大、中、小型酒店。大型酒店指拥有的客房数量在 600 间以上的酒店楼宇；小型酒店指拥有的客房数量在 300 间以下的酒店楼宇；中型酒店指拥有的客房数量在 300～600 间的酒店楼宇。

（二）根据区域和地点划分

根据酒店在的区域和地点，可分为名胜酒店、城市酒店、海滨酒店、森林酒店、机场酒店等。

（三）根据营业接待时间划分

按营业接待时间，可分为全年性和季节性酒店等。

（四）按建筑档次和服务层次划分

按酒店的建筑档次和服务层次划分，可分为高档、中档、低档三类；也可以按酒店的星级标准来进行参照。

(1) 高档酒店 其特色是建筑和装修档次高,各类设备设施齐全,所提供的管理服务层次也高,所以,房租及餐饮的定价也较高。目前我国列为高档酒店的,应是三星级以上的酒店。

(2) 中档酒店 在建筑装修、设备、设施方面逊于高档酒店,在我国一般指一星级、二星级的酒店。

(3) 低档酒店 设备简单,具食、宿两个基本功能,能满足客人最简单的需要,提供基本服务,符合经济能力较差的旅客的需要。

(五) 根据酒店物业服务与经营与产权关系划分

(1) 公司所属 由自己物业服务与经营的酒店,有的是直属公司或连锁公司拥有产权并直接进行物业服务与经营的酒店企业。

(2) 合同经营酒店 经营者签订租赁合同,缴交租金或管理费,业主将酒店出租给承租方,以联营公司的名义注册登记,使用其"名称"和"标记",由租赁者负责物业服务与经营。

(3) 特许经营酒店 即由物业服务与经营者购买并使用某一联号公司的"名称"和"标记"的酒店,在这种方式下,购买者有产权,财政上保持独立,但在物业服务与经营上接受联号公司的指导与协助。

(六) 根据接待对象和设备、设施条件划分

国际上通常按酒店接待对象和酒店的设备、设施条件,将酒店划分为如下六大类。

(1) 商务型酒店 也叫暂住型酒店,通常地处城区,靠近商业中心区域,主要接待过往客商。这些客商经济条件较好,文化水平较高,对于价格并不计较,但对于酒店设施及服务质量、服务水准等要求较高,特别是他们开展商务活动所需的良好的通信系统、商务中心、洽谈会议场所和文秘服务等,要求相当高。酒店开发商应对此类楼宇从外观环境、内部设备装修及特殊服务等方面考虑,满足商务客户的需要。

(2) 会议型酒店 近年来,"MICE"的接待业务,已经成为世界范围的酒店业共同追逐的目标。"MICE"是指 Meeting(会议)、Incentive(奖励旅游)、Conference(大型会议)和 Exhibition(展览会),这四项业务中有三项直接属于会议性。酒店业逐鹿于"MICE"业务,主要是此类客户消费水平高,会议参加者消费金额为一般性旅客的两倍;逗留时间长,平均逗留 10 天,一般旅客只有 6 天,且较少在价格上斤斤计较,受季节的波动影响也小,故会议酒店应运而生。它一般设在政治、经济中心的大都市或交通方便的风景区、游览胜地。除住宿、餐饮、购物等常规性服务外,它的最大特点是具有适应各类会议召开的系列装置,不仅有各类会议厅、办公室、多功能厅,还配齐了会议需要的各种设备,诸如扩音、照明、音像录放、视听投影、同声翻译等装置。

(3) 旅游型酒店 大多建于名胜古迹、旅游景点密集、交通较方便的区域,主要接待服务对象为旅行、游览、观光者。不仅要满足旅游者的食宿需要,而且要有咖啡厅、酒吧、游艺室、商场等公共服务设施,以满足其休闲、娱乐、购物的需要。

(4) 度假型酒店 顾名思义,度假型酒店主要是以接待度假、休闲、保健、康乐为主要旅游目的的客户。此类酒店多位于山城、海岛、海滨、温泉、瀑布、森林等幽静的风景区,大多开辟了适宜该区域的各类健身、娱乐项目,诸如爬山、骑马、垂钓、狩猎、潜水、划船、冲浪、网球等活动,以吸引此类游客。

(5) 长住型酒店 主要是供一些贸易商社、机关、团体或家庭长期居住。长住型酒店有其独特的要求:客房都采用统一的结构与布局,以套房为主,面积宽敞,设备考究,并配备适应客户长住所需的家具、电器以及所需设备;既有酒店业的常规性服务,又要增添家庭式

的乐趣与温馨。

（6）特殊型酒店　追逐"奇、特、异"是很多旅游者所具备的消费心理，满足特殊旅客或特殊身份的特殊酒店令人目不暇接。有主要供老人或带家眷长住的"公寓式酒店"；也有满足过往、过境需要的"机场酒店"、"汽车酒店"；还有以其他特殊形式出现的"水上酒店"、"森林酒店"、"狩猎酒店"、"井下酒店"、"树上酒店"、"监狱酒店"、"仿古酒店"等。

三、酒店的星级标准和级别

当今世界上酒店数量与日俱增，为了保证酒店的服务质量，树立国家旅游业的对外形象，也为了便于管理和监督，保护消费者的利益，世界上很多国家都对酒店进行等级评定。酒店的划分标准各国不一，一般分为五个等级，分别以星号的多少表示，即一星级、二星级、三星级、四星级和五星级。

（1）一星级　设备简单，提供食、宿两项基本产品，能满足客人的起码需要，设施和服务符合国际流行的基本标准。

（2）二星级　设备一般，除简单的食、宿两项基本酒店产品，还设有简单的小卖部，以及邮电、理发等便利设施，服务质量好。

（3）三星级　设备齐全，有多种综合服务设施，服务质量高。

（4）四星级　设备豪华，服务设备完善，服务项目健全，服务质量优秀。

（5）五星级　是酒店的最高等级，其设备设施、服务项目设置和服务质量均为世界酒店业的最高水平。

在评定酒店的等级时，除了考虑上述标准外，还涉及酒店的位置、环境与气氛、设施与服务等几部分。为了便于评定等级，很多国家对酒店建筑客房面积、设施与设备条件、管理水平、服务项目和服务质量等具体方面都有详细而明确的规定。

酒店的等级并不是由每个酒店自己来评定的。在西方国家中，酒店等级一般由酒店行业组织或者由消费者的代表，例如旅行社及出租司机组织进行评定。而在发展中国家，则多由国家旅游主管机构负责组织评定。酒店评级工作通常每年进行一次，并规定新酒店必须在开业一年以后才能有资格考评。

1985年，国家旅游行政主管部门制定了《中华人民共和国旅游（涉外）酒店星级标准》，由国家旅游局设置酒店星级评定机构，负责全国涉外酒店星级评定工作，并且具体负责评定全国三星级、四星级和五星级酒店，一星级和二星级酒店由各省、市、自治区旅游局负责评定，并上报国家旅游局备案。

第二节　酒店物业的物业服务与经营

一、酒店物业物业服务与经营的模式

目前，我国及国外酒店物业的物业服务与经营，主要有业主自己物业服务与经营、租赁物业服务与经营、委托物业服务与经营和联号经营等几种主要模式。

（一）业主自己物业服务与经营的模式

采取这种经营模式是由业主公司自己投资兴建酒店物业，然后自行组织酒店企业进行物业服务与经营，不依赖物业服务与经营公司。

目前有相当一部分酒店（特别是中、低档酒店）采用这种物业服务与经营模式，其主要优点是：如果经营得好，可以创造最大的经济效益，业主不必向经营公司支付酬金。但是如

果业主缺乏酒店管理方面的经验，不了解市场，又缺乏各种专业人才，加上物业服务与经营不善，有时经济效益不但不能增加，反而会减少，而风险则由业主全部承担。

（二）租赁物业服务与经营模式

采取这种物业服务与经营方式是业主将酒店物业通过签订租赁合同，明确租金、租赁期限和双方的权责与权限，租给经营公司进行管理。

采用这一经营模式，实现了所有权与经营权的分离，权责清晰，比自建自管进了一步。在这种模式下，业主放弃了经营权，排除了经营风险，换取了由租赁合同明确规定的有限的租金收入；而承租公司有独家经营权，经营得好，按租赁合同规定向业主交纳租金后，可以获取更多的收益，但同样要承担更大的经营风险。因为如果经营不善，不但租金要按合同规定支付，亏损额也全部由承租经营者自己负责，所以经营公司除非有十分把握，一般不希望采用这种物业服务与经营方式，尤其是高档酒店更少采用这一模式。

（三）委托物业服务与经营模式

实行这种管理模式是由酒店业主采用委托物业服务与经营的方式，将酒店物业服务与经营权有限度地委托给受托方，由受托方进行酒店的日常物业服务与经营工作。

在这种物业服务与经营模式下，业主须按委托合同约定的数额支付物业服务与经营方面酬金，而酒店的经营权益全部归业主所有，经营风险也全部由业主自己承担。管理酬金在国内一般为营业收入的3%～5%，在国外一般为4%～7%，由双方商定，并在委托合同中注明。也有的在确定基本管理酬金的前提下，为鼓励物业服务与经营方多创收，规定超计划指标实现的收入部分或者营业利润超计划实现的部分，可另行提一定比例的奖励酬金，具体计提比例由双方协商确定。

采取这种物业服务与经营模式，其优点是业主不用担心酒店的收益被物业服务与经营者拿走，营业收入和营业毛利润都归业主，因此，业主会千方百计支持经营方的工作，鼓励其多收、超收。同样的道理，物业服务与经营方的酬金是按营业收入一定比例计提的，因此它们也会努力创收，还因为它们不用承担经营风险，所以物业服务与经营起来比较灵活，不需要或只需要少量资金投资，不用计提折旧，不必支付物业的维修保养费，就能增加自己管理的酒店数量，增加酬金的收入。

正由于这种合作方式双方都认为利多弊少，不用为租赁价格讨价还价，不必为经营风险过分担心，故容易为双方所接受。所以，我国的高档酒店很多都采取这种管理模式。

（四）联号经营

所谓联号经营，就是联号公司授予成员酒店在某个特定的地点、特定的期限内按照规定的方式经营业务的权利。与管理合同不同，联号既不是租赁物业服务与经营，也不是委托物业服务与经营，联号公司只是提供成员酒店权益品牌、各种标准和要求、营销网络、采购网络及质量控制服务。

现代联号经营始于20世纪50年代，酒店业主越来越意识到品牌形象、声誉、顾客网络、经营方式和预订系统的价值，联号集团也认识到联号是扩张酒店的一种易获利且低成本的方法。20世纪50年代，蒙斯·威尔逊的假日集团开创了现代酒店联号的新局面，最初起始于汽车旅馆的联号。汽车旅馆是一种地价比较便宜、结构比较简单的低层建筑，多位于交叉路口、高速公路出口、地方居民中心等区位，尽管收益较低，假日集团还是想方设法让其他旅馆参与投资，以实现酒店的迅速扩张，因而开创了联号经营方式，只要遵循联号公司设计的营业程序和会计制度，就能成为假日集团的成员。联号公司让成员酒店参与共同采购计划，从而享受采购的折让优惠；成员酒店得到联号公司在规划设计、经营规范、口碑、国内广告、预订服务、促销服务方面的支持。成员酒店参加联号集团要支付一笔初始费和百分之几的销售收入，一般是客房收入的 3%～4%。假日集团成功后，其他类型的酒店也纷纷效仿发展联号经营。

对酒店联号集团而言，联号既可以快速扩张，承担的风险也相对较小，归纳起来，国际联号有如下的优点。

① 联号可使集团公司投资很小就可达到扩张的目的，尤其在那些当地资金较少或资金与利润无法遣返的国家或地区。

② 联号使联号集团的收入多元化。

③ 以最小的成本保护了未来的市场，有效地抵御外来竞争者。

④ 商标专利权受到保护。

⑤ 有利于缓冲国内业务的季节性波动。

⑥ 克服对外国所有权的各种贸易壁垒。

⑦ 最大限度地利用积累的经验和知识。

对酒店联号集团而言，联号的劣势是失去了对酒店日常工作的监控；与酒店业主不好打交道；潜在的负债危险；服务质量、卫生等失去控制；无法控制成员酒店的定价；服务质量不一致引起顾客的困惑；更糟糕的是有时想与那些声誉很差的成员脱钩都很困难。对成员酒店来说，联号的优势是能得到广告促销、集体购买、计算机预订客房、定期检查与物业服务与经营建议方面的支持。

而且，对成员酒店最直接的好处是能够得到顾客立即的认同，企业品牌形象迅速提高。成员酒店还能得到员工培训的机会，也可以取得融资的渠道。

酒店联号有多种形式，但绝大多数允许成员酒店使用联号集团的设计格局、经营体制、服务流程、团体广告、全球预订客房系统、促销与采购项目。联号集团常常提供选址建议、可行性研究、指定建筑商等服务，帮助成员酒店修改其建筑设计，对家具、设备、计算机系统等的质量有十分严格和详细的要求。成员酒店要执行联号集团公司设计的建筑风格、经营与维修标准，就需要额外的支出，而且联号费也是来源于客房收入，所以，酒店联号经营的盈亏平衡点相对较高。

二、酒店物业的物业服务与经营要求和重点

（一）酒店物业的物业服务与经营要求

酒店物业的物业服务与经营除一般管理的要求外，应有其鲜明的个性。

（1）温馨的前厅服务和客房服务　酒店的前厅是客户进出、会客、休息的场所，通常设有前台、堂吧、商务中心、会客区等，提供热情的接待和舒适的环境能使客户产生温馨的感觉。同样，酒店的客房是客户起居生活的场所或者是客户作为商务办公的场所，提供安全、舒适、整洁、宁静的环境和充满亲情的客房服务能使客户尽享家的感觉，营造令人流连忘返的温馨世界。

（2）较齐全的服务设施　各等级的酒店其基本设施的配备和服务项目的齐全程度可能不一致，但必要的设施是服务的重要条件，如餐饮种类、休闲场所、商务中心、健身设施等。这些场所应具备安静、舒适、文明、中西皆宜的环境，为客户提供"价有所值"的享受。

（3）个性化的延伸服务　个性化服务源于客户的结构多样化，酒店的长包房客户中常有举家合住的特点，有的有幼儿，有的带保姆，也有的豢养宠物。因此，个性化的延伸服务在酒店的物业服务中要较为注意，甚至酒店的服务可以扩大到提供洗衣、为客户过生日等。

（二）酒店物业的物业服务与经营重点

（1）酒店的服务营销　服务营销是一个酒店发展的源头，酒店要始终以服务为宗旨，弘

扬服务的理念,营运服务的品牌,塑造服务的形象,实现服务的营销。

要做好服务营销,就要在分析市场情况的基础上做好营销目标的确定,广开门路拓展营销渠道,在服务过程中遵照酒店作业标准、作业规程进行,同时制定出合理的市场价格。

(2) 酒店的服务管理 酒店的客户具有一定的流动性,必须实施严格的服务管理,满足客户对服务的需求。酒店服务管理的基本内容包括客户服务管理、前厅服务管理、客房服务管理、设备维保服务管理、安全服务管理、保洁绿化服务管理、康乐服务管理以及延伸服务管理八个方面。

(3) 酒店的服务质量 酒店的服务质量一般按酒店的服务标准和酒店客户的要求来制订,不同等级的酒店的服务质量在要求上仍有区别,一方面是酒店公寓的服务质量是根据合同要求而确定的;另一方面是服务的个性化要求更多,家政化特点更为明显。

(4) 酒店的服务形象 酒店的产品是服务,服务的定位是给客户一个家的感觉。因此,酒店在服务形象上除了达到通常酒店要求的礼仪礼貌外,在与客户的交流中要突出关心、体贴、尊重的特点,使客人有家的亲切感。

三、酒店物业的物业服务与经营内容

现代酒店也提供许多配套的娱乐设施。旅游经济的迅速发展为我国酒店业带来了前所未有的发展机遇。酒店物业服务是酒店物业服务与经营的组成部分,是实现酒店经营目标的基础工作。酒店的物业服务应不断强化质量管理,改善服务态度,提高服务质量,为酒店创造更多的"忠诚顾客",增加企业的效益。

(一) 酒店物业物业服务与经营特点

1. 服务质量要求高

下榻酒店的人员,来自社会的四面八方或来自世界各地,对所提供的服务有着很高而不同的需求,从事酒店物业服务的企业,应尽量满足不同客人的不同需求,使客人下榻到酒店应能够感受到一种"到家"的感觉。这就要求物业服务人员做到观察细致,时刻掌握客户的需求。所以,对从事酒店物业的人员来说,应具有较高的素质。

此外,酒店是客人餐饮与住宿的公共场所,对卫生条件要求特别高,酒店提供的各种食品必须新鲜保洁,无毒无害;餐厅、餐桌、餐具必须经过严格消毒,无尘无污;服务人员必须衣着干净整洁;客房应按规范要求每天清扫换洗;被套、床单、枕巾、拖鞋、牙具、毛巾、浴巾等必须按时更换。

2. 客人流动频繁

酒店的经营活动主要以临时住宿和餐饮为主,客人流动量很大,频率很高。所以,其物业服务也具有相应的特点,服务难度大,需要的服务人员不仅数量多而且要求专业技术熟练、素质高,这一点在高档酒店管理中尤其重要。

3. 服务时间不确定

在酒店享受服务的客户可能只是用一餐、住几日,对他们的服务时间也是很短。但是,餐厅一天要翻几次台,今日客人住一日离开,明日又来一批客人,完成对他们的服务就要两班或三班倒。同时,几乎每日都要面对新面孔的客人,提供并保持服务质量难度相对很大,这也是酒店物业服务的特点之一。

4. 服务对象复杂

同写字楼相比,酒店的服务对象相对复杂。在写字楼内办公的人员相对固定,而下榻酒店的人员每天都在变化,对物业服务企业来说,要不断面对新的服务客体,满足新客人,满足新的要求。特别是涉外酒店,一旦出现服务质量问题,所产生的影响将是非常大的,有些

甚至是国际影响。这些都将会给酒店的声誉或者是物业服务企业的声誉带来极大的影响。

5. 设备设施维修养护时间性强

同现代化智能写字楼相比，酒店的设备设施与其有着很多的相同点，同时又有许多不同点。写字楼主要是为办公的人们提供一个舒适的办公场所，而酒店则是人们休息、娱乐的空间。从经营的角度来讲，酒店有连续性、时间性和季节性强的特点，因此，对于酒店的设备设施的检修、养护更强调时间性、季节性。应根据季节的变化、客流量的变化制定相应的设备设施检修计划，确保酒店的设备设施能够满足客人的需要。

6. 总体协调性要求高

酒店内部职能部门多，工作程序复杂，一环套一环，任何环节出问题，都会影响到酒店的服务质量进而影响企业的声誉。因此，必须高度重视酒店管理工作的总体协调性，保证酒店服务链的延续。

（二）酒店物业物业服务与经营内容

1. 客人接待服务

酒店一般设有专门接待客人的前台或总台，当有客人前来，前台服务人员应主动接待，落实好客人的住宿、吃饭或娱乐等要求，对不属于自己职责范围内的事要报告领导解决。酒店前台、商务中心或服务部还应为客人提供代订机票、船票、车票，会议安排，订餐、送餐，洗衣、购物等多种服务项目。

2. 酒店物业设备设施的维修养护

酒店建筑及设备设施管理的主要任务，是对酒店的建筑及设备、设施进行日常性养护与维修，适时做必要的改造、更新，从而使酒店的经营活动建立在最佳的物质基础上，使酒店获得最高的综合效益。酒店的建筑及设备设施管理，除了完成与写字楼等物业相同的管理任务外，特别应做好以下工作。

① 确保能源供给与控制能耗。不仅要保证热水、冷水、电、暖、气、空调等设备设施的正常运行，而且要有效地控制能源消耗，完善各项节能措施。

② 做好设备的改造或更新。酒店对设备性能要求较高，变化较快，有时设备尚未到淘汰年限，就需要提前更新、改造，物业服务企业应帮助酒店制定设备更新改造计划，并付诸实施。

③ 做好设备备件管理，关键设备的易损件必须购置备品、备件，以便及时更换，缩短停机时间。

④ 筹划楼宇的改建、扩建与新建。随着酒店市场需求的变化和发展，酒店楼宇改建、扩建、新建势在必行。工程设备部门应当积极主动地向酒店总经理室提出筹划方案，并在总经理决策后予以贯彻实施。

⑤ 做好建筑及其装饰的养护与维修。酒店建筑及其装饰是酒店的标志性形象，需注意养护，保持其特有的风貌与格调，切忌破损。

3. 酒店物业的钥匙管理

① 客房门钥匙由前厅总服务台负责管理，在客人办理住宿登记时，由酒店总服务台发给客人，退房时交回钥匙。客人住宿期间丢失钥匙，应填写配置调换钥匙登记表，经前厅经理同意、签字并送安全部批准后，方能配置或调换。

② 因工作需要，酒店员工需临时借用客房门钥匙，必须办理登记和审批手续，并按时交回。

③ 严格控制"万能钥匙"的保存和使用。这种钥匙通常只有两把，一把由总经理亲自掌管，一把由安全部门保管。"万能钥匙"非经总经理批准不准使用，使用情况也要有记录。

④ 重要库房、保险柜必须采取双人双锁或三人三锁制,钥匙由两人或三人分别掌管。开启重要库房和保险柜,必须由所有掌管钥匙的人同时到场才能开启。

⑤ 客房和客房楼层的总钥匙,严禁带出店外。严禁无关人员进入客房。

⑥ 安全部门负责对酒店钥匙管理的检查和监督,积极配合各部门做好钥匙的管理工作。

4. 酒店物业的保洁服务

(1) 客房的卫生保洁 每天都要按规范清扫、擦洗房间,根据需要更换床单、被套、枕巾、拖鞋、浴巾、毛巾、牙具等,保持客房洁净优美。进客房要事先按门铃(或敲门),征得客人同意后,方可进入。

(2) 餐厅的卫生保洁 由于酒店的客人流动频率高,容易发生传染病,对卫生条件要求特别严。除了对食物、酒水的卫生标准要求较高外,必须做好餐厅的卫生保洁工作,餐厅内保持空气清新,温度适中,窗明几净,一尘不染,餐具用后必须清洗消毒。

(3) 其他公共区域的卫生保洁 客房和餐厅以外的其他公共区域,主要包括大堂、会议室、楼道、楼梯、电梯、公共卫生间、楼外广场、绿地、外墙立面、停车场(库)、娱乐场所等,这些部位的卫生保洁也是酒店为宾客服务的一项重要工作内容。每一个酒店都应设有负责卫生保洁工作的部门,根据酒店和物业服务企业的具体情况制定严格的卫生保洁规范要求、岗位职责、操作规程和标准,具体内容应尽可能细化,便于操作。主要保洁工作内容应包括以下几项。

① 定时清扫地面,擦拭门面、玻璃等,保持清洁。

② 要定期将墙面积灰清除干净,定期清洗外墙立面,保持墙面整洁。

③ 去除绿地中的杂物、枯枝、败叶,保持绿化地带整洁。

④ 每天清洁各种金属装饰物或器皿,并定期擦拭干净,保持各种装饰件的整洁。

⑤ 定期将喷泉、水池中的水排放干净,保洁池底及池壁。

⑥ 做好酒店楼宇公共卫生间的保洁工作,主要工作内容有:保持保洁用具的干净、完好;要及时清除洗手盆、台面、水龙头和镜子上的灰尘、杂物,擦去污迹和水迹,使其保持干净明亮;及时擦去地面上的各种水迹和脚印,保持地面干净,并定时用湿拖把拖净地面;及时补充各种卫生用品,及时将垃圾筒里的杂物倒净,不能使杂物超过垃圾筒的1/3;将墙面、垃圾筒等擦洗保洁、抹干;座厕内和小便池内,须用马桶保洁剂刷洗干净,并喷洒消毒剂;用保洁剂擦洗墙面、地面后,还要定期对地面进行抛光、上蜡;为了保持空气清新,还需要经常喷洒空气保洁剂。

5. 酒店物业的公共安全服务

① 贯彻国家安全服务工作的法规和方针政策。广泛开展安全、法制教育,在酒店全体员工中牢固树立"没有安全就没有效益"的观念,并积极采取切实措施,确保重点,保障安全。

② 加强内部治安秩序管理,落实酒店业相关的治安管理法规,维护酒店内部公共场所和道路交通等各项治安秩序。

③ 根据"预防为主,防消结合"的方针,加强酒店内部消防秩序管理,建立并检查各部门防火安全制度,组建义务消防队,定期进行消防练习和消防检查,对一切火警苗子都要做到"三不放过",即原因不明不放过,责任不分清不放过,整改措施不到位不放过。

④ 负责追查酒店内发生的破坏事故和破坏嫌疑事故,并配合协助有关部门,参与调查重大的治安灾害事故。协助公安机关查处酒店内部发生的治安案件和侦破各类刑事案件。

⑤ 确保酒店要害部位、重点工程和重要活动的安全。

6. 酒店物业的消防管理

① 各种消防设施应由工程部负责，安全部配合进行定期检查，发现故障及时维修，以保证其性能完好。

② 安保巡逻员每天必须对巡逻区域内灭火器材安放位置是否正确、铁箱是否牢固、喷嘴是否保洁、畅通等进行检查，发现问题应及时报告工程设备部修复或更换。

③ 工程设备部会同安全部对消火栓箱门的开启、箱内水枪、水带接口、供水阀门和排水阀门等，定期进行放水检查，发现问题，及时纠正。

④ 消防中心要定期检查消防报警、探测器（温感、烟感）等消防设施，发现问题，应及时报告工程设备部进行维修。

⑤ 消防设施周围严禁堆放杂物，消防通道应随时保持畅通。

⑥ 消防中心定期检查灭火器的重量和摆放位置，应及时补充灭火器的药剂并充气，对放置在强光或高温地方的，应马上移位。

⑦ 每天都要检查安全门的完好状态，检查安全、消防通道是否畅通，如发现杂物或影响畅通的任何物件，应即采取措施加以排除。

⑧ 所有消防安全检查均应记录归档。

7. 酒店物业的绿化管理

做好酒店室外庭园、花坛、绿地、喷水池、屋顶花园、屋顶平台及其他所有室外康健娱乐场所等的绿化养护工作，及时修剪草木，定期去除杂草。做好酒店室内外公共区域、高级客房的绿色植物摆放、更换工作，以美化环境。以盆栽绿色植物进行绿化的方式，常见的有以下几种。

① 组合视景。在各种无色的较大的玻璃缸、瓶及透明塑料板等材料制作的容器中栽植网纹草、血叶兰、椒草、小吊兰、孔雀竹芋、冷水花、螺叶海棠、红绿草、吊竹梅等微小型观叶植物及小型多肉类植物。所用介质，底层为聚苯乙烯粒，其上中央铺以珍珠岩或蛭石、河沙，在上面可饰以白瓜子石或小卵石等，也可无饰，施无机肥。置于室内别具一格、清雅高贵。

② 有土盆栽绿化。品种很多，除较普及的有各种吊兰、吊竹梅、常春藤外，还有紫梗芋、薛荔、血叶兰、各种绿萝、松鼠尾、蔓椒草、蔓紫鹅绒草、蔓长春花等。这些植物耐阴，可长期吊悬，垂直绿化室内。

③ 无土盆栽观赏植物。不少种类的阴性观叶、观花植物均可无土栽培。其介质有蛭石、珍珠岩、水苔、腐熟木屑、黄沙、陶砾等。可用塑料盆栽，施用无机化肥和营养液，保洁、卫生、美观，可长期置于室内桌几上。

④ 水养植物绿化。常用的是水仙，其形状有自然形态的和人为雕刻形态的。另如，将大个红皮萝卜根切平置于一浅盆中，倒入清水，置于台几上。红球、翠叶，清新可爱。其他如羽衣甘蓝、胡萝卜等均可照样制作。

⑤ 盆栽蔬菜。如栽种菠菜、旱芹、西洋芹、红皮萝卜、荣菜等。盆栽蔬菜绿化成本低廉，新鲜嫩绿，栽培容易。

8. 其他服务项目

一般高档酒店，为了吸引宾客、增加收入，除为宾客提供食宿外，还备有许多文体娱乐设施，如健身房、游泳池、网球场、保龄球场、高尔夫球场、旱冰场、台球室、桑拿浴池、舞厅、卡拉OK厅、棋牌室、酒吧、茶园等，为宾客酒后饭余尽兴娱乐提供各种便利条件。所有这些娱乐项目，均应由经过培训的专门服务人员进行优质管理和服务。

第三节 酒店物业的设备管理

酒店的客人来自世界各地，选择住酒店的动机在于获得生理上的调整、心理上的享受。一般客人逗留时间较短，短则一天，长则3～5天。因此，酒店必须提供完好的设备满足宾客生理和心理上的需要。

一、设备管理制度

加强设备管理是酒店管理工作中的一个重要方面。管理的范围主要有：供热设备、供冷设备、供电设备，水、煤气管道及设备，电梯、起重设备，厨房设备，维修机械设备，监控设备，消防设备，强、弱电设备，办公设备等。对这些设备的管理，只有采用先进的手段方法和维修技术，才能保证设备的正常使用、运转，为酒店的物业服务与经营奠定基础，获得经济效益。

所有设备在管理全过程中，要认真贯彻各级岗位责任制和安全操作规程。同时要建立健全相关的管理制度，使各种设备管理在有序有控的状态下运转。设备制度的管理一般应从以下几方面着手。

（一）特殊工种持证上岗制度

主要内容：培训、验证、安全教育、实习操作等。

（二）设备购置、开箱验收和安装验收制度

主要内容：申购、审批、选型、价格、质量、安装、验收、技术资料保管等。

（三）设备报废制度

主要内容：报废理由、数据以及报废审批程序、固定资产销账等。

（四）设备运行交接班制度

主要内容：设备运行状况及日常点检的原始记录、交接时间、程序和要求等。

（五）设备备品备件管理制度

主要内容：申购、审批、采购程序、入库、建卡、记账、领用、封存、调拨规定等。

（六）设备事故管理制度

主要内容：设备事故的分类、处理程序和处理原则等。

（七）设备台账和档案管理制度

主要内容：设备建档的范围、编号、系统以及汇总表等。

（八）锅炉房管理制度

主要内容：巡回检查、保养、交接、水质处理、保洁卫生、安全服务、能耗控制、"三汽"供应、运行记录等。

（九）冷冻机管理制度

主要内容：维修保养规程，交接、操作规程，运行（故障、修复）记录，保洁卫生，冷气供应等。

（十）电气管理制度

主要内容：配电间配电（装置）、变压器、带电工作、电动机、使用临时电线、移动电具、动力外线管理与操作规程等。

（十一）电梯（升降机）管理制度

主要内容：电梯维修保养以及电梯润滑管理与操作规程等。

（十二）设备维修保养制度

主要内容：例行保养、一级和二级保养、报修急修、大修、循环维修保养的规定要求等。

（十三）安全生产与环保管理制度

主要内容：安全生产责任制、例会、检查、教育培训、事故隐患整改、高处作业、动用明火作业审批、承发包工程安全、化学危险物品、环保管理等。

（十四）节能管理制度

主要内容：节能管理体系、节能计划内容、节能奖励办法、节能评估方法等。

（十五）土建工程管理制度

主要内容：立项程序、现场监督、竣工验收、工程预决算管理与操作程序等。

（十六）消防设备管理制度

主要内容包括以下各项。
① 酒店的温感器、烟感器每年由消防中心组织测检1~2次。
② 自动灭火喷淋管道污水，每年由消防中心和工程部组织排放检查一次。
③ 每季度由消防中心或工程部放水检查一次酒店内的地上消火栓。
④ 消防水泵每半年由消防中心和工程部手动或自动启动检查一次。
⑤ 发电机室的灭火装置每半年由消防中心检查测压一次。
⑥ 气站的电子鼻的信号每季度由液化站测试一次信号。
⑦ 酒店的消防加压、送风、排烟风机，每月由工程部门启动运行测试检查一次。
⑧ 消防总控制联动系统每年由消防中心和工程部及有关部门联合启动运行检查一次。
⑨ 酒店的各种电器设备，每年联合进行一次检查。
⑩ 备用发电机由工程部根据设备检查安排时间定期启动检查。
⑪ 油库的固定泡沫灭火装置，每隔一年至一年半由消防中心监督油库更换药剂一次。
⑫ 各部位的轻便手提式10升、推车式65~100升的泡沫灭火器，每年由消防中心监督各部位更换药剂一次，其他器材损坏的要及时更换。
⑬ 酒店建筑物内凡存放有物品的地方，有人员活动的地方、公共场所、娱乐场所，楼层间、机房、电房、气站、油库、厨房、办公室等部位视不同情况配备轻便手提式灭火器材，由管辖部门负责维护保管及外表的保洁卫生，摆放消防器材的地方不得堆放杂物，改变消防器材摆放的位置时，要征得消防中心的同意，有意损坏消防器材要罚款，情节严惩的要追究责任。

二、设备的使用管理

设备的正确使用和维护，在很大程度上决定了设备的完好程度，并能延长使用寿命。目前，许多酒店的设备管理处于一种无序的管理状态：一方面，酒店各部对设备管理不力，员工不按照正确的方法使用和维护设备，造成设备故障频发，为了能保证酒店的正常经营，工程部不得不投入许多人力和时间到一线抢修设备，使本部所管辖的重要设备，如锅炉、制冷机、水泵和管道设施等得不到有效的维护和保养，造成设备系统的故障率提高，而这些设备系统的故障往往影响到酒店的经营和成本的控制，从而形成一个恶性循环。改变这种状况的关键在于每一个员工都正确使用和精心维护所使用的设备，减少设备的故障，减少设备的应急维修量，工程部则着重做好重要设备的计划维修，使酒店的设备管理实现科学化管理。保证设备正确使用和精心维护的主要措施是制定并严格执行有关的制度，强化员工的设备管理意识，对员工进行设备操作和使用的培训，加强对设备使用和维护的检查。

（一）设备技术状态完好的标准

设备管理的目标之一就是要保持设备良好的技术状态，以确保设备发挥正常的功能。设备的技术状态是指设备所具有的工作能力，包括性能、精度、效率、运行参数、安全、环保、能源消耗等所处的状态及变化情况。酒店的设备是为了满足各部门经营和客人使用需要而配的。设备技术状态是否良好，直接关系到酒店的服务质量和经济效益。

设备技术状态完好的标准可以归纳为以下三个方面。

（1）性能良好　设备性能良好是指设备的各项功能都能达到原设计或规定的标准，性能稳定，可靠性高，能满足酒店经营和生产的需要。性能良好是酒店设备最重要的标准，体现了设备的质量，它不仅与正确使用和维护有关，更重要的是取决于投资的决策。酒店设备是直接为客人提供服务的物质基础，体现了酒店的服务档次和服务水平。因此酒店设备，特别是关键设备、重要设备和客用设备必须选购高质量的产品，这样才能确保设备的良好性能。

（2）运行正常　运行正常是指设备零部件齐全，安全防护装置良好；磨损、腐蚀程度不超过规定的技术标准；控制系统、计量仪器、仪表和润滑系统工作正常，安全可靠，设备运行正常。性能良好、质量上乘的设备是运行正常的基本条件，但高质量的设备必须在规定的使用条件和环境条件下，才能运行正常。因此，正确的使用是确保设备正常运行的重要条件。

（3）耗能正常　耗能正常是指设备在运行过程中，无跑电、冒汽、漏油、滴水现象，设备外表清洁。要使设备耗能正常，就应认真做好日常的维护保养工作，及时更换磨损零部件，定时进行润滑，确保设备在良好的环境下运行。凡不符合上述三项要求的设备，不能称为完好设备。设备完好的具体标准，应能对其作出定量分析和评价，由主管部门根据总的要求制定，并作为检查酒店设备完好的统一尺度。

（二）设备运行要求

酒店物业服务与经营是全天候24小时连续进行的，因此对酒店各类设备正常运行的要求是十分严格的，各类设备一定要满足酒店经营和服务的需要，保持不间断运行的具体要求如下。

① 保证电梯24小时正常运行。
② 中央空调系统随时能根据季度变化供冷或供热。
③ 消防系统及其相关设备处于正常完好状态。
④ 公共照明系统要及时维护、保养、更换。
⑤ 给排水系统要确保畅通无阻。
⑥ 蓄水池、水箱、泵房定期清洗，保证正常使用。
⑦ 变电室、楼层配电间经常性的监控与维护。
⑧ 公共电器日常的维修与保养。
⑨ 客房内各种设施的维修保养，随报随修。
⑩ 公共区域的各种设施巡逻检查与维修保养。
⑪ 弱电系统的维护与保养，保证正常使用。

（三）设备使用的要求

设备在负荷下运行并发挥其规定功能的过程，即为使用过程。设备在使用过程中，由于受到各种力的作用和环境条件、使用方法、工作规范、工作持续时间长短等影响，其技术状态会发生变化而逐渐降低工作能力。要控制这一时期的技术状态变化，延缓设备工作能力下降的进程，除应创造适合设备工作的环境条件外，要用正确合理的使用方法、允许的工作规范，控制持续工作时间，精心维护设备，而这些措施都要由设备操作者来执行。设备操作者直接使用设备，采用工作规范，最先接触和感受设备工作能力的变化情况。因此，正确使用设备是控制技术状态变化和延缓工作能力下降的基本要求。保证设备正确使用的主要措施是明确使用部门和使用人员的职责，并严格按规范进行操作。

1. 部门做到"三好"

各个部门对设备的使用都要做到"三好"，即管好设备、用好设备、保养好设备。

（1）好设备　管好设备的原则是：谁使用，谁负责。每个部门都有责任管好本部门所使用的设备，设备台账清楚，设备账卡齐全，设备购买必须提出申请，使用前必须为设备建档设卡制定设备使用规程和维护规程，不得违反规定随意使用设备。设备管理责任人要管好所负责的设备，设备发生借用等情况必须办理手续。

（2）用好设备　所有使用设备的员工都必须按照操作规程进行操作和维护，不得超负荷使用设备，禁止不文明操作。未经培训的员工不得单独操作设备。

（3）保养好设备　设备的使用人员在使用完设备或每班下班以前，必须对设备进行日常保养。对于一般设备日常保养就是保洁、除灰、去污。设备保养还包括由工程部专业人员进行的定期保养。部门要配合工程部实施这一保养计划。

2. 员工做到"四会"

对设备操作人员来讲，都应达到以下"四会"的要求。

（1）会使用　操作人员必须熟悉设备的用途和基本原理，熟悉设备的性能要求，熟练掌握设备的操作规程，正确使用设备。

（2）会维护　操作人员要掌握设备的维护要求，正确实施对设备的维护，做到设备维护的四项要求。

（3）会检查　设备管理责任人应了解所管理的结构、性能和特点，能检查设备的完好情况。酒店各机房运行值班员要掌握设备易损件的部位，熟悉日常点检设备完好率的检查项目、标准和方法，并能按规定要求进行点检。

（4）会排除一般故障　工程部员工及其他部门的重要设备的管理责任人，要掌握所用设备的特性，能鉴别设备的正常与异常，了解拆装的方法，会做一般的调整和简单的故障排除，不能解决的问题应及时报修，并协同维修人员进行检修。

3. 重要设备操作人员的五项纪律

① 实行定人定机、凭证操作制度，严格遵守安全技术操作规程。

② 经常保持设备的保洁，按规定加油润滑，做到没完成润滑工作不开机，没完成保洁工作不下班。

③ 认真执行交接班制度，做好交接班记录、运转台时记录。

④ 管理好工具、附件，不能遗失及损坏。

⑤ 不准在设备运行时离开岗位，发现异常的声音和故障应及时停车检查，不能处理的要及通知维修工人检修。

三、设备的维护保养管理

设备的维护保养是操作员工为了保持设备正常技术状态，延长使用寿命所必须进行的日常工作。设备的维护保养是设备管理中的重要内容。设备维护工作做好了，可以减少设备故障，从而节约维修费用，降低成本，保证服务质量，给酒店和员工带来良好的经济效益。

（一）设备维护保养的类别和内容

设备维护保养分两个层次，一是设备的日常维护保养；二是设备的定期维护保养。

1. 日常维护保养

(1) 日常维护的基本要求

① 整齐。整齐体现了酒店的管理水平和工作效率。酒店内所有非固定安装的设备和机房的物品都必须摆放整齐；设备的工具、工件、附件也要整齐放置；设备的零部件及安全防护装置要齐全；设备的各种标牌要完善、干净、各种线路、管道要安装整齐、规范。

② 保洁。设备的保洁是为设备的正常运行创造一个良好的环境，以减少设备的磨损。因此，必须保持机房内设备周围的场地保洁，不起灰，无积油，无积水，无杂物。设备外表保洁，铁无锈斑，漆显光泽，各滑动面无油污；各部位不漏油，不漏水，不漏气，不漏电。

③ 润滑。保持油标醒目；保持油箱、油池和冷却箱的保洁，无杂质。油壶、油孔、油杯、油嘴齐全，油路畅通。每台需要润滑的设备都应制定"五定"润滑图表，按质、按量、按时加油或换油。

④ 安全。遵守设备的操作规程和安全技术规程，防止人身和设备事故。电气线路接地要可靠，绝缘性良好。限位开关、档块均灵敏可靠。信号仪表要指示正确，表面干净、清晰。

⑤ 完好。设备完好，能正常发挥功能，是设备正确使用、精心维护的结果，也是设备管理的目标之一。

(2) 每班保养 设备的每班保养，要求操作人员在每班工作中必须做到以下几项内容。

① 班前对设备的各部分进行检查，并按规定润滑加油。

② 做好班前检点，确认设备正常后才能使用。

③ 按设备操作、维护规程正确使用设备。

④ 下班前必须认真保洁、擦拭设备。

⑤ 办好交接班手续。

(3) 周末保养 周末保养要求用1~2个小时对设备进行彻底保洁、擦拭和加润滑油，并按照设备维护的"五项要求"进行检查评定及考核。

2. 定期维护保养

设备的定期维护保养是由维修工进行的定期维护工作，是工程部以计划的形式下达的任务。设备定期维护工作主要针对重要的机电设备。定期维护的间隔时间视设备的结构情况和运行情况而定。

(1) 定期保养的内容

① 拆卸设备的指定部件、箱盖及防护罩等，彻底清洗、擦拭设备内外。

② 检查、调整各部件配合间隙，紧固松动部位，更换个别易损件。

③ 疏通油路，增添油量，清洗滤油器、油标、更换冷却液，清洗冷却液箱。

④ 保洁、检查、调整电器线路及装置。

设备的定期维护保养根据保养工作的深度、广度和工作量可分为一级保养和二级保养。二级保养的工作量比一级保养要大。

(2) 分级保养的内容

① 一级保养简称"一保"，是指设备除日常保养外，所进行的设备内部的清洗，疏通油路，调整配合间隙，紧固有关部位及对有关部位进行必要的检查。一保工作具有一定的技术要求，其保养工作应在维修工的指导下，由操作工完成。

② 二级保养简称"二保"。二保的作业内容除了一保的全部作业外，还要对设备进行局部解体检查，清洗换油，修理或更换磨损零部件，排除异常情况和故障，恢复局部工作精度，检查并修理电气系统等。二保的工作量比一保大得多，主要由专职维修工人承担，操作

人员协助，二保具有修理的性质，也可以称为小修。

（3）设备的润滑　设备的润滑是指向机械设备零部件的摩擦表面供给适当的润滑油，以减少相互间的磨损，减低零部件的损坏率，使设备经常处于良好的技术状态。搞好设备的润滑工作首先要做好调查研究和资料的收集等基础工作。基础工作的内容包括了解设备的润滑部位，所用润滑油的名称、牌号，制定换油周期和消耗定量，每台重要设备设立润滑卡片，制定设备的润滑计划。设备润滑管理的制度主要有"五定"和"三过滤"制度。

①"五定"制度。

A. 定点。是指根据设备的润滑部位、润滑点和润滑装置（油标、油槽、油泵等）的位置和数量，进行加油和换油，并要熟悉润滑装置的结构、作用和润滑方法。

B. 定质。是指对不同设备的不同部位，选择说明书所规定牌号的润滑油。由于不同的润滑油有不同的性能和特点，它们的用途各不相同。而不同设备的不同部位对润滑油的要求是不同的，所以，各点都要按规定的要求使用确定的润滑油。润滑部位上的各种润滑装置，要做到完整、保洁。油料保管要保持纯洁，防止杂物混入。非原包装润滑油，使用前要经过过滤。

C. 定量。是指在加润滑油的时候，要定量。如果油量过多，就会漏油，不仅浪费油料，而且影响设备的保养和环境卫生。如油量不足，会造成润滑不良，产生拉痕、擦伤等不良后果。

D. 定期。是指确定加油的周期，并按规定的时间加润滑油。

E. 定人。是指设备上各润滑点都由专人负责进行润滑。

②"三过滤"制度。"三过滤"制度是为了减少油液中的杂质含量，防止尘屑等杂质随油进入设备而采取的措施，它包括下述三级过滤。

A. 入库过滤。指油液经运输进店泵入油罐时要经过过滤。

B. 发放过滤。指油液注入润滑油容器时要经过过滤。

C. 加油过滤。指油液加入设备润滑和储油部位时要经过过滤。

第四节　酒店物业的安全服务

安全工作是酒店至关重要的工作。随着旅游业的发展，酒店管理人员越来越重视为宾客提供安全服务。为了保证安保工作的有效性，形成以治安、消防组织相连接，专职与群众性相结合的安全护卫体系和网络，酒店管理人员必须采取有效措施，从人员配备上、设备配置上、制度建设上保证酒店的安全。

一、酒店物业安全服务内容

从治安、消防、内保（内部安全服务）和监控四个方面着手配足相关的人员，进行岗前培。配备良好的治安、消防、内保和监控设备和设施，并围绕四个方面的主要工作制定与之相适应的工作程序和应急预案。应建立以下工作程序和任务预案。

① 内保工作程序。
② 巡逻稽查工作程序。
③ 消防工作程序。
④ 门卫工作程序。
⑤ 车场安全工作程序。
⑥ 安全监控和消防控制中心工作程序。

⑦ 现行违法犯罪活动的处置程序。
⑧ 受理报案工作程序。
⑨ 配合公安政法部门的工作程序。
⑩ 旅客死亡事件的处理程序。
⑪ 精神病患者肇事的处理程序。
⑫ 发生水、电、气事故应急措施程序。
⑬ 重要贵宾接待任务预案。
⑭ 处理突发的各种案件、重大事故的预案。
⑮ 火灾应急预案。

二、酒店物业安全服务工作要求

（一）安全服务部门工作职责
① 制订突发事件的应急计划。
② 负责当天住店客人证件的资料统计和整理。
③ 负责安全部的工作安排及安全员的管理监督。
④ 与当地公安机关加强联系，密切合作。

（二）消防管理部门工作职责
① 负责酒店火灾预防、扑救等一系列工作的执行与配合。
② 维护管理消防监视中心的各种硬件设备、设施，保证监视中心的日常工作。
③ 定期检查酒店消防系统，及时纠正一切违反消防安全的行为和举措。
④ 严格执行有关消防安全工作的法规，自觉做好酒店消防管理工作。
⑤ 负责制订酒店防火安全服务措施并负责组织实施。
⑥ 宣传火灾预防与扑救等工作。
⑦ 火灾发生时及时灭火并迅速报警。
⑧ 火灾发生后帮助维护现场秩序。

（三）日常安全服务工作要求
① 酒店所有进出的值勤与管理服务。
② 酒店楼内 24 小时巡逻检查。
③ 酒店楼外 24 小时巡逻检查。
④ 酒店进出车辆及停车场（库）交通指挥。
⑤ 酒店消防设备、器材定期检查，灭火机定期更换。
⑥ 酒店内监控 24 小时监视、录像。
⑦ 对员工定期进行治安、消防方面知识的培训，达到规定的培训合格率。
⑧ 定期召开消防、安全工作会议。
⑨ 对酒店内消防、安全工作存在的问题及时发出整改通知单，并检查和落实。
⑩ 适时举行酒店治安、消防演习。

三、酒店物业安全服务制度

鉴于酒店客源量大，人员进出多的特点以及社会治安的总体形式，为确保酒店一方平安，应恪尽职守，把安全服务工作落到实处，建立健全相关的管理制度。

（一）住宿登记制度
主要内容："三清三核对"内容、协查核对、提醒客人、贵重物品保管等。

（二）治安消防管理制度

主要内容：《宾客须知》、消防器材位置、服务过程中的安全、客人遗留物品的处理、报警程序等。

（三）长包房安全服务制度

主要内容：合同签订、查验承租人有效证件、《治安防火责任书》签订、办公住宿人员处理程序等。

（四）访客安全服务制度

主要内容：登记、引领、访客时间规定等。

（五）钥匙管理制度

主要内容：钥匙分级管理、总钥匙保管借用手续、配制调换钥匙登记手续、钥匙交接登记操作程序等。

（六）行李房安全服务制度

主要内容：行李寄存和领取手续、注意事项、深管交接操作程序等。

（七）贵重物品保险箱安全服务制度

主要内容：专人负责、存放和领取手续，保管交接操作程序等。

（八）经营场所治安管理制度

主要内容：重要活动报告、处理宾客遗留物品、违法犯罪的突发事件、火灾报警操作程序等。

（九）计财部安全服务制度

主要内容：安全装置规定、现金保险箱使用保管、解款、提款规定、支票、票证和凭证管理以及总仓防爆灯、严禁吸烟规定等。

（十）要害部门安全服务制度

主要内容：工作人员进出控制规定、消防设施和器材管理、交接班制度、易爆易燃物品控制，通道保持畅通规定等。

（十一）施工安全服务制度

主要内容：施工项目防火设计审核、施工队伍管理、施工场地管理的规定要求等。

（十二）动火作业安全服务制度

主要内容：申报、审批手续以及动火前必须做到防范规定要求等。

（十三）酒店员工的治安管理制度

主要内容：员工进出口管理、自行车摩托车停放管理、更衣室管理、会客登记方面有关规定等。

四、酒店物业安全服务人员的工作职责

（一）内勤安全服务人员工作职责

① 负责酒店大堂、舞厅、酒吧、会议室等公共场所的安全秩序；对无证或证件不全的客人，要协助总台问明情况后，填表交当地派出所批准后，安排入住。

② 负责餐厅就餐人员的就餐安全，认真观察餐厅人员等各方面情况，防止被盗或醉酒斗殴。

③ 负责长住客户在酒店期间的安全，根据情况建立长住客户信息备案。

④ 协助客房值班员，负责住客安全和维持程序，防止和处理各类突发事情。

⑤ 对重点客人实行重点保卫。

(二) 外勤安全服务人员工作职责

① 负责所属停车场的车辆指挥和车辆管理,并相应收取管理费用。
② 负责酒店大院内的客人及财产的安全。
③ 负责酒店重要部位(机房、仓库、油库等)的安全,保证正常运转。
④ 对酒店公共秩序负责,防止突发事件。
⑤ 对本酒店员工的仪容不整给予纠正。
⑥ 对于在酒店滋事违法者予以制止并迅速处理。

(三) 酒店安全服务人员岗位职责

1. 酒店安全服务员的岗位职责

① 维护好酒店大门口的交通秩序,引导车辆的行驶和行人的过往,保障车辆和行人安全,使门前畅通无阻。
② 高度警戒,发现衣冠不整者以及形迹非常可疑者,要非常有礼貌的劝阻并做简单问询,配合门童严格把好第一关。对于行动不便者应予以帮助。
③ 对来店的客人要彬彬有礼,无论是步行还是乘车来的宾客都要表示欢迎。
④ 有旅游团入店时,若需疏通车道或有欢迎队伍,要在客人抵达酒店前10分钟疏通好车道和停车位置,做好迎接旅游团的安全准备工作。
⑤ 对带有危险品、易燃品及其他禁止携带入店或个人保管的物品等入酒店的客人应劝其交安全部代管。
⑥ 着装整洁,精神饱满,仪态大方,对客人询问要热情、礼貌、周到,使客人称心满意,严禁用粗鲁言语对待客人。
⑦ 安全员要着重做好门前警戒,注意行人、车辆的安全。防止大门口周围有人聚众斗殴、闹事,维护安全秩序。

2. 大堂安全服务员的岗位职责

① 大堂是客人出入酒店的必经之地,人员流动性极大、情况复杂,应注意客人的动向,细心观察,保证酒店和客人的生命财产安全。
② 认真履行自己的岗位职责,保持高度的警惕,协助总台办理入住或离店手续,特别要注意防止客人的行李被人顺手拿走。
③ 维护大堂的秩序,对大堂发生争吵、大声呼叫、到处乱跑的客人要进行婉言劝说和制止,使其离开,保持大堂的高雅肃静。对于在大堂打闹的儿童要耐心劝阻,注意语气要温和。
④ 对大堂的一些公共设施,要注意保护,不准客人随意污损和毁坏,对于言行举止极不礼貌者应给予善意提醒,以保持大堂文明的环境。
⑤ 夜深时要加倍警惕,注意替戒,对24:00以后进入大堂的客人要进行认真观察,发现可疑人员应上前盘问和登记报告。
⑥ 要防止客人在大堂乱扔、乱吐、乱蹲、乱坐,发现此情况应立即劝阻。
⑦ 对客人的询问要热情礼貌、周到,使客人称心满意,严禁用粗言恶语对待宾客。对于无礼挑衅不要冲动,应不卑不亢,冷静处理。
⑧ 精神饱满,站姿端正,真诚微笑,在大堂内执行安全服务任务。
⑨ 遇不明身份者,问清情况,与旅客或公司领导及时联系,办理有关手续后方可入内。建立岗位记录本,发现可疑情况,不论如何处理,都应有记录。做好交换岗和交接班的口头与书面汇报。
⑩ 严格执行各项规章制度,提高自身业务素质,树立酒店的良好形象。

3. 酒店巡逻员的岗位职责

① 认真履行自己的职责，事故隐患及时发现，确保酒店和他人安全。

② 加强对重要区域的巡逻，发现可疑情况，应视情况处理或及时报告当班领导。

③ 在楼层巡逻时要检查客房安全服务情况，有否不安全因素，楼层通道、电插座、护墙板等是否安全。

④ 对违反酒店规定，在楼层或客房闹事、斗殴、损坏客户设施者劝其冷静或将其带到安全部酌情处理或移交当地公安机关处理。

⑤ 楼层若发生事故，如火警、盗警、凶杀、爆炸等，要迅速组织客人疏散和保持现场，立即进行处理，防止事态扩大，并于第一时间报警。

⑥ 保护花草树木、园林建筑，对践踏草坪、采花折树的人要进行干涉、制止和处理。

第五节 酒店物业的保洁管理

保洁卫生工作是酒店服务工作中很重要的组成部分，保洁卫生工作的好坏体现了酒店管理水平和服务质量。其保洁管理一般通过经营区域的分划、公共区域的分划，推行包干责任制加以落实。

一、酒店物业保洁工作特点

（一）注重室内保洁及室内绿化装饰

与住宅小区相比，酒店更多的是室内保洁管理。作为酒店主要窗口，它的室内装修设计档次高，主要材料都是进口的，设备设施配备齐全且档次高，如音响设备、餐具、桌椅、沙发等均为国内外名牌。酒店作为人们进行商业洽谈或交际的主要场所，除了要对室内注重保洁外，还要对入口、大堂、接待室、VIP房、餐厅、宴会所等主要公共场所注重保洁，另外酒店室内的绿化管理工作也至关重要，可以说酒店的保洁工作应环境卫生与绿化管理并重。

（二）酒店保洁质量要求高

随着人民生活质量的不断提高，现在人们入住酒店消费，已不仅仅看重酒店的建筑档次、建筑质量及食品质量状况了，人们更多的是注重酒店的环境卫生、绿化质量等，只有高档、高雅、幽静的环境才能更多地吸引人们前来消费。为了配合酒店的经营，酒店的保洁管理也应按其标准进行，为酒店赢得更多宾客，提高酒店的效益和声誉。

（三）保洁管理工作时间灵活

在一般的小区或写字楼保洁管理中，人们一般都习惯早上上班、下午下班的所谓"正常"生活节奏，但在酒店的保洁管理中，由于特殊的经营及行业习惯性的要求，保洁工作者的工作时间往往比较灵活。除了每天需要一定的人员对大堂地面、公共区域及洗手间进行保洁管理外，更需要保洁工作者在晚上相关经营场所停止营业或客人稀少的时候，才进行对大堂地面、前台、电梯的护理，地毯的吸尘及清洗等。

（四）注重服务意识

酒店的保洁工作者，除了要面对自己的本职工作外，有时也直接或间接地与客人打交道。因此员工的仪容仪表、一言一行均对酒店及会所的形象有着极大的影响，要通过全方位的优质服务，使客人满意，有"宾至如归"之感。在进行保洁管理时，除了要考虑保洁工作的专业技能外，更多的要考虑保洁工作对顾客的影响，要具有强烈的服务意识，对保洁工作要制定严格保洁的规范、操作规程和质量标准。对每个服务岗位，都规定有具体的工作项目。每个具体工作项目，都明确了解其工作时间、操作程序和应达到的质量标准。

（五）服务时间相对短，但服务标准要求高

酒店的这一特征，可以说不同于住宅小区，人们极少有长期在同一酒店居住生活的。到酒店消费的人都是"过客"。在一般情况下，凡能入住高档酒店的宾客都是层次比较高，见多识广，因此对服务与管理的设施条件和服务质量等要求也相应较高。为了使所有到酒店的人都对其留下良好的印象，酒店的保洁管理及绿化布置必须有即时效果，即讲究"一次成型"。

了解和掌握酒店物业保洁这些特征就可以有针对性地采取相应措施，加强酒店的管理与服务，为酒店良好的运作打下坚实的基础。

二、酒店物业保洁管理基本原则与要求

（一）酒店物业保洁管理基本原则

酒店物业保洁工作要遵循以下基本原则。

1. 扫防结合，以防为主

环境卫生保洁工作非常重要，好像我们每天必须洗脸一样。但是不应将重点放在垃圾的清扫工作上，而应放在环境不被污染的防治工作上，否则会出现普遍存在的"扫不胜扫"的现象。因为，品牌物业环境形象的形成是管理者与被服务者共同配合、相互作用的结果，也是环境管理标准与物业业主和使用人不断调适的过程。

2. 执法必严，直接监督

已出台的《中华人民共和国环境保护法》，建设部颁发的《城市生活垃圾管理办法》，各城市、各小区的有关卫生管理的实施细则、文明市民手册、文明公约以及物业服务规定的公共契约等都规范了管理者、被服务者必须遵循的准则。物业服务公司必须做到执法必严、直接监督，杜绝以权代法、以情代法的行为，凡是遇到有损物业环境的行为，都应该进行耐心的教育和严格依法管理，决不因人而异。

（二）酒店物业保洁管理的基本要求

酒店物业保洁工作的基本要求是"五定"，即定人员、定地点、定时间、定任务、定质量。对辖区卫生保洁范围指定专人负责，并明确其保洁清扫的时间、地点，明确其具体任务、内容、频率和质量要求。

酒店物业区域内的道路保洁标准应参照建设部颁布的道路清扫保洁质量标准：一是要每天清扫两遍、全日保洁；二是达到"六不"和"六净"，即"不见积水、不见积土、不见杂物、不漏收堆、不乱倒垃圾、不见人畜粪"和"路面净、路沿净、人行道净、雨水口净、树坑墙根净、果皮箱净"。

垃圾的清除必须及时，做到当日垃圾当日清除，并建立合理的分类系统。如果采用垃圾通道的方式，一定要保持通道保洁；如果采用在各层楼道设垃圾桶或分发垃圾袋的方式，则必须设专人负责收集后送到垃圾站或垃圾转运站。

三、酒店物业保洁管理内容

（一）酒店物业保洁项目

1. 经营区域的保洁卫生

客房、餐厅、厨房、设施设备、门窗等区域的保洁，布件更换、餐具、用具消毒，地毯保洁，娱乐场所保洁，酒吧保洁等，须制定相关的保洁卫生制度，操作程序和标准要求。

2. 公共区域的保洁卫生

① 楼宇外墙定期保洁。

② 电梯保洁保养。

③ 公共区域空调机房、风室、风口的保洁。
④ 公共照明设备的保洁。
⑤ 停车场（库）的保洁。
⑥ 垃圾库房的保洁。
⑦ 墙角堆放点的保洁。
⑧ 大堂地面打蜡、抛光和日常保洁。
⑨ 公共区域地毯清洗。
⑩ 大楼外围区域环境保洁。
⑪ 公共洗手间的保洁。
⑫ 其他保洁卫生工作。

酒店将上述保洁卫生以成立 PA 保洁班组的形式来加以负责，并制定相应的卫生工作标准和质量要求，保持酒店内外的保洁。

3. 灭害工作
① 根据季度变化，认真落实灭害工作，组织专门工作班子。每月一次召开灭害工作会议，布置灭害工作。
② 定期投放灭鼠药以及鼠粘纸和鼠夹。
③ 合理吊挂灭蝇灯和灭蝇笼。
④ 定期投放蟑螂药。
⑤ 食品熟食间以及食品加工间安装纱窗、纱门。
⑥ 定期对大楼外围的下水道、绿化地带喷洒药水。
⑦ 配备足够的蝇拍、灭害灵喷剂及时灭虫、灭蝇。

（二）酒店物业保洁重点区域

1. 入口

酒店的入口处人流量最大，因此需要严格保洁。入口处保持清洁不仅是为了美观，也是为了安全的需要。酒店入口处的保洁频率在很大程度上要视天气状况而定，雨雪天气当然要比晴天的保洁频繁。在春季和冬季带入酒店的泥沙会造成酒店地面的破坏，特别是地毯。放置在入口处的踏垫可以帮助减少一些麻烦，应保持这个区域没有积水、脚印和污迹，防止宾客在此滑倒。如果天气情况差，踏垫就要经常拖拭或更换。无论是什么样的天气，必须指定一个保洁员全天负责保持踏垫铺设平整，随时拖拭入口处以保持干净，同时，保洁员还要频繁地保洁门上的手印和污迹。即便是几个手指印，也会破坏酒店入口的形象。彻底保洁大门的表面门轨，应安排在清晨，以免打扰客人。

2. 大堂

通常酒店会把大堂保洁的时间安排在深夜和清晨，即晚上 11 点半以后，到早上 7 点以前，这个时间段保洁大堂，给客人带来的不便最少，同时员工可以不受干扰集中精力打扫。但是有些保洁工作还是必须在白天进行的，以便保持大堂的保洁。许多酒店对大堂的保洁频率设有严格规定。有些酒店指定一名保洁员在这个区域巡视，并根据需要进行保洁。通常需要每小时或每天开展的保洁工作有倾倒并擦拭烟灰缸，倾倒并擦拭垃圾桶，保洁玻璃和门户，大堂电话的抹尘，擦拭喷泉或饮水机，擦拭扶手，去除墙上的手印和污迹，家具和其他装置抹尘，擦拭门把手及周围部分，擦拭门侧柱和门轨，地毯吸尘，拖拭地砖等。

3. 总台

与大堂保洁一样，总台的保洁必须安排在非营业高峰时间进行，以避免打断总台营业流程。总台的保洁也必须同大堂一样重视，因为总台也是使客人形成对酒店印象的中心部分，虽然总台也属大堂的一部分,但是在保洁时有一些特别的要求。

总台的设计多种多样,有些酒店在装修时采用了简洁的设计,有些酒店则采用了凹凸不平或曲折变形的精致设计,后者比前者在保洁时需要花费更长的时间,因为在保洁时可能需要掌握特别的技巧或使用特殊的设备,不管是长方形还是圆形,是平滑表面还是凹凸表面,公共区域保洁员都要使前台做到一尘不染。总台台面、前后都要注意保洁,特别要注意清除手印、污迹及总台底部的鞋印。在任何情况下保洁员都不应该移动前台的文件或其他与前台工作有关的物品,不要碰触设备,不要拔去设备的插头。

4. 走道

酒店的宾客在进入客房前通常看到的区域是酒店的公共走道,在有些酒店里走道被视为"宾客区域"。走道保洁的工作主要在地面。通常走道的地面应该铺设美观耐用、易于保洁保养的地毯。地毯的吸尘根据当日的人流量和住户率而定,至少一天一次。地毯的保洁工作是一项特别工作,它的作业通常安排在淡季或住宿率低的时期。在保洁走道地脚线时,许多酒店的保洁员会从走道的某一边的某一点开始,一直往前绕到另一边的踢脚线,再一直往前,直至回到开始的那一点。在保洁踢脚线的同时,保洁员应该注意除去客房门口的污垢,并特别注意手指印和污迹,灯具要除尘,如有灯泡不亮,则必须更换。此外,出风口、喷淋也要除尘,并检查是否完好,保洁员还要检查紧急出口的指示灯,如有损坏须向主管汇报。

墙面去污的操作与保洁踢脚线基本相同,保洁员可以从走道任何一边的墙面开始。最后,保洁员还要保洁出口处正门的正反两面,擦拭门轨和除尘,检查门的开关是否正常。

5. 电梯

电梯的使用量大,因此需要频繁保洁。同大堂和总台一样,保洁电梯的最佳时间是在深夜或清晨,以避开人流高峰。根据电梯内装修特点的不同,电梯内的表面可能是地毯、玻璃镜子或各种材料组合,为了达到最佳的保洁效果,保洁员要根据不同的表面按照不同的保洁程序来操作。在大多数情况下,保洁员应该从上往下保洁,避免已保洁的区域再次受到污染。在保洁电梯内部时要特别注意,这是最容易产生擦痕、划痕和破损的地方。保洁员应该做好记录,并向主管汇报。擦拭扶手电梯的控制器和附近墙面时要除去手指印,保洁玻璃和镜面时保洁员要检查表面是否有水迹。电梯门的正反面都要擦拭,包括易积灰尘、污垢的门轨。因磨损集中,电梯内的地毯是最难保持保洁的,有些酒店用普通的吸尘器保洁电梯内的地毯,有些酒店则配置了高功率便携式的带过滤装置的吸尘器,不管是用哪种吸尘器,吸尘时间要尽量控制得短,减少电梯停止工作的时间,有些酒店电梯内的地毯是可以移动的。这样地毯就不必在电梯内清洗,可以搬离电梯加以清洗,当然脏地毯搬离电梯后,要再铺设一块地毯在电梯内。

6. 公共洗手间

酒店的公共洗手间的保洁,从一个侧面反映了一个酒店的保洁管理水平,酒店的公共洗手间同大堂一样,给宾客的印象也是至关重要的。公共洗手间需要专人保洁。对洗手间地面、墙面、镜面等的清洗也同大堂一样需夜间进行,以免影响客人的使用,保洁洗手间先用湿布将卫生间的天花板抹干净,对天花板、抽风机、光管灯槽板、小五金、马桶水箱、三缸、地板进行彻底清洗,用干抹布依次抹洗手间墙壁以及门板、三缸、地板,用家具蜡将卫生间墙壁、三缸外侧、云石台面打蜡,用干抹布擦干净洗手间所有金属。按吸尘顺序吸干净房边角位、组合柜底、地面、卫生间地板等处的积尘。用保洁阳台门玻璃的方法保洁洗手间镜。在保洁洗手间时保洁员要注意安全,小心滑倒,用保洁剂的时候用量要适当。最后保洁员要检查云石台上的物品是否补充齐全,三缸内有无水滴声及头发等杂物,马桶盖是否盖上,检查完后喷洒空气清新剂。

四、酒店物业保洁管理方法与措施

(一) 酒店物业保洁管理的方法

1. 合理划分工作范围

由于酒店、会所保洁管理工作内容较多，技术要求较高，一般要求每个员工均能较为熟练地掌握对地面大理石的抛光打蜡、地毯的清洗、墙面的清洗等技术，以便在某项工作繁忙时能够互相帮助。但由于不同的工作对技术要求不一样，为了提高工作效率及工作质量，在日常工作中，不同的保洁工作者应偏重不同的技术，这样可根据保洁员工的特长合理地划分工作范围。一般来说，对于较大型的酒店、会所，如果保洁员工较多的，可根据技术偏重将保洁工人分为抛光打蜡组（包括对地面护养、地毯的清洗等）、外围组、保洁组、玻璃组、吸尘组、机动组等。抛光打蜡组主要负责酒店主要地面及地毯的保洁工作。外围组主要负责酒店外围的道路、路灯的保洁。保洁组主要负责酒店公共区域的日常保洁工作。玻璃组负责整个酒店玻璃的清洗工作。吸尘组主要负责酒店铜质品、不锈钢装饰、地毯的日常保洁。机动组主要负责日常宴会、楼层以及洗手间的保洁。

2. 灵活调整工作时间

对于白天营业或客人较多的前台、大堂、餐厅可在晚上人少时或停止营业后进行吸尘、抛光保洁等工作，白天只进行日常的保洁工作。对于客房，由于客人晚上需要休息，可在白天等客人离开后派员工按标准操作规程进行操作。对于只在晚上营业的夜总会等场所，则在白天未营业时进行保洁工作。为了方便工作，大型酒店一般将保洁工作分为早班、中班、夜班三个班，全天候工作，有的甚至分成四班（即机动班）。

3. 加强员工的培训与管理

员工培训是一个工作团体得以成功的最有效措施，也是工作质量得以保证的前提，在酒店保洁管理中，除了要对员工进行专业知识、专业技能培训外，更重要的是对员工的服务意识、仪容仪表及礼貌礼节等进行培训。

4. 完善质量管理，实行标准化管理

为了使酒店保洁管理达到预期的目的，应采取有效措施完善酒店的质量管理。制定高标准的质量标准，制定科学合理的操作规程，制定较完善的巡查线路与巡查方式，建立完善的质量记录、数据档案等。酒店的物业服务，可通过实行专业化、规范化、程序化的管理与服务，达到标准化。

(二) 酒店物业保洁管理基本措施

为了创造整洁、卫生、优美、舒适的物业环境应采取行之有效的管理办法和手段，以保证酒店物业保洁管理措施的顺利实施。一般来说，酒店物业保洁管理的基本措施主要有以下几个方面。

1. 制定保洁管理制度

(1) 保洁管理制度的制定原则

① 明确要求。处理生活垃圾应有专人负责，日产日清；生活垃圾要定时清运，及时分类，定点倾倒；管理人员要执法必严，直接监督，使环境更加整洁、舒适、优美。

② 规定标准。除做到"五定"（定人员、定地点、定时间、定任务、定质量）、"六不"（不见积水、不见积土、不见杂物、不漏收堆、不乱倒垃圾、不见人畜粪）和"六净"（路面净、路沿净、人行道净、树坑墙根净、果皮箱净）外，还要做到"五无"，即"无裸露垃圾、无垃圾死角、无明显积尘积垢、无蚊蝇虫孳生地、无脏乱差顽疾"。

③ 做好计划安排。物业服务企业应制定清扫保洁工作的每日、每周、每月、每季直至

每年的计划安排。

④ 定期检查。公司可将每日、每周、每月、每季、每年保洁工作的具体内容以记录报表的形式固定下来，以便布置工作和安排进度、以自查、互查、抽查等形式进行定期检查。

(2) 保洁管理制度的基本内容　一般来说，比较完善的保洁管理制度应包括保洁纪律管理规定和员工奖罚条例两个方面的内容。保洁纪律管理规定具体包括如下基本内容。

① 按时上、下班，不迟到、不早退。
② 上班时不得无故离开岗位，有事离岗必须征得领导同意后才能离岗。
③ 不得无故旷工。
④ 有病需请假，请事假必须经过上级领导批准。
⑤ 无论何种情况，都必须听从上级领导的调配。
⑥ 负责或承包的岗位，卫生必须达到规定的质量标准。
⑦ 当班时不准做与工作无关的事情，如有特殊情况，必须经批准才行。
⑧ 当班时，不得大声喧哗、说笑、追打。
⑨ 运送物品，必须使用内部货梯或工作人员用梯，不得乘坐客梯。
⑩ 不得私拿公物，有意损坏或丢失卫生保洁工具和材料用品者，必须照价赔偿。
⑪ 上班时，必须穿戴整洁，佩戴岗位证，不得穿短裤、背心、拖鞋上岗。
⑫ 当班时，不准打私人电话。
⑬ 对物业业主和使用人的投诉，必须立即处理，不得与其发生争执。
⑭ 做好交接班工作，互相帮助，以礼相待。
⑮ 不得浓妆艳抹，留长发、长指甲等。
⑯ 拾金不昧，拾到物品应立即上交主管。

环卫员工奖罚条例应根据员工的表现，制定适当标准，给予员工以奖励或惩罚。奖励分嘉奖、晋升和奖励三种；惩罚可根据员工工作过失的程度，分别给予批评教育、警告及罚款，或降职、降薪、记过、留岗查看、劝退或辞退等处理。如有违法乱纪行为者，除了作开除处理外，对于情节严重者，还要移交司法机关，追究其法律责任。

2. 制定定量、定期考核标准

物业环境卫生保洁工作的考核是以保洁操作细则的具体要求作为标准的。根据考核的时间、频度不同，可分为每日、每周、每月的保洁工作考核标准。

(1) 每日卫生保洁操作考核的内容和标准　每日卫生保洁的项目主要有：物业区域的人行道、机动车道、绿化区域、建筑物的各楼层过道和通道、楼梯及扶手，生活垃圾（包括垃圾箱内的垃圾），电梯间，男、女卫生间等项目的保洁。其具体内容与标准考核如表 5-1 所示。

表 5-1　每日卫生保洁操作考核内容和标准

序号	保洁项目	保洁标准	
		保洁方式	保洁次数/次
1	指定区域内的道路(含人行道)	清扫、洒水	2
2	指定区域内绿化带	清扫	1
3	各楼层楼梯(含扶手)过道	清扫、抹擦	1
4	垃圾、垃圾箱内垃圾	收集、清运、集运	2
5	电梯门、地板及周身	抹擦、清扫	2
6	通道扶手、电梯扶手、电梯两侧与脚踏	拖擦、清扫	2
7	卫生间	拖擦、冲洗	3
8	大堂、会议室等公共场所	清扫、拖擦	2～4

备注：保洁次数视不同酒店物业保洁环境及保洁要求而定。

(2) 每周卫生保洁操作考核内容和标准　每周卫生保洁的项目主要有：建筑物的天台、天井，各楼层公共走廊，电梯表面保护膜，手扶电梯打蜡，公用部位门窗，空调风口百叶，地台表面，储物室等。其具体内容和标准如表 5-2 所示。

表 5-2　每周卫生保洁操作考核内容和标准

序号	保洁项目	保洁标准	
		保洁方式	保洁次数/次
1	天台、天井	清扫	1
2	楼层走廊	拖洗	7
3	电梯表面保护膜	贴上	1
4	电梯打蜡	涂上	3
5	门窗、空调风口百叶	抹擦	1
6	地台表面	拖擦	2
7	储物室、公共房间	清扫	1
8	室内、室外招牌	抹擦	1

备注：保洁次数视不同酒店物业保洁环境及保洁要求而定。

(3) 每月保洁操作考核内容和标准　每月保洁的项目主要有：室内天花板、四周墙板，窗户、电灯灯罩、灯饰，地台表面打蜡、卫生间排气扇、地毯等。其具体内容和标准如表 5-3 所示。

表 5-3　每日卫生保洁操作考核内容和标准

序号	保洁项目	保洁标准	
		保洁方式	保洁次数/次
1	室内天花板	清扫	1
2	四周墙板	抹擦	1
3	窗户	抹擦	1
4	电灯灯罩	抹擦	1
5	灯饰	抹擦	1
6	地台表面打蜡	涂上	1
7	卫生间排气扇	抹擦	3
8	地毯	清洗	1

备注：保洁次数视不同酒店物业保洁环境及保洁要求而定。

3. 搞好日常卫生保洁工作

日常卫生保洁工作主要是指日常清扫与保洁和生活废弃物的清除等工作，不同的工作内容有不同的保洁范围、保洁方式和保洁要求。

(1) 日常清扫与保洁　酒店物业区域面积一般较大，保洁的范围、项目和内容也较广，除要注意建筑物及其相关设施、设备以及各个项目和内容的保洁外，还要特别注意道路的清扫与保洁。道路的清扫，目的在于除污去尘，有条件的可采用洒水和水洗路面的保洁方式。这种保洁方式在夏季不仅可以降低气温、增加湿度，还可以减少空气中的含尘量。但这种方式也存在着严重的弊端：一是不利于节约用水；二是容易造成浊水横流。对于每天清扫的项目和内容，必须达到 1 次以上，确保全日保洁。另外，在清扫与保洁过程中，一定要达到"六不"、"六净"和"五无"。

(2) 生活废弃物的清除　应做到及时收集，迅速送到适当地点（垃圾转送站、垃圾堆放场），以便进行无公害化处理。根据现行各城市环境卫生的有关规定，以煤气（包括液化气）为燃料的地区，必须实行垃圾袋装化。在物业服务实践中，这一规定的实施范围逐渐扩大，如有的物业服务企业规定，装修垃圾（建筑垃圾）必须袋装（蛇皮袋）并运送到规定地点。

4. 做好保洁设施建设

做好酒店物业保洁工作，必须要有相应的卫生保洁设施，这是保洁工作得以顺利进行的根本保证，因此，保洁部要搞好保洁工作，必须备有相应的卫生保洁设施。这些设施主要包括：环卫车辆，是指清扫车、洒水车、垃圾运输车、粪便清运车等；便民设施，是指方便居民和大众维护环境卫生和保洁成果的卫生设施，如果皮箱、垃圾箱、垃圾清运站等。各酒店应多方筹措资金，添置新型卫生设施，同时还应该做好这些卫生设施的保养和维修工作。

5. 做好保洁宣传工作，增强宾客的环保意识

做好保洁宣传教育工作，有助于人们形成科学的、理性的价值观念、伦理观念、审美观念、社会观念和环保观念等，指导人们对自然界、社会的适应与改造，从而获得各种服务与人们自身的享受，满足人们物质、精神、交往、发展等方面的需要。

【思考题】

1. 什么是酒店物业？其物业服务与经营特点有哪些？
2. 酒店物业的物业服务与经营的内容有哪些？
3. 酒店物业的设备管理的内容有哪些？
4. 酒店物业的安全服务的重点内容有哪些方面？
5. 酒店物业的保洁管理的管理内容有哪些？如何进行酒店物业的保洁管理？

第六章 会所物业的物业服务与经营

第一节 会所概述

一、会所的定义

所谓会所，严格上来说就是实行封闭管理，仅对入会的会员及会员的亲友和客人提供服务的场所，也就是同一阶层、同一圈中人士的固定活动聚会场所。国外的会所管理内容偏重于康乐类，所以也称俱乐部。但国内的会所，除了必须有康乐设施之外，客户更希望提供方便的生活配套设施，如便利店、洗衣店、美发美容、邮政储蓄等。因此，会所是指能给人们提供健康、娱乐、沟通交流的场所。它所提供的活动内容包括康体活动、娱乐活动、休闲活动、文艺活动、美容活动等，涉及广泛的知识领域，包括体验、健美、卫生、心理、审美、时装等。

现在，会所已经延伸到房地产业，一些开发建设单位把小区内一些娱乐性质的场所集中在一起，形成社区会所。会所已成为当今房产商在投资、规划高档居住物业时不可忽略的一部分。会所功能的定位要因地而异，大型的高档住宅区以社区性质定位，康乐类可以考虑设置游泳池甚至高尔夫球场，生活配套设施可以从美发美容直至超市、学校。可以说，会所是现代物质文明发展的产物，也是人们精神文化生活提高的必然要求。

二、会所物业的类型

会所物业按照不同的分类标准，可进行如下划分。

（一）按所处的地理位置划分

1. 城市会所

城市会所被狭义地称为健身俱乐部，如附设在酒店的健身俱乐部，以某些特定企业人士或阶层为对象的独立俱乐部，以及设在商务大厦、高尚住宅小区的社区会所等。早期的城市俱乐部可追溯到15世纪初英国的"美人鱼俱乐部"，它是沃尔特·富利爵士创立的，总部设在伦敦的美人鱼酒店，而美国最早的城市俱乐部是在1785年在波士顿创建的"无优俱乐部"。到了20世纪70年代以后，会所的商务性逐渐占了主导地位，1986年1月建成的维也纳城市俱乐部，则代表了人们越来越喜欢将紧张的商务工作与轻松愉快的休闲娱乐活动结合起来的趋势。

2. 乡村会所

乡村会所往往被狭义地称为高尔夫俱乐部。国外一般的乡村俱乐部，有一个符合奥林匹克比赛的游泳池，一个18穴的高尔夫球场，一个网球场，以及餐厅、酒吧等设施。也有一些面向新闻、文学创作类的专业人士的俱乐部，为寻求郊野的宁静，给会员带来创作的灵感，也把会所建在郊野，如位于广州市花都区芙蓉嶂的乡村记者俱水都，就是一个环境优美、格调高雅的会所。

（二）按经营的经济目标划分

1. 以赢利为目的的会所

这类也称为经济式会所，一般都是独立兴建，但也可以建在其他物业之内，设立的目的是作为酒店经营的一种特殊方式，以其管理上的全封闭、人员上的严格限制、格调上的高标准而有别于普通的服务模式。这类会所在国外一般都由职业经理来进行管理，美国在1927年成立了俱乐部经理协会，1946年该协会只有623名成员，到1956年成员达到916名，现在，美国俱乐部经理协会已拥有3000多名成员，他们管理着美国、加拿大以及其他国家的众多俱乐部。

2. 以完善服务项目为目的的社区会所

最初的会所设立于酒店，后来逐渐延伸至商务楼以至居住小区。我国在20世纪80年代后期兴建的一些高尚住宅小区，开发建设单位开始在小区内兴建会所，初期的本意是希望能按照会员制俱乐部的模式来进行经营运作，因开发建设单位在策划阶段时就把会所作为促销的手段，在理念上已把业主与会员画上了等号，虽然也制作了会员卡，但在房地产推销的广告上注明"购房者可获赠×万元的会员卡一个"，这样，实际上就无法按照会员制的形式收取入会费，当然，开发建设单位是不会给每一位业主代付入会费的。其后，国内开发的一些楼盘，也陆续的建起了会所，同样也是把业主与会员资格等同起来，这样做不仅有利于促销，而且使配套设施得以完善，提升了楼盘的品位，推动了小区文化的发展。但严格来说，这类会所与真正意义上的会员制俱乐部是不同的，准确而言，应属小区文化娱乐中心，故有人为区分起见，称之为社区会所。由于社区会所在经营上不可能完全按照会员制俱乐部的模式，但也不可能是无偿服务或长期靠开发建设单位补贴，所以社区会所现在一般都是由物业服务企业负责物业服务与经营。因此，社区会所应该如何进行经营活动，提高服务质量，已经成为物业服务中一个值得研究和迫切需要解决的问题。

三、会所物业的定位

会所物业的定位在整个综合性大厦、住宅小区的规划、推销中都占有重要的地位，如果不能科学合理、实事求是地分析预测，将会影响到主业的效益、声誉，甚至导致整个物业经营的失败。总的说来，会所的定位应把握以下事项。

（一）应与主业定位相符合

应该结合目标群的经济情况、生活习惯、文化层次来确定会所的规模、档次、风格、项目种类及其他相关配套设施。做到既要在理念上有所创新，又不脱离实际。不应把会所的定位过于超前，更不要滞后。如广州近郊某小区公开发售楼时，业绩非常好，但会所的建立迟迟未能跟上，后来勉强建了一个2000多平方米的小会所，随着小区规模的扩大，入住业主不断增加，会所越来越不能满足需要，迫不得已，该小区后来只得重新建设一个80000多平方米的新会所，这便是由于规划者在规划时未能对会所恰当定位所至。反之，若会所过于庞大、设置的项目过于超出目标人群的消费能力，又必然导致管理成本上升，经营失败，影响整个项目的租售。

(二) 坚持服务至上的原则

现代服务是物质文明和精神文明的产物，会所要从自身所应具备的各要素出发，营造出现代化的物质环境，在经营过程中形成完美的精神环境，使服务的作用充分完整地发挥出来。

(三) 从最佳使用角度配备会所的设施和项目

会所的设施设备与项目应本着科学合理的原则进行设置。如水力按摩、桑拿浴等项目的设计在空间、使用设置、湿度、温度等相关指标上都有严格的、科学的要求。只有达到标准，才能使这些项目达到理想的效果，发挥出最佳的使用功效。最佳使用原则还要求各项设施设备与配套设施设备相匹配，即在规格、档次、数量等各方面都要相适应。同时，会所内部设施的配备应以市场为中心，既不能因为价格太高而使人望而生畏，也不能因为设备陈旧而无人问津。如一个中等规模的住宅小区就没有必要设置一个高尔夫球练习场去浪费"寸土寸金"的空间。

四、会所物业的设计与布局

会所项目是人们利用一定的设备和环境，通过服务人员的服务进行消费，使消费者达到消除疲劳、满足身心需求的目的。会所设计与布局的好坏直接影响到消费者，进而影响到会所整个物业的经营。可以这样说，在会所环境设计与布置上，从设计到实施，整个过程只许成功不许失败。

会所的外观设计要与主业的市场定位相符。如某小区，其主业的定位重点不是放在规模、环境上，而是放在理念的创新、楼盘的精品化和社区文化上，体现的是个性化、时尚化，在市场上以澳洲风情作为诉求点。那么，会所的外观设计重点就应放在创新上，既体现出澳洲的风貌，又注重东西方艺术与文化的融合，同时立足点应放在个性化与时尚化上。

会所内部环境设计与布局应遵循以下原则。

(一) 与会所定位相一致的原则

会所内部环境设计布局无论在格调、设施设备的选择、服务上，还是其他相关因素上，都要与会所的定位相一致。

(二) 科学合理原则

使环境与设施设备科学合理地结合起来，联合成一个整体，以求各项目发挥出最大的功效。如桑拿浴、保龄球等项目在空间面积、使用设施、温度、湿度等各项相关指标都有严格、科学的要求，只有达到标准，才能使这些项目达到理想的使用效果。

(三) 配套设施齐全的原则

会所除了提供设施与环境外，还需要相关的配套服务项目和设施，以保证消费者得到满意的效果。例如，会所的配套设施一般有接待收银处、办公室、员工休息室、洗衣房、储物室等。

(四) 匹配原则

它是指会所的项目，除了必要的项目设施设备和必须的相应数量和质量的相关设施及服务外，还要求各项目的配套设施设备相匹配，即规格、档次、数量等各方面都要相适应。如桑拿浴室的面积就要与更衣箱数量相匹配，健身房的各种设备设施质量和档次要一致。

会所物业项目环境设计布局可分为康体项目环境设计布局、休闲项目环境设计布局和娱乐项目环境设计布局。康体、休闲、娱乐项目的环境设计布局各自有各自的特点，要求也各不相同。比如康体项目中的设计布局必须考虑到位置、面积、健身房内设备、配套设施、环境质量、卫生标准等，同时，有条件的还应进行区分归类，如伸展区、心肺功能室、体能秩序训练室、哑铃练习区、精神放松区等。而娱乐项目中游艺室的设计布局相对来说就不那么严格。它在设计布局时主要应考虑到设备要求、环境质量要求、卫生质量要求等。

总之，在设置布局时要考虑到各项目的设备设施情况、项目特点、环境要求、规则要求、卫生要求、质量要求、服务要求等要素，根据各自的要求进行设置。

五、会所物业的经营项目

随着经济的发展和人们物质、文化生活水平的提高，会所的项目不断得到改进，从多数社区会所的情况来看，可以把会所的项目分为如下三类。

（一）康体项目

康体项目是人们借助具有一定康体设施的环境，为人们锻炼身体，增强体质而设的健身项目。康体项目有别于专业体育项目，它不需要专业体育项目那么强的专业性、技巧性，人们参与康体项目，只为达到锻炼的目的，并从中享受到一定的乐趣。

1. 康体项目的特点

① 须借助一定的设施和场所，如乒乓球室、游泳场等。

② 不是以竞技为主，而是为了达到特定的目的，如健身、减肥等。

③ 运动中讲究科学方法，即运动有一定的规律性，时间和运动量适中等。

2. 康体运动的设置

（1）心肺功能训练项目

① 跑踏步运动。这类健身运动是通过踏步机、跑步机、登山机等运动器械达到增强心肺功能，增强体质的目的。

② 骑车运动。这种运动是操作原地不动的类似自行车的运动器械，通过模拟自行车上、下坡和平地运动的逼真感觉以达到健身的目的。

③ 划船运动。就是通过原地不动的类似于船舶功能的运动器械，进行模拟划船比赛的健身项目。运动时，脚的蹬动和手的拉力，感受如划船一样，对扩展心肺和手臂肌肉锻炼是十分有利的。

（2）力量训练项目

① 举重运动。指通过推动可调节重量的举重架，达到举重效果的一种运动方式，是一种训练臂力和扩胸的力量型运动。

② 健美运动。是在多功能组合健身架上完成多种动作的体育运动。这种运动所用的器械使用起来非常简便，既有单一功能训练某一部位的，也有综合训练一个部位的，并具有多功能组合型和占地小的特点，它可以达到健美、减肥、健身的目的。因为，人体美的标准是体格健壮，体型匀称，肌肉丰满，精神饱满，举止灵敏且洒脱，显示青春的活力，在健身房进行健身运动，能使人体的肌肉变得健壮有力、匀称美观。

（3）戏水运动项目　戏水运动狭义上称为游泳运动。它是在不同环境、不同设施、不同形式的游泳池内进行游泳、潜水和嬉水等运动方式。这种运动可以增强内脏各器官的功能，特别是呼吸器官，由于游泳时胸部要受水压，呼吸条件比陆地上困难，所以能增加人的肺活量，同时还能增强肌体适应外界环境的能力，抵御寒冷，预防疾病。许多男士对游泳有狂热的追求，一些少年儿童和女士则对潜水和水中嬉闹更为青睐，所以戏水运动越来越受到人们的欢迎。

（4）攀岩运动项目　攀岩运动是从登山活动中派生出来的一种运动。由于登高山对普通人来讲机会很少，而攀爬悬崖峭壁机会较多，且更富有刺激和挑战，所以攀岩作为一项独立的，被广大青少年所喜爱的运动迅速在全世界普及开来。室内攀岩主要是指人们在室内模拟大自然中攀爬岩壁的一种健身体育运动，利用人工制作的岩壁，以各种装备作安全保护，手攀脚蹬，表现出各种带有危险特点而又富于挑战性的岩壁动作，是一项极具美感和观赏性的运动。

（5）球类运动项目　球类运动是运动者利用各种环境设施，使用相应的体育器材和球体，运用专门技术进行活动，达到健身和陶冶情操的目的。球类运动在社区会所中主要包括以下几种。

① 网球运动。这是一项运动量大、技术性强的运动，随着健康事业的发展，越来越多的社区会所都建有网球场，网球运动已经成为大众化的具有健身意义的运动项目。

② 羽毛球运动。这是一项在室内外均可进行的小型球类运动。

③ 乒乓球运动。也是一项深受欢迎的简便易行的大众型康体运动。乒乓球运动对光线要求比较严格，乒乓球运动室的场地宽大些较好。

④ 壁球运动。壁球与网球有许多相似之处，只是壁球的比赛双方不像网球那样隔网交战，而是并排站立，面向墙壁交锋，所用的球是黑色空心橡胶球，比网球略小些，弹性很大。壁球场是一种室内球场，墙壁及天花板一般为透明体，正面墙壁画着红色的界线，墙壁表面坚固程度一致，平滑无缝，使球可以很好地反弹。壁球的打法与网球相似，因此有"软式网球"之称。而实际上，壁球场的设置较之网球的设置有许多不同。由于对手双方并排站立，壁球场的占地面积比网球场少得多，加之在室内，运动不受气候影响，这使壁球更容易普及，而且该项目的运动量明显少于网球，更适合大多数普通人锻炼。

⑤ 桌球运动。这是一种脑力和体力相结合的康乐运动。打桌球无需剧烈的对抗，是一种静中有动、动中有静的高雅运动。经常参加桌球运动，会促进身心的健康和智力的开发，因为桌球运动有强身和调节情绪的作用，是一种国际流行的桌上游戏。桌球在国际上分为"英式桌球"和"美式桌球"。英式桌球又分为两种：一种是"英式比例"，这种桌球只用3个球，2白1红；另一种是"英式司诺克"，这种桌球共有22个球。目前我们在大型桌球厅里看的多数都是这种桌球。美式桌球是全世界最普通的一种桌球，它由16个球组成，1个白球和15个编有号码的彩色球，其中8号球是黑色球，统称为"美式16彩球"。按照玩法的不同，有"轮换式"、"呼唤式"和"8号球式"等。

（二）休闲项目

休闲项目以增强人们的趣味性和轻松愉快的方式进行，即在一定的设施环境中进行各种既有利于身体健康，又放松精神、陶冶情操的活动项目。这种项目既可以提高人的智力，锻炼毅力，培养兴趣，又可以达到放松身心，恢复体力，振作精神的目的。

1. 休闲项目的特点

① 借助于特定的设施和服务，如保龄球室、人工按摩室等。

② 运动不激烈，趣味性、技巧性强，如高尔夫球、保龄球等。

2. 休闲项目

（1）主动式休闲项目　根据设施环境、运动方式、技巧特点的不同可分为以下几种。

① 室内高尔夫运动。是一种高雅的、深受人们喜爱的运动，由于受客观条件的限制，高尔夫运动很难推广。为了满足人们对这一运动的需求，室内高尔夫球运动形式应运而生。

室内高尔夫球是在拥有高尔夫球模拟设施的室内进行的高尔夫球运动。模拟设施主要是显示高尔夫球场的电子屏幕，运动者将球击在屏幕上，电子屏幕会显示出击球的轨迹和方向，从而达到室外高尔夫球运动模拟的效果。

② 保龄球运动。保龄球是在具有宁静愉快气氛的保龄球馆中，在拥有严格符合规范要求的木板保龄球跑道、传输道及各种辅助设备设施上，运用适当的智力和技术于一体的一种运动，是一项具有娱乐性、趣味性、抗争性和技巧性的运动，给人以身体和意志的锻炼。由于是室内运动，因此不受年龄、体力的限制，易学易打，所以成为男女老少皆宜的运动。

(2) 参与式休闲项目　主要是指健浴类项目。

① 桑拿浴。是一种蒸汽浴，在气温达45℃左右的房间里的蒸汽沐浴行为。蒸汽浴分为干湿两种。

干蒸汽浴又称芬兰浴，它的整个沐浴过程是坐着的，室内高温使人有一种身临火热骄阳之下被干晒着，被吸收着身体水分的感觉。

湿蒸汽浴又称土耳其浴，它的整个沐浴过程是需要不断地在散热片上加水，以使整个房间湿度饱和，沐浴者仿佛置身于热带雨林之中，产生一种闷热潮湿的感觉。在这个又湿又热的浴室里，沐浴者必会大汗淋漓。

无论是干蒸浴室，还是湿蒸浴室，沐浴者在这种享受之中，出一身汗能起到减肥健身、恢复体力、振奋精神和保持保洁等作用。

② 按摩。就是通过按摩人员的手法或特定器械设备作用于人体体表的特定部分，以调节肢体的生理状态，从而消除疲劳、恢复体力、振奋精神，甚至达到一定的治疗效果的参与式休闲项目。

这里所说的按摩不完全是医疗范围的按摩，而是休闲性质的以达到康体目的的按摩，现代康乐中的按摩越来越多地使用先进的高科技设备，达到良好的按摩效果，所以，按摩又可以分为人工按摩和设备按摩。

人工按摩是通过受过专业训练的按摩人员运用各种手法技巧，作用于人体体表的特定部位，从而达到放松肌肉、促进血液循环的目的。

设备按摩是通过专门设备产生振动于人体，以达到按摩效果的方法，根据设备和振动方式不同又可以分为热能震荡按摩和水力按摩。

热能震荡按摩是融合"震荡按摩"和"热能疗法"两种功能而成的按摩方法。客人可以根据自己的需要，选择适合自己的程序，作个别放松按摩，它可以增进血液循环，快速消除疲劳，又可以辅助治疗头痛、风湿、精神紧张、失眠及肌肉疼痛。震荡按摩疗法能有效地放松脊骨及脑部交感神经中枢，并对治疗脊骨神经疼痛有显著疗效。在使用过程中，如果客人用"增温热能疗法"就能使血管扩张，加速血液循环，增加血液中的带氧量，这些氧气正是身体各部分细胞用来氧化碳水化合物及脂肪时所需要的；而采用"高温热能疗法"会使皮肤大量出汗，将皮下层的污垢及体内的废料排出，达到保洁皮肤的作用。

水力按摩是被按摩者身体潜入具有制气泡和冲力作用装置的水池中，使气泡与冲力作用于人体，从而达到按摩效果的方法。水力按摩根据设备特点和按摩效果又可以分为瀑布浴、游泳练习水力按摩、缓步练习水力按摩、冲浪浴和按摩浴等。

无论是热能震荡按摩还是水力按摩，都不仅起到人工按摩的作用，而且还借助于热能、水力等作用，具有多功能效果，是人工按摩所无法代替的。

(三) 娱乐项目

娱乐项目是指利用一定的环境设施和服务，使人们能积极主动，全身投入地得到身心快乐和精神满足的活动项目。

1. 娱乐项目的特点
① 环境气氛要求强。
② 文化气息浓。
③ 多样性，限制条件少，没有严格的操作规程要求。
2. 主要娱乐项目
(1) 歌舞类娱乐项目　就是让人在具有音响、舞台等条件的音乐气氛中，借助一定的音乐效果唱歌或跳舞，从而放松精神，寻找回自我的娱乐项目。歌舞类娱乐项目根据娱乐的方式可分为以下几类。

① 跳舞。包括自娱舞蹈和表演舞蹈两大形式，自娱舞蹈主要是交谊舞、迪斯科舞，表演舞蹈包括现代舞、爵士舞及踢踏舞等。

交谊舞含有艺术、娱乐和体育活动的因素，能给人情绪的满足和美的享受，这是一种健康而有利身心的文体活动。跳舞是客人在具有音乐伴奏的条件下，踏着音乐节奏舞动身体，达到消除疲劳、抛掉烦恼、陶冶心情的娱乐方式。端庄的人跳交谊舞蹈，好动的人跳迪斯科舞，连老人也视舞蹈为强身健体之良方。

当然，现代化舞厅，其灯光设备如激光音响等都是应该具备的，乐队也是必不可少的专门队伍，优美的音乐和优美的舞姿，既能陶冶人们的心情，也能愉悦人们的身心，带给人们情绪的满足和美的享受，还能使客人的身体得到锻炼。

② 卡拉OK（KTV）。是目前会所项目中较为普遍的一种形式，是客人凭借先进的音响设备和影碟机进行自娱自乐的一种方式。客人在自娱自乐中求得精神上的满足，从中发现自我。这种"自我"意识的表现不仅能增强客人的自信，而且能强化客人的个性表现。因此，这是目前最受欢迎的娱乐项目之一，已经为广大消费者所接受。

KTV是卡拉OK的一种，是一组客人在一个独立的空间（又叫KTV包间）里唱卡拉OK，它不仅具有大厅中雅间的优点，使客人感到安全、舒适，而且它的独立性也免去客人娱乐时互相之间的干扰并能随时点唱而无需等候。KTV包间依档次不同有大小不等的面积，必要的隔音设备，室内装饰很讲究，它通过高级环绕音响系统和灯光效果的搭配，让客人有身临舞台现场、面对众多观众的感觉。

(2) 游戏娱乐类项目　是客人借助一定的环境、专门的游戏设备用具，运用智力和技巧进行比赛或游戏而得到精神享受的娱乐项目。根据娱乐形式不同，可以分为以下几大类。

① 电子游戏。这是在现代化的电子游戏机上由人来控制的，运用智力与反应能力得到锻炼的游戏活动。这种现代的游戏不仅能迷住儿童，也能迷住中青年、老年人。设立电子游戏室，投资少，回笼资金周期短，占地少，且经济效益甚高。

② 棋牌游戏。这是人们运用棋牌和布局或组合方式进行的对抗性的，既较量智力水平又提高智力的游戏。

棋牌是世界性的娱乐项目，东西方人在空余时间玩牌下棋都是一大乐趣。棋牌游戏可以分为以下几种。

中国象棋。中国象棋是以黑红两种棋子代表两军对垒的智力竞技，是科学与艺术相结合的运动。双方在棋盘这块特定的战场上进行着象征性的军事战斗。下象棋能锻炼思维能力，发展智力，培养顽强意志，有益于人们的身心健康。中国象棋是我国人民创造的文化遗产之一，中国自古就有，现在传遍世界各地。

国际象棋。国际象棋是一种比智力斗法，拼意志的运动项目。国际象棋起源于西方，也已经为我国人民喜爱。

围棋。围棋对弈，千变万化，紧张激烈，富于战斗性，在严阵交锋、运智逐鹿之际，大与小、先与后、虚与实、取与舍、全局与局部等，富有丰富的辩证意义，工作之余，下盘围棋，既有利于锻炼和提高人们的思维能力又能陶冶情操。

桥牌。是一项较量智力的有益的文体活动。打桥牌时两个同伴合成一组，互相配合，协同作战，所以打桥牌能发扬紧密协作、团结一致的精神。桥牌是一种数字心理概念很强的游戏，打桥牌时，对手的牌是看不见的，这就要考虑到许多因素，运用数学中概率的一些知识和逻辑推理，对牌的分配和位置作出估计。人们如何去克服偶然现象，争取必然的胜利，通打桥牌可以得到一定的启发。因此，打桥牌可以增强人们独立思考、独立工作的能力。

此外，打扑克、麻将牌也都具有国际性，东西方人各自有一套绝技。

(3) 文艺类娱乐节目　是所有康乐项目中独特的项目，主要有文艺表演、时尚讲座、晚会派对等。

第二节　会所物业的物业服务与经营原则和方式

一、会所物业的物业服务原则

会所物业的物业服务原则主要有以下几项。

(一) 安全和卫生原则

会所康乐项目的定位与设备的选定必须充分考虑安全因素。因会所内的康乐设施享用者是小区的业主与客户，人群结构复杂，使用过程中设备自身的安全性能及周边环境可能产生的不安全因素，物业服务公司均应周密考虑，还应尽量减少或避免康乐设施及服务设施在使用或运作过程中对空气的污染及噪声的干扰。

(二) 合理配套的原则

康乐或服务设施之外的配套设施也应完善。如有了桑拿房，就必须有淋浴房、更衣室、便池、休息室、化妆台。如果受场地面积限制，则在考虑布局时可将淋浴房、更衣室、便池等作为桑拿房与游泳池的兼用设施。有的会所还必须考虑管理人员的作业、休息场地。以往会所建设中，顾此失彼的情况很多，应引起重视。否则，会给管理带来许多不便。

(三) 突出特色的原则

配套会所已经相当普遍，会所服务项目的定位及经营服务方式也趋于雷同。如何从项目定位及经营上突出自己的特色，是提高会所使用率、减少运行成本、让客户满意的关键问题。

二、会所物业的经营方式

会所的经营应在"客户第一"的社会效益宗旨下，采取灵活多样的方式，兼顾物业服务的经济效益。

(一) 招商

为了减少成本，便利店、洗染店、美发室等可以通过招商的方式吸引商户到会所内设点服务。物业服务可以通过协议形式确定双方的利润分成比例。

(二) 自营

可以挑选有相关技能的员工，经过再培训，从事相关服务项目，经营收入归物业管理公司,所有者或经营者按比例提成。此种做法需要投资开办费用,如室内装修、添置相关的设备设施、承担能耗费用等。

(三)合作

此类方式多适用于银行、邮政等具有垄断性质的特殊行业的引进。如会所规模较大,周边又无此类服务时,可与该地区的相关部门协商解决。如邮政问题,可由地区邮政支局联系设点,提供通邮服务,服务人员可由邮政部门提供,也可以挑选物业服务公司员工经专门培训后上岗,同时还可以兼职会所内其他服务项目。储蓄点问题,可与附近银行联系,在会所内设自助银行,既无服务成本,又为客户提供了方便。

第三节 会所物业的物业服务与经营内容

一、前期介入阶段的管理

会所前期介入阶段,主要是根据实地考察和发展商提供的会所平面图,结合发展商的意向,就会所的规模、结构、项目、装修、经营等提供可行而又具建设性的书面建议。具体可细化为以下几个方面。

(一)会所的规模和格局

根据小区的面积、住户数量以及小区所处的位置和环境,向发展商提出会所的规模和格局建议。

(二)会所的功能设置

根据市场情况结合小区特点(住户的结构性质等),提供较合理的功能配置方案,尽量做到全面而实用。

(三)会所项目的面积要求

根据项目特点和市场需求,测算出精确的(某些体育项目)、科学又合理的面积数据。

(四)会所的装修格局

会所装修的格局和用料与会所的后期经营有着密切的关系,应结合小区环境和项目要求,提出相宜的装修建议。

(五)会所的器材配置

会所后期的器材配置将直接影响会所的经营,而许多发展商往往又忽视它,搞的七零八落,使设置的功能不能达到预期的效果。因此,要向发展商提出较为详尽的器材清单和器材合理功能搭配等方面的建议。

(六)会所的节能要求

会所的许多项目与 ISO 14000 环境管理相关,如泳池的节能和污染、餐饮业的排污、娱乐项目的噪声等,都应提供专业的处理建议。

(七)会所的管理和经营

包括会所的管理方案、管理章程、经营模式、经营价位以及人员配备等方面的建议。

二、日常阶段管理内容

会所的实操指导主要指会所的开业筹备及正式投入运转后的指导。
① 对会所设备设施的完善与否提出整改建议。
② 现场考察已装修配置完毕的会所,根据会所的装修格局和功能设置,若发现器材配

置不够完善，达不到营业要求，应及时向发展商提出建议，以期达到预期效果。

③ 提供人员配置、素质要求以及人员培训的具体方案，如果要代管会所，就需对人员进行实操培训演练。

④ 结合会所的实际，提供一套完善的管理制度（包括会员章程、各娱乐点管理制度、员工管理制度、经营方式、经营价格等），并制作成册。

⑤ 开业前的宣传：制作宣传广告册、会徽、广告牌、会员卡等，协助发展商做好宣传工作。

⑥ 会所的装饰：开业前，须对会所进行全面装点，增加喜气，渲染气氛。

⑦ 开业酬宾：开业之日，邀请业主、发展商以及相关人员前来观摩娱乐，了解会所、热爱会所。

⑧ 会所运转指导：服务人员工作流程、顾客消费方式（单次消费、各类消费卡、会员消费、贵宾消费等）、消费价格、营业时间、账务管理等。

三、会所物业的服务管理要求

（一）高尔夫球练习设施的服务要求

① 练习设施开放时间按会所制定规则执行。

② 清理维修时必须关闭练习设施，以保护客户人身安全，并尽快恢复高尔夫球场正常使用。

③ 供练习用的高尔夫球和球杆可从主管办公室租用。

④ 客户租用前必须在高尔夫球场旁的会员休息室内的服务台购票，凭票租用高尔夫球，购票时必须出示会员卡。

⑤ 年满 16 岁者方可使用练习设施。

⑥ 练习设施主管及其助手应负责以确保上述规则得以遵守。

（二）健身房、桑拿浴、推拿服务的服务要求

① 健身房按会所规定的服务时间开放。

② 在健身房使用设施设备者应注意安全，违章操作将由自己承担风险，在使用设备设施时，要主动向值班教练请教并始终遵从教练的指导。

③ 使用健身房者应衣着适当。

④ 不满 14 周岁者不准进入健身房。

⑤ 不准将食品或饮料携带入健身房，严禁在健身房内吸烟。

⑥ 推拿费用价格由会所确定，任何服务人员不准向客户超收费用。

⑦ 对患有传染病或皮肤病的客户，应谢绝其使用桑拿设备。

⑧ 使用桑拿前应先淋浴并遵守各项使用守则。

⑨ 需推拿服务的会员可直接或用电话通过服务台预约，并在享受服务之后由会员在账单上签字。

⑩ 预订桑拿、推拿服务的会员如要取消预订，必须在预订时间 24 小时前通过服务台取消预约，否则须支付原定费用。

（三）弹子房的服务要求

① 弹子房按会所规定的服务时间开放。

② 弹子台不能事先预订，会所可以因比赛保留弹子台的使用权。

③ 如想使用弹子台，可在预订板上登记。

④ 在一起打球的会员不可连续地将自己的名字记在预订板上。

⑤ 年龄在 18 岁以下者谢绝进入弹子房。
⑥ 不准在弹子台的任何部位放香烟、雪茄烟、烟斗或饮料，也不准在球台上俯身吸烟。
⑦ 在弹子房可玩的唯一游戏为弹子游戏。
⑧ 会所应规定弹子台使用费，制定弹子房的使用规则。

（四）网球场的服务要求
① 球场按会所规定的服务时间开放。
② 如遇紧急维修保养等状况，会所应关闭球场，以保护客户人身安全，并尽快恢复球场正常使用。
③ 会员可直接或用电话通过服务台预订球场。
④ 会员如想取消预订，须在规定时间前通知服务台，否则会所将要求其支付费用。
⑤ 每位会员每天预订球场应在规定的次数内，每次按照规定的时间为准。
⑥ 会员如在预订后未使用球场，仍应支付球场费，除非该球场被会所关闭。会所对经常预订后却不用球场的会员可拒绝其预订。
⑦ 预订球场的会员在开始打球前须向服务台出示会员证以便登记；所有会员都必须穿着标准网球服装及标准运动鞋。
⑧ 不准将食品或饮料带入球场。
⑨ 预订下午 6 点后球场的会员须支付由会所经理确定的附加费。
⑩ 如果会员预订一球场，但在预订时间过后 10 分钟未使用，该球场将分配给任何其他会员使用，原有预订也随之取消，但原预订会员仍须支付原订球场费。

（五）运动器械的租借规定
① 会员可通过租借形式向会所租借运动和游戏器械。
② 会所应明码标明器械的租借费。
③ 客户损坏或遗失的运动或游戏器械必须赔偿，其数额由会所按实情斟酌确定。

（六）游泳池和更衣室的服务要求
① 游泳池和更衣室按会所规定的时间开放。
② 遇紧急维修保养状况，会所应关闭游泳池和更衣室，以保护客户人身安全，并尽快恢复游泳池和更衣室正常使用。
③ 10 岁以下的儿童需要有一位负责的成年人或会所经理委任的游泳教练陪同。
④ 家长应始终对其孩子的安全负责，并不得妨碍其他人游泳。在池中或游泳池的附近不准玩游戏。
⑤ 游泳者不可将诸如浮水气球等物件带入泳池内，但可带入作为游泳辅助的器具，如双臂充气浮袋、橡皮浮板和护目镜，但此类物品需系牢，不能妨碍他人。
⑥ 只有在深水的一端允许游泳者跳水，跳水者在跳水时，跳水区域应无人阻挡。
⑦ 游泳者必须服从救生员或会所值班服务人员的指示。
⑧ 游泳池可被保留，以供比赛或上游泳课之用，在上述时间内，将不对其他游泳者开放。
⑨ 所有使用游泳池的人，应协助服务人员保持池水保洁卫生。在入池之前应先淋浴并在消毒洗脚缸中洗脚。
⑩ 不准将食品或饮料带入游泳池中或池畔，严禁在池中吸烟。
⑪ 使用游泳池者必须向服务台领取衣物柜钥匙，在更衣室里更衣并且保管好自己的衣服和物品，贵重物品不能带入更衣室和存放更衣箱，若违反规定造成的损坏和遗失由本人负责。

（七）麻将和纸牌室服务要求

① 麻将和纸牌室在会所正常开放时间内开放。
② 谢绝未成年人（18岁以下）进入麻将和纸牌室。
③ 客户及会员须通过服务台预订台子。
④ 会所可制定使用麻将和纸牌室台子的收费标准。

（八）运动器械室服务要求

① 会员可租借运动和游戏器械。
② 会所应明码标价各器械的租借费。
③ 客户损坏或遗失的运动或游戏器械必须赔偿，其数额由会所按实情斟酌确定。

（九）会员管理

会员管理以《会所会员章程》为依据，保障每一位遵守会员规章的会员能受到高水准的服务。

1. 会员卡

① 会员卡是会员的有效证件，会员使用设施须出示会员卡。
② 会员卡的发放由会员部统一办理；会员申请入会，须按要求填写会员登记表，会员部收到登记表，核查无误后应在两个工作日内将做好的会员卡交给会员。
③ 会员一旦上交会员登记表，即有权享受会员权利。
④ 会员卡只可由会员本人使用，不得交他人代用。
⑤ 会员卡遗失，由会员亲自申请补办手续，并交纳手续费，由会员部确认后方可补办。
⑥ 会员部根据会员所交申请表制作会员档案，一卡一档。

2. 会费

① 会员须每月交纳会费，如在会所规定的时间内不交会费，视作会员自动退会，会员卡失效，会员所享有的权利一并失效。
② 会员退会须交回会员卡，否则将按《会所会员章程》有关规定自行负责；会员必须遵守《会所会员章程》所定条款，并享受章程内规定的权利；有关会员的咨询、投诉及会籍的管理由会员部负责处理。

四、会所物业服务岗位职责

（一）主管岗位职责

① 统筹安排会所的日常物业服务与经营工作。
② 结合日常工作状况，分析在服务中体现出来的管理制度弊端及不完善处，并及时向商业管理部反映，以不断提高管理水平。
③ 处理顾客日常投诉及合理性建议，在能力范围内及时解决问题（不超过两天）。若存在实质性困难而难以解决的投诉或建议，则必须给予顾客满意的解释，并及时向商业管理部或管理处反映。
④ 做好员工的内部管理与协调，对会所员工有指挥安排、监督检查、批评指正的责任。
⑤ 作好员工的培训、学习、交流工作，大型会所每天召开班前会，小型会所每周召开总结会。
⑥ 每日营业时间前对会所员工责任区的保洁卫生进行全面检查，做好日检查记录，对于不合要求的地方给予及时纠正解决。
⑦ 每日营业前和结账后，对会所的设备设施进行逐个检查，逐个调整，若发现有维修需要或质量问题，及时跟保修单位联系维修。

⑧ 协助前台搞好日常的顾客接待工作,在会所的门口迎接顾客的到来,并领到前台开单,在顾客离去时,送到门口并说"欢迎再来"。
⑨ 每天晚上 22:30 与前台服务员一起结账,保证每天账目清楚。
⑩ 妥善处理服务中出现的问题,委婉回答顾客提出的疑问和要求,协助各服务点员工处理好与顾客间的关系。
⑪ 检查下属员工上下班情况,安排会所的轮值班表,对服务员的仪容仪表、言谈举止、工作纪律进行检查、指正和批评。
⑫ 做好每日的工作日记,以便于发现问题,纠正问题。
⑬ 每季度负责完成会所物业服务与经营状况分析,对会所存在的问题提出可行性解决方案或建议,并将分析报告报商业管理部。
⑭ 负责会所的安全消防工作,保证会所正常运转。
⑮ 保护会所设施,按规定对设施进行维修保养,对人为损坏者查明原因,追究责任。

(二) 前台岗位职责

① 负责日常接待工作。
② 遵守公司的员工守则和会所的员工管理制度。
③ 掌握会所的经营方式,圆满回答顾客的各类消费咨询。
④ 为顾客办理各类消费手续,业务要熟悉,态度要热情,工作要细心,动作要敏捷,核算要准确。
⑤ 及时把顾客的资料输入电脑,进行有序的电脑管理。
⑥ 妥善保管好各类票据、押金、消费卡,做到台账清楚,条理分明,杜绝因个人疏忽而造成会所损失。
⑦ 在规定时间内向公司财务部交款,做好日收入报表、月收入报表。
⑧ 保持前台的环境整洁,以个人的气质和素养来营造出前台优雅祥和的气氛。
⑨ 协助服务员做好休息厅的递茶送水服务工作。
⑩ 严禁任何人借用营业款,严禁消费后赊账、欠账。

(三) 游泳池岗位职责

游泳池服务人员必须有较强的思想政治觉悟,热爱本职工作;掌握会所服务的基本知识和技巧,懂得游泳池管理的一般知识,掌握游泳运动和游泳保健知识;具有较好的游泳和游泳救生技能。救生员的基本条件及技能要求如下。

① 身体健康。
② 救生员必须持有健康证和救生员上岗证。
③ 因特殊原因不能取得救生员上岗证而安排救生工作的员工必须通过公司商业管理部的培训考核,在游泳技能、急救技能和水质保洁技能方面达到一定的专业水准,才能负责救生工作。
④ 救生员须全面掌握泳池消毒加药技能,了解每种药的性能、用药量、用药的频度和加药的方式,尽可能做到合理科学,既要节约用药又要保证水质达标。
⑤ 救生员须全面学习水泵房管理技能,按规定要求程序操作。

(四) 救生员岗位职责

① 负责游泳池的救生及保洁工作。
② 负责客人游泳的绝对安全、勤巡视池内游泳者的动态,克服麻痹思想,落实安全措施,发现溺水者要迅速冷静处理,做好抢救工作并及时向有关领导报告。
③ 认真做好每天的清场工作。

④ 负责游泳池水质的测验和保养及游泳场地的环境卫生。

⑤ 上班集中精神，不得与无关人员闲谈，救生台不得空岗，无关人员不得进入池面。

⑥ 由于游泳水平深浅不一，来的有大人、小孩，有会游泳的和不会游泳的，对此一定要注意，要勤在泳池边观察，注意游泳者的动向，防止发生意外，保证客人的安全。对不会游泳者可作技术指导。

⑦ 定时检查更衣室，杜绝隐患。

⑧ 如遇雷雨天气，要迅速安排客人上岸，确保客人安全。

（五）健身房岗位职责

① 热情、周到地为客人服务，主动介绍有关运动项目及特点。

② 熟悉和掌握有关健身器具的性能和操作要求。提高服务素质，为客人提供优质服务。

③ 按规定及时擦拭和保养运动器具，需要消毒的要进行消毒处理，使之符合卫生和保养的要求。

④ 各运动场所要保持地面干净保洁，如有污染或纸屑、烟头等，要随时打扫。

⑤ 对各种健身设备应注意使用方法，并能对不同的客人略有指导。

（六）台球房岗位职责

① 台球房服务人员必须有较强的思想政治觉悟，热爱本职工作。

② 掌握会所服务的基本知识和技巧，具有较强的台球服务知识和技能，能为客人提供满意的服务。

③ 懂台球运动知识和规则，会做一般台球运动的裁判，并掌握一定的台球运动技能。

（七）保龄球馆岗位职责

① 保龄球馆的服务人员必须有较强的思想政治觉悟，热爱本职工作。

② 掌握会所服务的基本知识和技巧，具有较强的保龄球服务知识和技能，能为客人提供满意的服务。

③ 掌握保龄球活动知识和规则。

④ 会操作电脑记分及掌握一般的保龄球投掷技巧，能指导客人进行保龄球活动，并能根据客人的性别、年龄和体重帮助客人选择不同重量的保龄球。

⑤ 熟悉保龄球馆各设施、设备的结构、性能和运转原理，既会使用又会保养。

（八）网球场岗位职责

① 网球场服务人员必须有较强的思想政治觉悟，热爱本职工作。

② 掌握会所服务的基本知识和技巧，具有较强的网球服务知识和技能，能为客人提供满意的服务。

③ 熟悉网球活动的特点、知识和规则。会做一般网球运动的裁判，并有一定的网球运动技能。

（九）桑拿、蒸汽浴岗位职责

① 搞好服务工作，做到有迎有送。

② 熟悉各种设施器材的使用方法，注意加强设备、器材的检查和保养，及早发现问题尽快处理。

③ 在客人使用各种设备、器材时要勤巡视，并做好记录。桑拿室中要保证休息室有专人值班，保证客人安全。

④ 认真搞好墙壁、池面、浴池等各项设施的卫生，做到浴池、浴缸、地面无水锈、水

迹，按时换水消毒。

（十）美容美发岗位职责

① 热情待客，礼貌、周到地为客人服务。
② 理发美容用具摆放有序、卫生，按规定进行清洗消毒，严防传染疾病。
③ 地面保持卫生干净，每次操作完毕后，要清理地面，停止营业时要彻底打扫。
④ 对客人的询问，要耐心礼貌的解释，不清楚的要及时请示。

五、会所物业项目服务程序

（一）游泳池服务程序

1. 准备工作

（1）仪表整洁，做好准备　服务员在工作前应按规定换好工作服，佩戴工号牌，检查自身仪表仪容，准时到岗，通过前会接受任务，服从工作安排，有责任感，到岗应及时查看交接班记录，从思想上、精神上做好接待服务准备。

（2）水质的保洁和消毒

① 早班。

A. 捞去水池浮杂物，并进行水底吸尘。

B. 对池水进行水质化验，并根据化验结果，投药净化。必须达到的标准是：pH值 6.5～8.5，游离余氯 0.4～0.6mg/L，室内泳池应调节好水温（24～28℃）；做好记录，并根据化验情况，合理地投放药品，分别开启药水循环过滤泵，消毒池水，约1小时，关闭药泵。根据国家卫生部规定，定期检测尿素含量（不得超过 3.5mg/L）和大肠菌群（不得超过 18 个/L）。用水下吸尘器清除水底沉积物，保持水质的纯净、卫生。查看机房、泵房，保持机械设备无积尘，工具摆放整齐。冲洗消毒浸脚池，并换好药水。

C. 保洁水池周围的环境和设施，冲净地面，擦净门窗，整洁绿化和盆景，并用高效消毒剂（片）溶液消毒和擦净客用的躺椅、台几和拖鞋、拖鞋架等设施和用具。

D. 保洁更衣室和淋浴室，擦净地面和四壁，揩净衣箱、洁具、喷淋器、镜面和台椅，并进行常规消毒，补齐手纸、香皂、护肤品等规定的各种客用供应品。

E. 保洁服务台和工作间，清点送洗和调换各种布件、毛巾。

② 中班。

A. 中班工作人员应做好循环放水工作，视水质情况，定期换水。

B. 检验池水保洁度，除去水中出现的浮杂物和沉淀物。

C. 冲洗地面，更换消毒池水样。

D. 检查更衣室和淋浴室，进行补充保洁和整理，补齐客用物品。

E. 将客人使用过的拖鞋进行保洁、消毒处理。

③ 做好服务准备工作。用清洗消毒液按1∶200兑水后对池边的躺椅、坐椅和圆桌以及更衣室椅子等进行消毒，按规定摆放烟灰缸，撑起太阳伞。

④ 做好卫生工作，检查设施。清理池边，清洗游泳池边的瓷砖、跳台等。保洁淋浴间的地面、镜子和卫生间的洁具。同时检查客人将使用的设备设施是否完好，如淋浴的冷热水开关、更衣柜的锁等，有损坏及时修复。

⑤ 做好淋浴房准备工作。清查核对更衣柜钥匙，在登记册上写清场次、时间，并补充好更衣室里的棉织品、易耗品（沐浴液、洗发水等）。

2. 接待服务

（1）热情迎宾，规范服务　迎宾时，服务人员应仪表整洁，精神饱满，热情、大方，面带微笑。客人到来时，应表示欢迎，进行验票。对带小孩的客人应提醒注意照管好自己的小孩，根据具体情况，提供救生圈等服务。

(2) 关心宾客，严格管理　顾客进入游泳池前，服务员带领客人到更衣室更衣。顾客的衣服用衣架托好挂在衣柜里，鞋袜放在衣柜下，贵重物品要客人自己保管好，需要加锁的要为客人锁好，钥匙由客人自己保管。同时注意进入游泳池区域的客人，要求进游泳池前须先冲淋，并经过消毒浸脚池，对喝酒过量的客人或患有皮肤病的客人谢绝入游泳池。禁止客人带入酒精饮料和玻璃瓶饮料。

(3) 精神集中，注意安全　客人游泳活动时，救生岗要做到岗位始终有人，救生员应时刻注意水中的情况，精力集中，视线应有规律地巡视，特别是深水区，如是初学者要关照其注意安全，对带小孩的客人要提醒他注意照看好自己的孩子，不要让小孩到深水区去。

(4) 细心观察，做好服务　做好服务、卫生工作，及时更换烟缸，同时收回不用的浴巾、救生圈等物。

(5) 做好客人离场服务　客人离场时，收回更衣柜钥匙，主动与客人道别。

(6) 结束工作

① 客人离场后，应及时检查、保洁更衣柜，查看有无客人遗忘的东西，如有，就向主管汇报，以便及时归还客人，同时清查核对钥匙，做好游泳池安全清场工作。如正常，可准备迎接下一场客人的到来。

② 清理场地，做好检查记录。对泳池周围、过道、淋浴场地的地面进行冲洗。收起太阳伞，并放置于规定的地方，下班前，还要抽检一次余氯量，并做好余氯量和游泳人数的记录，以此作为净化池水的依据。

③ 注意消除安全隐患。停止机房一切机械运转，安全检查后，关好电源与门、窗。

3. 池水净化与卫生打扫程序

① 晚上停止开放后，向泳池中投放净化及消毒药物，进行池水净化和消毒。

② 每天开循环泵对池水进行 2~3 小时的循环和过滤。

③ 对宾客开放前要进行池水净化，即吸尘、去掉水面杂物和池边污渍，搞好泳池环境卫生。净化池水要先投入次氯酸钠，过两小时后再投放碱式氯化铝。

④ 注意若投放次氯酸钠消毒就不能投放硫酸铜，避免因化学作用而引起水面变色。

⑤ 药物控制：根据泳池的大小，次氯酸钠在 0.5~1 公斤之间。pH 值控制在 7~7.8 之间。一般以当天水清澈透明，呈浅蓝色。

⑥ 泳池环境卫生必须在每天开放前和停止开放后，用自来水冲洗地面。在开放过程中如发现有客人遗弃的纸巾、烟盒、火柴盒、食物包装纸或其他杂物要随时拣放在垃圾桶里集中处理。以保持泳池的环境卫生，使其整洁美观。

⑦ 将泳池周边的椅、躺椅等抹干净，整理整齐，遮阳伞晚上要收起来集中存放在器具室。

4. 顾客管理规定

① 泳池只对本小区业主及其宾客开放，凡本小区住户凭住户证购票入池。

② 前来游泳的顾客须到防疫站自办一本健康证。

③ 顾客前来游泳，须按管理员的要求，赤脚经过消毒池和经过全身淋水后方可入池。

④ 游泳的顾客须着泳装方可游泳，不得着便装入池。

⑤ 为了消费者的自身健康，请勿在池中小便；不得随地吐痰；不得乱丢果皮。

⑥ 年满十八岁的青少年才可到深水区游泳，不满十八岁少年儿童需在成人陪同下入深水区。

⑦ 顾客随身携带的衣物等，除特别关照管理人员看管外，需自己看护，遗失自负。

5. 游泳安全保健知识

（1）游泳活动的身体条件　游泳运动消耗能量较大，加上水的特殊环境，如水的压力、密度、水温等原因，有些疾病患者不宜参加。所以一般对公众开放的游泳池，都要求游泳者在游泳活动前，进行全面的体检，并具有体检合格证。凡患有心脏病、高血压、活动性肺结核、传染性肝炎、癫痫病、中耳炎、传染性皮肤病、"红眼病"者，都不宜下水游泳，否则不但对自己健康不利，而且也会把有些疾病传染给他人。会所的游泳池，由于其游泳活动人员的情况，虽不能要求所有客人必须具备体检合格证，但必须有严格、规范的管理制度来落实。

（2）游泳活动的合适时间　游泳活动一般应在饭后一小时以后进行，否则容易引起消化不良，严重的会引起肠胃病。另外，空着肚子游泳也不合适，容易引起头晕或四肢无力。在参加激烈运动后，由于身体处于疲劳状态，机体反应能力、协调性等下降，会增加呼吸和心脏器官负担，所以，应适当休息后再进行游泳。另外，酒后不宜游泳。

（3）入水前的准备活动　无论是顾客还是服务人员，在下水游泳前都应该做一些准备运动，如跑步、做徒手操，以及模仿游泳动作等，并用冷水淋浴，以增强身体的适应能力，同时，对预防肌肉抽筋和拉伤也有一定疗效作用。

6. 游泳常见情况的处理

（1）抽筋　发生抽筋现象时，应立即停止游泳，如小腿或脚趾抽筋，可用抽筋肢体对侧的手握住抽筋的脚趾，用力向身体方向拉，这样可使抽筋现象缓解，并尽快离开游泳池，上岸后还要配合局部按摩。自己无法解脱时，应及时呼救。

（2）眼睛红肿　很多人游泳后，眼睛都会有点发红，有的眼皮还有红肿，这是因为游泳时，眼结膜受到水和水中杂质的刺激而引起的，结膜上的毛细血管受到凉水的轻微刺激，会扩张而血流缓慢，这是正常的生理现象，经过一两个小时后就会消失，一般可在游泳后上一些氯霉素眼药水。

（2）耳朵进水　游泳后如果感到听力下降，或耳内有不舒服的感觉，常常是因为两耳内积留有水。耳内有水不要随便挖，以免刺破耳孔内的皮肤和鼓膜，引起炎症。可用"跳空法"，即头侧向灌水耳的一侧，并用同侧的脚连续震跳，使水从耳朵内流出来。

（二）健身房服务程序

1. 准备工作

（1）仪表整洁，准时到岗　服务员工作前应按规定换好工作服，佩带工号牌，检查自身仪表仪容，准时到岗；通过班前会接受任务，服从工作安排；有责任感，到岗后应及时查看交接班记录，从思想上、精神上做好接待服务准备。

（2）检查、创设健身房环境　健身房整体环境应美观、整洁、舒适、空气清新。健身房门口的宾客须知、营业时间、价格表等应设计美观，服务台设计简洁、高雅，各种健身器械摆放整齐，位置适当，各种健身器械的使用说明准确无误，设施、设备性能始终保持良好性能。

（3）做好健身房保洁工作　用吸尘器、抹布保洁地面、墙面、沙发、茶几、镜子、电视、音响器械，使环境保洁、明亮。墙面、地面洁净。保证饮用水洁净，符合国家卫生标准。

（4）保养、保洁健身房器械　按顺时针方向进行，用干布抹器械，用半湿布抹器械踏脚部件与部位。对不锈钢器械应先喷上不锈钢保洁剂，然后用干毛巾擦至无污迹，光亮为止。如要故障，应做好标识，及时报修。设施、设备的可使用完好率应是100%。

(5) 做好物料准备　服务台的各种单据、表格及文具等准备到位。准备好吧台的餐具、饮品。补充纯净水、纸杯，以及客人用的大毛巾、小毛巾，以上毛巾应按规定叠好，会所标识朝外。

2. 接待服务

(1) 热情规范，做好接待　健身房服务人员应仪表整洁，精神饱满，充满活力。服务台服务时，客人预订或咨询电话打进来时，应在铃响三声之内接听，准确记录预订人、预订内容、预订时间。客人到来时，应主动热情欢迎，上前问好，核对票券或会员证，做好记录。设计运动计划，建立健康档案。

(2) 准确、适时地做好服务　健身房服务员按客人要求，发放必要用品，引导客人到他们所需要的活动项目器械前，如客人对所提供的设备设施在使用方法上有不明白的地方，服务员应作适当、简单的讲解，如客人所选的项目已有他人占用，服务员应引导客人做其他相关项目的运动。

(3) 细心周到、注意运动安全　对于初次来的客人要礼貌、细心地讲解器械运动性能、效用、使用方法。主动为客人做好机械设备的调试，检查锻炼强度是否合适，并在必要时做示范动作，注意客人健身活动的动态，随时给予正确的指导，确保客人安全运动，严格执行健身房规定，礼貌地劝阻一切违反规定的行为。

(4) 保持健身房场地的保洁卫生　及时清理客人用过的毛巾、纸杯等物。并询问客人是否需要饮料，当客人要求用饮料时，应听清客人要求，服务及时准确。对比赛的客人要热情地为他们做好记分、排名次的工作。

3. 结束工作

(1) 做好卫生，检查物品　客人离开时应主动向客人道别。打扫健身房场地卫生，检查器械是否完好无损，清点球鞋、音带、碟片等是否齐全。

(2) 做好记录　核对当日所有营业用单据，并做好记录。

(3) 消除安全隐患　切断所有电器的电源，关闭所有的空调、照明，做完安全检查后，关好门窗。

(三) 台球岗位服务程序

1. 准备工作

(1) 检查仪表，签到上岗　服务员工作前应按规定换好工作服，佩戴工号牌，检查自身仪表仪容，准时到岗，通过班前会接受任务，服从工作安排，有责任感，到岗后应及时查看交接班记录，从思想上、精神上、做好接待服务准备。

(2) 整理台球房环境　用抹布保洁门窗，高背椅、茶几，在每个茶几上放一盆绿色植物（注意盆、垫片及植物叶面的保洁），杯垫、烟缸各一个（标识朝外）。做好衣架、杆架、计分板、灯罩等的保洁卫生与地面的吸尘工作。

(3) 检查整理台球设备设施　使用专用台面刷保洁台面，在前侧正中台沿摆放巧克粉两个。保持球袋、球轨的完好，球台架杆完好、铜色光亮。三脚架完好整洁，悬挂后架杆上。灯罩完好整洁，穗帘梳理整齐，灯光照明正常。备用球杆、架杆摆放到位，其要求是：右侧，108寸长杆、96寸架杆各一支；左侧，90寸长杆，84寸架杆各一支；前侧，十字架杆一支；后侧，高架杆一支。

弹子完好整洁，整齐摆放在球盘上，放于吧台内。球杆两套12支配齐，擦好巧克粉，杆头朝上直立于杆架上。计分板使用正常，分数标归零位。

(4) 客人活动用品准备　配备足量客用白手套，整洁无破损。

2. 接待服务

(1) 热情友好，礼貌待客　服务员应面带微笑，直立站好，双手自然握在腹前，能正确地运用礼貌服务用语，对常客要热情打招呼，欢迎客人，并引导进入台球房。服务员应根据客人的需要登记、开单。服务时应语言文明、礼貌热情、准确快捷。

(2) 协助客人做好活动准备　台球服务员应根据服务台安排引导客人来到指定的球台，帮客人挑选球杆，并为球杆头上粉，根据客人选定的打法，将球按规定摆好，同时问客人是否需要手套，如客人回答要，应及时根据客人情况及时给予提供。当客人开始打球后，台球服务员应该在不影响客人打球的位置上，随时注意客人的其他需求。

(3) 认真做好比赛服务　客人活动时应配合进行计分，如彩球进袋应主动拾球并定位，注意台球活动的情况，当客人需要杆架时，能及时、准确地服务。

(4) 做好台球房一般服务　询问客人需要的饮料，要问清种类、数量，开好饮料单，用托盘送给客人，报上饮料名，注意要放在茶几上，不能放在球台的台帮上。每局前应递上毛巾（冬温夏凉），及时添加饮料茶水，迅速清理好台面。

(5) 掌握分寸，做好陪练　当客人需要示范或陪打服务时，球台服务员应礼貌、认真地服务，并根据客人的心理要求掌握输赢尺度。

3. 结束工作

(1) 做好结束检查，结账准备　客人结束台球活动时，应及时、礼貌地检查设备设施是否完好，如有问题应及时报告服务台，以便按规定处理。及时结清客人台球活动、饮料等费用，用托盘将账单递给客人，请客人过目后，交至服务台。客人结账后，服务台服务员应向客人致谢、道别，欢迎客人再次光临。

(2) 清理设施，做好卫生　及时清理球台，将球、球杆摆好，并做好球台及其周围的保洁卫生工作。如发现客人遗忘物品，应尽快设法交还客人或交由服务台处理。做好台球房的保洁卫生，再次检查设备设施是否完好，并做好记录。做好安全消防检查，做好的当天工作记录，关好窗、门、灯。

（四）保龄球岗位服务程序

1. 准备工作

(1) 检查仪表，签到上岗　服务员工作前应按规定换好工作服，佩戴工号牌，检查自身仪表仪容，准时到岗，通过班前会接受任务，服从工作安排，有责任感，到岗应及时查看交接班记录，从思想上、精神上做好接待服务准备。

(2) 检查保龄球机械系统的运转是否正常　由掌握设备设施工作原理的专业人员操作，做好机械设备的保洁保养工作；检查各球道球瓶数；检查电动机、齿轮、链条、链轮等传动件运转是否正常，并给各传动件按规定加油；检查置瓶盘、升瓶器架等是否有松动；检查电器控制箱、电磁铁等是否有效及保洁；并保持电脑计分系统准确无误，同时清零；检查置瓶器、两侧板、橡胶皮、挡球板，使其处于良好的工作状态；做好回球机的保洁、保养工作，使其运转正常。

(3) 做好球道保洁卫生工作　用拖把保洁球道木板地面，以及球沟。用抹布依次保洁坐椅、记分台、茶几、送球机口、架、保龄球、公用球存入架、服务台、鞋架等，保持保洁无积灰。按规定给球道打蜡或上球道油。

(4) 做好物料准备　服务台做好营业准备，检查表格、铅笔等物品的准备，对公用鞋进行消毒，按号码排列，整齐地摆放在鞋架上，并备足一次性袜子套。吧台准备好饮料等物。在送球机上按规定摆放干毛巾，以备客人擦球用。

2. 接待服务

(1) 礼貌待客，规范服务　保龄球馆服务人员应仪表整洁，精神饱满，客人到来时应热情友好,主动问候欢迎。当客人到柜台办理打球手续时,服务台工作人员要有礼貌地招呼客人,办理开道手续,同时向客人介绍保龄球馆设施、收费标准及为客人提供的服务。对未预订的客人,如果满道时,要有礼貌的请客人排队休息等候,同时告诉客人在保龄球活动高峰时段需提前预订,以免在时间上发生冲突。

(2) 宾客至上,做好服务 保龄球活动一般是先到服务台购球局,每人最少购一局。在为客人开道时,如果球道不满,客人可选用他们所喜欢的球道,客人办妥打球手续后,服务人员应礼貌地招呼客人办理租鞋、领一次性袜套,而后指引客人到已安排好的球道上。如客人需要陪打或教练,则应作出相应安排。

(3) 球道服务细心、周到、规范 球道服务人员有义务帮助客人挑选公用保龄球,对记分方法,如客人需要,服务人员应作适当地讲解;打球时如遇设备设施故障,服务人员应马上赶到现场,请客人稍候,并尽快通知维修人员排除故障;客人所购球局已满时,应通知客人,如客人欲继续打球时,可视情况允许其在同一球道打球;对于初次打保龄球的客人,服务人员应主动讲解简单的保龄球知识和打法,及保龄球机的使用常识,以防初学者因不规范的操作而使球道、扫瓶板或机器有所损坏。服务人员应随时注意客人的活动情况,提供合理、规范的服务。

(4) 保持良好环境,做好日常服务 保持保龄球馆的保洁卫生,及时清理客人用过的毛巾、饮料罐及烟缸等物。并经常询问客人是否需要饮料,当客人要求用酒水饮料时,应听清客人要求,准确及时地做好服务供应工作。

3. 结束工作

(1) 做好部分球道的服务结束工作 客人打球结束,服务人员应提醒客人将公用鞋交回服务台,服务台应随即关闭机器,向客人致谢,欢迎客人再次光临。球道工作人员应检查客人有无遗忘的物品,同时保洁该球道的座位区、地面、记分台、烟灰缸等。

(2) 做好全场服务结束工作 营业结束后,服务人员应对保龄球馆整体环境进行保洁。将公用球按序放回球架。检查清理保龄球鞋,如有损坏及时修补或更换。核对当日所有球道营业和酒水饮料单据,填写报表。在交接本上注明客人的活动情况、维修情况。

(3) 做好安全检查结束工作 注意安全,检查馆内是否有火种隐患,切断所有电器的电源,关闭照明,关好门窗。

(五) 网球岗位服务程序

1. 准备工作

(1) 检查仪表,签到上岗 服务员工作前应按规定换好工作服,佩戴工号牌,检查自身仪表仪容,准时到岗,通过班前会接受任务,服从工作安排,有责任感,到岗应及时查看交接班记录,从思想上、精神上做好接待服务准备。

(2) 检查网球场设施与保洁环境 打开网球场门,检查球网与球网的规定网高尺寸,巡视检查场地保洁,打扫场地卫生,保持场地无杂物。并将客人用的座椅、茶几擦干净。如是夜间,应检查球场灯光照明。

(3) 做好服务台整理工作 打扫服务台卫生。进行地面吸尘,擦拭服务台,保洁垃圾桶,整理、补充酒水与饮料,将客人使用的球拍等器械摆放整齐。

(4) 搞好休息室等场所的保洁卫生 用抹布保洁休息室的坐椅、茶几、花盆、更衣柜等设备设施。保洁电镀部件、洗脸盆、淋浴间的墙面,保持电镀无水迹、锈迹、瓷面无污垢。

2. 接待服务

(1) 热情友好,礼貌待客 服务员应面带微笑,直立站好,双手自然握在腹前,能正确地运用礼貌服务用语,对常客要热情打招呼,欢迎客人,并在服务台为客人填写登记表，并根据客人需要提供更衣柜钥匙、毛巾及球拍等打球用品。客人亦可自带球拍和球。

（2）仔细周到做好球场服务　客人打球时，服务人员应在球场附近侍立，随时注意场上情况，根据客人的要求提供服务。利用空隙时间为客人推销酒水饮料及其他物品。应注意球场整洁，摆正坐椅、茶几，随手清理饮料罐等废弃物。当客人向服务人员招手时，服务人员应跑步到客人跟前，听清客人的要求，及时提供服务。

（3）努力提高技能，做好陪练服务　网球场服务人员应有较强的网球运动技能，当客人需要陪打或教练服务时，网球场服务人员应认真地服务，动作要准确规范。讲解服务要仔细、耐心。如是陪打，应随时掌握客人的心理活动，适当控制输赢尺度，尽量提高客人的活动兴趣。

（4）认真负责、公正地做好比赛服务　客人在活动、比赛时，服务人员应热情、公正地做好裁判员工作。当球场组织比赛时，要预先制定接待方案，注意维持球场秩序，并根据情况在底线后配备拣球服务人员；客人自行组织比赛时，服务人员应注意与客人密切配合，使比赛顺利进行。

3. 结束工作

（1）做好结束检查，结账准确无误　客人结束网球活动时，应及时、礼貌地检查设备设施是否完好，记录场次、时间、租拍数、球数及其他消费，及时报送服务台；及时收回球拍和球，检查租用物品是否完好并做好物品保洁工作。客人结账后，服务台服务员应向客人致谢、道别，欢迎客人再次光临。

（2）清理设备，做好卫生　营业结束时，填好交接班记录，注明客情、设备、设施维护情况，填写好酒水饮料报表。然后清理网球场，清理垃圾，锁好网球场门。将球和球拍摆放整齐。

（3）做好结束安全工作　做好消防安全检查，关好窗、电源开关，锁门下班。

（六）棋牌岗位服务程序

1. 准备工作

① 服务人员在营业前必须整理好棋牌室及搞好公共区域的卫生工作，认真细致检查棋牌室的设备、用品和娱乐工具。保持各种设备完好。

② 搞好个人卫生，在棋牌室要做好预订服务，接待要主动、热情。

③ 电话预约工作要细致，准确记录客人姓名、电话、使用时间，复述清楚，取得确认。

2. 接待服务

① 客人进入棋牌室，主动问好，精神饱满地迎接客人。

② 服务人员及时为客人接挂外衣，提供拖鞋，迅速为客人准备好游戏器具，必要时向客人介绍游戏方法和规则。

③ 客人入室后，为客人提供酒水、食品及快餐服务。若客人提出要求，也应陪客人练习，并且提供游戏建议。

3. 结束工作

棋牌游戏结束，账单开具准确，账款当面点收，手续完善。客人离座，主动与客人告别，欢迎客人再次光临。

（七）游戏机房服务程序

1. 准备工作

服务人员在营业前必须整理好游艺机房及搞好公共区域的卫生工作，认真细致地检查设备和用具，保证其完好状态和正常使用，服务人员要热情地准备迎接客人。

2. 接待服务

客人进入游艺室,服务人员要主动引导,及时递送香巾、茶水,祝客人玩得高兴,并随时根据客人需要,及时、热情提供饮料服务,做好记录。在接待客人时,或接待不熟悉游戏机的客人时,应细心、耐心的说明游戏方法,并进行必要的示范。在客人获奖时,服务人员要及时检验、开单,并向客人祝贺,及时引领客人领奖。服务人员要注意和及时检查机器的完好状况,发现故障迅速排除或检修设备。

3. 结束工作

客人游艺室活动结束,服务人员账单开具应准确,账款当面点收。在客人离座时,应主动与客人告别,欢迎客人再次光临。

(八) 酒吧岗位服务程序

酒吧的日常工作可以分为下列几个方面。

1. 准备工作

① 酒吧环境以及用具、用品的保洁工作。服务员在接待客人前必须做好吧台卫生,设备及周围地面的保洁工作,用保洁布擦拭杯具,用架也是很重要的保洁工作。

② 按照检查表来检查设备、工具、用品及原料等是否已安排就绪,其中当然也包括对服务员个人仪表和服装的检查。

2. 接待服务

① 在客人进入酒吧时必须先微笑后礼貌接待,为客人引路和请客人入座,殷勤地接待客人点酒。

② 调酒工作人员在调酒时应记住常用饮料的正确配方,如某位客人点了一杯工作人员不熟悉的饮料,服务员应参考酒吧服务员手册正确地选择原料,精确地掌握数量配制,他们必须熟练掌握饮用杯、调酒杯以及用调酒壶调制酒和饮料。

③ 酒吧调酒人员要学会控制酒精饮料的耗量,要用量杯、瓶装式计量表来准确的计量饮料和酒。

④ 收款的工作。酒吧中所有饮料进出都应记账,假如饮料需要免费提供,这也应当由管理人员通过一定的手续来实现,而这不是酒吧服务员的权力。

⑤ 酒吧服务员应友好、热情的接待客人,但自己不能在工作中喝酒或者饮料,接待客人不能厚此薄彼。酒吧服务员在选择电视频道或音乐的类型时应考虑客人的喜好,而不是随自己的兴趣。

⑥ 对于喝醉酒的客人要学会设法控制他的行为,防止酒醉客人制造事端,干扰和妨碍别人,破坏酒吧气氛,甚至造成对其他客人的人身伤害与财产损坏的行为发生,一个好的酒吧服务员应能控制客人的行为,能够拒绝醉酒客人的无理要求。

⑦ 当为客人服务完成后,客人离开酒吧,要以礼貌和微笑送别客人,并欢迎客人再次光临。

3. 结束工作

酒吧服务员的清理工作与开门营业的准备同样重要,他们要统计售出的饮料,清点所收的钱款,扣除营业前领用的零钞,将营业收入统计后交归财务部门,另外还需要清点存货,清洗酒吧设备、用具和酒杯。营业结束时的最后职责是检查火烛情况以确保安全,关闭空调和灯光。

(九) 歌舞厅岗位服务程序

1. 准备工作

① 检查仪表仪容,做好服务准备。服务员工作前应按规定着装,佩带工号牌,检查自

身的仪表仪容，准时到岗，接受任务，服从工作安排，愉快地做好接待服务准备。

② 做好卫生工作，保持场所高雅、保洁和美观。服务员必须做好门厅、舞池、客人休息区及公共区域（包括过道）的环境保洁工作，保持活动场所环境高雅、保洁和美观大方，对于舞池的硬质地板（或水磨石地板）特别要注意保洁和保养，要保持地板的光滑和平整，这样有利于客人轻松、愉快地活动。服务员必须做好吧台内外（包括冰箱清理、过道吸尘）和 DJ 房内外的卫生工作。

③ 检查设施，保持设备、用具整洁及完好状态。服务员要检查设备、桌椅及各种用具、用品是否完好；用具、用品必须摆设整齐，擦拭干净。吧台服务员要检查冰箱、电话、柜门等设备，将冰箱内饮料分类摆设整齐并核对数目；准备好营业用品、物料用品。DJ 服务员做好卫生工作后按安全操作程度打开电源、功放、监视机、影碟机等设备，调试所有音响及灯光，并使之进入最佳状态。

2. 接待服务

服务员站立于所负责的区域，客人来时，要示以礼让的语言和动作，如"欢迎光临"，并以手示意。客人进入后，服务员要热情接待，根据客人的衣着、装饰、语言、表情等外部现象初步分析，尽量安排适当的座位。谈恋爱的男女青年、情侣安排在僻静幽雅之处或包厢内，衣饰华丽的客人可安排在中央较显眼的位置，集体舞客则安排在适当之处，免得客人随意挪动坐椅。接待陌生人入座后，服务员应迅速为客人介绍饮料、茶和小食，在服务中要做到热情、全面、细致和认真。要以诚待客，处处为客人着想。

（1）客人娱乐时的服务

① 随时注意客人的服务要求和动态，客人用的饮料罐及小吃碟应及时收走，并询问是否还需添加，如客人要点歌要迅速递上歌单。

② DJ 服务员在营业开始时，按点歌号次，迅速接碟，并以灯光配合，必须根据客人的实际情况调试音响，力求达到最佳效果。在工作时要有高度的责任感，一切以客人为主，要善于控制场面，调节好气氛。大厅播放每曲，曲止时，应主动报名台号。在工作中如发现音响、灯光器材有故障，应及时排除和检修。

（2）结束工作　服务员在客人结束娱乐时，要迅速将账单送至客人手中，核对理单。在客人离开时，要礼貌的主动道别。送客后迅速恢复场所、做好卫生，以备翻台。最后，再次检查设备、卫生情况，处理烟头、垃圾，恢复营业状态；切断电源，下班关闭门窗。

（十）桑拿浴室服务程序

① 接待客人前，服务员必须检查桑拿室的温度是否达到标准；冷水池、热水池的水质情况；冷热水龙头水流及水掣是否正常，做好迎接客人的一切准备。

② 客人来到时要热情接待，请客人到更衣室更衣，交给客人更衣柜的钥匙，提醒客人保管好自己的衣物。

③ 客人桑拿完后，请客人到休息室休息一会儿，请客人喝一杯咖啡、清茶或其他饮料，然后请需要按摩的客人轮候进行按摩。

④ 按摩人员为客人按摩时要注意自己的手势，要轻重适度，不停的征求客人的意见，是酸麻还是疼痛。客人感到疼痛时要及时改变手势，拿准筋络进行按摩，使客人达到松筋活络，消除疲劳，舒服轻松的效果。

⑤ 客人离开时要表示欢送，感谢客人的友好合作，并提醒客人带齐自己的东西。

⑥ 浴室停止服务后要搞好卫生，关好水掣，保洁浴池和场地。

⑦ 写好工作日志，做好交接班准备工作。

（十一）美容中心岗位服务程序

① 客人来到美容中心美容，要热情接待，表示欢迎。若客人较多时要按先后次序安排客人美容。

② 客人进入美容室时，要帮助客人宽衣，并用衣架托好挂在衣柜里，然后给客人穿上或围上布罩，请客人入座（理发布罩可待客人坐定后再给客人系上）。

③ 客人无论是理发、洗发、美发等都要事先给客人洗头，然后再进行其他程序。在进行前先征求客人的意见，然后再按客人的要求进行美发。

④ 给客人洗发一般由理发师副手做，先调好水温然后才为客人洗。第一、二次用洗发液洗，第三次用护发素洗。为客人洗发时手势要轻重适度，防止洗发液流到客人的眼、耳、颈里。洗完发后要尽量用干毛巾将客人的头发擦干，然后请师傅为客人剪发。

⑤ 为客人剪发时按客人的要求修剪。剪发时神情要专注，动作要轻快、熟练，使客人感到轻松愉快。

⑥ 美发过程中，客人头发上施上药水电发或其他原因需等候时，要告诉客人等候的时间，并请客人饮一杯咖啡或热茶。

⑦ 客人美发时，要按客人头发的疏密、面形等进行造型。根据客人的要求认真细致地整理出客人理想的发型，擦发油、喷香水要适度，做到令客人满意为止。

⑧ 美发后要告诉客人，并多谢客人的合作。副手要为客人清理剪下的毛发，解下理发衣、围布。帮客人穿上衣服，带客人到收款台付账。客人付完账要表示多谢，客人离开时要送客，欢迎他（她）下次光临。

⑨ 美发是理发师、副手、杂工合作来进行的，因此合作要默契。杂工主要是负责递毛巾、整理理发用具、准备美发药液剂、清理毛发、搞好卫生等工作。

六、会所物业服务人员的礼仪要求

（一）仪表要求

仪表是指人的外在表现，如着装、服饰、化妆、发型等。会所物业服务人员的仪表要求包括以下内容。

① 工作时间应穿本会所规定的统一工作服，胸前佩戴服务标志。

② 工作服要整洁，领带、领花要干净，系戴端正，鞋袜整齐，皮鞋要保持光亮。

③ 头发要整洁，梳理整齐，不得有头皮屑。

④ 发型要讲究，女士前发不遮眼，后发不过肩，不准梳奇形怪状的发式；男士不留长发、大鬓角和胡须。

⑤ 长筒袜不能抽丝和脱落。

⑥ 鞋子不得沾染灰尘和油渍。

⑦ 双手保持清洁，指甲内不得留有污物，夏季手臂也要保持清洁。

⑧ 不得有耳垢和眼屎。

⑨ 膝盖干净，衬裙不得外露。

⑩ 衣服拉链要拉足。

⑪ 不可化浓妆，不使用香水，不准戴耳环、戒指，不准留长指甲和涂指甲油，不能当众化妆。

⑫ 上班时间不准穿短裤、背心和打赤脚、穿拖鞋，不准戴有色眼镜。

(二) 举止要求

举止是指人的行为、动作和表情。会所物业服务人员的举止要求有以下几点。

1. 站立要求

① 挺胸抬头。不能弯腰驼背，也不能肩膀向一侧倾斜。
② 姿态要端正，双手自然下垂，不能叉腰抱胸，不能将手放在兜内。
③ 站立时双脚稍微拉开呈30°。
④ 要显得庄重有礼，落落大方。
⑤ 不准背靠他物或趴在服务台上。

2. 行走要求

① 行走时一定要走姿端庄。身体的重心应稍向前倾，收腹，挺胸，抬头，眼睛平视前方。面带微笑，肩部放松，上体正直，两臂自然前后摆动。
② 脚步要既轻又稳，切忌晃肩摇头，上体左右摇摆。行走应尽可能保持直线前进。遇有急事，可加快步伐，但不可慌张奔跑。
③ 多人一起行走时，不要横着一排走，也不要有意无意地排成队形。
④ 服务人员在会所行走时，一般靠右侧，与客户同行时，要让客户走在前面。遇通道比较狭窄，有客户从对面过来时，服务人员应主动停下来靠在边上，让客户先通过，但切不可把背对着客户。
⑤ 遇有急事或手提重物需超越行走于前面的客户时，应礼貌地征求客户同意，并表示歉意。
⑥ 行走要轻稳，姿态要端正，表情自然大方，给人以美的享受。
⑦ 行走时不能将手放入兜内，也不能双手抱胸或背手。
⑧ 快速行走时不能发出踏地的"咚咚"响声。
⑨ 如多人同时行走时，不能勾肩搭腰，不能边走边笑、边打闹。
⑩ 如引领客户时应走在客户左前方两步远处，行至转弯处服务人员应伸手示意。
⑪ 与客户同行时，服务人员不能突然抢道穿行，在允许情况下给客户一定的示意后方能越行。

3. 目光要求

① 注视对方的时间应占谈话时间的1/3，否则将给人不信任的感觉。
② 注视的位置要适当。一般社交场合应注视对方双眼与嘴之间的三角区。
③ 轻轻的一瞥，表示不感兴趣或敌意、疑虑或批评，所以，服务人员要特别注意不要让这种目光流露出来。
④ 切忌闭眼。因为持续一秒钟或更长时间的闭眼，表示排斥、厌烦、不放在眼里的意思。

总之，服务人员应恰当运用语言和目光表达对客户的热情关注。

4. 行为要求

① 服务动作要轻。
② 在客户面前不要吃东西、饮酒、吸烟、挖鼻孔、搔痒，不要脱鞋、撸衣袖、伸懒腰、哼小调、打哈欠。
③ 路遇熟悉的客户时要主动打招呼。在走廊、过道、电梯或活动场所与客户相遇时，服务人员应主动礼让。
④ 不要随地吐痰，乱扔果皮、纸屑。

5. 手势要求

手势是最有表现力的一种"体态语言",它是服务人员向客户做介绍、谈话、引路、指示方向等常用的一种形体语言。

① 手势要正规、得体、适度,手掌向上。

② 在指引方向时,应将手臂伸直,手指自然并拢,手掌向上,以肘关节为轴指向目标。同时,眼睛也要转向目标,并注意对方是否已看清目标。

③ 在介绍或指路时,不能用一个手指比划。

④ 谈话时,手势不宜过多,幅度不宜太大。

(三) 语言要求

① 语调亲切,音量适度,讲普通话。

② 适时运用"您"、"您好"、"谢谢"、"对不起"、"打扰了"、"抱歉"、"请"、"别客气"、"请稍候"等礼貌用语。

③ 对客户称呼要得当,不能用"哎"、"喂"等不礼貌的语言。

④ 不准粗言粗语,大喊大叫。

⑤ 同客户讲话时语速不要太快,要清脆简明,不要有含糊之音。

⑥ 同客户讲话时,精神要集中,眼睛注视对方,要细心倾听;不能东张西望,左顾右盼;不要与客户靠得太近,应保持一米左右的距离。

⑦ 语言简洁、明确。

⑧ 遇见客户应主动打招呼,向客户问好。

⑨ 对客户的要求无法满足时应说"对不起",表示抱歉。

⑩ 讲究语言艺术,说话力求语意完整,合乎语法。

(四) 个人卫生要求

① 经常刷牙,保持口腔保洁,上岗前三小时内不得吃有异味的食物,以保持说话口无异味。

② 发式要按规定要求梳理整洁。

③ 要做到勤洗手、勤洗澡、勤理发、勤剪指甲。

④ 工作服要勤洗勤换、保持整洁。

⑤ 皮鞋要勤擦油,保持光亮;布鞋和袜子要保持整洁。

⑥ 不能在客户面前抠鼻、挖耳、挖眼屎、修指甲、打喷嚏。

七、会所物业的设施制度

会所物业的设施设备主要实行三级保养制度。

(一) 日常保养

日常保养的部位比较少,大部分在设备的外部。保养方法包括:保洁、润滑、紧固易动的螺丝,检查零部件的完整等。

(二) 一级保养

① 保养的方法是对设备进行普遍的扭紧、保洁、润滑,并作部分调整。

② 保养时间一般在每月或设备连续运转五百小时后保养一次,一般停机八小时。

③ 一级保养的具体工作包括:根据设备使用情况,对部分零件进行清洗;对设备的某些配合间隙进行适当调整;清除设备表面油污,检查调整润滑油路,保证畅通不泄漏;清扫电器箱、电动机、电器装置,做到固定整齐、安全防护装置牢靠;清洗附件和冷却装置。

（三）二级保养

1. 保养方法是对设备进行内部保洁、润滑、局部解体检查修理。
2. 保养时间按一班制计算一年进行一次或累计运转二千五百小时后进行一次。
3. 二级保养的具体保养工作包括：根据设备使用情况对设备进行部分解体检查；对各种传动箱、液压箱、冷却箱清洗换油，油质和油量要符合要求，保证正常润滑；修复和更换易损件；检修电器箱、电动机、整修线路；检查、调整、恢复精度和校正水平。

【思考题】
1. 什么是会所？有哪些特点和性质？
2. 会所物业的物业服务与经营原则是什么？
3. 会所物业服务与经营方式有哪些？
4. 会所物业的物业服务与经营的内容有哪些？

第七章 会展物业的物业服务与经营

第一节 会展业的概述

作为近年来发展迅速的经济行业，全球会展业每年以 8%～10% 的速度增长。会展，尤其是高规格的会展，不仅具有巨大的经济效益，而且还因媒体和公众的关注而大大提高举办地的知名度，具有巨大的社会效应和政治效应。

一、会展与会展经济

（一）会展概念

狭义地说，会展即会议和展览，会展是会议和展览的统称，两者有时合并举办，有时分开举行。而广义的会展概念不仅包括会议（meeting）和展览（exhibition），还包括奖励旅游（incentive）和大型活动（convention）以及与之相关的运输、广告、交通等行业，是会议、奖励旅游、大型活动和展览的概称（MICE）。

会展活动包含哪些内容，对此学界和业界见仁见智。通常认为会展概念应该包含以下四个内容。

1. 会议

在现代社会，会议已成为一种极为重要的民主方式和集体领导制度的展示，也是商务谈判和沟通的一个重要手段。

虽然会议已是现代社会中的重要内容，但在 30 多年前世界上还很少有人把会议业视为举足轻重的细分市场。而如今的会议业不管在举办目的、规模、形式还是科技水平上都今非昔比，由于会议能给参会者提供有用的信息，带来商机，因此很多人愿意花钱参会，于是孕育了以组织、举办和承办会议为主的会议公司，并发展成为不容轻视的经济产业。商务会议客人已经成为现代饭店业最重要的目标客户之一。

在我国，由于历史的原因，最初组织国际会议的不是旅游部门，而是一些行政事业单位，如中国科协下属的中国国际科技会议中心，中科院下属的中国国际科技交流中心和中华医学会等成为我国最早的一批专业会议管理机构。由于硬件条件远不能满足会议的需要，所以最初的国际会议很少有赢利的。20 世纪 80 年代以后，随着饭店和会展设施的不断发展，以及逐渐积累的办会经验，我国成功申办了许多国际组织的年会，尽管许多会议要筹备多年后才能召开，如上海世界博览会要到 2010 年才举办。

目前，我国已形成了一批具有国际水平的专业会议组织机构，接待会议的硬件也已基本能够满足需求，具备了举办大型会议的能力。虽然在我国举办的国际会议的数量还远少于会议发达国家，但我国举办的许多国际会议的质量已经达到甚至超过世界水平，如 2001 年的上海 APEC 会议、2004 年的苏州世界遗产大会等，都被与会代表称为办得最好的一届。

2. 展览

由于目前展览的形式多是展中有会、会中有展，所以本书所论"展览"包括展览和展览会。关于展览的定义很多，总的来说，展览就是由具有法人地位的组展商出资，由自己或专门的会展策划运营公司根据社会经济需求组织运作，利用展览会这一特定的媒介向市场和消费者展示商品和劳务信息，以达到一定的经济目的。商务展览作为会展活动中最普遍、最活跃、最具典型性的部分，是通过实物、文字、图表来展现成果、风貌、特征的一种推介形式，是一种既有市场性也有展示性的经济交换形式，是综合运用多种传播手段的公关专题活动。它是唯一充分利用人体所有感官的营销活动，人们通过展览会对产品的认知是最全面、最深刻的。同时，展览会又是一个中立场所，不属于买卖任何一方私有，这种环境容易使人产生独立感，从而以积极、平等的态度进行谈判。从展览的功能和市场潜力来看，展览最主要的功能在于促进交易，绝大部分展览是以企业为参展商、以专业买家为观众的。

所以，市场经济越发达，对交易的需求越旺盛，希望参展与观展的人就越多，展览市场也就越发达。

3. 大型活动

大型活动是指参加人数比较多、规模比较大、社会轰动效应比较广的活动。大型活动通常是主办地政府出于政治宣传、树立形象、活跃居民生活、促进当地经济等某一目的而举行的。这些活动特色鲜明，除了能够活跃当地民众的物质文化生活以外，通常还能吸引国内外的相关爱好者参加。大型活动主要有体育性活动和节庆性活动两大类，另外，如歌星们举办的个人演唱会、社团组织的开张及重大庆典等，也可归入此类。体育性活动指那些规模庞大、能在全球或地区引起轰动，以至于影响整个经济的活动，如奥运会、世界杯等。节庆性活动一般指某地有一定持续时间并且是重复发生的、在一定区域内引起较大反响的活动，如我国的西湖博览会和自贡灯会等。大型活动往往伴随着各种表演和音乐会，能给人带来兴奋和愉悦，已经成为人们社会经济生活中的重要组成部分。

4. 奖励旅游

奖励旅游是基于工作绩效而对优秀员工及利益相关者进行奖励的管理方法和以旅游形式进行的商务活动，带有福利和长效激励性质，是精神和物质奖励的统一，是凝聚企业向心力、提高企业生产率、增强员工对企业的认同感、塑造企业文化的新型管理手段。奖励旅游起源于 20 世纪二三十年代的美国，其后在欧美得到了充分的发展。在美国，每年参加奖励旅游的人数超过 50 万，费用约为 30 亿美元；在法国和德国，公司奖金有一半是通过奖励旅游支付给员工的；在英国，企业 2/5 的奖金是通过奖励旅游支付的。但由于奖励旅游和大型活动相对会议和展览来说，比重较小，而且许多奖励旅游和大型活动本身就是以会议和展览的形式出现的（如世界博览会、西湖博览会既是展览又是大型活动），所以本书主要以会议和展览为论述对象，兼及大型活动。

上述活动都是"长期筹备、短期举办"的，都涉及大量人员的迁徙和移动，活动的组织管理都是以独立的"项目"方式进行的，一项活动结束后，就需另行组织和策划其他活动，并在项目的不断策划和举办过程中，提高活动的声誉和价值，因而被统称为"会展活动"。

（二）会展经济的定义

国内学术界对会展经济作出了众多界定，其中具有代表性的主要有以下几种。

① 会展经济是以会展业为支撑点，通过举办各种形式的展览会、博览会和国际会议，传递信息、提供服务、创造商机，并利用其产业连带效应带动相关产业，如运输业、电信业、广告业、印刷业、餐饮业、旅游业、咨询业、礼仪服务业等发展的一种经济。

② 会展经济是伴随着人类会展经济活动，会展产业发展到一定历史阶段形成的跨产业、跨区域的综合经济形态。具体来讲，就是通过举办各类会议、商品展示和展览等活动在取得直接经济效益的同时，带动一个地区或一个城市相关产业的发展，达到促进经济和社会全面发展的目的。

③ 会展经济是以会展业为依托，通过举办各种形式的展览会、博览会和专题会议，形成信息流、资金流、物流、人流，创造商机，拉动相关产业发展的一种经济。

④ 会展经济是人类会展活动发展到一定历史阶段形成的，以会展业为中心、以相关产业为依托的，跨产业、跨区域的经济产业，是国民经济的重要组成部分，具有消费数额大、持续时间较长、计划性较强、抗风浪性较大、联动性较强、组织安排较为方便的产业特点。

综合以上观点，本文对会展经济的定义表述如下：会展经济是以会展业为依托，借助各种会展活动的举办拉动城市及其所在地区相关产业发展，并能带来巨大经济和社会效益的一种经济形态。

二、会展经济对城市发展的影响

会展经济由于涉及服务、交通、旅游、广告、餐饮、通信和住宿等诸多行业，不仅本身能够创造巨大的经济效益，而且还可以带动相关产业的发展，有力地推动城市的发展。

（一）会展业对交通、通讯业的带动效应

会展业对城市交通、通讯业的发展有着很强的带动作用。在会展活动举办期间，会有大量的人流出行，会增加对城市交通的需求，增加交通运输业的收入。特别是较大型的展览会都会有外商参展，这对该城市的航空业及市内的交通运输都提出了较高的要求。同时，会展活动的进行拉大了人们在地域空间上的距离，提高了人们之间通讯联系的频率，增加了对城市通信服务的需求，从而为城市通信业创造了收入。

（二）会展对旅游业的带动效应

会展与旅游均是联动性非常强的活动，它们将所涉及的行业资源，按照市场规律和顾客需求进行组合，以发挥资源的整体效能，形成一种放大效应，即"1＋1＞2"，产生更大的经济效益。在会展与旅游的互动发展中，旅游是会展旅游发展的基础，旅游业的繁荣必将为会展活动提供更为完善的服务，加速会展业的发展。会展业的进步可以优化社会资源的组合，带动其他行业更好的发展，也为旅游业带来更多的客人、更多的消费，延长客人的逗留期，增加旅游业淡季时设备设施的利用率。会展与旅游的互动性可以更为充分地利用当地的旅游资源，全面地展示所在地的经济、文化和社会风貌，扩大对外的影响力和知名度，促进当地经济的繁荣与发展。

（三）会展业对零售业的带动效应

会展业对零售业的发展也有着一定的带动作用。会展活动期间，大量的人流涌入会增加对生活用品和服务的需求，促进举办地零售业的发展。比如，参加大型展览会的外地参展商在会展间隙或结束后，通常都会采购一些自己喜爱的当地物产，还会为家人、朋友带回一些纪念品，这对零售业的带动作用是很明显的。

（四）会展业对酒店业的带动效应

在会展的举办期间，酒店的入住率和就餐人数会大幅提升。除了为会展参加者提供必要的住宿与餐饮服务外，酒店业也可通过进一步的宣传来带动店内其他辅助设施的利用，促进

就餐和入住者对店内其他服务的消费。如"广交会"对广州酒店的影响很大,有很多的酒店是为"广交会"而建的,包括广州最早的五星级酒店。

三、我国会展业的发展现状

(一) 全国场馆总面积持续增加

2003年全国已经完成的新建和扩建场馆总建筑面积654040平方米,其中新增室内展览面积463284平方米,2002年新增室内展览面积412100平方米,2001年新增室内展览面积324630平方米。与此同时,2003年全国有超过579000平方米建筑面积的新馆破土动工,全国会展物业保持快速增长的步伐。

如2010年5月举行的上海世博会将是世博会150多年历史上规模最大的一届,上海世博会场地位于南浦大桥和卢浦大桥之间,沿着上海城区黄浦江两岸进行布局。世博园区规划用地范围为5.28平方公里,其中浦东部分为3.93平方公里,浦西部分为1.35平方公里。围栏区域(收取门票)范围约为3.28平方公里。在园区围栏区域内,共需新建、改建36个场馆,主要包括主题馆、中国馆、外国国家馆、国际组织馆、企业馆、城市最佳实践区、博物博览馆、世博中心、演艺中心及其他配套服务场馆。此外,世博会市政及配套工程还有16类、近110项。预计将有200个国家和国际组织参展,吸引7000万人次的海内外参观者。

令人关注的大城市会展中心只是全国会展物业市场的一部分,另一支生力军正在悄然地发展壮大,那就是中小城市会展中心的崛起。2002年建成浙江台州、山东菏泽等地的场馆,一批中等及县级城市都相继建造会展物业,2004年全国各地仍有不少中等及县级城市正在为建设会展物业做规划、招标和融资。

(二) 单个场馆规模不断增大

中国目前已经认识到会展物业在规模上与国外的差距,因此,近来新建的会展物业面积不断扩大。如上海新国际博览中心规划展馆面积为25万平方米。近来中国贸促会又传来信息,北京新国际展览中心的控制性详细规划已经通过审查,即将从规划阶段进入实施阶段。一期工程总建筑面积37万平方米,其中展馆面积将达到20万平方米。总投资约20亿元人民币,除了贸促会自筹部分外,将通过政府间贷款方式筹得。

(三) 区域会议展览带已经形成

我国区域会议展览空间已经初步成长起来,由于会展经济对城市具有强烈的依附性,因此,会展带与城市带在空间上具有一致性。目前我国最大的两个城市群,同时也是我国经济较为发达的两个区域,珠三角和长三角区域已经成为我国未来会展经济发展的增长极。

1. 长三角展览带

长三角展览带城市纷纷将会展定位为经济增长的重要支柱产业,各种展览场馆也不断兴建。2003年宁波国际会议展览中心、杭州市国际会议展览中心等五家展览场馆的建成和完成扩建工程,加之2003年内破土动工的会展物业,如苏州国际博览中心、上海汽车会展中心和杭州西湖会议中心,使长江三角洲展览带成为2003年度全国场馆市场最为活跃的区域。以杭州为例,杭州和平会展中心扩建工程的完成,以及杭州市国际会议展览中心的落成,杭州的室内展览总面积达到了156396平方米,使杭州具有接待大展的硬件能力,解决了杭州会展发展受制于场地局限的瓶颈问题。宁波国际会议展览中心,可搭建2500个国际标准展位、提供1600个车位,为长江三角洲南翼地区搭建了展览业发展的平台。

2. 珠三角展览带

珠三角则是我国会展经济发展历史最为悠久的区域,如久负盛名的广交会,新兴的深圳高交会等都是该区域著名的品牌会展。加上该区域工业经济较为发达,更为会展经济的发展和会展物业的建设提供了有力支撑。

2003年1月2日亚洲最大、国际第二大的会展中心,广州国际会展中心(面积仅次于德国汉诺威展览中心)投入使用。广州琶洲国际会展中心建筑总面积达70万平方米,占地面积92万平方米,规模为目前亚洲第一、世界第二。会展中心第一期工程占地43万平方米,拥有三层共16个展厅,展厅总面积16万平方米,可提供国际标准展位10200个,另有2.2万平方米的北广场可作露天展场。这里不仅可以进行商品展览、商贸洽谈,还兼顾展商、宴会、新闻发布以及大型集会、庆典等功能。会展中心的建成使广交会这张城市名片的分量越来越重。新馆的介入驱动展览会重新布局,参展商、观展者和相关服务企业在城市中的流向发生变化。同时,随着深圳会展中心的完工,以及位于香港新机场的亚洲国际博览馆2005年的落成,将使包括香港在内的珠江三角洲展览带的室内展览总面积增加173109平方米,这一增长必然进一步带动珠三角会展业的发展。

3. 环渤海展览带

以北京、大连为代表的环渤海城市带因为具有政治、经济和文化意义,也成为雄踞东亚地区的会展城市带。

(四) 会展物业集聚与分散并存

无论是会展中心城市在特定区域内的空间布局,还是会展中心城市内的会展物业的空间布局上,都同时存在集聚与分散并存的局面。会展物业的集聚有利于单体会展企业降低基础设施和市场营销成本,形成规模效应,而分散则利于树立新的形象。在会展中心的宏观区位上,环渤海带、长江三角洲与珠江三角洲形成了三个会展中心城市集聚带,在会展中心城市内,有的城市也形成了集聚带。以广州为例,如广州的中国商品交易会展览馆与新建的广州国际展览中心形成了相对集中的展览区。另外,在广州,会展中心的分散趋势也很明显,如由于广州会展业规模的扩大,在琶洲岛规划建设并于2003年秋季中国商品交易会投入使用的新会展中心,形成了一个新的城市副中心。

四、国内外会展业发展的特点

(一) 发展速度快,效益较显著

会展业一般被认为是高收入、高赢利的行业,其利润率在20%~25%以上。从国际上看,在瑞士的日内瓦,德国的汉诺威、慕尼黑、杜塞尔多夫,美国纽约,法国巴黎,英国伦敦,新加坡和我国香港等,都是世界著名的"展览城",会展业为其带来了巨额的利润和经济的空前繁荣。美国一年举办200多个商业会展带来的经济效益超过38亿美元;我国香港每年也通过举办各种大型会议和展览获得可观的收益;从中国内地来看,仅2000年春季举办的"北京第六届国际汽车展"就有40万观众前往观展,门票收入就达几百万元,其主办者收入粗略计算有8000万元。广州会展业每年直接收入13亿元。再如,2008年成都举办的会展活动达260个,不仅数量多、规模大,而且影响范围还很广。统计数据显示,全年成都市会展业的产值将达到13.5亿元,比2007年同期增长约20.1%,拉动消费180亿元。这种直接的经济效益所产生的吸引力是会展业得以发展的重要原因。

(二) 产业关联度高

会展业有较高的产业带动作用。会展业涉及服务、交通、旅游、广告、装饰以及餐饮、通信等诸多部门,不仅可以培养新兴产业群,而且可以直接或间接带动一系列相关产业的发展。据专家测算,国际上展览业的产业带动系数大约为1:9,即展览场馆的收入是1,相关的社会行业收入为9。这样高的产业关联度使得会展业成为带动城市和区域经济发展的新增长点,因此得到政府和各方面的重视和推动。据上海市测算,上海展览业带来的相关经济效益,直接投入产出比为1∶6,间接的可达1∶9,对该市GDP的拉动效应非常明显。

会展业还可增加大量的就业机会。据测算,每增加1000平方米的展览面积,就可创造近百个就业机会。在香港,一年的会展活动可大约为香港居民提供9000多个就业机会。

(三)成为新产品推介和对外交流的主渠道

传播先进的技术成果,展示和推广新产品、新工艺是会展的重要功能之一,从科技发展史来看,许多划时代的发明创造,如电话机、留声机、蒸汽机车、电视机等都是在展览会上首先进行展示和扩大影响的。即使是在信息技术和手段迅速发展的今天,会议和展览的便捷性、集中性、直观性和快速性,对推广新技术仍起着不可替代的作用。现代的会展以展示和交易的结合为基本功能,以国内外著名企业的品牌展示和高新技术产品、项目的交易为重点,形成国内、国外技术的沟通和交流,通过多种会展形式,企业不仅能够迅速、准确地了解国内外最新产品和发明的现状与发展趋势,而且可以通过会展形式充分展示自己的品牌,通过会展提供的信息渠道和网络宣传自己的品牌,通过商情咨询和分销网络销售自己的产品。

会展还能促进国内外的政府与企业、企业与企业、企业与消费者以及社会各主体之间的沟通与交往,在这方面"论坛"的作用是非常重要的。

(四)已经形成独特的会展市场运作模式

美国的达拉斯、比利时的布鲁塞尔、日本的大阪、韩国的汉城、我国台湾的台北等都有成功的市场运作实践。这些地方会展的共同特点是将短期展览和常年商品展示、交易结合在一起,将各类目标产业的产品集中起来,吸引各行业的制造商、代理商、进出口商以及批发商进入展场,从而形成独特的内销与外资相结合的"交易市场",并联合有关机构,将海关、商检、报关、运输等业务引进市场,为客户提供"一站到底"的服务。同时,利用市场的集聚效应,建立商情网络,提供商情咨询服务等。在我国这种市场运作模式在一些城市中已经出现,如上海的世贸商城,已初步显示了其综合性、多功能的市场优势,成为会展经济的一种有效载体。

五、会展物业的类型

如按照会展物业的功能,会展物业可以分为以下三类。

(一)单一展览功能的会展物业

这类会展物业基本上只具备单一的展览功能,无会议、餐饮、住宿、娱乐设施,最多也只是开设了一些小型会议室、小卖部之类的服务设施。这类会展物业很多都是20世纪五六十年代兴建的,如北京展览馆、上海展览馆、武汉展览馆、北京农业展览馆等。这类会展物业,不仅功能单一,而且面积小、设施落后,已经无法适应接办国际名展的需要。久负盛名的广州中国出口商品交易会,也曾为每年两届的春、秋季展期场馆不足的问题绞尽脑汁,到处租用邻近的酒店设分会场,以应付超过10万人的外国客商和众多的参展商。2002年的春季中国出口商品交易会,干脆分两段时间举行,按行业安排以7天为一段,中间的撤展、进场、布展的时间极为仓促,给参展商带来极大的不便。这类会展物业,如不加以改造则只能是遭到淘汰或改变用途。

(二)以酒店为主体的会展物业

会展业原本与酒店业是风马牛不相及的行业,但随着现代经济的飞速发展,会展业本身也向着综合性能加强的方向发展。会展业的这种新态势,从20世纪60年代开始,就引起了酒店业的注意,进入20世纪70年代,不少商业性酒店和度假酒店都涉足会展市场,并在实际上已发展到难以区别,有些酒店的收入中由会议所创造的占了70%。因此,在酒店建设中派生出一种新型的酒店——会议酒店。

会议酒店以住宿、餐饮、会议等设施为主,多附有小规模的展厅。会议酒店的房间数从250至2000间不等,另外还有一定的公共场所和设备。有的会议中心每五个房间就有一个会议室。

新的会议酒店倾向于会议的房间两倍于普通客房数,并且设立比典型的酒店要大的为入住登记和运送行李而设的公共场所。人流一般都分离,如散客与会议客人,可以通过大堂分流到不同的独立楼层,以减少噪音和拥挤,汽车也可以引向分离的停车场。会议层一般都有分隔,同时容纳各种不同的团体和活动的安排。会议酒店的灵活设计是为了最大限度地利用各种设施。

会议酒店是酒店业充分利用了商业性酒店的营销与管理的优势,所占据的是会议市场的份额,但并不具备承接大型展览的场地和能力。

(三)综合性的会展中心

这是近年来发展的以展览场馆和大型会议场所为主体,同时具有餐饮、住宿、娱乐、购物等综合功能的新型会展物业,占地规模和建筑面积均达10万平方米以上,甚至有些多达50万平方米。这类物业一般以超大跨度的钢结构,透光材料建成的屋顶,宽大的建筑体量,以及配上优美的外部环境和大面积的疏散广场,构成了一个特色鲜明、高低错落的建筑景观。这类会展物业以承接展览和大型会议为主,其他物业均为配套服务设施,代表了会展物业的主流及趋势,同时也是会展物业服务的主要对象。

第二节 会展物业的物业服务与经营内容

一、现代会展物业的特征

(一)场馆规模宏大

规模宏大是现代化展览中心的重要标志。现在国外新建的展览中心占地面积一般都超过100万平方米,巴黎北展览中心的占地面积高达115万平方米。展览中心的建筑呈现越来越大的趋势,一些展览中心的展馆面积达20万平方米,出于前瞻性的考虑,国外新的展览中心均留有一定比例的预留地,以便将来增建展馆。

(二)服务设施齐全

现代化展览中心不仅有展馆,还有会议中心,餐饮服务的场所和设施,使展览中心建成既可展览、开会,又可以进行文艺表演、体育比赛的综合功能型场所。为解决都市停车难问题,展览中心建有大面积的停车场,如慕尼黑展览中心的停车场可以容纳1万辆车位。

(三)智能化水平高

高科技在现代化展览中心得到充分的利用。目前国外展览中心基本上都配备了智能化程度很高的网络系统。比如观众、参展商电子登录系统、电脑查询系统等。此外,多媒体、手机短信等多种通讯手段也在展馆内得到了应用。

(四)设计以人为本

展览中心是为展商和观众提供服务的场所。因此在展览中心的规划和建造中,为满足他们的各种需求,现代化展览中心突出了"以人为本"的建设理念。

首先,场址选择"以人为本"。现代化展览中心的场址选择并将交通条件、环境条件和地形条件作为选址的首要因素进行考虑,并进行论证,同时场址选定后,仍要与市政规划相吻合。

其次,内部布局"以人为本"。展览中心内部合理布局,可以使展览中心内部管理有序,方便参展商和观众,提高工作效率。如在慕尼黑展览中心,人在展馆连廊里走,货物在地面上运,避免人流物流交织影响内部交通。餐饮网点分布到各个展馆周围,便于展商、观众就近就餐。会议中心与展馆保持一定距离,避免与展览发生冲突。场址内保留大片绿地,以便展商观众在工作或参观之余有休闲场所休息。

再次,展馆设计"以人为本"。现代化展览中心的展馆基本上都是单层、单体,面积约1万平方米,高度13~16米。经向观众调查及多方论证,上二层展馆的观众会减少一定的百分比,到三层则更少。单层单体1万平方米的展馆,正好是长140米,宽70米,处于人眼的正常视觉范围内,观众不容易迷失方向。高度13~16米是基于展台装修设计的要求,适合布展作业。

(五)布局经济实用

国外展览中心很注重经济实用性。如慕尼黑展览中心外观并不豪华,看上去类似一排排的厂房或仓库,展馆内也没有大理石的墙和花岗岩的地,但展商和观众需要的设施一应俱全,非常实用。尽管现代化展览中心占地规模大,但在考虑土地使用时,仍要"米米计较",绝不浪费。如两个展馆之间距离定在38米,正好是集装箱卡车掉头的最小宽度。

(六)政府大力支持

现代化展览中心公益性很强,因而其从规划到建造得到政府的大力支持。如慕尼黑展览中心的投资,巴伐利亚州政府和慕尼黑市政府各出资49%,剩余2%由当地的手工业协会出资。巴黎北展览中心是由巴黎市工商会出资建设的,但政府在土地等方面给予了很多优惠政策。我国地方政府在这方面的表现就更突出,有些城市在建展览中心时,政府不仅出钱、出政策,而且还出人,组成以市长亲自挂帅的筹建领导小组。

二、会展业物业服务与经营的特点

(一)运作机制灵活

虽然我国目前的会展企业对政府还有着较强的依赖性,展览项目的运作也多是传统方式的延伸,但从国际上看,特别是在欧美等会展业发达的国家,承办单位与参展商、参展商与订货商、承办单位和参展商与展览馆经营者之间,完全是按照市场化来运作的。展览经济中企业各项资源的配置,如资本的融合、展览专业人才的融合、展览品牌的融合以及办展方式的融合等,都是按照市场的调节来实现的。会展企业一般都拥有产权制度下的法人治理结构、较规范的经营责任制度以及较完善的激励和约束机制。在这种条件下,会展企业的经营机制更为灵活,经营者需要也可以根据市场环境的变化、参展商或供应商的特征变化等及时对经营业务作出调整,如业务领域的扩展、转移或退出等。

(二)专业化程度高

一方面,会展产业本身是一项专业性很强的产业,会展的策划和举办是一项操作性极强的系统工程,从筹办到招展、展出,从设计、布展、服务到打造会展品牌,在时间、空间、人员、物流等方方面面要做到运筹帷幄。就其专业要求而言,涉及会展史、会展科学、会展营销、会展广告、会展策划、管理模式、管理理念等诸多方面。同时会展经营还是一项政策性很强的工作,需要熟知经济政策、法律常识、善于运用"游戏规则"等。

另一方面,根据会展的市场覆盖范围或产品的性质,会展可分为专业性(垂直性)会展和综合性（水平性）会展。前者的主题性比较强，是针对具有集中兴趣的顾客而举办的，其规模一般要小于综合性会展。随着经济的迅速发展和会展市场的逐步完善，众多的会展为参展商提供了丰富的参展机会，参展商对市场细分的需求越来越迫切，综合性的会展已不能满足参展商的要求，专业性的会展成为会展的主流，几乎每个行业都有自己的会展。西方发达国家的会展大多已经历了从综合性会展向专业性会展的转型，我国的会展也有逐步转型的趋势。专业性会展成功的基本要素之一，即会展企业能否为参展商提供展览所需的专业设施及专业服务，它包括展览企业的整个运作过程，从市场调研、主题立项、寻求合作、广告宣传、招展手段、观众组织、活动安排、现场气氛营造、展后服务，甚至包括展览企业所有对外文件和信函的格式化、标准化等，都须具备较高的专业水准。

（三）经营开放性强

在整个国民经济中，会展经济本身就是作为一种开放性的经济形态而存在的。它不是简单的个体经济行为，而是一种集体性的大规模物质、文化交流方式，会展经济的发展会引起社会资源和要素在全国乃至全球范围内的流动。会展业是跨国度、跨地区的物流、资金流、信息流高度集聚的一个平台，是展示国家和地区经济发展水平的重要窗口，是一个高度开放性的产业。例如据德国一个展览业联盟统计：每年德国举办的国际性贸易展览会约有130多个，展出面积690万平方米，观众数量逾千万，参展商达17万家，其中近一半来自国外。

在出国办展方面，目前德国展览机构在全世界的办事机构达386个，形成了全球化网络，已有越来越多的德国企业利用各种展览会进入新的市场。会展产业的特性和内在运作规律决定了会展企业经营必须对外开放，实行开放性、国际化运作。

（四）注重协同发展

会展企业的主要经营目的是实现资源在短期内的集聚效应，因而对于企业来说，其目标市场往往是跨行业、跨地域的，一个会展的成功举办包括策划、组织、广告、物流、安全等多方面的实质性工作，对于规模有限的展览公司，仅靠自身的能力一般难以达到要求，而即便是规模较大的展览集团，也只是在营销网络、资金、人才及管理经验等方面拥有优势，要扩大规模、提高效益、增加内涵、打造品牌会展，还必须对展出地的市场有一定的把握，要能够充分利用展出地的客户资源，因此各个层面上的合作不仅是必要的而且是普遍的。会展企业间的合作可以通过多种方式开展，如可通过兼并与收购，形成新的会展品牌；可强化原有的品牌；也可以加强品牌合作，实现强强联合，扩大品牌影响；还可以组建股份制企业，通过合同明确合作各方的权限、责任和利益，实行合作经营。

另一方面，会展业具有很强的关联效应和扩散效应，会展活动中不仅包含了会展企业的经营行为，旅游、保险、金融、住宿、餐饮、交通、通讯等多行业的企业也有较高程度的参与，注重与相关行业企业的互动合作、协同发展，既是会展业物业服务与经营的一大特点，也是其成功经营的重要因素之一。

三、会展物业的物业服务与经营的内容

会展物业的物业服务与经营是一项复杂的系统工作，可分为日常管理和会展现场管理，前者主要包括硬件设施管理、信息管理、人力资源管理、财务管理、项目管理、市场管理等，后者主要包括安全服务、组织管理、物流管理、突发事件管理等。

（一）日常的物业服务与经营

1. 硬件设施管理

日常物业服务与经营中对硬件设施的管理主要指对开展各类型会展所必需的场馆及设施

的维护，会展中心建筑物和基本设施的日常维修保养等。如因设施的运作突然出现问题或技术支援不足而引致会展活动延误进行甚至中止，代价是非常高昂的，而后果也可能是非常严重的。会展设备设施的系统运作是会展企业整体营运成本的重要组成部分，良好的维修保养，除可防止设备和系统发生故障外，也可增加设备和系统的使用寿命和效率，从而达到降低更换成本，增加利润实现的目的。

2. 信息管理

进入知识经济时代，信息已经成为企业的一种重要资源，信息管理因而也成为会展企业物业服务与经营的重要内容之一。信息管理是由管理者在合法、安全、高效的前提下，对企业的信息活动进行科学的分析和组织，保障信息以恰当的形式呈现正确的流向，并产生和提供对使用者有用信息的一种工作。从某种意义上说，信息管理贯穿了会展企业物业服务与经营的全过程。信息管理包括：政府下达的信息，如国家公布的有关会展业的各项方针、政策、法令、经济计划、有关部门情况等；市场方面的信息，如市场产品销售、竞争者情况、消费要求变化等；从各方面获得的各种经济情况，如通过参观、访问、学习、经验交流以及咨询机构等获取的信息。对企业内部信息的管理，主要有管理部门的信息，如各种决策、计划、指挥、控制以及经营销售情况等；经济活动的信息，如会计、统计、业务核算等，还有原始记录、报表、总结等经济情况；技术方面的信息，如技术水平、工艺流程、新设备的研制和开发情况等。

3. 人力资源管理

在会展企业的诸多生产要素中，人是最具有主动性和主导性的因素。会展业与其他行业相比有其自身的特征，会展企业的工作人员也必须要具备特定的职业素养，既要求有十分广博的知识面，以适应不同内容的会展需求，又要熟悉和精通会展的业务操作流程，还要求有较强的组织、策划、公关、创新等能力。因此对专业人才的培养，对人力资源的开发与管理，直接关系到会展企业物业服务与经营的成败，而且从行业整体来看，专业管理及技术人才仍然是处于供不应求的状态。建立起完善的人才培养机制和用人机制，实现企业员工招聘、录用、培训、激励、约束等每一个环节的科学化操作是会展企业人力资源管理的重要内容和目标。

4. 财务管理

会展企业的财务管理是指企业为实现价值的最大化，从投入产出的角度对企业的资产进行管理，以达到企业资产保值和增值的目标。会展企业的财务管理主要包括经营中的成本控制管理；资本结构，即不同资本形式、不同资本主体、不同时间长度及不同层次的各种资本成本构成及动态组合的优化；财务分析，即评价企业过去的经营业绩、诊断企业现在的财务状况、预测企业未来发展趋势。

5. 项目管理

项目是会展业发展尤其是会展企业的物业服务与经营过程中的核心内容，主要是围绕会展的策划、设计与举办，一般有会展项目计划编制、实施及控制等环节组成。它依靠临时的项目团队实现横向的联合和纵向的沟通协作，使企业能够在确保时间、经费和性能指标的限制条件下，尽可能高效率地完成项目任务，达到目标，并在运作中改善管理人员的效率，让会展项目的所有利益相关者满意。

6. 市场管理

会展企业的市场管理是企业在一定的市场研究的基础上，包括市场供求关系、消费者行为特征、企业经营环境、竞争者等，依据自身的发展目标、资源优势及竞争缺陷等，选定合适的目标市场，设计适销对路的会展产品，制定合适的参展价格并采用恰当的营销组合，以有效扩大市场份额,保证会展企业获得最佳综合效益。

(二) 现场管理

1. 安全服务

会议展览活动的一个重要特征是大量的人(展商、观众、讲者、出席会议人士、嘉宾、工作人员等)和物(包括参展商供展出的各类产品以及辅助用品)在活动进行期间逗留或进出会场。保障场地使用者的人身及物品安全是会展现场管理的首要内容。因此会展中心内除了要配备专门的安全人员外,有关安全的设施如消防系统、安全通道、防火装置、警报系统、广播设备、紧急照明系统、后备发电机等都必须时刻保证运作正常。

2. 组织管理

对会展现场的组织管理是保障会展运行正常有序的关键,除了做好参展商的登记注册、展位的分配、保证展台区域及参展人员的环境、协调好场内外交通、处理好与合作企业及展出地政府间的关系外,还包括向参展商提供一定的礼仪接待服务以及做好必要的信息收集、记录、展示等。

3. 物流管理

会展企业的物流管理主要是针对会展项目中参展商的各类物品,协调好运输、储存、装卸、搬运、包装、流通、加工、配送等环节。在成功的会展活动中,场外物流配送应该对场内的洽谈结果作出瞬时反应,组织管理者能否与参展企业进行良好合作,合理高效地调配其物资产品,使之消耗最低的运营成本完成商品物资的时空转移,从而发挥出最佳的运营效率,将直接影响到整个会展的实际效果。

4. 突发事件管理

会议现场或展览现场可能会发生意想不到的突然事件,如紧急的医疗事件、参展商或观展者物品的遗失等。会展组织者在危机和紧急事件中要扮演领导角色,因此不仅要求组展企业成立专门的管理小组,对突发事件作出及时合理的应变反应,而且在事先应作好一定的准备工作,如列出可能发生的紧急事件,以便在事件发生后可以按事先设定的程序措施来处理,以提高效率,减少损失。

第三节 会展物业的前期管理

一、会展物业的规划与设计管理

作为会展活动开展的主要场所,会展物业的形象设计是会展形象设计的主要环节,它往往成为会展地形象的第一张名片。在规划理念上,应以参展商为本,以可持续发展理论为指导,建设便利、生态、环保、辐射力强的会展功能区。如上海新国际博览中心的设计理念就很好地体现了以参展商为本的设计理念,内设商务中心、邮电、银行、报关、运输、速递、广告等各种服务项目,以其一流的设施为中外参展商举办各类会展提供一个理想的场所。

(一) 会展物业规划与设计原则

会展物业既要有个性、好看,又要经济实用,要考虑投入与产出的关系。要综合考虑会展物业各部分用地的合理性和平衡性,建筑密度一般应控制在30%~35%,并配置合理面积的绿化;考虑人车分流、过境交通和停车场所。

1. 会展物业规划与设计要有特色

1998年是利物浦泰特艺术馆开馆10周年,它停业一年投入巨资进行扩建装修后,走进艺术馆就见美国艺术家马克名为"SOS"的作品:以地面作为海面,一艘沉船斜插海底,海面上漂浮着旅行箱等。作品既反映了现代人的漂泊无依，又表现了利物浦悠久的海运史。举办过 APEC 会议和财富论坛的上海国际会议中心，其两只巨大的球体造型引人注目，与东方明珠一同构成了上海地标性建筑。上海光大会展中心总建筑面积 24 万平方米，凯旋门式样的外观，由东、西两翼组成，并以空中走廊相连接；东馆为三组六幢高 30 层连体式大型综合建筑，西馆是一幢三层大空间的标准展馆，内部各种配套设施齐全，宾馆、公寓、商务、餐饮、健身、娱乐、休闲设施一应俱全。上海展览中心作为沪上展览业的老资格，有俄罗斯古典主义的建筑风格，在参展者观看展览的同时，也可以将建筑本身的风景欣赏个够。

2．会展物业规划与设计要能很好地体现会展的主题和气氛

1999 年昆明世界园艺博览会的场馆规划，就比较好地体现了"人与自然——迈向二十一世纪"的主题，以及建筑与园林园艺等自然环境相结合并服务于世博会功能需要的指导思想，基本达到了既突出园林园艺，又满足世博会功能需要；既讲求实效，又达到国际水平；既能充分展示中国园林园艺的精粹和特色，又能充分吸引国外参展者前来展示具有国际水平的园林园艺产品；既保证了圆满完成办会任务，又考虑了后续利用等方面的有机结合的目的。

3．情景化展示思维在历届世界博览会中较为普遍运用

2000 年汉诺威世博会中的德国馆是利用钢、玻璃、木结构建成的，馆中间有一棵智慧树，采用多媒体向来宾介绍展会；芬兰馆分为 5 层，每层是一个自然场景，如公园、草地、湖泊等，采用自然材料、自然通风和自然光，表达了森林之国芬兰的人民对大自然的向往。我国有的动态服装发布会也直接选择与活动主题一致的自然场地举行，例如西湖博览会中的服装发布会就曾选择在西湖畔的长堤上举行。国内展示设计发展已有一段历史，但还较多地停留在单纯从形式上寻找突破的状态，需要借鉴国外的先进理念和设计。

（二）会展物业规划与设计的内容

会展物业的设计主要分为两块，即外部设计和内部设计。外部设计主要涉及展览场馆的区位选址以及外部连通性，考虑的要素主要有场馆选址、交通组织、货物运输等。内部设计则涉及场馆的内部空间结构和功能分区等问题。

1．外部设计

（1）区位选址 从国内外主要会展国家的场馆建设来看，会展场馆选址有以下几种模式。

① 位于城市中心。这类会展中心以法兰克福、科隆和斯图加特会展中心为代表。它们多拥有较长的建馆历史，所处位置基本就在城市中心附近不超过 3 公里的距离。其周边已处于建成状态，可供会展中心扩展用地近乎没有了。其中地处欧洲交通枢纽和金融中心的法兰克福会展中心更具典型性。有建于 1909 年的世界最大的弯隆式建筑，有建于 1989 年达 265.5 米的当时欧洲最高建筑，已成为城市地标的博览会大厦。从会展中心步行仅 10 分钟可达市中心的火车站。建于 1924 年的科隆会展中心则与著名的科隆大教堂隔河相望，与繁华的市中心相距很近。

② 位于城市近郊。这类会展中心以杜塞尔多夫、柏林会展中心为代表。它们的历史相对较短，多建于 20 世纪 70 年代前后，一般处于城区边缘，距市中心 5 公里左右。既有便利的公共交通系统，又有相对宽敞的扩展用地。通过三十多年的运营，这些会展中心也在不断扩建改建。目前它们的扩建能力也近乎到达极限。以杜塞尔多夫会展中心为例，它的展览面积已经从最初 1971 年的 11.3 万平方米扩充到了 2000 年的 23.4 万平方米，现有场地已经接近饱和。

③ 位于城市远郊。这类会展中心以慕尼黑、莱比锡会展中心为代表。它们均为近年来

迁新址建成的，处于城市的远郊，距市中心10公里左右，靠近高速公路或快速道路。这类会展中心多是因原有市中心老馆发展受限制而异地重建的，它们的选址往往是改造利用一些衰落的产业用地。比如慕尼黑会展中心利用了旧的机场，而莱比锡会展中心则利用了废弃的工业垃圾堆场。选择远郊一方面能为场馆发展储备充足的建设用地，而同时也带动了城市新区的发展。

④ 相对独立的会展城。德国汉诺威是最典型的会展城，作为世界上最大的会展中心，它拥有近47万平方米的展览面积，俨然是个小城市的规模。它距市中心虽然仅6公里，但却自成一体，相对独立。凭借2000年世界博览会的契机，汉诺威会展中心改造扩建了部分场馆，进一步加强了其会展城市的功能。

(2) 外部交通组织　由于会展中心规模庞大，展览活动具有短期性的特点，因此展览期间人流、物流量相对集中。配备高效率、大容量的交通是大型会展中心必须的条件。因此，会展中心的外部设计应十分注意其外部交通的组织。通常考虑的外部交通条件包括以下几种类型。

① 公路交通条件。公路运输仍是目前主要的运输方式之一。高速公路和高等级公路是到达会展城市或会展中心的重要途径之一，同时也是重要的物流运输线。因此，多数大型会展中心建在城市的边缘或是郊区，靠近连接城市间的高速公路入口。不少会展中心甚至就坐落在高速公路边，如柏林、莱比锡和慕尼黑的会展中心。即便在市区范围内的会展中心也距离高速公路的入口不远，一般不会超过2~3公里。只有少数相对比较老的会展中心身陷于城市中心，距离高速公路入口比较远，制约了其自身的发展。

② 轨道交通及城市公交条件。在拥有发达的轨道运输网络的城市，其客运方式由以下部分组成：城际特快、城际列车和地区间列车。城际列车的时速一般可达200公里，因此乘坐火车是城市之间到达目的地的选择方式之一。如大部分的德国城市以火车站周边为城市的中心，火车站附近往往有便利的公交车或城市轨道交通系统可以通达会展中心。如杜塞尔多夫会展中心主入口有两条地铁线均直达市火车站；有一路公共汽车也可直达市中心。上海新国际博览中心就建设在位于城市轨道交通二号线的龙阳路站附近。柏林会展中心不仅在周边布置了城市铁路、地铁和公交巴士系统，甚至将专门的城市铁路修进了场地的中间，在会展期间开设专列。

③ 与航空港的联系。德国地处欧洲的中心，由于地理及经济的因素形成了几个重要的国际空港城市，如法兰克福、杜塞尔多夫等。因此，德国在会展场馆设计时，常利用航空运输的有利条件，实现参展商和参展物快捷的长途运输。德国的主要会展城市一般都拥有自己的机场。乘坐飞机是外国，特别欧洲以外的参展商和参观者的主要方式。因此，会展中心与机场的高效连接是会展活动的重要保障，也是其是否国际性的硬件基础。多数会展中心与机场的距离在15~20公里之间，其间有高速公路、城市快速路、城市铁路等相连接，15~20分钟即可到达。

少数会展中心则依托机场选址，如杜塞尔多夫会展中心距机场只有3公里，可以利用周边机场的配套设施，更好的解决旅行的效率问题。也有的会展中心距离机场比较远，这样的会展中心需要有高效的快速车行道辅助实现快捷的运输。如慕尼黑新会展中心距机场34公里，但高效率的城市外环路可以保证在20分钟左右到达。会展中心都会加设来往于机场和会展中心之间的专用巴士来解决大量人流的集散。

④ 与航运码头的联系。虽然河流运输并不是主要的交通方式，但河流航运仍是一些会展中心货流运输的选择之一。因此，许多会展城市坐落于河流旁边，有一些会展中心就沿河岸建设，如科隆、杜塞尔多夫的会展中心均建在莱茵河岸。因此，在有条件的城市，会展中

心建设可考虑与码头之间的距离。

2. 内部功能设计

会展场馆内部功能设计应遵循两大原则，即完善的功能和优化的环境服务。

（1）场馆功能 会展场馆目前已经不再仅仅是为会展活动提供空间的场所，会展场馆已经逐步成为城市中重要的景观建筑和经济活动空间。如国外的会展场馆同时还提供购物、休闲、娱乐等服务。因此，在设计会展场馆时，一方面应尽力完善会展服务型设施，如餐饮、购物、娱乐、商务，另一方面还应努力扩展其他类型的功能空间，力争实现会展场馆的一馆多用。

德国的会展中心一般都提供有必要的信息咨询站点和方便简易的餐饮休闲服务设施，大规模的会展中心还设有新闻中心、展览服务机构等。但酒店设施一般靠城市功能来解决，仅有少数的会展中心会有自己的酒店。如杜塞尔多夫市周边有7.5万张酒店床位，在大型会展期间预订酒店非常困难，因此会展中心就计划建设自己的四星级酒店。

（2）场馆环境 会展场馆内部环境同样具有十分重要的意义，环境的营造体现了会展场馆的精神和理念，是会展场馆理念形象的表征。一般而言，会展中心往往给人尺度大、人工化、缺乏生气的印象，而不少国外会展中心非常重视景观环境的人性化设计，包括庭院、屋顶和垂直绿化，从城市到展馆内外无处不在的标识、标志设计以及尽可能提供休闲的场所等。

在环境的特色化设计方面，比如绿化和环境处理，国外也领先一步。如慕尼黑和莱比锡的会展中心在场馆规划中均非常注意景观绿地的设计。它们共同的特点是在会展中心各展厅之间或主要的轴线上设置绿化休闲场地，供参展、参观者使用，并可开展多种室外展示活动。在场馆外围，特别是主要人口的周边进行大规模的景观设计。这两个场馆中还有大片的人工湖，这对营造良好的环境氛围，改善小气候及消防储备都很有好处。

（3）会展设施 会展场馆内部结构设计中对于会展空间的设计关系到会展活动的质量。因此，优秀的会展场馆都会在无柱大厅、展览面积、地面承压、展厅高度、展品运输、信息服务等方面加以特别关注。

二、会展物业的建设管理

目前国内会展业建设过于泛滥，稍微规模大一点的城市都建有大型场馆，但展览业的直接产值和社会综合消费与国外相比却差距甚大。而且中国现有会展物业数量多、面积小，遍地开花，无序发展，布局又分散，大大影响了会展中心的集聚功能，从而影响到会展经济的规模效应。

虽然中国会展场所总的说来还不够，特别是特大场馆的建设还很落后，档次结构也不尽合理，但是，会展物业应随着经济的发展而逐步建设，虽要超前却也不能太过超前。因为建设展馆的投资非常大，运营中费用也很高，必须考虑使用效率的问题。

（一）科学决策进行投资开发

各地政府在建设新场馆前，首先要把好科学论证关，决策之前务必要把会展中心的"物业服务与经营"与"展馆工程建设"同时进行项目论证，并把实现会展中心物业服务与经营目标作为工程投资建设项目中最主要的决策依据之一，凡是没有通过会展中心物业服务与经营论证的建设项目一律不得上马。如德国的新馆建设规划论证少则3～5年，多则像斯图加特新馆建设论证期超过了10年；在建馆规划的时候，就把"办什么样的展"作为建馆设计目标之一，展馆因此具有极强的专业功能性；场馆建设与场馆物业服务与经营并重，在新馆施工的同时就开始场馆的市场营销。因此，场馆建成之际，场馆的物业服务与经营自然进入角色。

因此，对会展物业建设的过热现象必须整改，应在可行性研究和战略分析的基础上，寻求最合适的发展规模；要从实际情况出发，因地制宜，在市场调查和预测的基础上，合理规划场馆的布局，明确会展的定位，如大城市可以搞综合场馆，而地方中心城市可以考虑突出特色，大力发展名牌与特色会展。

（二）转变观念进行市场化运作

展馆不是公共产品，传统的观念必须转变。尽管在德国等展览业比较发达的国家和地区，不少展馆是由政府投资建成甚至是由政府派员经营的，但这一点绝不应该成为我国各级政府竞相投资展馆并牢牢控制展馆经营权的理由。根据估算，有一大半的会展中心负债经营，这一现实问题解决的方式是使会展中心市场化，从而一方面保持会展策划人所需要的服务水平，另一方面又将亏损降至最低。正如美国最大的会展私营企业拉斯维加斯的萨兹展览会议公司副总裁兼总经理瑞奇·海勒所说："我们将展览中心的业务视为商业运作，我们懂得如何提供服务并且赚钱。"投资效率低等无序和低效状态具有重要意义，而且也是推进整个会展业市场化改革的重要环节。展馆产权的市场化改革并不意味着国有资产必须退出所有展馆的投资，相反，在那些经济相对落后的地区，政府投资未尝不可，只是政府投资必须采取非常谨慎的态度和严格的国有资产审批程序，必须经过严格的项目可行性论证，避免盲目投资带来的资产浪费。

我国会展中心建设和运营方面的矛盾和问题客观存在，如广州新展览中心已经建成，但是广交会在一段时间内就是不愿搬迁进去。出现这种情况的根本原因，就在于会展中心的规划、投资、运营、归属体制和效益核算都存在着不明、不顺、不清等深层次问题。要解决这一问题，就必须通过市场化途径。

一是大力引进民营资本和外资，实现会展中心产权的多元化和分散化。即通过鼓励民间资本、海外资本等参与新展馆的建设，优化展馆增量资产的产权结构，如由中外四方共同投资建设的上海新国际博览中心就是这种模式；鼓励各种非国有资本通过参股、控股等形式改造现有的国有展馆，如新加坡新展集团通过购买天津滨海国际展馆股权从而获取该展馆的物业服务与经营权；此外，国有展馆在不同国有投资主体之间的转移，同样可能带来产权优化的效果，如国有独资公司南泰集团竞买南京国际展览中心后对改善该展馆的经营同样起到了积极作用。

二是展馆物业服务与经营走市场化发展之路，鼓励多种形式的参股管理，鼓励多种经济成分的企业举办会展以提高场馆使用率；鼓励会展公司、会展物业的兼并重组，提高规模竞争力、品牌知名度和办展能力。成立独立的超脱于会展中心之外的会展中心管理公司，实施有效的会展中心管理模式，即在管理一个或几个会展中心的基础上总结出一套行之有效的管理模式并向其他会展中心推广，并形成一定的品牌优势，实行所有权和经营权的分离，借助会展中心管理公司的人才和管理经验，整合会展资源，采用合适的管理模式，并推动会展中心的集团化进程，上海国际展览中心与虹桥联合发展有限公司、中国贸促会上海分会及英国P&O ASIA BV 公司合资经营后引进国际管理经验，就赢得了非凡成就。

运作上引进外资、改善经营模式，也是突破展览场馆经营困境的重要措施。2004 年，新加坡展览集团与天津泰达集团签订协议，在天津设立专业国际会展管理公司——泰新会展有限公司，其中新展集团占到了 51% 的股份，拥有天津滨海国际展览中心的物业服务与经营权。这是国有展馆产权首次转让给外资。随着展馆经营权的出让，展馆自办会展的主办权也将随之转让，与会展、展馆相关的有关服务、设计和装修等项目的市场都会相应向外资开放。如厦门国际展览中心被建发集团收购之后，就开始筹备合资展览公司，与香港一家公司合资开设了金峰展览公司，与厦门伟业达展览公司合资开设了金洪信展览有限公司，并都占有51%的股份。展览中心所属的展览公司主要以专业展为主，在厦门国际展览中心举办的礼品展和石材展都取得了良好的效果。

三是提高服务质量，硬件上要倡导"满足"原则，能满足参展者的各项需求，在软件上要通过管理创新、服务创新、品牌创新和制度创新为客商提供个性化的优质服务。在发展过程中，无论是观众所关注的硬件设施，还是展览服务，以人为本、专业服务都将是展览业的全新标准。场馆建设应遵照"以人为本"的原则，加强规划、配套与服务设施，致力于提供宽松的展览环境，使参展商和观众都感到舒适和满意。

四是注重会展活动运营过程中产业链上各相关企业的分工与协作，应各有所取、各取所长、优势互补、多赢共进，以提高会展经济的效率和效益。以拍卖为例，虽然拍卖也是一种让投资介入展馆经营的一种方式，但拍卖主管部门更应注重应拍者的经验及运作能力。具有明确的经营目标和丰富经验的买家，才是展馆良性发展的决定因素，这是拍卖以后能否运营成功、能否更好地带动当地经济发展的决定性因素。在展馆的市场化改革过程中，拍卖绝对不是唯一的形式，还可以也应该在使用权方面多做尝试，可以通过国际招标、企业托管等形式进行管理经营。对于面积较小的展馆则可以采取承包制或者分块转让的形式，承包给愿意投资的大型公司，这不仅会降低投资者的风险，也能真正把展馆利用起来。事实上，正是由于国内展馆普遍存在使用率不高的现象，才在很大程度上造成了不少地区政府负担过重的现象。现在一些城市的展馆功能落后，不符合市场的需要。对于那些在经济上没有价值的展馆，可以考虑改造成纪念馆等"公共产品"；而有些地处市中心黄金位置，但功能陈旧、价值不大的展览馆，可以考虑改造为博物馆或者大型超市，这也不失为展馆经营和利用的新思路。

当然，在实行会展中心的宏观调控方面，还是要借助政府之手，对一个地区需要多少场馆，规模如何，周边配套设施和人文环境如何，在科学调研的基础上作出切实可行的指导。政府淡出会展市场是指不直接干预，并不是说什么都不管，事实上西方会展发达国家对会展的有序发展也都进行有力的调控，如德国会展经济非常发达，但会展城市和大型会展中心却在宏观调控下屈指可数，从而既避免了资金浪费和恶性竞争，又充分保证了会展中心的规格效率。

第四节　会展物业的现场管理

一、会展物业的安全服务

会展物业是举行会议、进行展览的场所，也是群众性娱乐活动的场所。会展物业安全是会展工作的保障，是会展活动顺利进行的根本保证。它不仅直接关系到会展企业的正常经营，影响到会展客人的满意程度、企业的经济效益，还关系到企业甚至国家的声誉。由于会展物业活动具有人数众多、人员构成复杂、活动内容丰富等特点，因此其安全服务工作特别重要。

安全人员应经过专业培训，并熟悉场馆设施。一般而言，安全人员的主要工作职责包括以下几个方面：协助制服滋事者、防范火灾、汇报事故、熟知如何处理炸弹威胁、熟知场馆的紧急疏散示意图、行使人群管理权力、监督装货等。安全部员工最好有执法工作的经历，并熟知地方和国家法律。

(一) 防盗管理

对于盗窃事件，会展物业应当以防范为主，从加强内部管理与配备相应的设备设施着手，将防盗工作落到实处。

1. 加强内部教育和管理

从一些会展物业发生的盗窃案件来看，很多作案者是会展企业的员工（美国一家安全机构就展览厅内的各类安全问题在全美范围内进行的一项民意调查，参展商们认为展区内最主要的问题是内部人员偷窃）。会展工作人员在日常工作和服务过程中，有机会接触到会展企业的各种财物以及客人的财产。如果对他们的教育不够，管理不严，加上其自身修养不够，很容易发生偷盗，会展企业应当不断对员工进行教育培训，以建立一支高素质的队伍。

为保证客人和会展企业财产的安全，会展企业应当采取措施，加强内部管理，包括如下内容。

① 员工上班必须着工作装、佩戴名牌，不得串岗；上下班须从员工通道出入，主动让门卫检查所携带出店的物品。

② 加强客人入驻登记工作，注意验明客人身份。

③ 安全部加强对楼层及其他有关场所的巡逻；楼层服务员注意发现不正常状况；工程维修等人员进入住客房内，须有客房人员陪同，并进行登记。

2. 配备安全设施

（1）闭路电视安全监控系统　有条件的会展物业应当安装闭路电视安全监控系统，在有关公共场所以及展厅、客房的每层楼设置安全闭路监控摄像头，如有条件还可在电梯内安装鱼眼摄像头，以便在发现不良分子的时候随时跟踪。闭路监控电视的摄像头，可采用隐蔽型与外露型相结合的形式，隐蔽型的摄像头可以暗中监视会展物业的各部位，外露型的摄像头可以起到威慑犯罪分子的作用。

（2）红外报警系统　如有可能，会展物业应当在贵重物品寄存处、财务部、珠宝商场以及其他有贵重物品的地方，安装红外报警系统。在下班无人的时候，只要有人在上述部位出现，安全部就会立即接到报警。

（3）楼层紧急报警系统　为应付楼层、展厅及客房内发生突发事件时，安全部人员能以最快的速度赶到现场，会展物业可以在楼层某个部位安装紧急报警系统。一旦发生紧急情况，楼层服务员可以立即通过紧急报警系统向安全部报警。

（4）楼层电梯控制　会展物业是公共场所，为住店客人和社会公众提供各种服务。但是，饭店的各住客楼层属于非公共场所，非住店客人是不能随便进入住客区域的。在一些较大的综合型饭店，不但有客房、餐饮、各种娱乐健身设施，还有办公楼层、公寓楼层等。客房、办公、公寓等楼层，是不允许外来人员随便进入的，但作为招待服务性质的饭店，不可能像一般机关那样审查每一位进电梯的客人。这时可以通过电梯进行控制，非该楼层的人员，没有专用钥匙进入不了该楼层。如广州的花园酒店东楼为写字楼和公寓，高21层，上部为公寓，下部为写字楼。为避免闲杂人员进入公寓楼层和确保住户的安全，公寓楼层的电梯必须用住户专门的钥匙启动，才能开到公寓楼层。

（5）其他控制　加强对会展物业的出入口控制，封闭不常用的出入口。对于消防用的疏散通道，可安装单向火灾疏散门，必要时在疏散出口处设一个闭路电视摄像头。其他防盗管理措施还包括加强客房钥匙管理、使用电子锁匙系统、设置客人贵重物品安全保险箱等。

(二) 突发事件的处理

会展举办过程中随时都有可能遇到一些突发事件，如客人报失、紧急伤病、设备故障、停电、火灾、偷盗等。

特别值得一提的是伤病和食物中毒事故的处理。由于会展活动是一个人流、物流和资金流密集的群体活动，人们从外地赶来参展，在空气流通不畅的会展现场有时会突发疾病或感染上流行疾病，因而参展者通常发病率比较高。为此，会展组织者应建立紧急医疗救护系统，在会展现场安排医疗人员，症状轻的就地治疗，症状重的及时送医院治疗。我国对会展业进行危机管理历史悠久，早在1929年首届西湖博览会上就已制定了《传染病之预防与消灭》的应急方案，包括病类的选定、病人的发现、隔离及割断交通、消毒的方法、经费的支出等，可供借鉴。

如发现客人食物中毒，应立即报告本部门经理通知医生前往诊断，并通知安全部主任、值班经理和总经理，立即对中毒客人进行紧急救护。餐饮部要对客人食用的所有食品取样备检，对可疑食品及有关餐具进行控制，以备查和防止其他人中毒，并通知当地卫生防疫部门。通知中毒客人的有关单位和家属，并向他们说明情况，做好善后工作。如是由于会展物业提供的食品造成客人食物中毒，会展物业应负损害赔偿责任。

(三) 会议保密管理

很多会议都不同程度地涉及保密问题。会议机密等级主要根据会议内容的重要程度以及会议内容的泄露对与会单位利益的损害程度来划分，一般可划分为绝密、机密和秘密三级。

作为会议的举办地点，会展物业有责任、有义务配合主办者做好会议的保密工作，重点要做好以下几个方面的工作：一是制定保密纪律；二是技术保密；三是文件保密；四是会场和新闻报道的保密。

(四) 展品的安全服务

展品的安全服务工作可以被划分为四个关键阶段：展品迁入、开展时间、闭展时间以及展品迁出。

迁入和迁出这两个阶段是最关键的，因为在此期间，许多临时的、身份不明的人都能进入展厅。有些人不管是计算器还是工作桌，什么都想窃为己有。安全人员必须对可疑迹象和可疑分子提高警惕。在展品迁入阶段，会展物业有必要在装卸处和卡车入口处设立严密的安全检查，任何材料和展品要有展览管理处的通行证才能出入。在展览期间，看管展位的大部分责任就落在了参展商而不是安全人员身上，在大型会展中尤其是这样。在特大型会议中，应尽量控制参观者的人数，提高专业参展商的比例，充分利用代表证的标识作用，科学利用电子监视器等。

二、会展物业的现场组织管理

(一) 展前准备

每次展览前，应尽量掌握会展的第一手资料，从组委会、会展承接部门了解会展性质、规模、参展商资料、展务及货运计划、展位用电、展位分布、贵宾接待任务等一系列详细资料，以便于通知和协调物业公司各部门，做好相应的计划和安排，同时，仔细核对组委会、参展商及业主对物业服务的要求，提前做好人力、物资、项目活动等各项准备工作。

(二) 计划分配

接到业主下达的会展工作计划后，根据其要求和标准，一般按设备运行、保洁卫生、会展服务、安全服务以及环境布置等五个方面进行分解，制定物业公司的会展工作配合表，明确具体项目、时间、标准、操作人，责任到岗，任务到人，计划分配中还有重要的一点就是在时间上必须预置提前量。

(三) 标识、导视的制作与布置

该服务系统主要有三大类，第一类是建筑及公用设备设施的编号；第二类是服务标识；

第三类是功能标识。第一、二类标识系统多为提示性标识，是相对稳定的一个体系，分别按系统类别、性质与功能、规模、层次等确定系统代码、编号代码及功能识别码、视觉标志等；而第三类则因不同性质、类别及规模等展览内容提供临时、机动或相对稳定的提示性、禁止性的功能标识、导视系统，包括展馆功能指引及安全、导视警示等标识，并要考虑最能体现效果的最佳摆放位置和具体形式。此外，该系统还包括为新闻发布会、各类经济合同、经济活动仪式、展中展、会中会等编制的临时标识系统及隔离标识。

（四）布展装修管理

布展期的首要重点服务内容之一就是布展现场管理，即装修布置和展台搭建的管理。由于参展商都把现代展览当成展示自己的舞台，展台的设计搭建都尽艺术完美之能事，展览馆犹如装修艺术宫一般，日夜赶工，使展览馆的时间管理难度越来越大，管理的重点是特装展位、装修垃圾、各类粘贴物、私拉乱接电源、违反装修规定等方面的现场处理。

（五）货运车辆管理

布展期的另一重要管理服务内容是货运车辆的管理。由于布展车辆进场时间集中，车辆大部分都是经长途跋涉从全国各个地方汇集而来，驾驶人员均很疲惫，都想尽早进场，容易发生抢道、占道飞车、提前冲馆等情况，很容易引起司机之间、司机与管理人员之间的冲突。为避免秩序失控，保证货运通道畅通，必须在货运停车区按预定计划事先设置好第一、第二或第三控制区，协助交管部门和安全部门按"先来后到"的顺序编号排放，每个展厅入口处视具体情况控制一定数量的卸货车辆，并通过有关岗位按序号放行，记录所有货运车辆的型号、载重等详细资料，以便掌握不同类型、不同性质、不同规模的各类展览的货运量、车辆数目、车型，为今后的参展车辆管理提供依据。

另外，还要配合有关部门保持货运通道、展厅人行通道、安全通道、货运出入口处的通畅，及时清除各类乱堆、乱丢的包装物品，纠正违章停滞的车辆。

（六）会展现场巡视与跟踪服务

1. 现场巡视

为保证展览安全有序地进行，展务人员必须做好展馆的巡视工作。巡视内容主要是公共设备设施、功能服务设施、展览全程环境及现场控制等。巡视可分为日常巡视、定点巡视、突击加强巡视。

（1）日常巡视　按照巡视路线，每天以一定频率进行闭合式常规巡视工作。巡视内容根据展览阶段不同而有不同的侧重点。如布展期着重货运平台的秩序维护，车流、货流的引导及保持货物通道、货运出入口处的通畅，对违章搭建、抢占展位及特装展位的管理。

（2）定点巡视　根据每次会展的性质、规模确定重点巡视部位、重点巡视内容，加强巡视频度与力度。

（3）突击加强巡视　在不同的时段对某些安全隐患进行突击检查，以杜绝任何不安全因素。每次巡视都应做好详细记录，并及时协调解决各类问题。

2. 公用设施检查

为保持展览环境，会展期间各种公用设施的运行状态及使用状况的检查也是个非常重要的内容，包括洗手间、会展主通道、空调舒适度、电梯运行情况、安全消防通道、消防设施等，遇有问题，立即填写公用设施维修表，及时报送相关部门解决，并跟踪处理结果。

3. 展程跟踪

在布展和撤展期，由于各参展单位工程进度不一，几乎天天都有参展单位夜间加班，甚至24小时通宵抢进度，为了保证现场有人跟踪服务，展务人员必须利用有限的人力资源，合理安排，灵活调剂，实行全程跟踪服务，在保证服务质量的同时，确保每一过程有展务人员值班,直到展馆清场或闭馆为止。

4. 特装展位

由于特装展位的展台搭建复杂、工程量大、施工材料多,极易污染展馆环境,遗留的垃圾较多,增加管理维护成本,同时存在的安全隐患也较多,为此,就必须对特装展位制定专项管理规定,即在特装展位布展商进馆前,就先征收装修押金,发放关于"使用会展指定布胶带,严禁携带、使用违禁物品以及自行拆除、清运特装展台装修垃圾"等展馆规定,并与参展商签订"管理协议"。撤展时,由物业服务公司会展服务部会同业主对特装展位进行撤展联合检查。

(七) 提供咨询及其他服务

现代国际展览馆多为大型馆,结构复杂,功能设施齐全,对于不熟悉环境的参展商、参观者来说,需要大量的现场咨询引导,包括参展手续、展位、用电申请、位置功能指引、加班申请、施工布展、参展出入证办理等。展览过程中,许多顾客、访客、参观客、参展商、组委会等相互发生经济流、物质流、人流活动,全程需相应的会展咨询和引导服务。因此,物业服务公司必须在展厅内设立咨询服务部或服务台,负责有关的咨询和指引。

由于展览馆是人流、物流、信息流交汇的场所,信息的快速传递、展览秩序的维护、安全消防方面的告示通知、各类求助启事、宣传广告、优雅气氛的营造都离不开展馆播音这一手段,并且现在会展国际化趋势也越来越明显,因此,作为一流的展览服务需提供相应的双语播音。另外,展览现场还要有相应的翻译咨询,为参展商、顾客、参观客提供即时翻译服务。

遇到重大展览,常有中央首长、省市领导等贵宾参加,展务人员应首先了解贵宾的参观行程、路线和接待计划,做好相应的安排布置,包括开辟贵宾通道、沿途布置导视标识等。

会展现场接受投诉及其反馈也是会展服务体系的重要内容。会展管理人员须本着"让参展商满意,让参观者满意,让组委会满意"的宗旨,积极热情、灵活有效地处理各种投诉,积极解决存在的问题。同时,尽量收集各方反馈意见,每次展览都在组委会、业主、参展商、参观者等不同的目标群中选择对象,收集对会展服务工作的意见,以便不断提高会展的管理服务水平。

(八) 展品管理

管理公司在非展期负责整个展馆的安全秩序。但在展览期间,由于组委会、参展商和展品的进驻,则存在责任界限和责任移交问题。展览开馆时,管理公司负责展馆公共部分设施的安全和秩序的维护,展位内展品则由组委会、参展商自行负责,当天闭馆时,参展商清点好物品后,由管理公司会同组委会,对展览馆进行清场。清场完毕后由组委会将所有展品管理责任移交给管理公司,直到第二天开馆时,再由管理公司按清单移交给组委会。因此,清场的效率非常重要,时间拖得越长,展品的安全就越得不到保障。为此,会展服务部必须会同管理公司安全部、组委会的相关部门制定科学的清场程序,辅以播音通知,灯光配合,尽量在最短的时间内完成清场。

三、会展物业的物流管理

会展物业的物流管理,就是对会展物流的全过程进行计划、组织、实施、协调和控制,确保会展物品以较低的成本,高效、高质地实现时空的转移。

(一) 会展物流的特征

与一般企业商品流通的"单一输出模式"不同,会展物流是发生在短期内,同时与多个参展企业和客户发生关联的物质流通活动,具有其自身的某些基本特征。

1. "过程控制"的复杂性

会展期间的物流组织与管理工作是一项极其复杂的系统工程，在明确了会展主题、功能与层次等方面的定位后，需立即依据项目策划书中对会展场馆内部的布局和风格设计，购置或租借用于室内外装潢的材料和用于搭台摆台的设备物品；同时，还要尽快与参展企业取得联系，核定其参展产品的申报单，然后协助进行这些产品的运输，并安排好仓储。上面的这些工作在实际操作时显得非常繁杂而琐碎，每一环的衔接都要按照既定的程序来开展。

2. "体系优化"的双重性

物流体系的优化被称为第三利润源泉。为实现会展物流的合理化，需在物流体系的规划与运行过程中不断作出科学决策，随时根据需要对其进行优化调整。但在实际运作时，常常会出现物流体系优化用户最优（局部最优）和系统最优的矛盾，前者在物流过程的每一阶段从自身利益出发去寻找最小阻抗的路径，经过不断的自组织调整达到局部均衡状态，当太多的局部均衡存在时，物流体系就会远离系统最优，使整体效益受到不良影响。我们的目标应该整合用户最优和系统最优，找到两者的最佳平衡点，使之转化为全局最优。

3. 专业化程度相对较高

会展本身的特点决定了其各项组织管理工作必须具有较高的专业化水平才能突出个性、保证质量，尤其在会展物流方面，对专业化的要求更高。为了做好这项工作，必须拥有具备物资管理专业技能的人才、通畅的物流渠道、有效的物质配送手段和功能齐全的物质转运与仓储中心作为支撑。因此，专业化程度相对较高是会展活动物流体系的一个非常显著的特征。

4. 信息化要求相对较强

信息化是我国会展产业与国际接轨的一个重要衡量标准，也是会展产业发展的必然趋势。在会展活动物流的组织与管理过程中，物流信息管理是一项非常重要的内容，会展组织管理者会同各参展企业的有关人员必须不断对各种物流信息进行实时监控，并根据反馈信息及时调整物流过程中的具体行动措施。在构建现代化的会展物流体系时，首先要借助先进的科学技术手段，形成完备的信息网络。

（二）会展物流活动的要求

会展物流的基本任务，就是安全、快捷、准确、低耗地组织会展活动所需的物资和参展企业的展销产品，完成其由供货地点向会展现场的空间转移以及由会展现场向购买者的过渡，以满足会展活动的需求。

1. 安全

主要是指在物流过程中的货品安全。一般而言，会展活动所需的设备物品由组织者采购，而参展企业展销产品的运输则在会展组织者的统一调度下自行负责。承运人员在运送过程中要保证物品不发生霉烂、破损、腐败、水渍等损害物资原有使用价值的事故，避免因此而造成的供货质量不合格而导致的会展准备的中断。

2. 快捷

这一点是物流高效的体现，在确保运送质量、符合经济合算原则的前提下，要以最快的速度完成会展物资从供货地点到会展现场甚至购物者的空间转移，切忌物资运输迟滞，供货不及时，给会展活动造成不必要的损失。

3. 准确

会展物流的准确性要求很高，在发货、运货、提货等各项业务中，要保证货单相符，在物资运送过程中不发生错、乱、丢、差等责任事故，力求准确地完成物资的运输流通任务。

4. 低耗

经济性是物流运作的一个普遍原则,会展物流的低耗是指在保障上述三项要求的基础上,对物资运送所选择的运输路线、运输工具、运输方式等进行综合评价,继而选择最节省人力、财力和物力的组合,以最大限度地降低物流成本。

(三) 会展物流管理的主要内容

会展物流管理的目标是为了实现会展物品在流动过程中的效益,即时间效应和空间效应。为了实现这一特定的目标,需要协调各方资源、综合多方信息,以较低的成本和最有效的方式,在适当的时间将会展物品运送至指定地点。会展物流管理中的质量管理、成本管理、运输管理、仓储管理以及信息管理正是为了实现会展物流管理的目标。

1. 质量管理

会展物流质量包括会展物流对象质量、会展物流服务质量和会展物流工程质量。会展物流是为会展这一特殊的市场凝聚体服务的,而且会展活动的开展具有期限的短暂性和展期的固定性等特点,这就要求会展物品必须在严格的时间和空间要求下,通过高质量的物流作业来完成其时空的转移。会展物流质量管理必须满足参展商的要求,保证按参展商的要求将其所需的展出商品送达展出地点。会展物流质量管理的目的就是用最经济的办法向会展企业客户提供满足其要求的高质量物流服务。会展物流质量管理必须强调"预防为主",明确事前管理的重要性,即在上一道物流过程就要为下一道物流过程着想,预先防止可能会出现的问题,对流通对象的包装、装卸搬运、储存、运输、配送、流通加工等若干过程进行全过程的质量管理。

2. 成本管理

物流成本是指产品在空间位移过程中所耗费的各种劳动和物化劳动的货币表现,它是产品在实物动力过程中,如包装、装卸、运输、储存、流通加工等各个活动中所支出的人力、财力和物力的总和。加强会展物流费用的管理对降低会展物流成本、提高会展物流活动的经济效益具有非常重要的意义。会展物流成本管理主要包含以下内容:会展物流成本预测和计划;会展物流成本计算;会展物流成本控制;会展物流成本分析;会展物流成本信息反馈;会展物流成本决策。

3. 运输管理

所有物流活动的开展都离不开物品实体的流动,运输则是实现这一空间转移的主要环节。会展物品运输管理的主要目标就是在限定的时间内,科学组合各种运输方式,将会展物品从供给地运送到指定的地点。运输过程也是物流过程作为"第三方利润源"的主要实现途径,运输成本的控制对降低整个物流系统的成本有着至关重要的作用。

4. 仓储管理

仓储源于仓库的储存保管功能,但仓储早已突破了其原始意义,仓库也不仅具有储存保管的功能,反之,这种功能也不一定由仓库来完成。在会展物流过程中,虽然没有生产企业产品物流的大批量、多批次的仓储作业,但是,在会展期间仓储的合理安排也对会展活动的顺利进行和快速反应产生重大的影响。因此,会展物流仓储管理的目标主要是通过会展物品在会展中心或附近的库存场所的仓储管理,实现会展的供求调节好配送加工等功能。

5. 信息管理

从一般狭义的定义来讲,物流信息是指物流作业过程中的信息总和,与运输、仓储等各个环节有着密切的联系,起着神经系统的作用。广义的物流信息不仅指与物流活动相关的信息,还包括可间接联系的其他流通活动的信息,譬如市场信息、商品交易信息等。会展活动信息具有量大、变化快、关系复杂等特点,所以会展物流信息管理的主要目标是为会展活动提供迅速、准确、全面的物流信息,以便进行科学的决策。

【思考题】
1. 什么是会展业?会展业的特点有哪些?
2. 会展物业的物业服务与经营有哪些内容?
3. 会展物业的前期管理内容有哪些?
4. 什么是会展物业的现场管理?其主要内容有哪些?

第八章 工业园区物业的物业服务

第一节 工业园区物业概述

一、工业园区的概念

工业园区指由政府规划建设的，供水、供电、供气、通讯、道路、仓储及其他配套设施齐全、布局合理且能够满足从事一般工业生产和科学实验需要的标准性建筑物或建筑物群体。

工业园区是按照政府统一规划、建设，基础设施配套齐全、适合生产企业单位开展生产经营活动的区域。生产企业单位以工业园区为生产基地，开展产品的开发研制、生产制造、加工及组装等经营活动。工业园区主要由工业厂房和各种原材料库房、成品库房组成，此外，工业园区内还有一定的办公楼宇、生活用房、服务设施以及配套的公共设施和相关场地，如变电站、污水处理站、停车场、道路、绿化带等。

二、工业园区物业服务的现状

（一）工业园区物业服务立法不完善

随着城市建设突飞猛进的发展，城镇居民生活设施的改善，成片的住宅小区、公寓、写字楼、商厦、工业园区的建成，房屋售后物业服务也越来越重要。社会化、专业化的物业服务是改革开放过程中出现的新生事物，由于缺乏相应的物业服务法律规范，致使物业服务过程中产生的大量纠纷得不到及时解决。我国自1994年以来，就开始了物业服务的立法工作，并已基本形成体系。

我们应当承认，物业服务企业的某些职能与政府的某些职能存在重叠和交叉，特别是在居住环境、保洁卫生、消防治安、公共绿化、公用设施、道路养护等方面。由于二者地位和作用不同，所代表的利益不完全相同，工作的出发点也不同，可能会在工作中引发各种冲突。对此除了及时沟通、消除误解外，还需要法律上确定二者各自的职责范围及其在相关领域的配合机制。

对于工业园区物业服务来讲，我国的立法更是相对滞后。至今，尚无一部关于工业园区物业服务的法律法规。在司法实践中，涉及工业园区的物业服务大多参照住宅小区的法律规范执行。此外，由于对工业园区物业服务中遇到的相关法律理论问题研究也不够深入，导致在工业园区物业服务中产生的许多法律纠纷难以处理。

（二）工业园区的市场化程度不高

目前，全国工业园区物业服务市场处于一种竞争十分激烈的局面，这种市场化的导火索一旦点燃，整个物业服务市场则会烽烟四起。届时，一个企业再想进入物管市场，分得一杯羹，困难更大，为时已晚。所以，对一个物管企业而言，目前是抢占物管市场的最佳良机。当前获得物业服务市场的方式主要有如下三种。

1. 通过公开招投标占领市场

这种方式就是通过公开招投标的方式获得物业服务权。这是物业服务市场化最根本的方式。但目前通过公开招投标方式获得物业服务权的物业比较少，在整个物业服务市场所占的比例也小，而且主要集中在一些政府的公共型物业。

2. 通过协议招标方式占领市场

这种方式就是通过协议招标的方式获得物业服务权。一般是较优秀物业的开发商邀请一些知名品牌的物业服务公司进行管理。目前，在物业服务市场上，这种方式比较常见，而且项目数目较多。

3. 通过自建自管方式拥有市场

这种情况就是房地产开发商将所开发的物业委托给下属的物业服务公司进行管理。这是目前非常普遍的一种现象。这种管理方式影响了物业服务的市场化进程。

由于工业园区的物业服务费定价较低，业主或物业使用人的经济承受能力有限、管理难度大等，对市场化的物业服务企业吸引力较小，这类物业的市场化程度不高，一般由政府指定或开发商自建的物业服务企业进行管理。

（三）规划布局不够合理，房屋设计的使用功能不够全面

从目前来看，无论是经国务院批准设立的国家级开发区，还是经省、市人民政府批准设立的省、市级开发区，虽然都是按照全面规划、因地制宜、综合开发、配套建设的方针建设工业园区的，但大量的工业厂房从设计上就没有全面考虑房屋的使用功能，规划布局也不够合理。比如，许多标准厂房的卫生间很少，且分布不合理，导致入驻企业员工入厕难，这样一来，就大大增加了物业服务的难度，致使我们的物业服务员成了"消防队员"，处处救"火"。

（四）工业园区的配套设施不够完善

我国的开发区大都建在远离市区或在市区的边缘，基础设施、配套设施不够完善。无论是以高新技术为主的高新技术开发区、以工业为主的工业开发区，还是以金融商贸为主的金融商贸开发区，其供水、供电、供气、排水、道路、员工食堂、宿舍、宾馆、酒店、商店、医院、学校等基础设施、配套设施都不很完善。

三、工业园区物业的类型

工业园区是工业项目集中的地方，根据工业项目对环境的不同影响可以分为无污染工业园区、轻污染工业园区、一般工业园区和特殊工业园区。

（一）无污染工业园区

进入园区的工业项目对空气、水不产生污染，亦无气味，无噪音污染。

（二）轻污染工业园区

进入园区的工业项目不会产生大量有毒、有害物质，不产生废水、废渣，不产生噪声污染，无燃煤、燃油的锅炉等设施。

（三）一般工业园区

进入园区的工业项目必须设置防治污染设施。

（四）特殊工业园区

进入园区的工业项目因大量使用有毒有害的化学品，必须设置完善的防治污染设施。根据生产企业所经营工业项目的类别，又可以将工业园区分为高科技工业园区、化学工业园区、汽车工业园区等。

四、工业园区物业的特点

（一）规划区域大

工业园区一般由当地政府统一规划、统一建设、统一管理，规划占地面积较大，从几平方公里到几十平方公里不等，一般由若干幢厂房及配套用房组成。从使用功能上划分，工业园区划分有生产区、仓储区、共用设施区、职工宿舍区、绿化带等区域。

（二）资本投资量大、流通性差

建立一个工业物业，除了工业厂房以外，还有办公用房、生活用房和各种公共及服务设施，这些都需要很大的投资。工业物业由于其特殊性以及一些工业物业的规模性，使得工业物业在市场中成为一种交易缓慢的商品。这种物业的非流动性增加了所有人的投资风险，由此，也使得所有人对工业租赁者提出了更多的要求。

（三）建筑结构独特

工业厂房建筑结构不同于住宅、写字楼和商厦等建筑，为了满足各类企业生产的需要，工业厂房通常采用框架结构、大开间的建筑形式，室内净空较高，采光和通风条件较好，房屋抗震动、耐腐蚀能力和楼地面承载能力较强。

（四）基础设施配套要求高

企业正常生产和科研开发需要充足的水、电、气、通信等方面的供应，工业园区一般建有高负荷的大型变电站和处理能力强的污水处理厂，邮电、通信设施齐全，实现光缆传输数字化，交换数控化，以满足工业园区内企业的生产要求。

（五）环境易污染

工业园区的生产企业在生产时一般都会不同程度地对环境产生污染，主要污染类型有以下五类。

① 空气污染。造成空气污染的因素有燃煤排放二氧化硫气体、机动车尾气、工厂内排放的化学烟雾和粉尘等。

② 水体污染。工业废水含有大量有毒、有害污染物，进入水体内造成水体污染。

③ 固体废弃物污染。人们在生产、生活中扔弃的固态物质。

④ 噪声污染。包括交通噪声、生产噪声和生活噪声等。

⑤ 电磁波污染。

（六）交通条件好

工业园区是生产企业的生产基地，为了使产品生产出来之后能够迅速销往国内外各地，工业园区一般远离交通拥堵的市区，而选择在距离机场、铁路、水路、公路交通主干道附近的交通便捷区域。区内的道路宽阔，与城市之间的主干道相连，可以通行大型机动车辆，方便运输。同时，工业园区的自然条件一般比较好，土地资源丰富，气候条件有利于企业的生产。

（七）享受优惠政策

工业园区一般都制定特殊的优惠政策吸引生产企业进入工业园区，这些优惠政策贯穿企业从前期立项、审批、规划、建设到后期生产物业服务与经营的每个环节，如有的工业区对入区企业实行行政费用减半收费,有的免收市政配套费、电力增容费等,有的实行企业所得税优惠政策等。

第二节　工业园区物业的物业服务特点与内容

一、工业园区物业服务的概念

工业园区物业服务包括工业厂房与仓库等房屋建筑的管理,以及厂房、仓库以外工业园区地界桩、建筑红线以内的给排水系统、围墙、道路、绿化带等共用设施及场地的管理。工业园区的物业服务是一项难度较大的管理工作,如厂房储存易燃货物与材料,易造成火灾;笨重的机器和存量过多的货物,其重量往往超出楼面结构的负荷;机器开动时会造成震荡,损耗严重,且噪声污染严重;固定资产比重大,维修、养护费用高等。

二、工业园区物业的物业服务特点

(一)生产用房管理是工业物业服务的重点

由于各生产企业都有其特殊的行业特点,专业性很强,因此管理者要了解不同行业的有关知识,有针对性地制定具有权威性和约束力的管理规定,保证生产的正常秩序。

(二)水、电、煤气等资源要确保供应

工业物业是为了保证生产的正常进行,特别是有些企业,其产品生产的过程要求不能停顿,因此任何的断电、断水、断气都会给生产带来重大损失。因此保证水电煤气的正常供应是工业物业服务工作的关键工作之一。

(三)制度严格,保证实施

工业厂房由生产车间组成,是用来生产产品的建筑物,直接关系到产品的质量,仓库是用来储存和保管成品和原材料的建筑物,关系到产品的完损和安全,所以必须制定严格的管理制度,如各种厂房、库房的使用管理规定,产品和原材料的出厂、入库管理制度等。同时,需要建立严格的监督检查机制,保证各项规章制度的有效实施。

(四)安全服务防范第一

由于生产产品的各种原因,工业园区内的厂房和仓库经常会放有一些易燃易爆材料,为了工业园区和工人的安全必须做好危险品的管理工作,定期进行检查,以消除安全隐患。工业原材料的防盗和防偷窃工作也是工业园区物业服务保卫工作的重要组成部分。一旦发生工业产品丢失或损坏,将会给企业的生产带来很大的影响,使得生产无法顺利进行。因此,对各种成品、半成品、原材料在库房的存放要采取严格的管理措施,对人员、货物、产品、原材料进出厂房和仓库建立严格的检查制度,防患于未然。

(五)保证道路畅通,绿化有序

工业园区内的交通是否畅通,关系到原材料是否能够顺利到达生产岗位,同时关系到生产出的产品能否及时地运出,因此,工业园区内的货物存放和装卸必须在指定区域的范围内进行,不得妨碍工业园区内的交通。

工业园区内合理与良好的绿化,可以为工作、生活在工业园区内的人们提供一个优美的环境,能够使人心情舒畅,减少工伤事故的发生。现代化的工业园区应结合生产过程的特点选择种植一些能够消除异味和吸收废气的绿色植物,力争将其建成"生态化"或"花园式"的工业园区。

（六）重点设备必须维护到位

工业生产离不开水电的供应，工业园区内水电的正常供应是保证工业园区内生产工作正常进行的前提。因此，物业服务企业要对水电供应设备进行有计划的检修保养，保证其性能正常。

电梯是工业厂房和仓库建筑物内的垂直运输工具，电梯发生故障将会使产品或原材料无法按时到达各个工位，妨碍生产的有序进行。各种管网为工业园区的生产提供着能源，同时将生产带来的废水排到指定地点，所有这些设备设施应按时、按计划地进行养护，出现故障及时抢修，保证工业园区生产的顺利进行。

三、工业园区物业的物业服务内容

工业园区的物业服务内容相当广泛，服务项目呈多元化、全方位的态势，归纳起来可分为"六大管理，三类服务"。

（一）"六大管理"的内容

1. 房屋及配套设施管理

由于工业厂房和货仓内多是存放为生产而用的笨重的机器设备和为生产准备的原料、半成品和成品等货物，其重量往往会超出楼面结构的负荷，再加上这些机器设备一旦开动起来，震荡严重，易造成房屋建筑物的严重损坏。因此，其保养和维修是频繁的、重要的，而且保养费和维修费都较其他物业昂贵。这类房屋建筑物的具体维修保养过程与其他物业相同。

由于工业生产离不开水电，因此，工业厂房物业服务中最重要的是确保水电供应，保证生产顺利进行。为了做到这一点，平时就要注意对房屋建筑物内的附属供水供电设备系统的精心养护和及时维修，并定期检查其性能是否完好。另外，设置备用发电机组对工业厂房的管理也是至关重要的，因为这样可保证在突发事故引起停电时，生产能继续进行。所以，对房屋及建筑结构，按设计要求管理。对公共配套设施，设备维修保养和有计划的大中修更新改造的管理的目的是延长房屋和配套设施的使用寿命，提高使用效率，维持正常的生产运作，这是物业服务的重要内容。

2. 环境卫生管理

主要包括公共环境的保洁，制定占用公共场所和各种违章搭建等破坏厂容厂貌的行为的处罚办法，尤其是监督"三废"的污染源，以保障业主（租户）的生产生活环境优美。

3. 安全消防管理

是为了保障管辖区内有序生活、生产而展开的一系列管理措施，旨在保证业主（租户）的生命财产安全。必须在"以防为主、消防为辅"的原则下，制定科学严密的消防体系。

（1）安全服务 工业园区内地域广，建筑物类型繁多、功能各异，生产单位连续作战，生产产品数量大，人员、车辆繁杂，生活区同生产区混杂，同时，各生产企业又有各种不同类型的管理方法，物业服务企业不可能过多干预，只能同各生产企业及生活区的管理单位密切合作，相互配合，积极参与，才能较好地完成管理工作。

物业服务企业应根据工业园区的规模和安全工作量的大小，配备相应的安全人员。采取重点安全与一般安全相区别的方式，对重点部门和相对集中的区域要实行24小时巡逻，对财务室、仓库等重点部位要安装报警装置和监控装置。

（2）消防管理 由于生产产品品种原因，有些工业厂房储存的原料和成品是易燃易爆货物和材料，极易造成火灾危险。为了工业厂房和工人生产安全，做好消防管理是至关重要的。因此，工业厂房及货仓的消防管理应比其他物业更严格、更细致。

此外，对工业厂房及货仓来说，防盗防窃的保卫工作也很重要。这是因为工业厂房和消防管理的基本目的是防止工业园区发生火灾，为业主、生产企业、职工、住户等的工作、生活提供安全保证，增强他们的安全感，保护其生命财产的安全。消防管理的方针是"预防为主，防消结合"，要求消防工作在思想上要把预防火灾放在首位，从人力、物力、财力、技术等方面做好灭火的预防，确保物业的安全使用。

工业园区内的防火管理工作，应做到专职和兼职人员相结合，实行物业区域内的所有单位一把手防火责任制，同物业服务企业签订责任状。物业服务企业要定期对防火工作进行检查，发现问题及时处理，确保消防保卫工作万无一失。

4. 绿化管理

对管理辖区内的公共花园、零星花草、绿地树木组织种植和定期保养计划，重在保养，力争把工业园区建成花园工厂，以美化和净化环境。

搞好工业园区的绿化卫生管理工作，为员工工作、生活、娱乐提供一个优美的环境，从而让员工工作时精神饱满、心情舒畅，减少工伤事故的发生。因此，同其他物业一样，工业园区的绿化卫生管理也很重要。当然，在具体管理上有些差别。

如绿化方面应根据工业园区的生产特点种植一些适合排除工厂异味和废气的植物。卫生保洁工作也会因工业生产内容的不同而有不同的要求。由于工业园区的厂房使用功能上的特殊性，有的厂房难于保持保洁，如重工业生产厂房；有的工业厂房要求保洁度相当高，甚至要求车间内一尘不染，如生产精密化仪器仪表的工厂和食品加工生产工厂的厂房。因此，对不同的工业园区的厂房应有不同的卫生保洁制度和方法，对难以保洁的工业厂房，应勤保洁、勤清理、勤清扫。保洁要求高而严的厂房平时要采取保护保洁的措施，如进入车间要严格管理，要更换衣帽鞋子，戴好手套和帽子等。总之，尽管工业园区的保洁难度大，但仍要设法做好，以保证生产顺利进行。

5. 车辆交通管理

主要包括行车管理、停车管理、装卸货物安全服务等，防止车辆盗窃、损坏和酿成事故。

物业服务企业要在物业服务区域内按照统一规划、统筹安排、方便使用、便于管理、确保安全和有偿使用的原则，建立健全车辆管理制度，将机动车和非机动车分成若干个停车场，并设专人进行管理，确保车辆完好无损。依照国际惯例，物业服务企业应与车主签订车辆停放管理合同协议，明确双方责任，对工业园区内的车辆统一管理，对外来车辆也应作相应规定。

工业园区内货物运输是否畅通，关系到原料、物资、工具设备能否及时供应给生产，成品能否及时输送出去，并且直接关系到生产能否顺利进行。因此，为了保持工业园区内货物运输畅通工业厂房管理和货仓管理的非常重要的一个环节。保持工业园区内货物运输畅通的关键是要正确设立和管理工业园区内的货物装卸区和货物堆放区，使材料、货物的装卸、堆放不影响园区道路的畅通，也便于货物的取放。物业服务人员要经常检查工业园区的货物装卸堆放点是否符合规定，是否损坏了工业园区的道路地面，发现问题及时整改以保证工业园区道路完好畅通，发挥其应有的作用。

6. 其他管理

主要包括物业早期介入和验收管理、入住管理、档案管理、财务管理、协调管理和队伍建设管理等。

（二）"三类服务"的内容

1. 常规性公共服务

为非合同零星服务，如代租、代售、代购机票、厂家内部设备维修等，是物业服务最基本的服务内容。

2. 委托性特约服务

为合同服务，如承接厂房仓库的装修工程、设备安装工程、厂房内部保洁工作等，是物业服务公司发展到一定水平时的服务内容。

3. 经营性多种服务

为全方位、多层次的综合服务，主要包括协助企业经营策划、广告策划、代理货物进出口运输业务等高级服务，是物业服务公司服务发展的方向。

第三节 工业园区物业的仓库管理

一、仓库的定义

仓库是指为了储存生产原料、半成品、成品以及为了配合物流管制而建造的适合存储的建筑物。

工业园区的仓库不准用作生活居住，除经公安部门批准同意设立专用库房外，禁止在厂内堆放易燃、易爆、有腐蚀性的危险品和有害物品。在仓库的使用中，各企业、车间应按照楼层的承受负荷要求放置设备和货物，如有超载放置而引起楼层断裂、损坏，管理者有权要求有关企业修复到正常状态，由此造成的损失由责任企业负责。

二、仓库的分类

仓库是工业园区物业的基础设施，按其营运形态、保管形态、建筑形态、功能等可划分为不同的类型。

（一）根据营运形态划分

1. 有用仓库

各生产或流通企业，为了本企业物流业务的需要而修建的附属仓库。这类仓库只储存本企业的原材料、燃料、产品或商品，一般工厂、企业、商店的仓库以及部队的后勤仓库，多属于这一类。

2. 营业仓库

专门为了经营储运业务而修建的仓库，是面向社会服务的或以一个部门的物流业务为主，兼营其他部门的物流业务。如商业、物资、外贸等系统的储运公司的仓库等。营业仓库由仓库所有人独立经营或者由分工的仓库管理部门独立核算经营。

3. 公用仓库

属于公共服务的配套设施，是社会物流服务的公共仓库。如铁路车站的货场仓库、港口的码头仓库、公路货场的货栈仓库等。

（二）根据保管形态划分

1. 普通仓库

常温下的一般仓库。用于存放一般性物资，对于仓库没有特殊的要求，只要求具有一般通用的库房和堆场，用于存放普通货物，如一般的金属材料仓库、机电产品仓库等。仓库设施较为简单，但储藏的物资种类繁杂，作业过程和保管方法、要求均不相同。

2. 保湿仓库

用于储存对湿度、温度等有特殊要求的仓库。包括恒温、恒湿及冷藏库等。如粮食、水果、肉类等的储存。这类仓库在建筑上要有隔热、防寒、密封等功能，并配备专门的设备，如空调、制冷机等。

3. 特种仓库

指用来储存单一特殊的货物的仓库。包括有危险品仓库，如石油库、化学危险品库等，以及用于专门储藏粮食的粮仓等。其特点是储藏物单一，保管方法一致，但需要特殊的保管条件。

4. 水上仓库

指漂浮在水面的储藏货物泵船、囤船、浮驳及其他水上建筑，或者在划定水面保管木材的特定水域，沉浸在水下保管物资的水域。近年来由于国际运输油轮的超大型化，许多港口因水深限制，大型船舶不能直接进港卸油，往往采用在深水区设立大型水面油库（超大型油轮）作为仓库转驳运油。

（三）根据建筑形态划分

1. 按建筑程度分

分为室内仓库、露天堆场、货棚、集装箱仓库等。

2. 按建筑构造不同分

分为平房仓库、多层仓库、高层仓库、地下仓库等。

3. 按建筑材料不同分

分为钢筋混凝土仓库、混凝土预制板建筑仓库、钢骨架建筑仓库、竹木制建筑仓库、金属容器仓库等。

（四）根据功能及其他划分

1. 储存仓库

主要对货物进行保管，以解决生产和消费的不均衡，如季节生产的大米储存到第二年卖；常年生产的化肥，要想在春、秋季节集中供应，只有通过仓储来解决。

2. 流通仓库

这种仓库除具有保管功能之外，还能进行流通加工、装配、简单加工、包装、理货以及运输工具中转等。具有周转快、高附加值、时间性强的特点，从而减少在连接生产和消费的流通过程中商品因停滞而花费的费用。

3. 配送中心

配送中心是作为向市场或直接向消费者配送商品的仓库。作为配送中心的仓库往往出现存货种类众多、存货量较少的情况，要进行商品包装拆除、配货组合等作业，一般还开展配送业务。

4. 保税仓库（保税货场）

经海关批准，在海关监管下，专供存放未办理关税手续而入境或过境货物的场所。也就是说，保税仓库是获得海关许可的能长期储存外国货物的本国国土上的仓库。同样，保税货场是获得海关许可的能装卸或搬运外国货物并暂时存放的场所。

三、仓库物业的物业服务内容

仓库是储存保管要地，关系到产品安全。工业园区的仓库无论是使用企业自行管理，还是委托物业服务企业进行管理，各企业都应遵守以下几项内容。

(一) 安全服务工作

仓库的安全服务工作主要有防火、防盗、防破坏、防抢、防骗、员工人身安全保护、保密等工作。安全服务工作不仅有专职安全员承担的工作，如门卫管理、治安巡查、安全值班等，还有大量的工作由相应岗位的员工承担，如办公室防火防盗、财务防骗、商务保密、仓库员防火、锁门关窗等。仓库主要的安全服务工作及要求如下。

1. 守卫大门和要害部位

仓库需要通过围墙或其他物理设施隔离，设置一至两个大门。仓库大门是仓库与外界的连接点，是仓库地域范围的象征，也是仓储承担货物保管责任的分界线。大门守卫是维持仓库治安的第一道防线。大门守卫负责开关大门限制无关人员和车辆的进入；接待入库办事人员并实施身份核查和登记；禁止入库人员携带火源、易燃易爆物品入库；检查入库车辆的防火条件；指挥车辆安全行使、停放；登记入库车辆；检查出库车辆、核对出库货物和物品放行条和实物并收留放行条；查问和登记出库人员携带的物品，特殊情况下查扣物品、封闭大门，封锁通道。

对于危险品储存仓、贵重物品储存仓、特殊品储存仓等要害部位，需要安排专职守卫看守，限制人员接近，防止危害、破坏和失窃。

2. 巡逻检查

由专职安全员不定时、不定线、经常地巡视整个仓库区的每一个位置的安全服务工作。巡逻检查一般安排两名安全员同时进行，携带安全器械和强力手电筒。查问可疑人员，检查各部门的防卫工作，关闭确实无人的办公室安全、仓库门窗关好、电源关闭，制止消防器材挪作他用，检查仓库内有无发生异常现象，停留在仓库内过夜的车辆是否符合规定等。巡逻检查中发现不符合安全服务制度要求的情况，采取相应的措施处理或者通知相应部门处理。

3. 防盗设备设施的使用

仓库的防盗设施大到围墙、大门，小到门锁、防盗门窗，仓库根据法规规定和治安保管的需要设置和安装。仓库具有的防盗设施如果不加以有效使用，都不能实现防盗的目的。承担安全设施操作的仓库员工应该按照制度要求，有效使用配置的防盗设施。

仓库使用的防盗设备除了专职安全员的警械外，主要有视频监控设备、自动警报设备、报警设备，仓库应按照规定使用所配置的设备，专人负责操作和管理，确保设备的有效运作。

4. 安全检查

治安责任人应经常检查安全服务工作，督促照章办事。治安检查实行定期检查与不定期检查相结合的制度，班组每日检查、部门每周检查、仓库每月检查，及时发现安全服务漏洞和安全隐患，及时采取有效措施予以消除。

5. 安全应急

安全应急是仓库发生治安事件时，采取紧急措施，防止和减少事件所造成的损失的制度。治安应急需要通过制定应急方案，明确确定应急人员的职责，发生事件时的信息（信号）发布和传递规定，以及经常的演练来保证实施。

(二) 消防管理

消防管理是仓库管理的首要内容。仓库消防管理的方针是"预防为主、防消结合"。重视预防火灾的管理，以不存在火灾隐患为管理目标。

仓库的消防管理工作包括仓库建设时的消防规划、消防管理组织、岗位消防责任、消防工作计划、消防设备配置和管理、消防检查和监督、消防日常管理、消防应急、消防演习等。

严格按照《仓库防火安全服务规则》布置仓库建筑和配置消防设备，并通过当地消防管理部门的验收。在任何情况下仓库的消防场地和设施都不得改作他用。要与当地消防管理部门商定仓库消防管理的责任区域，确定保持联系的方法。

仓库的消防管理是仓库安全服务的重要组成部分，由仓库的法定代表人或者最高领导人担当管理责任人，各部门、各组织的主要领导人担任部门防火管理责任人，每一位员工都是其工作岗位的防火责任人。形成仓库领导、中层领导、基层员工的消防组织体系，实行专职和兼职相结合的制度，使消防管理工作覆盖到仓库的每一个角落。

仓库根据需要可以组织专职消防机构和消防队伍，承担仓库消防工作的管理支持、检查和督促，应急消防，员工消防培训，消防值班，公共场所的消防管理，仓库消防器械齐备，消防水源和龙头要专用；备有先进的报警设备和工具；消防设备管理和维护工作。同时组织兼职消防队伍，承办各工作部门的消防工作，检查所在部门的消防工作，及时发现消防隐患。

消防工作采用严格的责任制，采取"谁主管谁负责，谁在岗谁负责"的制度。每个岗位每个员工的消防责任明确确定，并采取有效的措施督促执行。仓库需订立严格和科学的消防规章制度，严禁漏油运输车辆进入仓库；制定电源、火源、易燃易爆物品的安全服务和值班巡逻制度，确保各项规章制度被严格执行。制定合适的奖惩制度，激励员工做好消防工作。

仓库内的工作人员需要经过消防培训，考核合格方可上岗。仓库还需要定期组织员工进行消防培训，并结合消防演习，确保每一位仓库员工熟悉岗位消防职责。经常性开展防火宣传，保持员工的高度防火警惕性。

仓库的消防设备要有专人负责管理，建立严格的消防制度，明确消防责任人，要及时消除火灾事故等隐患；坚决制止挪用或损坏消防设备。根据各类消防设备的特性，定期保养和检查、充装。仓库、站场范围内要有明显的禁烟、禁火标志和找示牌，对违反规定动用明火、吸烟者要加以处罚。定期检查防雷系统，保证其处于有效状态。

（三）日常管理

① 防潮、防高温、防水浸应该是仓库环境管理的重点。
② 仓库周围要定期打扫、保持整洁。
③ 加强绿化管理，做好四季常绿，美化库区。
④ 建立仓库保洁打扫制度，仓位和通道保持干净，有的仓库还要做好灭鼠、灭害工作。
⑤ 仓库高处的大玻璃要定期擦洗，使仓库保持明亮保洁。

（四）共用部位的管理

工业园区内的通用厂房、仓库应根据工业园区管理规章的规定使用，各生产企业在进行分割和安装机器设备时，不可对建筑的主体结构造成损害，其楼面堆放的载荷不允许超过设计允许的载荷。施工前应与管理者联系，并提供图纸，经有关部门会签后方可施工。通用厂房、仓库的公共区域应在工业园区的管理公约中明确规定，任何企业不能以任何形式占用，确保发生特殊情况时货物和人员能够顺利疏散。

为确保厂房和仓库及附属建筑物群体协调美观，满足给排水及道路畅通、消防安全规程及生产人员安全要求，各企业不得在红线范围内的地基上或屋面、外墙、技术层搭建和安装设备，若要在外墙或屋顶设置企业标志和广告，应事先向管理者申请，经协调批准后方可实施。

第四节 工业园区物业的环境管理

一、工业园区环境污染的防治

为了防治工业园区的环境污染,物业服务企业应要求工业园区内所有企业遵守以下环境污染防治的基本要求。

(一) 水污染的防治要求

① 工业园区内所有的生活污水都必须排入公共污水管道,进污水处理厂集中治理;园区内所有工业废水也都须达到或经过预处理后达到污水处理厂的污水接纳标准后排入公共污水管道,进污水处理厂集中处理。在与公共污水管相接前,应设计一个采样池以便取样分析,没有达到污水处理厂接纳标准的工业废水须经过工厂预处理,达到污水处理厂接纳标准后方可排入公共污水管道。

② 严禁采用雨水或其他用水稀释工业废水。厂内的污水处理系统必须建在有遮篷的建筑物内,从污水池里溢出的污染物须能回收再处理,整个污水处理系统建筑物内的地面须涂有一层防化学腐蚀的材料。

③ 工业生产区地面必须设计雨水、污水分流渠道,如涉及酸、碱等化学物质,地面必须涂防化学品腐蚀材料。

④ 清洗设备须设置在工厂内,如设置在工厂外,则必须设在有遮篷的冲洗槽里,所产生的废水须集中,经预处理后排入公共污水管道。

⑤ 装卸液体化学物品场所和废料区须有遮篷,须设置防污设施以防止废物因溢漏而排入雨水管道,同时,还须设置收集池以收集溢漏污水。

⑥ 冷却塔内的废水须排入污水管道。

⑦ 由压缩机、发电机房漏出的油和含油废水须经过撇油处理后才能排入公共污水管道。压缩机、发电机房所有出口都须设置防污设施,以防污水排入雨水管道。

⑧ 锅炉废水必须经过冷凝降温至 45℃ 以下后排入公共污水管道,锅炉房的出口须设有防污设施,以防止污水流入雨水管道。

⑨ 所有用筒、罐等容器盛装的化学物品及油都应存放在建筑物内或有遮篷的专用存放处,存放处的地面需涂上一层防化学物腐蚀材料。存放处须备有防止泄漏和溢出的设施,不能有任何通道通向雨水管道或污水管道,所有的泄漏和溢出物(有毒工业废物)应全部收集处理。

(二) 空气污染的防治要求

① 园区内严禁在露天场地燃烧废弃木材或其他废料。

② 对大气产生污染的工业或商业项目必须装置有效的污染防治设施。

③ 园区内的企业不得设置以煤炭为燃料的锅炉等设施,可以燃气或燃油,但是,油的含硫量不得超过 2%,在靠近住宅区 5 米以内的范围里使用的油含硫量不得超过 1%。

④ 燃烧设施烟囱的高度、位置、直径都必须符合环保要求。

⑤ 同一地点建多个锅炉、烟囱应合并成一个。

⑥ 所有废气的排放均须达到国家环保部门规定的标准。

(三) 噪声污染的防治要求

易产生噪声污染的建设项目,需合理布局,采取消声、减震等措施以确保其噪声达到国家环保部门规定的排放标准。

（四）固体废弃物污染的防治要求

① 园区内不得建造露天的垃圾箱，建筑物内的垃圾箱要便于垃圾的运送。

② 一般工业"废渣"不得任意丢弃，"废渣"堆放场所要有防止扬散、流失的措施，以防止对大气、水源和土壤的污染。

③ 对含汞、砷、铬、铅、氢化物、黄磷及其他可溶性剧毒"废渣"以及其他易污染环境的工业"废渣"，必须专设具有防水、防渗措施的存放场所，禁止埋入地下或排入地方水体或污水管道，经专门处理后方可排放。

④ 工业"废渣"的存放及处理都需报批。

⑤ 易产生电磁波污染的项目，必须采取屏蔽或抵消磁波等措施以确保电磁波达到国家环保部门规定的排放标准。

二、环境绿化和保洁

工业园区内的绿化能够净化空气、防尘、防噪音，起到改善工业园区内部小气候的作用，还能够美化人们的工作、生活环境。为确保文明生产和绿化环境，无论购买或租赁的厂房和仓库面积为多少，均不得占用园林绿地。工业园区内绿地的类型有：公共绿地，包括工业园区、生活区域文化活动场所的绿地；公共场所、公共建筑及公用设施绿地；宿舍、住宅区及庭院绿地；道路及广场绿地。

工业园区的环境卫生要注重"扫防结合"，公共场所必须设置卫生桶、卫生箱等。由于工业园区面积大、人员多，清扫保洁的任务十分繁重，物业服务企业要配齐清扫保洁人员，对物业服务区域的卫生实行全天保洁。公路要天天清扫、洒水，制定纠正不卫生习惯的措施。垃圾要日产日清，清扫保洁人员要实行按分配区分片包干，责任明确，使物业服务区域内始终保持清洁卫生的环境。搞好环境卫生工作，物业服务企业虽然负主要责任，但是工业园区的业主、客户等也要配合，所以必须抓好宣传教育工作，把工业园区的环境保护、环境卫生与建设文明工业园区有机地结合起来，加强业主、客户文明意识和自觉遵章守制观念。

第五节 工业园区物业的安全服务

工业园区物业的安全服务管理分为内保和外保。内保大多由业主自己的员工担任，也有少量的业主请物业服务企业代劳，外保则均由物业服务企业负责。无论是内保还是外保，其主要任务是：依照国家法律、政策和业主管理规章制度，对出入大门的人员、车辆、物资进行严格的检查、验证和登记，以防止物资丢失，并防止失密、窃密，防范和制止不法人员混入工业园区进行各种违法活动，预防治安灾害事故的发生，确保工业园区内人、财、物的安全，维护业主正常的生产秩序和工作秩序。安全服务运作的一般规程如下。

一、工业园区门岗安全服务运作规程

① 实行24小时警卫值班，对出入工业园区和业主单位人员的身份证件和所携带物品进行检查、登记，防止物资丢失，监控外部无关人员进入工作区、生产区和生活区的情况。特别要警惕在原单位工作过后因种种原因辞职，以及被辞退、除名和开除的人员回来，严防用心不良者作案。

② 对进出车辆、物资进行检查，带物资出门必须有出入证，并查对其数量、规格，核对与出入证相符方可放行。

③ 维持工业园区内车辆进出和停放秩序，按指定地点停放、疏通车辆，以保证工业园区内车辆畅通无阻。

④ 熟悉工业园区的重点防火要害部位及消防器材与安全通道的分布情况，熟悉灭火、救火及公安消防报警的电话号码。能熟练使用灭火机器，一旦发现险情既会抢救又会指挥人员疏散和保护好现场。

⑤ 巡逻时，应认真检查各重点单位及门窗、火源、电气的情况，及时处理或上报巡查中发现的异常情况。

⑥ 节假日、夜间如遇突发事件，应及时向总值班和公司主管领导报告。

⑦ 遵守职业道德，不得滥用防卫工具和报警通信设备。正当防卫不得超过规定限度。

二、工业园区巡逻安全运作规程

巡逻的目的是有效地预防巡逻区域内各种事故、事件和案件的发生，依法同各种违法犯罪活动作斗争，确保工业园区和业主财物及人身的安全。

① 巡逻维护工业园区的正常治安秩序。

② 建立巡逻仪台账，将巡逻仪与传感器接通，每小时巡查一次，记录巡逻到位的原始凭证，维护和保证巡逻仪正常使用。

③ 预防、发现、制止各种违法犯罪行为，及时发现各种可疑情况，抓获现行违法犯罪分子。

④ 检查防范方面的漏洞，警戒并保护刑事、治安事件现场和灾害事故现场。

⑤ 平息巡逻中发现的突发性事件和意外事故。

三、工业园区进出车辆管理运作规程

① 所有车辆一律凭物业服务企业发放的"三证"进出工业园区大门（消防车、救护车、工程抢险车等特种车辆除外）。

② 业主的自用车辆应按国家有关规定办理有关手续，如上牌照、办理车辆保险等，并携复印件到物业服务企业办理"停车证"、"出入证"。物业服务企业根据租售合同的面积和车位条件予以核发"停车证"或"临时停放证"。

③ 进入工业园区的车辆不得鸣号，限制车速，按相应的交通标志、指示方向行驶。持证的车辆应停放有序，以不影响主要道路畅通为原则。工业园区行车通道、消防通道、绿化地及非停车区域不得停放车辆。所有车辆行驶和停放应听从工业园区管理员、安全员的指挥。对造成工业园区内公共设施、绿化等损坏的应照价赔偿，情节严重的还应承担法律责任。

④ 进入工业园区车辆应停放在相应的车位上，车辆若被损坏，由肇事者承担一切责任；若因未停放相应车位而车辆发生损坏，责任自负。

⑤ 进入工业园区的车辆不得随地洗车，须到指定地点计费清洗车辆；要修理车辆须经管理员同意，并不得损坏绿化和污染地面环境，修车产生的废弃物应由修车者自行带走。

⑥ 车辆载货出工业园区大门，安全管理人员凭业主盖章或签字的"货物出门单"放行。

⑦ 车辆在装卸货物时，不得影响其他车辆通行和行人安全；货物装卸完毕，应及时离开工业园区。

⑧ 出租车除特殊原因外，一般不得进入工业园区。送饭车辆进入工业园区，应办理"临时停放证"手续。

⑨ 装载易燃易爆、剧毒或有污染物品的车辆不得进入工业园区。

⑩ 所有车辆在工业园区内行驶、停放、装卸、操作、进行车内保洁时，应采取相应的处理措施，不得造成地面、空气、噪声等环境污染，情节严重的将处以罚款。

⑪ 进入工业园区的自行车、电动车（以下简称非机动车），应是合法车辆。

⑫ 非机动车进出工业园区大门应下车推行，在工业园区内应慢速行驶；非机动车应在指定车棚或停放区域内有序停放，并自行上锁。

⑬ 物业服务企业负责工业园区机动车、非机动车的停放秩序管理，不承担保管责任。业主或车主如有车辆保管委托，应另签订计费协议。

【思考题】
1. 什么是工业园区物业？
2. 工业园区物业的物业服务特点有哪些？其内容有哪些？
3. 工业园区物业的仓库管理的内容有哪些？
4. 工业园区物业的环境管理的内容有哪些？
5. 工业园区物业的安全服务的内容有哪些？

第九章 医院物业的物业服务

第一节 医院物业的概述

一、医院的概念、属性和特点

（一）医院的概念

医院是为患者提供医疗服务和进行医学教学和科研的特殊场所。医院内部大体上可划分为医院办公楼、门诊部、住院处、教学楼、礼堂、宿舍、食堂、配电室、机房、库房、锅炉房、停车场等。

（二）医院的社会属性

中华人民共和国卫生部颁发的《全国医院工作条例》第一条指出："医院是治病防治、保障人民健康的社会主义卫生事业单位，必须贯彻党和国家的卫生工作方针政策，遵守政府法令，为社会主义现代化建设服务。"这是我国医院的基本性质。医院的社会属性主要体现在以下三个方面。

（1）公益性　医院是卫生事业的重要组成。卫生事业的社会公益性规定了医院的公益性。总的说来，医院不能以盈利为主要目的。即使是属于营利性医院，也必须救死扶伤，实行人道主义。

（2）生产性　医院不是纯粹的消费性服务，而是通过医疗、预防及康复服务，使患者恢复健康，增强体质，保障社会劳动力的健康，医学科学技术属于生产力的范畴，医务劳动以医学科学技术为手段来防病治疗，并在医务劳动中不断发展这一科学技术，丰富和提高科学技术这一第一生产力。

（3）经营性　医疗活动需要人力、物力、财力的投入，必须讲究投入与产出的关系。医疗服务活动中存在着社会供求的关系。因而是具有经济性质的，受着商品经济价值规律的制约，存在着医疗服务市场的一些规律与特点。

（三）医院的功能

国家卫生部颁发的《全国医院工作条例》指出："医院"以医疗工作为中心，在提高医疗质量的基础上，保证教学和科研任务的完成，并不断提高教学质量和科研水平。同时做好扩大预防、指导基层和计划生产的技术工作。在国外，也有的将医院功能分为照料病员、培养医师及其他人员、增进大众健康和推进医学的研究四个方面。因此医院的主要功能为医疗，同时要担负教育培训医务人员及其他人员，开展科学研究、预防和社会医疗服务的任务。为完成这些功能，医院本身必须加强管理与建设。

(四) 医院工作的特点

医院是以病人和一定社会人群为主要服务对象的，是以医学技术为基本服务手段的，因此决定了医院工作的如下特点。

(1) 必须以医疗工作为中心　一切为了病人，发扬救死扶伤、人道主义精神，强调医疗效果。

(2) 科学性、技术性强　必须遵循生物、心理、社会医学模式去开展工作，既科学分工又强调科学的协作，成为有机的整体。

(3) 显著的随机性与规范性　疾病种类多，病情千变万化，必须具有随机应变和应急的能力；同时任何医疗行为都关系到人的生命安全，务必严格规范，严肃认真执行技术操作规程与要求，将随机性与规范性有机统一。

(4) 时间性和连续性强　时间就是生命，在治疗与抢救病人的过程中要分秒必争；同时接受病人就诊、病情观察与治疗要求连续不间断，各种工作安排都应适应医疗工作连续性的要求。

(5) 具有社会性与群众性　医疗服务面广、四面八方、各行各业、男女老少，医院应尽量满足社会医疗要求；同时医院工作受到社会各种条件与环境的制约，也离不开社会各方面的支持，必须做好公关。

(6) 要以社会效益为首位　使社会效益与经济效益有机统一。医院的公益性决定它必须坚持社会效益为首位；同时要讲经济效益，以增强医院实力，提高为病人服务的水平与效果。提高经济效益的根本途径在于提高医疗服务的水平与质量，注意投入与产出之合理比例。

二、医院物业的特点

相对于住宅区、写字楼、商场等一般性物业而言，医院是较难管理的一种物业。在管理中矛盾较多，困难较大，这是由医院物业服务自身的特点所决定的。

(一) 服务管理计划性

医院的物业服务项目繁多，涉及面广，而且由于医院医疗工作的随机性大而带来务必实时保障的要求。因此，加强预测与计划十分重要，否则，就会出现忙乱和失误。要在掌握医院工作规律，尤其是医疗工作规律性的基础上，做好人力、物力和财力的安排，建立相适应的工作程序，包括项目论证与决策、实施与反馈，保障效果评价；针对不同的保障要求，做好计划，规定提前准备时间及工作量；要有一定的应急措施，以应突发的重大医疗抢救等活动之所需。加强计划性，不能理解为器材、物资越多越好，恰恰相反，而是要使物资器材既能及时供得上，又不造成积压浪费。医院后勤保障的计划性是一门大学问，要从科学管理上提高计划的时效性和准确性。

(二) 效益追求经济性

医院是一个人多事杂、人员流动性高、全天候开放、24小时运转的公众场所和服务机构，尤其担负地区医疗保健骨干作用的大型医院，更是一个小社会，其物业服务系统处于高负荷、高消耗状态。虽然医疗工作是公益事业，但医院不是福利机构，而是相对独立的经营实体。国家推行事业机构改革，医院靠补贴来经营的传统体制正在逐步被取消，这必定给医院的经营带来新的压力。因此，物业服务的经济性是不言而喻的。医院的物业必须要按医院的经济规律管理，讲究经济效益，加强经济分析，提高设备物资的利用率、资金的周转率，在保证医院等业务工作质量的基础上，节约开支、防止浪费、重视废品利用等，都应切实落实，抓紧抓好。

(三) 服务对象双重性

医院的物业服务工作涉及医院的运转效率、环境质素、精神风貌，因此医院的物业服务不仅是一个保障支持系统，同时又是医院的一项体现人性化的形象工程和民心工程。医院物业服务的目的是实现医院的目标和任务，其工作的性质，决定了它的工作必须坚持为医院的医疗、科研和教学工作服务，特别是为临床第一线服务，服务上门、送物品上门，及时有效地保证各种供应，做好维修工作。因此，物业服务人员不仅给病人提供服务，还要同时满足医务人员的服务需要，而医务人员又在为病人服务，病人属于弱势群体，绝不像住宅区内的住（用）户或写字楼里的办公人员那么易于管理和服务，他们是处于心理弱势时期的特殊群体，医院的物业服务必须给予患者特别的关怀和爱护。

(四) 日常管理挑战性

医院的外来人员较多，对物业服务的要求较高，这里不仅需要保洁的卫生环境、优美的绿化环境、安全的治安环境、舒适的工作环境、宁静的教学环境、安静的休息环境，而且供电、供水、空调、电梯、供暖等设备设施也必须始终保持正常运行。

医院物业服务的功能除了是为医务人员和病人提供优质服务和高效管理，创造安全、文明、整洁、舒适的环境，还必须保证医院正常的医疗工作秩序。同时，良好的物业服务还能为医院树立品牌形象，吸引外来病人就诊，提高经济效益。医院物业服务范围广泛，包括医院主体（门诊部、住院部、综合楼、制剂楼等）、住宅区及食堂三大部分。每一部分的管理运作方式不同，由管理处统一协调控制。因此，医院物业服务功能和范围决定了管理的高难度。

(五) 服务项目专业性

医院是知识和技术密集型的服务对象，尤其集临床、教学、科研于一体，现代化程度高的综合性大型医院，科技含量更高，保障系统庞大而复杂。医院的诊疗、科研需要多方面技术包括物业服务的全体人员来合作完成。医院的技术密集型和劳动密集型协调运作是医院物业服务保障工作的一大特点。医院必须提高技术标准、服务质量，提升医院整体形象，以适应人民生活水平日益提高的消费观念、消费心理和消费需求。医院各类物业服务工作都有其技术的要求，尤其现代医院的要求更多更高。对仪器设备、建筑设施、环境净化、病人饮食营养、经济运转及经济分析等的技术要求远远超过以前；一个现代化的病房楼的保障需要多学科的知识。因此，建立相应的技术规范及管理规章，加强专业技术队伍的建设及管理人员的培训应作为医院物业服务的基本建设常抓不懈。

另外，医院作为病人治疗疾病、恢复健康的场所，需要有一个温馨、安静的环境，医院的保洁工作既要保证医院内的干净整洁，又要考虑到医院环境的这种特殊要求，大面积作业时，应注意防止机器设备使用时产生很大的噪音和对场地环境的污染，这是医院物业服务的一大特点。

保洁工作是重中之重，是管理工作面临的最大挑战。医院不同于一般住宅、写字楼，保洁也不再是扫扫擦擦那么简单，医院每天都会有大量的医疗废弃物产生，这些废弃物携带有致病菌和有害物质，必须按照严格的规定进行分类处理和清运，从事医院保洁工作的人员必须执行严格配对消毒、隔离和防护制度，防止出现交叉感染的情况。同时，保洁人员要具备一定的医疗常识，能够在工作中做好自身的防护。

(六) 安全服务特殊性

由于医院采取开放式治安管理方式，人员流动量大，进出人员复杂，并且楼幢多、面积大，因此管理难度大。安全服务工作不只是局限于常规的治安、消防、车辆道路管理，还须从事救护接应、帮助病人等方面的医疗专业性服务工作。

医院的特殊部位，如手术室、药房、化验室、太平间、库房、财务室等地方，应采取严密的警戒措施，重点加以防范，并建立处理突发事件的应急方案，一旦遇到突发事件，要能够确保病人的安全，同时要注意保护好医疗档案及各种试剂等。

在医院的物业服务工作中，还要特别注意人身健康安全的保护，楼道、病房等各类场所要经常开窗通风，以降低病菌的密度，医院的分区标记应醒目，医院的放射性工作室应做防护测定，并配以警示装置。

（七）设备运行连续性

医院担负着救死扶伤的社会任务，人命关天，治病救人高于一切，后勤保障供给分秒不能中断。医院的部分设备需要 24 小时不间断地运行，几乎无法利用停水、停电的方式进行设备维修。物业服务保障工作要求高、压力大。医院医疗工作的要求，决定了医院物业服务工作必须保持不间断性。在事关病人生命的分秒必争救治中要保证各种供应的通畅，水电暖处于正常状态，这给医院的物业服务工作带来了相当大的难度，无形之中增加了物业服务费用的支出。因此，医院设备的维修养护必须做到科学合理，对于不能间断运行的设备必须保证备用设备的良好适用性，一旦出现故障，立即将备用设备投入使用。在维护环境秩序上，要坚持不懈；在日常的病人和工作人员生活保障上，要持续地正常运行，不能时好时差；在各种仪器设备的维护上，要及时检查与维修，使之开得动用得上。要保持医院各项设备设施运转的不间断性，除了合理安排物资和人力外，还需有相应的制度保证。

有些医院存在楼宇老化、设备陈旧、配套设施不完善等问题，旧医院要取得与新医院或新住宅区同样的物业服务成绩，无疑要困难得多，这是对机电维修人员的一大挑战。因此，管理处必须充分发挥职能部门的作用和个人的主观能动性，积极采取有效措施，将医院设备维修服务工作做得细致入微。

针对医院物业服务的特点，物业服务人员必须遵循物业服务的规律并结合医院实际运作状况，使每步管理程序和每个管理环节形成一个制度化、系统化的有机整体，使内部管理和现场管理有机地相互协调配合起来。在日常管理过程中，诸如保洁消毒、机电维修、安全消防及对外关系协调等任何一个环节出问题，都将直接影响物业服务正常运行。因此，管理人员必须学会统筹兼顾，综合治理协调，从全局的角度看问题，而非各管一摊不问其他。

第二节　医院物业的物业服务内容和要求

一、医院物业的物业服务基本内容

医院后勤物业服务内容主要有以下几个方面。

（一）医疗设备设施管理

主要包括对房屋建筑、中央空调系统、锅炉、高低压配电系统、备用发电机、消防报警系统、给排水系统、电梯、水泵系统、照明系统、污水处理系统、楼宇智能系统、通风系统、制冷设备、广播系统、停车场（库）等的维修养护和运行管理。保证 24 小时的水、电、气、热供应，以及电梯、变配电、中央空调、锅炉房、氧气输送系统等的正常运转。电梯运行由专职驾驶员站立服务，层层报站，并做到微笑服务。

物业服务企业应做到根据医疗要求和设备运行规律做好维修养护计划，提高维修养护效率，保证设备设施的完好率，不得出现任何有损患者的安全事故。物业维修技术人员必须既有一定的理论水平，又有丰富的实践经验，在出现紧急情况时能采取有效的应对措施。

(二) 环境卫生保洁管理

医院的卫生保洁工作主要包括对医院各病区、各科室、手术室等部位的卫生保洁,对各类垃圾进行收集、清运。在垃圾处理时要区分有毒害类和无毒害类,定期消毒杀菌。医用垃圾的销毁工作要统一管理,不能流失,以免造成大面积感染。

医院的保洁人员应具备较高的素质,要掌握基本的医疗医护知识,清楚遇到突发性事件的处理程序,严格遵守医疗医护消毒制度。保洁人员要勤快,随脏随扫,同时保持安静的就医环境;应对医院环境熟悉,服务态度要好,切忌一问三不知。

有效开展对医院公共区域的绿化美化工作,定期对树木和绿地进行养护、灌溉和修剪,保证无破坏和随意占用绿地的现象。

(三) 医疗的辅助服务

护工服务是医院物业服务的特色,它是对医生和护士工作的延续和补充,是医护人员的得力助手。护工一般应具有中等专业知识和技能,在护士长和护士的指导下,8小时工作制3班运转或12小时工作制2班照顾病人的生活起居。

(1) 护工的工作内容

① 护送各病区不能行走病人、无陪伴病人的各种检查与治疗,为病人领外用药、输液和医用消耗品,打开水,协助行动不便的病人进行各种必要的活动。

② 保持病房整洁,物品摆放整齐划一,保持床铺平整,床下无杂物、无便器。

③ 及时收集送检病人的化验标本并取回报告单,急检标本立即送检;递送各种治疗单划价、记账,特殊检查预约和出院病历结算等。

④ 接送病区手术病人,送检手术中、手术后的手术标本。

⑤ 点收医护人员工作服,患者的脏被服和病员服。

⑥ 清点收送给各科室的洗涤物品。

⑦ 送修病区小型医疗仪器。

(2) 专业陪护 专业陪护人员为病人提供专业化、亲情化服务,要认真做好病人的生活护理、心理护理、健康宣教、饮食指导、病情观察等,治疗处置时要协助护士再次做好查对病人用药过程中的反应,发现异常情况及时报告。专业陪护员必须是卫生学校或医疗专业毕业的专业人员,经考核合格后方可录用。

(3) 导医、导诊 导医、导诊员要清楚科室设置、医院设施、医疗专业技术水平、特色专科,热情主动,有礼貌,有问必答,百问不厌,引导患者挂号、候诊、检查。

(四) 安全服务

医院的安全服务工作主要包括门禁制度、消防安全巡查、安全监控、机动车及非机动车辆管理、处理突发事件等,尤其要做好手术室、太平间、库房、药剂室、财务室、院长室等重要或特殊区域的安全防范工作。安全部门要加强对医护人员的安全保护,对于打架、斗殴或发生医疗纠纷的情况,要及时、慎重地进行处理。加强对医院出入口的监控,有效开展防盗工作,防范治安刑事案件。定期组织消防安全工作检查,彻底消除安全隐患。要配备专职的消防工作人员,成立义务消防队伍,不但要进行业务知识培训,还要举行消防演习。

(五) 病区被褥用品洗涤及供应管理服务

医护人员工作服及病人服、床上用品的点收洗涤及消毒管理工作主要包括病区脏被褥用品的收集、清点;分类放袋、分类处理等,传染性及被血、便、脓污染的衣物要密封;回收各类被褥、工作服,进行洗涤,病人衣服与医护人员工作服要分开,遵守衣物分类洗涤原则,回收的脏被褥要及时消毒浸泡;各病区干净被褥的分送要按时下发到科室并做好清点登记；每天做好破损物品的修补等记录。

(六) 医院的其他服务项目

(1) 开设商务中心　开展打印、复印服务；办理住院陪住证；办理电信卡、传真、火车票、飞机票等服务项目。

(2) 成立配送服务中心　服务内容包括病人接送、送取病人的常规化验、各种预约单、会诊单、出院单；保存、煎制、加热、送取各种药品等。配送中心实施24小时服务制度，可利用配送服务计算机软件系统科学管理配送人员；通过对讲系统，保证运送工作准确、及时、安全、快捷。

(3) 开办多功能的小型超市　出售生活必需品、新鲜水果、鲜花礼品、图书等物美价廉的商品，既可以丰富病人的生活，又可以有效控制因病人外出造成的交叉感染及意外伤害。

(4) 开设对外餐厅　可以满足患者家属就餐、患者医疗康复、职工生活服务三方面的要求。除追求色、香、味之外，更要注重营养搭配和医疗辅助作用。可以开展职工餐以及病人营养膳食的订餐送餐服务。

二、医院物业的物业服务要求

(一) 环卫保洁工作

医院的保洁人员应具备较高的素质，要掌握基本的医疗医护知识，清楚遇到突发性事件的处理程序，严格遵守医疗医护消毒隔离制度。医院的环卫保洁工作有如下要求。

(1) 严格遵守医疗医护消毒隔离制度　医院是各种病原体大量存在的地方，若有疏忽则极易造成交叉感染。医院地面经常受到病人排泄物、呕吐物、分泌物的污染，由于人员的流动量大，要及时清除地面污染，以免造成病原菌的扩散。严格区分无污染区和污染区的地拖、桶、扫帚、手套等保洁工具，不能混淆使用，特别要注意的是不仅每个病房的保洁用具不能交叉使用，病床与病床之间的擦布更不能交叉使用。防止病菌交叉污染。凡医院工作人员工作时必须穿戴好工作服和工作帽。对工作服（隔离衣）应定期或及时更换，进行统一保洁消毒。工作人员不得穿工作服进入食堂、宿舍和到医院以外的地方。手术室等部门的工作人员，应配备专职的保洁员，不准穿该室的衣服到其他病房、科室。因各个科室的消毒隔离要求不同，可采用日光暴晒、紫外线灯照射、臭氧消毒及用各种消毒溶液擦拭、浸泡等方法进行消毒。各个科室还要制定详细的保洁卫生制度及作业指导书，并严格执行。

(2) 保持安静的就医环境　医院是人们看病养病的地方，需要保持肃静。保洁人员工作时动作要轻快，更不要高声说笑，工作性交谈也必须小声进行，不可干扰医护人员的工作和病人的休息。

(3) 保洁要勤快　医院人流量大，地面、厕所等公用地方容易脏，保洁人员要经常巡察，并发动其他工作人员，发现垃圾要随脏随扫，随时保持保洁。

(4) 服务态度好　因服务对象大多是前来就诊的患者，有病在身，大多心情不太好或行动不太方便，一线的工作人员必须做到耐心、细心，虚心听取各方面的意见并加以改进，才有利于工作的全面开展。建立首问负责制，遇到病人的提问，要耐心解答，自己不清楚的要协助病人找到相关部门解决，切忌一问三不知。

(5) 提高警惕　医院是公共场所，难免会有医托、小偷等混杂其中，工作人员要时时提高警惕，发现有可疑情况及时报告相关部门并协助处理解决。

（二）消毒杀菌工作

该项工作主要是除四害；由于老鼠和蚊子是多种病菌的主要传播途径，所以医院的消毒杀菌工作和保洁工作具有相等的重要性。消毒杀菌人员须熟悉院区环境，掌握四害常出没的地点，熟练使用各种消毒杀菌药物，熟知作业过程的规范，保证院内没有虫鼠传播病菌和白蚁侵蚀物业设施。

（三）饮食管理

医院的配餐管理要求如下。

① 配餐员在营养食堂管理员的领导和病房护士长的指导下，负责点、送病员饮食，做好病员饮食的供应工作。

② 配餐员要熟悉治疗饮食的种类，掌握饮食搭配的基本原则，根据医嘱与病员饮食计划，按时、准确、热情地将热饭热菜送到病员床边。送餐过程中需保持卫生。

③ 负责提前一天统计第二天饮食及时收回餐具，避免损失，以便周转。洗餐具时要小心操作，搞好消毒，节约用水。

④ 虚心听取病员意见，并向领导反映，及时改进。

⑤ 了解患者的饮食习惯，将注意事项记录在案，加强完善下次饮食的服务质量。

⑥ 每天清洗配餐间、餐车、残渣桶。

⑦ 注意个人卫生，工作时穿戴工作衣帽和口罩。

（四）设备设施的维修养护

医院设施设备维修养护要求如下。

① 医院设备设施的维修养护必须适应医疗服务专业性、时效性、稳定精确性强的特点，根据医疗要求和设备运行规律加强维修计划，提高维修效率。

② 医院设备设施分布广、数量大，维修部必须加强管理，作出合理安排，提高维修及时率。

③ 医院的设备设施技术标准高。为实现医疗的优质服务，满足临床医疗的要求，后勤设备设施的完好率和安全系数都要达到较高水平，因此对管理水平的要求较高，特别是安全服务方面，要求不得出现任何有损业主和患者的安全事故。

④ 维修技术人员的素质要求较高。在业务技术方面，要求设备技术人员必须具有一定的技术理论水平，又富有维修工作的实际经验，特别需要具备一专多能的素质。并有独立工作能力和灵活处理技术问题的应变能力。

⑤ 维修部要有切合实际的工作方法和有效的再教育培训措施，并制定紧急情况的应对措施。

（五）安全服务工作

医院是治病救人，救死扶伤的专业医疗机构，医院的安全服务工作显得尤其重要，必须有一个安全有序的环境作为保障，给医务人员提供一个安全的工作环境，使前来就诊的病人感到安全舒适。医院安全服务工作的要求如下。

（1）消防工作　消防无小事，管理处员工从上到下都要引起重视，平时经常巡视，每月进行一次安全大检查，彻底消除安全隐患。一经发现有问题，及时组织有关人员处理解决。配备专职的消防工作人员，成立义务消防队伍，不间断地进行业务知识培训，并不定期举行消防演习。

（2）治安刑事案件　如发生该类案件安全人员一方面要报警，一方面要做好安全防治工作，并耐心劝阻事态的发展，缓解双方矛盾，直到公安机关前来处理。

（3）处理方法　医院是公众场所，人流量大，一些盗窃分子常混在其中，伺机作案。安全员应根据实际情况，灵活掌握处理方法。

① 安全员若发现盗窃分子正在作案，应立即当场抓获，报告公安机关，连同证物送公安机关处理。

② 对可能怀疑的作案人员，可采取暗中监视或设法约束，并报告和移交公安机关处理。

③ 慎防医托。现在的医疗机构参差不齐，导致产生大量的医托，渗入到市内各大医院，或劝说病人到其指定的医院看病，或向病人派送传单，严重影响医院的医疗秩序。安全员必须提高警惕，不断积累经验，一旦发现有可疑人员、流窜分子，应立即协助医院保卫科查处。

④ 停车场的管理。规范停车场管理，确保停车场车辆有序停放，行驶畅通。

⑤ 坚持查岗制度，加强岗位监督。查岗是一项非常重要的工作环节，为确实把安全防范工作落到实处，必须加强岗位的监管力度。每天要坚持查岗，认真检查和督促每个岗位的值班情况是否到位，对存在的问题要及时纠正、及时整改，并对当日查岗的有关情况记录下来，对重大问题要及时向领导报告，对值班较好的同志要给予表扬，对工作不负责任的同志应当提出批评教育，促使每个岗位不间断地循环动作，把一切不安全因素尽量控制在萌芽状态。

（六）洗衣房的管理

洗衣房担负着医院医护工作人员工作服和住院病人被服的洗涤和消毒工作。要确保送洗被服的保洁和健康，防止院内交叉感染。洗衣房的工作原则如下。

① 按规定下科室回收脏被服，要做到分类放袋、分类处理；传染性及带血、便、脓污染衣物要密封回收；病人衣被及医护人员工作服分开回收。

② 为防止交叉感染，各类衣物遵守衣物分类洗涤原则。

③ 回收的脏被服要及时消毒浸泡，消毒液浓度依具体情况而定。

④ 保洁被服按时下发到科室，并做好清点登记，每天做好日工作量统计。

（七）便民服务管理

医院的物业服务公司可根据医院的实际情况，开设一些便民设施，例如OTC（自助药店）、鲜花店、礼品店、自动售货机、自动饮料机等，既方便就医患者及前来探望的客人，其收入还可弥补物业经费的不足。

第三节 医院物业的物业服务机构设置和职责

一、医院物业的物业服务机构设置

医院物业的物业服务涉及诸多内容，要完成这些服务任务，就必须设计和配置相应的管理组织，对服务过程进行设计、控制、提升，形成最优、最满意的服务质量和效果。组织的配置主要应遵循以下四条原则。

1. 最合理的分类原则

设置服务管理组织，首先应该将服务范围内涉及或可能涉及的所有项目与内容，按相近、相关并带有共性的专业、行业的属性进行划分，兼顾质量形成的区域、时空、相关因素及协调的便利性来进行隶属归纳。这样就可以设计产生相应涵盖多项相近并带有共性服务项目的直接服务的实操执行管理组织机构，但当服务体系中超过一个以上的管理组织存在时，资源和信息的流动就又面临着一个管理与协调的问题，因此必须另外设计和配置一个集约化、高效率的综合协调组织机构，如管理部以及所属的服务监控机构，所有的服务都要有操作执行组织，又要有综合协调组织，所谓横到边，纵到底，这就是最合理的组织配置分类原则。

2. 最低成本原则

配置管理组织，必须考虑成本最低。最低成本原则具体包括以下三点。

（1）组织机构的组合　每级组织设置力求多功能、多职能，层级设置上力求扁平化、短链条，从而避免形成管理障碍，从而降低协调难度，提高决策指挥及运作效率，降低管理的直接成本和间接成本。

（2）人员组合　一是岗位职责的组合，在同一类级组织的设置中，可以将区域相近、专业相近的服务或管理性工作组合划归一人（组）承担负责，避免一人（一组）一岗（职），以降低服务成本。二是将服务项目的工作量进行合理的测定，并进行人员的组织编制，力求使操作和管理人员满负荷工作，从而提高相互间的劳动积极性和工作效率。

（3）资源组合　主要是在组织配置时应考虑到器具装备和材料的相关影响。多一个部门组织，就会相应多一些人员（尤其是管理人员、装备，以及其他成本消耗）。合理的组织配置，能够减少相应的消耗。

3. 最佳发挥原则

在组织机构配置时，应考虑到各级人员的合理搭配。注意如下几点。

① 关键岗位、点位、层面或故障服务频次较高的维修项目，应配置全面和技能过硬的人员，即便人力资源成本高些。

② 人员应是多面手，避免单打一。

③ 在同一个组织中，要避免全都配备高成本的高级人员，应在满足工作需要的前提下，将人员的资质按高、中、低，一、二、三或一、三、五梯配，这样便于管理协调，也便于人员的运行发挥最佳效能，同时降低成本。

④ 在配置组织机构时，还应考虑装备器材的合理搭配，按是否必要、是否常用、是否在组织体系中可以跨部门、跨区域实现资源共享等因素来进行配置和运用，以使装备效能最大化，总体成本最小化。

4. 最优服务原则

组织机构配置还应满足和服从最优服务的原则。

① 必须有相应的企业服务理论来建设组织，来研究改进企业文化和建立健全可操作的具有一定水准的规章制度与服务标准规范体系。

② 必须配置相应的标准与质量监控考核评价组织体系，对服务过程和质量进行监督考核。

③ 必须配置相应的员工培训组织体系，以满足对员工进行企业文化、服务理念、服务规范、服务标准等方面的培训和提高。

尽管上述组织配置不是实际执行的组织或指挥协调性的组织，但却是满足创造医院物管最优化服务结果所必需的组织。

当然，上述组织配置可以是一个部门，也可以是一至几个人隶属于某个部门统辖，但必须有所配置。

二、岗位职能及机构配置

物业服务中心主要承担所在医院服务管理的规划、策划、计划，内外重大关系事务的协调处理（与医院监管层、上级公司、下属各部门以及相关的城管、派出所等政府部门）内部资源调配、指挥、监督考核、培训等。一般设主任、副主任、助理、文员、司机等岗位并规定相应职责。通常可设置如下几个部门。

① 综合事务部。

② 客户服务部。主要承担服务过程的受理、分办、协调、督导和信息反馈职能。一般设正副部长、值班长和值班员若干名,并规定相应的职责。

③ 机电部。主要承担该院机电设备设施(如变配电系统、空调系统、给排水系统、锅炉系统、中控消防系统、中央闭路电视监控系统、正负压系统、中央制供氧系统、污水处理系统、电梯系统等)的运行维护和房屋本体及公共设施的维护职能。

④ 环境美化部。主要承担室内外的卫生保洁、消毒杀菌和绿化服务管理职能。

⑤ 保安部。主要承担医院内的安全服务与车辆交通管理职能。

⑥ 医疗辅助部。主要承担医院挂号、导医、护工(标本运送、陪检、医用品消毒、被服收送)、专业陪护护理、太平间、医用垃圾处理等服务职能。

⑦ 商业部。主要承担医院内各类商业网点和商务的策划与服务。

⑧ 餐饮部。主要承担医院员工、病员的餐饮及客房和娱乐健身设施的服务职能。

各部门下属实操执行层(部、队),主要承担各类范围服务项目的实际具体终端服务操作,如机电部主要承担责任范围内的机电设备设施的运行维护保养,餐饮部主要承担提供医院职工的餐饮、病员的营养配餐以及接待餐的服务等,由归口部门负责下属部门与上级部门的管理、协调。各归口部门服务队相应设置负责人和相关操作岗位,并规定相应的岗位职责。具体架构见图9-1。

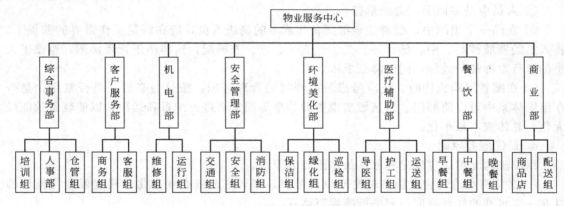

图9-1 医院常见组织结构图

三、职能运作基本方式和服务措施

(一) 职能运作基本方式

医院物业的物业服务在运作方式上应紧贴医院的行业特点和客户需求。相关实操部门(机电队、保安队、保洁队、医辅部门如ICU护工、手术室护工、专业陪护、住院部、商业超市等),应实行365天24小时全天候运行,随时接受来自病患及系统内外的服务求助和咨询,并为整个医院正常运行提供保障。

客户有事可以随时直接向实操部门发出服务求助信息争取帮助,也可以向客服部发出求助信息,由该部门迅速及时地受理、分办、协调、督导解决,并反馈给上级部门和客户。

管理处与所在医院的决策层后勤主管部门和上级公司三者之间宏、微观上均应保持工作协调上的必要互动,相互监督、相互支持、相互促进,以保证高效低耗优质服务。

(二) 医院物业的服务措施

1. 抓服务质量关键控制点，促进安全部高效运作

首先将整个管理区划分为大门岗、门诊楼、住院楼、综合楼、住宅楼、停车场六大控制点。每一个控制点都有明确的工作职责和服务质量标准。如门诊大楼的安全员不仅要做好治安值勤工作，还要与大门岗安全员一起接应救护车、帮助病人，还要完成维持就诊秩序、导诊、咨询、空调与灯光控制等工作。停车场安全员要完成车辆监控、引导车位和收费等多项任务，并与大门岗安全员共同完成车辆疏导工作。对每项服务都制订出相应的质量标准，如空调与灯光控制，需要何时开几盏灯都有明确规定，并进行监督检查，落实到位。

采取群防群治的治安管理措施。医院属于开放式场所，人员流动量大，相对于一般住宅而言，治安管理难度大，一方面我们狠抓内部管理，实行岗位责任制；另一方面，我们发挥广大医务人员和病人的作用，认真培训和提高医务人员的自我防范意识，让业主和服务人员共同努力搞好治安管理工作。发现可疑人员立即通知安全员，使治安管理防患于未然。

2. 彻底转变服务观念，提供主动式维修服务

供水、供电、电梯、空调、消防及洗衣机等设备是医院的重点设备，不能出半点差错。为保证设备正常运作，物业服务中心要用新的管理思想、管理手段管好物业，为业主和使用人提供优质、高效、便捷的服务，严格按照 ISO 9002 质量保证体系规范运作，着装、文明语言、维修质量、工作记录都做到一丝不苟。改变服务人员"接听电话再行动"的被动服务习惯，变成不定期主动上门服务，及时与科诊室、住（用）户和病人沟通，搜集机电维修信息，发现问题及时处理，将重点设备保养工作责任分配到人，并制订各项设备保养计划、标准和监督检查制度，制订了停水、停电应急处理程序，打造一种全新的维修服务面貌。

3. 实施劳动定额管理，提高保洁服务质量，降低管理成本

量化管理是实施质量体系标准的基础，劳动定额管理是量化管理的重要内容。物业服务企业应及时在环境部实施劳动定额管理，确保每一位保洁员都能按照服务标准，在规定时间内满负荷工作。对每一张台、每一张床、每个病房都设定明确的保洁时间标准，根据各保洁区总劳动量确定保洁员名额，合理调配人员，确保保洁人员分工合理、职责明确、劳动积极性和工作效率提高、人员减少，使管理成本降低。

4. 注重人员培训，提高服务质量

医院物业服务对人员素质有较高的要求。为了提高整体服务质量，管理处对员工的培训极为重视，从各种服务技能到职业道德，每一个环节抓得很紧。培训不仅仅是管理人员，保洁员、维修员、安全员也应有整套的培训计划，从一言一行、点点滴滴培训，甚至可以请礼仪专家进行星级服务培训和进行职业道德培训，避免造成服务人员与服务对象发生争执的事件。

另外，为了更进一步提高员工的服务水平，物业服务企业还可以开展现场操作规范模拟表演及服务规范知识问答等活动，不断规范员工的一言一行，大大促进和提高服务人员的服务质量。

5. 实行严格的考核制度，建立有效的激励机制

对每位员工的工作表现及其绩效给予公正而及时的考评，有助于提高工作积极性、挖掘潜力，从而不断提高管理成效。物业服务企业除了依据 ISO 9002 标准建立的质量体系实施日检、周检、月检考评制度外，还可针对各部门实际运作状况制订详细的奖罚细则及岗位工作质量标准，并认真落实。

在考核过程中要采用量化考核，用数字说明，用分数表达，以体现考核的准确性。考核结果月底公布，把优秀员工的名字公布在管理处月份优秀员工光荣榜上。同时还要将考核结果作为月底发放工资、评选月份优秀员工的依据，也可作为员工升降级的主要依据，这样考

核才能大大激励员工的积极性。

6. 掌握医院发展方向，创新服务理念

医院在发展，必然对医院的物业服务提出更高的要求。因此，物业服务企业必须挖掘潜力，创新服务理念、提高服务质量，设法超出业主的要求，做到服务有效、及时。

总之，医院物业服务具有一般物业服务的共性和自身的特点。在实际操作中只有将常规物业服务手段与医院实际运作特点相结合，才能形成一种高效的医院物业服务模式。

第四节　医院物业的保洁服务

一、医院物业的保洁工作

保洁工作是医院物业服务的一项重要组成部分，是客人对物业服务水平好坏的第一印象。医院作为一个比较特殊的环境，对保洁的内容和要求与一般物业住宅小区有很大的区别，防止人们在院内传播和交叉感染病菌，为患者、医护工作者等在院人员提供一个洁净、卫生、宜人的场所，让人们在绿意的环境中有一个生机勃勃的医疗空间，是现代医院物业服务后勤服务中保洁美化的一个特点。

保洁工作的开展，要在人员和工具使用方面满足卫生部规定的医院环境分类的要求。

（一）人员

入职时对各工作岗位的人员进行岗前培训，熟悉不同环境的防菌、消毒、自我防护、保洁等事项和规范，熟悉服务公司制定的《保洁工作管理手册》、《公共场所定期消毒规定》等，同时在工作中实行双重监督管理制，即医院护士对疗区保洁工作的质量和要求进行监督、指导。物管服务保洁负责人对员工的仪态仪表、劳动纪律、工作数量、服务质量等实行区域分割等科学的管理。

（二）工具使用

如果工具使用不规范，不仅不能达到保洁卫生的目的，还会对别的场所交叉传播病菌，所以规定不同区域的保洁工具要严格地分类，按不同的摆放、颜色、字标等区分，使得保洁卫生质量的标准达到卫生部医院环境分类的要求。

二、医院物业的消毒杀菌管理作用规程

在医院物业的物业服务中，除了防范人们传播病菌之外，还有隐蔽性和活动性强的虫害，如老鼠、蚊子等，所以医院的消毒杀菌作业和保洁作业具有相等的重要性。保洁负责人定期组织消毒杀菌人员进行培训，外出学习，做好管理和协调工作，使消毒杀菌保洁人员，熟悉医院辖区环境，熟练使用各种药物，熟知作业过程的规范，保证医院辖内没有虫鼠、白蚁传播病菌，侵蚀物业设施。

（一）卫生消毒杀菌工作计划的制定

① 保洁队主管应根据季节的变化制订出卫生消毒杀菌工作计划。

② 消毒杀菌工作计划应包括：消毒杀菌对象、消毒杀菌区域、消毒杀菌方式选择与药物计划、消毒杀菌费用预算。

（二）灭蚊、蝇、蜂螂工作规程

（1）消毒杀菌时间　每年的1～4月、11～12月中，隔日应进行一次灭虫消毒杀菌工作。其他月份具体参照各标准作业规程的要求进行消毒杀菌。

（2）消毒杀菌区域

① 客户各楼宇的梯口、梯间及楼宇周围。
② 住宅的四周。
③ 配套的娱乐场所。
④ 客户各部门办公室。
⑤ 洗手间、沙井、化粪池、垃圾箱、垃圾周转箱等外围。
⑥ 员工宿舍。
　（3）消毒杀菌药物　一般用敌敌畏、灭害灵、敌百虫、菊醋类药喷洒剂等。
　（4）消毒杀菌方式　以喷药触杀为主。
　（5）消毒杀菌操作准备　穿戴好防护衣帽；将喷杀药品按要求进行稀释注入喷雾器里；关闭门窗；将药液喷在墙角、桌下或壁面上，禁止喷在桌面、食品和器具上。
　（6）消毒杀菌操作要点
① 消毒杀菌时不要将药液喷在扶手或住户的门上。
② 员工宿舍消毒杀菌时不要将药液喷在餐具及生活用品上。
③ 不要在人员出入高峰期喷药。
④ 办公室、娱乐配套设施应在下班或营业结束后进行。
　（7）灭鼠工作规程
① 灭鼠工作每月应进行两次。
② 灭鼠区域包括：楼宇四周；员工宿舍内；食堂和娱乐配套设施；医院及公司中常有老鼠出没的区域。
③ 灭鼠方法主要采取投放拌有鼠药的饵料和粘鼠胶。
④ 饵料的制作是：将米或碾碎的油炸花生米等放在专用容器内；将鼠药按说明剂量均匀撒在饵料上；做饵料时作业人员必须戴上口罩、胶手套，禁止裸手作业。
⑤ 灭鼠操作要点：先放一张写有"灭鼠专用"的纸片；将鼠药成堆状放在纸片上；尽量放在隐蔽处或角落，小孩拿不到的地方；禁止成片或随意散放；投放鼠药必须在保证安全的前提下进行，必要时挂上明显的标识；一周后，撤回饵料，期间注意捡拾死鼠，并将数量记录在《消毒杀菌服务记录表》上。
⑥ 消毒杀菌作业完毕，应将器具、药具统一清洗保管。
　（三）消毒杀菌工作标准
① 检查仓库或地下室，目视无明显蚊虫在飞。
② 检查医院内，目视无苍蝇滋生地。
③ 检查室内和污雨井，每处蟑螂数不超过 5 只。
④ 抽检楼道、住区无明显鼠迹，用布粉法检查老鼠密度，不超过 1%，鼠洞每万平方米不超过 1 个。
　（四）消毒杀菌工作的管理与检查
① 消毒杀菌工作前，保洁队队长及主管必须详尽地告诉作业人员应注意的安全事项。
② 保洁队队长应每次检查消毒杀菌工作的进行情况并将工作情况记录于每天的工作日记中。
③ 保洁队队长应每月汇同相关人员对消毒杀菌工作按检验方法和标准进行检查，并填写《消毒杀菌服务质量检查表》，上述资料由部门归档保存一年。
④ 本规程执行情况作为保洁相关员工绩效考评的依据之一，并责任到人，奖惩到人。
　（五）消毒灭菌与隔离规范作业规程
① 保洁人员必须遵守消毒灭菌原则，用过的医疗器材和物品，应先彻底洗干净，再消

毒或灭菌。所有医疗器械在保洁前应先经消毒或灭菌处理。

② 根据物品的性能选用物理或化学方法进行消毒。手术器具及物品、各种穿刺针、注射器等首选压力蒸汽灭菌；油、粉、膏首选干热灭菌。不耐热物品如各种导管、精密仪器、人工移植等可选用化学灭菌法，如环氧烷灭菌等，内窥镜可选用环化烷灭菌或2％二醛浸泡灭菌。消毒首选物理方法，不能用物理方法消毒的采用化学方法。

③ 化学灭菌或消毒，可根据不同情况分别选择灭菌、高效、中效、低效消毒剂。使用化学消毒剂必须了解消毒剂的性能、作用、使用方法、影响灭菌或消毒效果的因素等，配制时注意有效浓度，并按有关规定定期监测。更换灭菌剂时，必须对用于浸泡灭菌物品的容器进行灭菌处理。

④ 甲醛气体灭菌参照《医院消毒技术规范》。自然挥发熏蒸法的甲醛箱不能用于消毒和灭菌，也不可用于无菌物品的保存。甲醛不宜用于空气的消毒。

⑤ 连续使用的氧气湿化瓶、雾化器、呼吸机的管道、早产儿暖箱的湿化器等器材必须每日消毒，用毕终末消毒，干燥保存。

⑥ 手部皮肤的保洁和消毒应达到以下要求。

A. 洗手设备：病房及各诊疗科室应设有流支水洗手设施，开关采用脚踏式、肘式或感应式；肥皂应保持清洁、干燥，有条件的医院可用液体皂。可选用纸巾、风干机擦干双手。擦手毛巾应保持清洁、干燥，每日消毒。不便于洗手时应配备快速消毒剂。

B. 洗手指南：接触病人前后，特别是在接触有破损的皮肤和侵入性操作前后；进行保洁前后，进入和离开隔离病房、ICU、母婴室、新生儿病房、烧伤病房感染性疾病房等重点部门时，戴口罩和穿脱离衣前后；接触血液、体液和被污染的物品后；脱手套后。

C. 洗手方法：用清洁剂认真揉搓掌心、指缝、手背、手指关节、指腹、指尖、指、腕部，时间不少于10～15秒，流支水洗净。

D. 手消毒指南：进入和离开隔离房、穿脱隔离衣前后；接触血液、体液和被污染的物品后；接触特殊性感染病源体后。

E. 手消毒方法：用快速手消毒剂揉搓双手；用消毒剂浸泡双手。

F. 地面的保洁与消毒应达到以下要求：地面应湿式清洁，保持清洁；有血迹、粪便、体液等污染时，应即时以消毒剂拖洗，消毒剂浓度详见《医院消毒技术规范》；拖洗工具使用后应先消毒、洗净，再晾干。

三、医院物业的保洁作业规程

（一）保洁员医院作业规程

1. 进入污染区作业

进入污染区作业时，应按要求着工作服、帽、手套、口罩、鞋等。进行保洁作业时，保洁工具及用水等应分类使用，不得混用，预防交叉污染。保洁时要认真按正确的操作规范进行作业。保洁完毕后用消毒液进行消毒处理。

2. 进入无菌区作业

进入无菌区作业时，要严格遵守医院消毒隔离原则及无菌区操作程序，按要求着装，按区域归类摆放物品，医生在时，不能进行保洁，待医生操作完毕同意后，方可进行保洁作业。

3. 病区分工

无菌区和污染区的保洁作业员工，应进行严格分工，责任明确，不得在无菌区和污染区之间交叉作业。不能将污染区的物品带入无菌区，或将无菌区的物品带入污染区。

4. 手术室

经严格培训的保洁员进入手术室作业，使用保洁剂或消毒剂经护士长同意，在护士长、护士指导下按工具分类规范进行保洁，并按有关规程操作。手术室在进行手术时，切记不得进入干扰手术的正常进行。

5. 进入医院办公室作业

一般情况为办公室保洁作业安排在班前或班后进行，特殊情况下，应先敲门并征得同意后方可进入。使用文明用语，如"对不起，我可以进来保洁吗？"如果医生在会诊或开会，不得打扰或擅自进行保洁作业。

6. 进入病房

进入病房，应尽量集中作业，避免在病人休息和用餐时进行保洁。保洁时动作轻，不得碰坏病人的用品，也要避免发出大的响声，轻拿轻放。

7. 物品

作业时，台面物品不得随意移动，保洁后应物归原位。不得随意翻阅资料及随意打开容器盖及各种无菌包等。

8. 说话

办公区、病区需要安静，因此保洁时不得大声喧哗，工作性交谈也必须小声进行，不可干扰医护人员工作和病人的休息。

9. 污水池

病房污水池是病人及家属清倒污物的地方，是主要污染源，所以保洁时应彻底清除一切污物和污渍，每天定期进行消毒处理。保洁工具材料必须专项专用。

10. 垃圾桶

病区及公共区的垃圾桶由专人经常检查，垃圾量超过 2/3 应及时清倒，套装垃圾袋时，应检查垃圾是否有破口，不得使用破口或易损的垃圾袋，否则病人倒入的垃圾就会溢出，导致污染。清运或整理垃圾时，应使用封闭式垃圾桶。更换垃圾袋时应检查垃圾桶并保持垃圾桶定期清洗、消毒，内外壁面洁净、干燥、无异味。

11. 卫生间

卫生间的墙面、地面及大小便池、马桶等每天必须彻底冲刷，除掉一切污渍，并进行有效消毒处理。平时应循环保洁，洗净污物，保持洗手间空气无异味。保洁洗手间工具材料应专用，不得混用，保洁工具洗净之后应定位放置，不得随处乱放。

（二）保洁设备用品与工具使用规程

1. 设备与用品的管理作业程序

（1）洗地机、吸尘器、吸水机、高压清洗机等设备的领用程序

① 上班前到仓管处签名领取。

② 使用过程中，保证正当使用质量不受损。

③ 下班前进行检查、保养。

④ 交到仓管处签名、放存。

（2）用品管理

① 由部门负责人申购、报价。

② 入库时保证质量验收（达不到申购标准不接收）；保证数量准确（与申购不符不接收）；与交货人双方签字验收。

③ 出库时严格发放并要求用具以旧换新；领取用具应签名。

④ 存库时清点用具品名、数量；做好存库记录。

2. 保洁工具的分类作业程序

(1) 拖布分类　可用不同的颜色和标签区分保洁用具的使用区域：绿色——病房；黄色——治疗室；红色——洗手间；蓝色——配膳室；走廊用（贴标签）；办公室用（贴标签）。

(2) 毛巾的分类　毛巾按使用区域摆放。

3. 保洁用捅的分类

(1) 清水桶　主要用于保洁办公室、会议室、接待室、值班室、公共区域等非消毒区域。

(2) 消毒桶　主要用于保洁治疗室、注射室、换药室、特殊病房等消毒区域。

(3) 米石桶　主要用于保洁米石。

(4) 地拖桶　可分为三类：病房地面的保洁（绿色）；治疗室等消毒区域地面的保洁（黄色）；办公室等非消毒区域地面的保洁（红色）。

(三) 医疗区保洁作业规程

1. 病房保洁作业程序

(1) 病房的保洁

① 准备好工具，完成自我保护措施，敲门入室。

② 用消毒专用毛巾擦拭天花板、风口、门窗等室内设施。

③ 清扫地面垃圾，更换垃圾袋。

④ 用消毒专用毛巾擦拭室内床头柜、前柜、病床等设施（带电设施经允许断电后操作）。

⑤ 用消过毒的拖布拖地。

⑥ 经移动的物品放回原位。

(2) 病房洗手间的保洁

① 用专用毛巾擦拭排风扇、灯具等。

② 用消毒剂按要求方法对洗手盆、镜面、不锈钢设备器具进行保洁消毒。

③ 用洁厕灵按要求保洁坐厕及水箱。

④ 将坐厕水迹抹干后进行消毒。

⑤ 清理垃圾，更换纸篓。

⑥ 保洁地面、地漏，用消毒拖布拖干。

⑦ 喷洒适量空气清新剂。

(3) 病房阳台的保洁

① 用干净胶扫清扫天花板、墙角灰尘、蛛网。

② 用保洁剂擦拭阳台栏杆、台面。

③ 用不锈钢油保洁不锈钢衣架。

④ 冲洗地面、地漏，用干拖布将地面拖干。

2. 注射室、治疗室保洁作业程序

首先，做好工具准备（专用毛巾、拖把和配制好的消毒液）；然后，完成自我保护措施（戴口罩、手套、换鞋），敲门入室，进行清扫。用消毒地拖湿拖地面，然后用干拖布拖干。将移动物放回原位。

(1) 室内清扫

① 用消毒毛巾擦拭天花板、空调风口、灯罩等。

② 清扫地面垃圾、更换垃圾袋（须用黄色垃圾袋封闭装运）。

(2) 室内擦拭（按消毒规章制度严格执行）：
① 经医务人员同意后，用消毒毛巾擦拭治疗车、紫外线消毒车等设备。
② 治疗车上物品摆放有序，上层为保洁区，下层为污染区。
③ 消毒车用95%的酒精擦拭，先擦灯管，再擦车身，最后擦车轮。
④ 用消毒毛巾擦拭治疗柜内外、台面、治疗床、桌、椅等。
⑤ 用专用毛巾擦拭室内外门背、门面、门缝、窗、窗台、玻璃等。
(3) 室内洗手台的保洁
① 洗净肥皂盒、消毒液盒，保持干燥。
② 用消毒液洗刷池内外后放水冲洗。
③ 用毛巾擦干洗手台、盆，进行消毒。

3. 手术室、ICU保洁作业程序

手术室、ICU保洁作业的程序类似于注射室、治疗室的保洁作业程序，但又比注射室、治疗室的作业程序复杂，且要求更高。首先，准备保洁工具（各种专用毛巾、拖把和配制好的消毒液），完成自我保护措施（按要求戴口罩、手套，换鞋，必要时更换衣服）。然后，敲门入室，进行保洁。

(1) 室内清扫
① 用消毒毛巾擦拭天花板、风口、墙角、墙面等灰尘。
② 收集手术台上下的手术残物。
③ 清扫地面，清理垃圾，更换垃圾袋（手术室内的垃圾必须用黄色医用袋封闭处理）。

(2) 室内擦拭
① 擦拭室内物品设施时经医务人员允许下按无菌区—保洁区—污染区的顺序依次进行作业。
② 用消毒毛巾擦拭器械台、手术台上下台面。
③ 用消毒毛巾擦拭手术间无形灯上下面。
④ 用消毒毛巾擦拭接送病人的手车，保持专车专用，用后严格消毒。
⑤ 用消毒液专用毛巾擦拭室内门正面、背面、门柜、门缝、窗台、窗玻璃等。

(3) 洗手池的清洗
① 用消毒液将洗手池从内到外洗刷一遍。
② 池内放水清洗，池室用专用毛巾擦拭。
③ 用消毒毛巾将池内池外擦干并进行消毒。

(4) 室内地面保洁
① 地面用消毒拖把拖地。
② 先消毒湿拖布将室内四边、四角拖擦一遍；再用消毒湿拖布从内到外，从左到右顺序清拖地面。
③ 当有血迹、污迹时立即用消毒剂消毒擦拭。

4. 爱婴区保洁作业程序

爱婴区的保洁作业程序与注射室、治疗室的保洁作业程序类似，首先做好准备工作经允许入内，然后进行保洁。

(1) 室内保洁
① 用干净鸡毛掸掸除天花板、风口灰尘。
② 用干净扫把扫净地面垃圾，更换垃圾袋。
③ 用消毒毛巾擦拭室内摆设。

④ 冰箱、微波炉、电器等应经允许后断电保洁。
⑤ 沙发用碧丽珠擦拭（用干毛巾擦拭墙上画架，小心轻放）。
⑥ 用消毒毛巾擦拭婴儿床（在不干扰婴儿的情况下，从内到外，从左到右，保持动作的轻快）。
⑦ 用消毒拖布从内到外湿拖地面（保持一定的干度）。
⑧ 定时进行室内紫外线空气消毒（每天一次）。
（2）阳台保洁
① 清扫地面垃圾。
② 用不锈钢油擦拭不锈钢晾衣架（不能接触婴儿衣物）。
③ 用保洁剂擦拭台面扶栏、墙面。
④ 用消毒液湿拖地面，确保地漏无堵塞。
（3）洗手间保洁
① 清扫灯具、风口、墙角灰尘及蛛网。
② 清扫地面，更换垃圾袋。
③ 用消毒液毛巾擦拭不锈钢制品和室内设施。
④ 用消毒毛巾擦拭洗手盆和镜面、窗门、门正反面、门把等。
⑤ 用消毒液擦拭座厕（先刷后擦，从外到内）。
⑥ 地面用消毒水湿拖，再用干拖布拖干。

5. 血液净化中心保洁作业程序
（1）治疗室的保洁
① 用消毒毛巾擦拭室内风口、灯具等。
② 用干净扫把扫净地面垃圾，更换垃圾袋。
③ 用消毒毛巾擦拭适用设备（治疗车、心电图车、氧气设备等）。
④ 用消毒毛巾擦拭室内药柜内外，台面、顶面、侧面。
⑤ 用消毒毛巾擦拭室内门正反面、窗、玻璃等。
⑥ 用保洁剂洗擦洗手盆并进行消毒。
⑦ 用消毒液湿拖地面。
⑧ 每天进行紫外线消毒1小时。
（2）观察室、透析室的保洁
① 得到医务人员允许后方可换鞋入室。
② 首先对室内医用设备（透析器进行消毒擦拭，病人使用时不应作业）。
③ 用消毒毛巾擦拭室内柜、床、椅等。
④ 用消毒毛巾擦拭监护站台面。
⑤ 用消毒液湿拖地面两次。
⑥ 每天定时紫外线消毒。
（3）透析器复用室、水处置室的保洁
① 保持室内无尘无蛛网。
② 用消毒毛巾擦拭室内各种处置设备。
③ 用消毒毛巾擦拭台面及柜内外。
④ 用消毒液洗刷水池内外擦拭消毒。
⑤ 用消毒毛巾擦拭门窗玻璃等。
⑥ 用消毒液湿拖地面。

⑦ 工作完备，换鞋退出。
6. 消毒供应中心保洁作业程序
（1）无菌区、存放室、消毒室、打包室的保洁
① 做好准备工作，戴上手套、帽子，换好衣服、鞋等经允许入室。
② 用干净鸡毛掸扫去天花板、空调风口、灯罩、墙角的灰尘和蛛网。
③ 用干净扫把扫净地面的垃圾碎物等，更换垃圾袋。
④ 用消毒毛巾擦拭包柜、包箱、消毒柜、消毒车、推送车等。
⑤ 用消毒毛巾擦拭室内门窗、玻璃等。
⑥ 用消毒毛巾擦拭室内台面、桌面、椅子等。
⑦ 用消毒拖布湿拖地面。
⑧ 每天定时室内紫外线消毒1小时。
（2）换鞋、换衣室的保洁
① 每天清洗消毒一次拖鞋。
② 清扫地面，更换垃圾袋。
③ 用消毒毛巾擦拭鞋柜内外上下。
④ 门口地毯垫子每天清洗一次。
⑤ 用消毒拖布湿拖地面。
（3）医用垃圾毁形室的保洁
① 用消毒毛巾擦拭室内天花板、风口、灯具等。
② 用干净扫把扫净地面碎物，更换垃圾袋（医用垃圾做无害化处理）。
③ 用消毒毛巾擦拭室内设备（毁形机、推车等）。
④ 用消毒液洗刷室内水池内外，然后用毛巾擦干边沿消毒。
⑤ 用消毒毛巾擦拭室内门正反面、窗、门把、夹缝等。
⑥ 用消毒拖布湿拖地面。
7. 隔离病房保洁作业程序
① 准备所需保洁物（工具、已配制好的消毒溶液，经医护人员允许方可入内）。
② 做好自我保护措施（戴帽子、口罩、手套，敲门入室）。
③ 用消毒毛巾擦拭室内天花板、风口、灯罩、电视架等。
④ 用干净扫把清扫地面垃圾，更换垃圾篓，套上垃圾袋。
⑤ 用消毒毛巾擦拭室内的物品设施。如果有抢救设备，经过医务人员同意后再作业。
⑥ 擦拭室内物品（从床头柜到床头、床架、床脚、凳子脚）。
⑦ 用消毒剂擦拭门正面、背面、门柜、窗台、窗柜、玻璃。
⑧ 用消毒液拖湿地面。
⑨ 每天进行紫外线空气消毒1小时。
⑩ 保洁工具用后消毒，洗干净分类摆放。
⑪ 消毒洗手。
8. 验检科保洁作业程序
① 室内保洁（免疫室、血液室、微生物室、分子生物室、血库、遗传研究室）各个室内保洁工具分开使用。
② 做好准备工作，做好自我保护措施，经允许入内。
③ 用干净鸡毛掸扫去天花板、风口、灯罩等的灰尘。

④ 用干净扫把扫净地面垃圾。
⑤ 用黄色医用垃圾袋分类装好垃圾，分类放置，做无害化处理。
⑥ 擦拭按由洁到污顺序作业。
⑦ 用消毒毛巾擦拭各类医用设备（由内到外，若带电经允许断电后操作）。
⑧ 用消毒毛巾擦拭室内台面、侧面、椅子扶手、脚架等。
⑨ 用消毒毛巾擦拭室内的门、正背面、把手、窗、窗台、玻璃等。
⑩ 用消毒剂对各室内的洗手盆进行保洁并消毒。
⑪ 定时对室内进行紫外线消毒。
⑫ 用消毒液拖地（由内到外）。

9. 核医学科保洁作业程序
(1) 分诊台和办公室的保洁
① 扫净地面纸屑、杂物，收集垃圾，更换垃圾袋。
② 用消毒毛巾擦拭分诊台台面、台上玻璃、办公桌桌面等。
③ 用消毒液拖地。
(2) 放射室的保洁
① 做好自我保护措施，经允许入室。
② 用消毒毛巾擦拭天花板、风口、灯具等。
③ 用扫把清扫地面。
④ 用消毒毛巾擦拭室内检验仪器表面。
⑤ 对室内的医用垃圾具体分类，如放射性、无放射性、污染性、普通医用垃圾、专放瓶盖，然后进行无害化处理。
⑥ 对地面进行消毒湿拖。
⑦ 每天进行紫外线空气消毒1小时。
(3) ECT诊断室的保洁
① 对室内通风设备进行消毒擦拭。
② 用消毒专用毛巾从上到下擦拭ECT诊断器的表面。
③ 用消毒液湿拖地面。
④ 每天进行紫外线空气消毒1小时。
(4) 敷贴治疗室
① 扫除地面垃圾。
② 用消毒毛巾擦拭室内医疗设备的表面。
③ 垃圾的处理：针头、针管分别放进已配好浓度的消毒水内浸泡；棉签、棉条等放进黄色垃圾袋内进行无害化处理；用消毒液拖地；每天进行室内紫外线消毒。
(5) 动态心电图室的保洁
① 用专用消毒毛巾擦拭室内天花板、风口、墙角的灰尘。
② 清扫地面并更换垃圾袋。
③ 用消毒毛巾从上到下擦拭机器表面的灰尘。
④ 用消毒拖布湿拖地面。
⑤ 室内每天用紫外线空气消毒一次。
(6) 走廊、大厅的保洁
① 用消毒毛巾擦拭天花板、风口、指示灯、指示牌门窗等公共设施。
② 用扫拖清扫走廊大厅地面。

③ 用消毒拖布进行湿拖。
④ 痰桶的保洁方法按《不锈钢的保洁标准作业规程》进行操作。
⑤ 米石经过消毒浸泡后晾干放回原位。

(四) 外围保洁作业规程

1. 室外保洁作业程序
(1) 地面保洁
① 扫除地面的纸屑、烟头等杂物。
② 用铲刀清除地面的口胶糖、污垢等。
③ 揭开铁井盖，清理沙井内的泥沙杂物。
④ 清除地面草坪上的泥沙、果皮、纸屑、烟头等杂物。
⑤ 广场砖每星期用高压水枪冲洗两次，用洗地机擦地一次。
(2) 外围设备的保洁
① 清理果皮箱、垃圾桶内的垃圾，表面用干净毛巾擦拭。
② 对铁护栏、车道开关闸、铁门进行擦拭并保养。
③ 指示牌、广告栏、灯具等设施应采用相应的保洁方法。
④ 不锈钢装饰物按《不锈钢保洁保养标准作业规程》进行操作。
(3) 外围装饰墙面的保洁
① 用清水洗刷2米以下的外墙。
② 用清洗剂对墙面的污迹进行特殊处理。
③ 装饰玻璃按照保洁玻璃的方法进行保洁。

2. 垃圾站保洁作业规程
(1) 站内清扫
① 用干净小胶扫把去除屋顶、墙角的灰尘蛛网。
② 用专用扫把扫去残留的杂物。
(2) 站内洗刷
① 用保洁剂洗刷垃圾桶、垃圾箱、垃圾车、烟类筒等垃圾容器。
② 用保洁剂洗刷墙面、地面。
③ 用清水将墙面、地面冲洗一遍。
④ 用放有保洁剂的水洗刷墙面、地面。
⑤ 如有顽固污垢附着物，可用铲刀将其除掉。
⑥ 最后用水冲洗干净，将墙面、地面擦干。
(3) 室内消毒杀菌
① 站内不能有散乱垃圾或污水，保持环境卫生。
② 定时喷洒除臭剂。
③ 定期进行杀虫、消毒工作。

3. 化粪池的保洁作业程序
① 设立警示牌以示工作正在进行中。
② 把井盖打开，让井盖通风几分钟，确保沼气散开。
③ 用一根长竿将池内残渣搅散。
④ 用长吸管伸进池内，吸出池内的脏水残渣晒干为止。
⑤ 把井盖盖好，清理盖旁边的垃圾。
⑥ 撤离警示牌。

(五) 办公区保洁作业规程

办公区包括办公室、护士站、会议室、接待室、值班室等区域。办公区的保洁作业程序是，首先做好准备工作，经允许入内，然后清除天花板、风口、灯罩等表面物的灰尘和蛛网。保洁完毕后，将各类物品摆放整齐放回原位，适量喷洒空气清新剂。办公室等室内应进行每周两次消毒工作。

1. 地面保洁
① 清扫地面垃圾。
② 更换垃圾袋。
③ 用消毒拖布湿拖地面。如地面是地毯，应先清扫地毯上的细小碎物，再用吸尘器吸尘。

2. 表面的擦拭
① 进行桌面、台面擦拭消毒。
② 清理桌上的烟灰缸，洗净擦干后放回原位。
③ 整理好桌面文件，不应扔掉有记录的纸张。
④ 沙发和木制品需用碧丽珠进行保洁、保养。
⑤ 用干净毛巾擦拭室内门、椅、柜、床等物具。
⑥ 用保洁剂保洁洗手盆内外，擦拭玻璃镜面。
⑦ 用干毛巾擦拭电脑、电器设施（经允许后，断电作业）。

(六) 公共区保洁作业规程

1. 高空保洁作业规程
① 准备梯子（需两人作业，一人扶梯）。
② 用鸡毛掸除去天花板、风口、灯具、墙角等表面的灰尘和蛛网。
③ 用干毛巾擦拭、灯罩、烟感器等设备。

2. 表面物的保洁
① 用干净毛巾擦拭通道的防火门、消防柜、玻璃窗、楼梯扶手、护栏、腰线、指示牌等公共设施。
② 用专用毛巾擦拭茶几、台面、灯座等。
③ 用干毛巾喷洒碧丽珠擦抹沙发、木制家具。
④ 在保洁过程中，抹去花盆内的垃圾杂物。

3. 地面保洁
① 用扫把扫除地面垃圾。
② 将尘推推地面。
③ 将尘推喷上适量的尘推油。
④ 有规律地来回推动尘推（手握长柄，离地面距离60°，适当用力为准）。
⑤ 将地面碎物和灰尘推到隐蔽的地方，然后清扫干净。
⑥ 用干净拖布将局部的顽固污迹擦干净。

4. 特殊制品的保洁
① 各通道和电梯门口摆放的烟灰缸必须用不锈钢球擦拭，保持光亮整洁、无灰尘。
② 各通道和大门玻璃加以玻璃保洁剂按要求擦拭，保持无手印、灰尘、光亮、干净。
③ 大理石、地板、墙面、台面保持无污渍、有光泽，地板每季度上一次蜡。
④ 地毯先用吸尘器吸一遍尘，将地毯保洁剂按比例配好后进行清洗，最后用吸水机将水分吸干。

5. 洗手间保洁

准备好工具，完成自我保护措施，设立警示牌，然后进行保洁。保洁完成后，进行补充：手纸、洗手液、香球等；根据情况喷洒除臭剂或空气清新剂；撤去警示牌，收拾好全部保洁工具，关好门窗。

（1）地面保洁

① 清扫地面垃圾。

② 清倒纸篓，更换垃圾袋。

③ 用漂白水溶液湿拖地面，再用干拖布拖干地面。

（2）物面擦拭

① 用消毒专用毛巾除去天花板、墙面、排风口、灯罩等的灰尘和蛛网。

② 用消毒毛巾擦拭墙身和隔板、门窗、窗台等。

③ 用专用毛巾擦拭镜面、洗手台、洗手盆，保持无水迹和亮洁。

（3）大、小便池的保洁

① 将适量洁厕灵倒入池内进行腐蚀。

② 用厕刷刷洗整个池内。

③ 放水冲洗。

④ 如有座厕，倒入少许洁厕灵，用圆厕刷洗厕内，用水冲净，再用消毒毛巾擦干座厕边沿进行消毒。

6. 升降电梯的保洁

设立"暂停使用"的告示牌，以示正在工作。清除电梯箱内的表面灰尘（罩具和天花板）。然后对升降电梯进行保洁。

① 先用微湿的毛巾将整个不锈钢制品擦一遍。

② 将不锈钢油均匀地喷洒。

③ 用干毛巾有规律地从上到下擦拭。

④ 底部四角重点保洁，擦亮为止。

⑤ 地面除尘去污，根据地面材质采用相应保洁方法。

⑥ 对电梯门缝吸尘及对槽沟垃圾进行清理。

⑦ 撤离告示牌。

7. 步行梯、电梯的保洁

① 电梯经允许后断电操作。

② 设立"暂停使用"告示牌，以示正在工作。

③ 用消毒毛巾擦净两边扶手带表面。

④ 保洁两旁安全板（玻璃制品）。将放有保洁剂的水把涂水器打湿；将涂水器在玻璃上从上到下抹，如有污迹，重复几次；用玻璃剂从上往下刮，斜度为45°左右；用毛巾把边沿的水珠擦干；踏脚板表面除尘，用消毒液拖擦；局部污垢附着物用铲刀等去除。

⑤ 撤离告示牌。

8. 处置室、保洁室保洁

① 除去天花板、灯具、墙角的灰尘和蛛网。

② 保洁卫生工具：戴上手套，用消毒水洗刷消毒桶、垃圾桶、盖等污迹；垃圾桶干后，套上垃圾袋，并盖上桶盖；工具应摆放错落有致。

③ 擦拭室内的垃圾柜内外、墙面等。

④ 保洁水池：用清洁剂清洁水池污迹；经过洗刷冲洗四周擦干；进行池内外消毒。

⑤ 用消毒液地拖拖地。

9. 配膳室保洁

(1) 室内清扫

① 除去天花板、风口、灯具等的灰尘和蛛网。

② 扫除地面垃圾，更换垃圾袋。

(2) 室内擦拭

① 用干净毛巾擦拭门、窗、窗台等。

② 水池的保洁：将池内的残留物清除；用保洁剂洗刷池内和池边沿；放水冲洗干净；把水池边沿擦干进行消毒。

(3) 热水器的保洁

① 用微湿的消毒毛巾将热水器擦拭一遍。

② 有污迹处重点擦拭。

③ 喷上适量的不锈钢油进行擦拭保养。

④ 保持热水器的水槽内无米饭、杂物等。

(4) 地面保洁

① 清扫地面垃圾。

② 用消毒拖布湿拖地面。

③ 用干拖布拖干地面。

10. 财务室保洁

(1) 征得工作人员允许后才能进入室内。

(2) 清扫

① 用鸡毛掸除去室内天花板、风口、灯具等的灰尘。

② 用扫把扫净地面垃圾。

③ 清理纸篓更换垃圾袋。

(3) 擦拭

① 用干净毛巾擦拭办公桌及桌上摆设。

② 用干净毛巾擦拭室内货柜及柜架等。

③ 用干净毛巾擦拭室内门、窗等。

④ 擦拭时移动的小物品需摆回原位。

(4) 地面保洁

① 扫净地面后，用专用拖布拖地。

② 用干拖布将地面拖干。

③ 将移动物归位。

④ 向工作人员打招呼退出。

11. 电器通讯设施保洁

(1) 办公类　即对电脑、复印机、电话等的保洁。经允许后，断电作业；用专用毛巾擦拭物体表面灰尘；擦拭中对电脑键盘、鼠标、电话筒等轻拿轻放。

(2) 日用类　即对电视机、冰箱、微波炉、消毒柜等的保洁。经允许断电后进行保洁；内部需擦拭的设备可用消毒毛巾擦拭；用干净毛巾对物体表面进行擦拭；油迹、污垢处可用保洁剂进行处理。

保洁过程中，电器设备、电源插头、插座不能有水分。保洁完备，需再次检查完好才使用。

四、医用垃圾处理管理作业规程

(一) 医用垃圾处理的工作内容

1. 工作内容
① 专职护工每天两次收集。
② 用黄色垃圾袋、专桶收纳。
③ 用封闭专车运送。
④ 一次性用品浸泡消毒、毁形、无害化处理。
⑤ 医用垃圾集中焚烧处理。

2. 注意事项
① 要注意专人、专车、专桶、封闭运送、垃圾车不准停在开水房等公共场所。
② 黄色垃圾袋表示医用垃圾。
③ 及时收集，减少污染。
④ 每周两次集中焚烧，存放不超过三天。
⑤ 医用垃圾房要有警示标记。
⑥ 护工穿工衣只能走专用梯，绝对禁止走客梯。

(二) 医用垃圾处理管理作业规程

① 医院临床废物：从医院、医疗中心和诊所的医疗服务中产生的临床废物。
② 严格执行医院临床废物管理的有关制度及消毒隔离措施。
③ 工作人员要做好自身防护，戴口罩、手套，用消毒液浸泡等。
④ 坚持每日用有盖的垃圾车，上下午各一次到各治疗科室收集医用垃圾，特殊科室的特殊收集。
⑤ 收集医用垃圾的车不允许停留在配膳间、开水房内，不允许在走廊停留时间太长，要做到快收快走减少空间污染的机会。
⑥ 收集医用垃圾的车上下行走时必须走污梯，绝对不允许走客梯。
⑦ 每次收医用垃圾要装袋密闭放入车内，如有漏的必须重新补套一个袋。
⑧ 便器、引流瓶、扩阴器、一次性注射器、输液器必须经浸泡后毁形，进行无害化处理并焚烧掉。
⑨ 医用垃圾房坚持每天紫外线照射一次，用消毒液刷洗地面及车两次。
⑩ 医用垃圾专用桶存放于医用垃圾房内。
⑪ 医用垃圾存放时间不能超过3天。
⑫ 督促各科室将生活垃圾与医用垃圾分开专桶存放。
⑬ 医用垃圾护工穿工装绝对禁止乘坐客梯。
⑭ 每天回收垃圾有登记，每次焚烧时要填写六联单及登记表，每月向市固体废物管理中心报《医疗废物月报表》。
⑮ 医用垃圾房要有危险废物警告标志。

第五节　医院物业的餐饮管理服务

一、饮食管理的特点和任务

饮食管理是医院物业服务的重要组成部分，它的职责主要是满足患者的医疗康复、职工的生活服务和院内的综合服务这三个方面的要求。它具有传统餐饮经营的特点，又具有鲜明的现代专业特征。从某种角度来说，甚至有本质上的区别（见表9-1）。

表 9-1　传统餐饮与医院餐饮管理服务的区别

项　目	传统餐饮管理服务	医院餐饮管理服务
服务对象	普通消费者（无对象选择）	个性消费者（专业对象）
经营目的	追求经济效益	治疗康复、福利经营，注重社会效益
食物出品	注重色、香、味	除色、香、味之外，更注重营养搭配、医疗辅助作用
烹制方法	传统的工艺	科学的方法
卫生要求	注重表面的视觉卫生	注重全过程的卫生管理
成本管理	追求低成本（廉价购买）	控制成本、优质优价
经营方式	承包、自营	合同责任、社会化管理

从表9-1可以看出，对象和经营目的的差别，决定了烹制方法、食物出品、卫生要求等诸多方面的不同，经营方式的不同决定了成本管理理念上的区别。从中亦可剖析出一些医院餐饮管理沿袭旧的管理方法无法使职工和患者满意的深层原因。

医院物业餐饮管理的变革是社会文明进步的客观要求，改善餐饮营养结构、提高生活质量、善待生活，已成为一种社会时尚。医院物业的餐饮管理追求的不仅仅是食物的外在和内在质量，还包括医院社会服务的附加值。它的作用不仅仅是使顾客本身受益，还包括医院的社会公众形象，以及医院对服务对象的感召。所以说，餐饮管理在医院物业的物业服务中扮演着越来越重要的角色，这是不容忽视的。

二、饮食社会化管理的方法

医院物业的餐饮管理服务社会化不可等同于用承包的方式将餐饮推向社会。医院餐饮的社会化管理虽然在经营上仍然是商品交换的特征，但其实质有根本性的差别。首先，餐饮部门是后勤服务总体中的附加部分，医院投入了场地、设备、水、电、燃料的消耗，已使经营者免除了成本之累；再者，医院的员工和患者是稳定的客源，避免市场竞争之苦，经营空间更加游刃有余。这是否意味着经营者可以从容地赚取利润呢？回答是否定的。世上没有免费的午餐，医院追求的是服务的理念，服务的附加值，提出的是更高标准的管理要求。

医院在成本和服务两个方面实行控制，并有专业的监管组织。

（一）成本控制

监管组织定期核查各种原料、辅料的采购、消耗数据；了解销售额和水、电、气的支出；核定各种医院投入的消耗定额，减少浪费；核实餐厅部门的盈亏；对采购价格提出意见。

1. 出品价格

对每一款菜肴的出品都实行成本核算，使销售价格处在持平和微利的水平（指日出品的总成本处于持平或微利的水平）。例如，下面对辣子鸡丁的成本计算。

$$总成本 = 鸡净重价格（以一只鸡为样本）+辅料价格（红辣椒等）+$$
$$酱料调味品价格+管理费（工资系数、消耗折旧等系数）$$

$$每份销售价 = 总成本 \div 销售定额份数$$

2. 水、电、燃料消耗

对水、电、燃料的消耗实行内部考核，并与职工的工资收入挂钩。服务管理控制制定内部管理制度，对卫生、出品质量、服务响应，服务状态实行全过程、全方位的控制，通过经济手段和行政手段强化自身的管理。

(二) 服务控制

定期或不定期地进行卫生、出品质量、品种、数量等诸多方面的专业检查；检查主要原料的质量和供应商的资质；定期向护士站征询医务人员和患者对餐厅的意见；监管组每月根据考核条例对餐饮服务的状况实行扣分考核，对发现的问题限期整改，并处以罚金；将考核结果纳入物业管理后勤服务公司的考绩之中，作为是否续签服务合约的依据。

实践证明，医院对管理公司的餐饮管理实行控制是有效的，也是非常必要的。它可以促使管理公司自觉地强化自身的约束机制，不断地提高服务质量。

三、餐饮管理服务的工作规程

(一) 营养配餐作业规程

1. 目的

通过合理的烹调加工，确保患者营养合理分配。

2. 适用范围

医院客人、病患者的饮食。

3. 职责

① 营养师全权负责各种患者的饮食搭配技术工作。
② 厨师按营养师的配方进行烹调加工。
③ 主管对加工的食品进行检验、登记等跟踪管理。

4. 作业程序

① 前台值班负责人负责对订餐者进行登记，了解病患者的疾病类型、性别、在院病房等情况，并将记录送往营养调配中心。

② 营养师按登记情况进行分析、研究。按营养治疗的基本原则，如病情、年龄、性别、经济条件、病史、营养史、有无药物过敏史等病理制定饮食方案、烹调方法、饮食要求及患者饮食的注意事项，再交厨师进行烹调加工。

③ 送餐员对厨师烹调出来的食物按登记细则配送到患者病房，送餐过程中需保持卫生，保持食物的温度，保证时间快捷，还需患者对食物的签收，营养师的核对配送是否正确，收餐时了解患者的饮食习惯，将患者的要求及注意事项记录在案，加强完善下次饮食的服务质量。

5. 住院患者常用的基本饮食

(1) 普通饮食　普通饮食基本与健康人饮食相似，主要适用于饮食不限制，体温正常或接近正常，消化功能无障碍以及恢复期的病员。但煎、炸、辣、刺激性大的食物应少食。适用于眼科、妇产、手术室前后以及内外科患者恢复期等，应用范围广，占所有住院患者饮食的 40%～50%。其饮食原则如下。

① 平衡饮食供给。饮食中热能要充足，各种营养素种类要齐全，数量要充足，相互间比例要恰当，以保持饮食的平衡及满足机体对营养素的需要。

② 保证体积。每餐饮食需保持适当的体积，以满足饱腹感，特别是限制热能供给，如糖尿病患者的饮食。

③ 品种多样化。主副食应注意多样化及烹调方法，保持色、香、味、形、美观可口，以增进食欲。

④ 合理分配。将全天的食物适当地分配于各餐，通常早餐为 25%～30%，中餐为 40%，晚餐为 30%～35%。

(2) 软食 适用于轻度发热、消化不良、咀嚼不便的拔牙患者,老人或 3~4 岁儿童、痢疾、急性肠炎等恢复期的患者,肛门、结肠及直肠术后的患者。其饮食原则是细软易消化。食物必须切碎煮烂;平衡饮食每天四餐,除主食三餐外,另外增加一餐牛奶;预防营养成分不足,可补充菜汁、果汁、番茄汁等饮料或食品;选择主食馒头、包子、饺子、馄饨等,米饭及面条应煮得软而烂;选择副食肉类须选瘦嫩的猪肉、羊肉,多选用鱼类、虾类、肝脏等则更为适合。

限制或禁用食物:禁用煎炸的食物,生、冷及含纤维多的蔬菜,如豆芽、芹菜、韭菜、洋葱、青豆等,刺激性调味品如辣椒粉、芥末、胡椒、咖喱等应限制使用。

(3) 半流质饮食 范围适用于发热较高、身体弱、口腔疾病、耳鼻咽喉手术患者,咀嚼和吞咽困难,消化管疾病,如腹泻、消化不良,均可选用。其饮食原则如下。

① 营养素适量。蛋白质应按常量供给,各种维生素及矿物质应注意补充。

② 半流体饮食。食物必须是半流体状态,使之易咀嚼和吞咽,并易消化吸收。

③ 少食多餐。每餐分隔 2~3 小时,每天 5~6 餐,主食定量,全天不超过 300 克,注意品种多样化,以增进食欲。

④ 主食选择。可食大米粥、小米粥、面条、面包、蛋糕等。

⑤ 副食选择。肉类可选嫩肉做成肉泥或小肉丸,鸡肉可制成鸡丝、鸡泥,虾仁、烧软鱼块等均可食用。

⑥ 限制或禁用食物:豆类、大块蔬菜、大量肉类、蒸饺、油炸食物,如熏鱼、炸丸子均不可食。蒸米饭、烙饼片等硬而不易消化的食物,刺激性调味品均不宜食用。

(4) 流质饮食 其适用范围是高热、急性传染病,病情危重及大手术后宜进流质饮食,食管及胃肠大手术前后宜进流质饮食,口腔手术吞咽困难宜进浓流质饮食,扁桃体手术后宜进冷流质饮食,腹部手术后宜进不胀气的食物,即忌甜的流质饮食。其饮食原则是食用流体食物。一切食物均为流体,易消化,易吞咽;不平衡饮食。通常食用流质者,应同时辅以周围静脉或肠外营养,以补充热能和营养的不足;少食多餐,每天 6~7 餐,每餐液体量为 200~250 毫升,特殊情况按医嘱而定。

适量油脂,增加患者饮食热能,病情允许时,给予少量易消化的脂肪,如奶油、黄油、花生油、芝麻油等。

禁用食物:刺激性调味品及易胀气的食物。

(二) 中厨加工与出品作业规程

1. 目的

保证中厨加工与出品工作,确保出品菜式的质量、营养,丰富医院的饮食生活。

2. 适用范围

适用于医院餐饮部中餐组中厨加工与出品工作。

3. 职责

① 员工完成自己岗位的工作,检查每个菜式的质量,及时向组长汇报可能发生的突发事故。

② 组长领导和监督员工的工作,及时进行食品安全卫生检验、食品的质量和技术指导。

③ 主管对工作的全面监督。

4. 工作程序

(1) 上岗前准备 穿工服、佩证上岗、手浸泡消毒。

(2) 原料选择及初步加工

① 蔬菜类的初加工。青菜摘除、去掉黄叶,挑出小虫,用食盐水浸 30 分钟再用清水洗

数遍。瓜果类，如土豆、萝卜、青笋、削皮去根须。
② 肉食品的初加工。保持三次冲洗，分割加工成形。
③ 家禽、海河鲜的初加工。宰杀、放尽血液，褪净禽毛，去掉内脏，除去气管，去血污甲壳。
④ 内脏的初加工。用清水洗净，再翻洗、搓洗、烫洗，除去异味。
⑤ 干货的初加工。浸泡发胀、煮发、蒸发、油发。
（3）切配工作
① 保持刀锋利无缺。保证磨刀稳、运刀准、落刀实。肉类、蔬菜按规格大小长短配好。
② 保证菜墩平整、清洁、保持平台干净。用不锈钢小桶装好废料。搞好案台卫生。
（4）菜品加工
① 初步熟处理、挂糊上浆。
② 烹调、匀芡。
③ 制作完备装盘，送进备餐间。
（5）开饭前准备
① 员工穿戴整齐，将工牌戴在明处。
② 员工将手、脸洗干净。
③ 工作帽端正、干净、整洁。
④ 戴好一次性手套、口罩。
（6）打餐
① 精神饱满、形象端正、态度热情、不厌其烦。
② 服务周到。按顾客要求用餐具分别打好饭菜，手不能接触饭菜。顾客要求打包应马上给予打包。顾客需要增加饭菜时应及时办理。动作迅速，按标准分别打好饭菜，问答及时。
（7）结账
① 准确无误计算价格。
② 迅速用刷卡机收费。
③ 热情报价待客人刷卡后说"谢谢"。
④ 迅速将饭菜递给顾客。
（三）餐饮设备设施管理作业规程
1. 目的
确保每项设备器材的性能、安全性和操作步骤，延长设备器材的使用寿命，保证厨房正常运作。
2. 职责
① 管理员上班前检查设备器材是否正常运行，发现设备器材出现故障，应及时通知维修人员维修，确保不影响厨房的正常运作。
② 主管对管理员实行监督。
3. 工作程序
（1）熟食冰柜
① 打开电源，调控好温度，天天检查食品质量，出现问题及时处理。
② 清洁冰柜。每周定期清洗两次，清洗冰柜时关掉电源，先用洗洁精水洗，再用清水冲，然后用毛巾擦干冰柜，打开电源，再把熟食品放进冰柜，切勿生熟混放在一起。
（2）生食冰柜

① 打开电源，调控好温度，天天检查肉类、鱼、鸡、鸭的质量，存放的肉类不能放在冰柜的时间太长，发现问题及时解决。

② 清洗冰柜。每周定期清洗两次，先关掉电源，把肉类各种食品拿出，用加洗洁精的水冲洗，再用清水冲洗，最后用毛巾擦干冰柜里的水，把肉类等放进冰柜，打开电源。

（3）绞肉机　使用前，先把绞肉机的绞刀取出来。用清水清洗干净然后装上，开电源，确认能够正常运行，然后加入肉类进行搅拌。操作完毕，再把绞刀取出，用清水清洗数遍，装回归位。

（4）肉片肉丝机　打开电源开关，清洗干净机器，使其正常运转（注意勿让电源开关进水）。将准备好的肉料放入。先切出料是肉片，如要切肉丝，就将肉片再次切过一遍，便成为丝。完毕关掉电源，取出刀梳，用清水洗干净，然后再装上刀梳并擦干水。

（5）煤气

① 打开煤气总阀—打开煤气开关—打开抽风抽掉剩余煤气—关掉抽风机。

② 打开点火装置—点燃点火装置—打开火种开关—点燃火种—打开煤气开关—慢慢地打开风机阀，确认运行正常。

③ 停止作业时—关掉煤气分阀—关掉风机阀门—关掉抽风机—关掉煤气总阀。

（6）冷库

① 保鲜库：储存鸡蛋类、啤酒、饮料、少量的干货，蔬菜库里不能装熟食品，库内温度保持在±4℃。

② 冷冻库：储存冻品、猪手、带鱼、猪肚、鸡腿等生食品，库内温度零下25℃左右，天天查看。一周清洗一次冻库，停掉电源开关，用毛巾擦干水，开通电源，调试好温度，运行正常为止。

（7）烤箱　将打好的面包用手和刀工成形，待发酵好后打蛋，放入烤炉，调好温度和时间。

（8）双动和面机　在使用双动和面机前，先把和面机的不锈钢桶用清水洗干净，机壳外面用毛巾擦净，然后打开电源，待正常运行。

（9）压面机　在使用压面机前，先用清水冲洗不锈钢滚筒机的外部，用毛巾擦干净，然后进行操作。

（10）红外线消毒柜　先打开电源，把清洗好的餐具放进红外线消毒柜，消毒时间为30分钟，然后关掉电源，冷却后再把消毒餐具搬出来。

【思考题】

1. 什么是医院物业？
2. 医院物业的特点有哪些？
3. 医院物业的服务内容有哪些？
4. 医院物业的服务机构有哪些？

第十章 其他物业的物业服务

第一节 其他物业概述

一、其他物业的主要类型

其他类型物业主要是指住宅、写字楼、商业场所和工业物业以外的其他各种物业。人们经常接触的其他物业有以下几类。

(1) 文化类物业 包括学校、图书馆、博物馆、档案馆、文化馆等。
(2) 体育类物业 包括体育馆、健身房、游泳馆、网球馆等。
(3) 卫生类物业 包括医院、卫生所、疗养院、药检所、防疫站等。
(4) 娱乐类物业 包括影剧院、歌舞厅、卡拉OK厅、游乐场等。
(5) 特种物业 包括机场、码头、车站、农业建筑、寺庙、教堂、古建筑、监狱等。

以上物业有些是公益性的，有些是营业性的，在传统房屋体制下，一般按系统进行管理，在投资、维修、养护等方面由主管部门承担主要责任。在社会主义市场经济条件下，按照政企分开的原则和物业服务实行的企业化、社会化、专业化的要求，这些物业可以由主管部门委托物业服务企业进行管理，也可以由主管部门按照现代物业服务模式进行自治管理。

二、其他物业的物业服务特点

(1) 服务对象不同 其他类型物业的服务对象首先具有年龄、文化、性格、兴趣、信仰等方面的差别，其次具有滞留时间上的差别。如游乐场各种年龄层次的对象都可以参与，一般滞留时间在2小时左右，流动性很大，保洁和疏散成为管理的主要对象；宾馆、饭店除了少部分包间外，其余绝大部分都滞留时间较短，其规模和规格差别也甚大，要能提供不同需求的顾客选择使用。

(2) 服务需求不同 在其他类型物业中求知场所要求灯光柔和、环境宁静，一般应铺设地毯；医疗卫生场所特别强调通风并配置足够的坐椅，供患者和家属等候使用，并且应该限制住院部的探视时间；影视院、医院、图书馆、博物馆等区域要有吸烟限制等。

(3) 管理要求不同 物业用途不同其管理侧重点也有差别。如图书馆，资料、文物对环境保护提出了更高的要求，在防火、防盗、防潮、防尘、防虫、防鼠、防有害气体等方面必须采取专门的有效措施；医院化疗、放射性工作室应作防护测定，并配以警示装置等。

（4）经费来源不同　在其他类型物业的管理中，凡属营业性的，如舞厅、娱乐、健身房等可采取自负盈亏的方式实施管理；半营业半公益性的，如疗养院、卫生所等基本上由主管部门补贴；凡属公益性的，如图书馆基本上依靠财政拨款，同时开展复印、翻译、展览等收费性服务来补贴，但此项收入甚微。

第二节　学校物业的物业服务特点与内容

一、学校物业的物业服务特点

过去，学校的物业一般由学校的后勤管理部门进行管理，但是，近几年学校的物业服务越来越社会化，学校的管理者认识到，在学校中引入现代物业服务，可以提高物业服务的服务水平，保障学校教学和科研工作的顺利进行，创造保洁、优美、舒适方便、文明安全的校园环境。

学校作为物业产权人及使用人的代表，负责选择物业服务企业，对物业服务企业进行委托、指导、监督和检查，并协助物业服务企业进行工作。

学校物业服务的范围包括学校房地产范围内全部教学、科研、生活房屋及其附属设备和公共设施，并对房屋及其设备以及相关的居住环境进行维修养护和管理，承担校园物业的安全、防火、绿化养护、清扫保洁以及产权人和使用人日常生活必需的便民服务等。因此，学校物业服务具有如下特点。

（一）管理时段性强

学校教学的作息时间很有规律，同时还有寒暑假。因此，物业服务企业应根据学校的这种特点安排好各项工作计划。依据学校教学的作息时间，划分不同的时间段，合理地安排设备设施的维修养护、日常保洁及校园的安全服务工作。例如，卫生间保洁可以安排在学生上课时间内和放学后进行，灯泡、灯管的更换操作可以安排在课间或放学以后进行，在学校的寒暑假期间集中安排设备设施的更换、大修工作等。

（二）安全服务要求高

学校是青少年集中的场所，青少年学生充满活力，行动敏捷，动作幅度大，在学校物业服务实际操作过程中，要充分考虑到学生的人身安全问题，如对硬质地面尽量减少湿拖，保证地面不滑；对设备设施的维修养护要注意物体的牢固性和耐用性；桌椅的修缮要注意钉子的安全使用，固定于地面的文体器材一定要牢固。

（三）管理具有互动性

由于学生的活泼好动，有些时候会造成学校设备设施的损坏，物业服务企业应该充分注意到这个问题。要发挥学生的能动性，加强对学生的引导教育工作，使学生自然融入物业服务工作之中，并自觉地制止有损于学校物业的行为。

二、学校物业的物业服务的内容

（一）学生公寓的管理

学生公寓的管理内容包括学生公寓的安全服务、卫生管理、住宿管理，各种公用设施零星维修工作，学生公寓家具维修、采购及其管理，学生床单、被罩的接收、洗涤和发放等工作。学生是学生公寓的使用人，对学生公寓的管理也包含对使用人的要求。

1. 公共秩序管理

① 制定公寓公共秩序管理工作目标、方案和措施。

② 组织公共秩序的教育、工作检查，及时发现和解决不安全问题，抓好各方面工作的落实。对学生进行纪律教育。利用谈心、板报、表扬、服务等形式对学生进行思想教育。

③ 对学生公寓进出楼的来访人员验证登记，禁止无证来访者及推销商品者进入公寓，电脑、行李、包、箱、公寓家具等大件物品出入时要核实登记。

④ 充分发挥学生的主观能动性，由学生选举自己寝室的寝室长，配合物业服务企业全面负责本寝室的安全工作。抓好公寓各项安全制度的落实，及时发现和解决寝室存在的不安全问题。

⑤ 向学生明确提出安全要求，如不准在公寓内使用电炉子、电加热器等大功率电器；不准在公寓内乱拉、私拉电源线、电话线、电脑网线；不准在公寓内吸烟、点蜡烛、焚烧垃圾和废纸、信件等；不准乱动消防器材和设施；不准留宿外来人员；不准往窗外扔各种物品等。

2. 卫生管理

① 物业服务企业负责公寓楼外周边的卫生保洁和楼内大厅、走廊、卫生间、洗漱间、楼梯以及公共部分的暖气片、灭火器、门窗等处的卫生保洁。

② 监督管理各寝室内部卫生，成立专门的卫生检查小组，制定完善的考核体系，每周不定期、不定时地检查各寝室的卫生情况，加强学生寝室内部卫生管理。

3. 宿舍管理

① 寝室成员办理住宿登记卡和床头卡，并将床头卡按要求挂在指定位置。

② 如果个别学生需要调整寝室，应按相关规定要求的程序进行调整。

③ 严禁私自留宿外来人员，如遇特殊情况需留宿，必须携有关证件到公寓管理部门按规定办理手续。

④ 客人来访必须持身份证、学生证、工作证等有效证件办理登记手续。

⑤ 严禁在宿舍内养宠物。

（二）教学楼的管理

1. 卫生保洁

① 按要求保洁教室、大厅、走廊、楼梯、电梯、厕所、道路等公用区域，做到无污迹、无水迹、无废弃物、无杂物、无积水、无积雪。

② 为屋顶、墙角除尘，做到墙面无灰尘、无蜘蛛网。

③ 每天上课前，教室内必须擦清黑板、黑板槽、讲台，拖干净讲台踏板，掏空课桌内的垃圾。教鞭、黑板擦等教具要摆放整齐。

④ 定时收集、清运垃圾。

2. 电梯管理

① 电梯载员过多时，应及时疏导，分批搭乘，以免超载发生危险。

② 按要求清扫电梯内外部，做到内壁无灰尘、无蛛网，外部无手印。

③ 经常清除电梯门轨道内积有的垃圾，保障电梯门开关顺畅安全。

④ 定期修检电梯设备，如发现电梯有震荡、不正常声音或有损坏时，应立即记录并通知保修人员进行维修。

⑤ 妥善保管电梯机房钥匙及电梯门钥匙，任何非操作人员不得私自使用。

3. 设备的管理

做好学校给排水、供电设施的安装、维修、管理与服务的相关工作，主要包括水电设施的改造、安装与维修，新建楼房水电安装，供水系统及设备维修管理，教学用电铃的安装与维修养护等工作。具体应做到以下五点。

① 熟悉学校各楼电力总闸、电路分线、保险丝、电表水泵、空调和消防设备所在位置，并熟悉紧急开关的操作程序。要备足各种配件，以备紧急情况发生时应急之用。

② 每天检查各楼层，注意电线等设备设施有否损坏，同时记录需修理的电灯、线路，并及时修理，保障电的正常供应。如发生停电，要立即抢修，确保及时供电。

③ 在各楼内要备有应急灯和手电筒，以备急用。

④ 每天检查门、窗、课桌、凳、灯、开关及厕所内设施的完好情况，发现问题及时修理。

⑤ 保证教学设备设施的完好和正常使用。

4. 绿化环境的管理

① 协助学校做好绿化、美化的总体规划和设计，或在实施校园绿化总体规划过程中，保留原来可观赏绿化、美化项目，适当开发新的绿化、美化项目工程，根据校园内天然的地形地貌，逐渐形成树木、花草兼观赏经济树木的阶梯式绿化美化格局。特别应做好花坛等绿地集中地段的绿化、美化工作，做到绿化图案美观，密度合理，时间适宜，以美化校园环境。

② 及时完成绿化带内缺株树木的补栽和花草的更换，特别是要及时对老化树木进行修枝，保证学生的安全，枯死树木淘汰后，应及时补栽，确保整体协调。

③ 保证公共绿地卫生，清除纸屑、烟头、石头等杂物，禁止践踏草坪。

④ 根据实际需要建设多种建筑小品，如石凳、桌椅、休息亭廊、假山等，既可美化环境，又可供学生课后休闲使用。

⑤ 教学楼内的墙壁上可装饰艺术品、字画等，保持其卫生干净，烘托学习气氛，为师生提供一个清新、优美、典雅的良好环境。

第三节 体育场馆物业的物业服务

一、体育场馆的物业特点

体育场馆是大型社会公建项目类型之一，其属性最具大型社会公建项目的特征，而且体育场馆具有建筑规模大、设备设施多、科技含量高、客户群体广等一系列特点，其主要特点如下。

（一）占地面积广、建筑规模大、功能综合性强、投资金额高

体育场馆的建设标准除满足全民健身的需求外，还要兼顾大型赛事和活动的需要，基本上都是按照满足大型国际、综合性赛事要求实施建设的，同时建设选址还应充分考虑交通便利情况。在项目及功能的设置上，体育中心内的场馆一般都设有综合体育馆、游泳馆、足球场及相应配套的训练场馆，以满足各类赛事的需要，如田径、游泳及球类运动。除此之外，还具有相应配套的商业网点，如酒店、超市、餐饮、娱乐场所等，当前最突出的主题是体育休闲公园，诸多的功能决定了体育场馆具有占地面积广、建筑规模大、功能综合性强、投资金额高的物业特点。如上海东亚体育文化中心，占地面积近1400亩，总投资14亿元，可容纳观众8万多人；杭州黄龙体育中心，占地面积935亩，总投资128亿元，可容纳观众近6万人；广东奥林匹克体育中心，占地面积1500多亩，总投资123亿元，可容纳观众8万余人；武汉体育中心，总规划占地1320亩，总投资约15亿元人民币。其中一期体育场建筑主体为31万平方米，道路、广场、绿化为342万平方米，停车场为137万平方米；专业运动场地面积为51万平方米，体育场观众席为6万席。

（二）设施设备规模庞大、齐全，科技含量高

体育场馆除了拥有写字楼的供电、给排水、空调、电梯等常规设备外，还专门配置有智能化的中央控制系统、无线上网系统、广播扩音系统、照明系统、草坪加热系统、制票检票系统及门禁身份识别系统，以便充分满足体育赛事、各类活动的要求，体育场馆的规模和科技含量远高于一般写字楼。

（三）使用功能多元化

体育场馆主要功能是为体育比赛提供专业化的场地，如田径、足球比赛等，同时也可用于大型商业演出、大型集会、会展等，呈现使用功能多元化的势态。

（四）人性化设计程度高

体育场馆在建筑设计上发展趋势是完全实现以人为本的人性化设计，如武汉体育中心的建设，仅供运动员、观众等使用配套设计的洗手间就有164个，为弱势人群考虑的残疾人专用通道及残疾人专用看台分布看台各入口，为运动员、观众配备的医务室，以及为满足高水平消费层次人群设计的贵宾包厢等，都是体育场馆人性化设计程度高的充分体现，上述各中心都设有贵宾包厢。

（五）配套商业网点密度大，交通通讯设施容量大

作为对社会公众开放的体育场馆，商业网点、交通通讯设施的配置大容量是体育场馆必需的，特别是在举行大型赛事、活动时要满足几万人的购物、餐饮、停车、通信信道的畅通并需具备在短时间内疏散观众、车辆的能力。所以要求配套商业网点布局密度大。交通通信容量大。如武汉体育中心配有3000辆容量的停车场。

（六）新闻、传媒设施设备先进、完善

体育赛事的现场直播是传媒业的主要业务，也是体育产业的重要收入来源，体育产业与传媒业已经形成相关联产业，因此作为赛事活动载体的体育场馆为传媒业提供先进、完善的硬件设施也是体育产业发展自身的需要。如武汉体育中心新闻发布中心的同声传译系统、音像同步系统、无线上网系统、电视转播机房、现场机位设置、内场的广告机等。

二、体育场馆物业的运营特点

各种赛事的现场直播是传媒业的主要业务，也是体育场馆的重要收入来源，如奥运会、世界杯足球赛，其赛事转播权销售收入是运动赛事的主要收入。体育场馆的几种主要活动运营的特点如下。

（一）日常商业活动频繁的运营特点

体育场馆具有功能综合性强的物业特点。体育场馆的日常运营相对集中在商业活动方面，如经营较为成功的上海东亚体育文化中心内的上海富豪东亚大酒店（四星级）、"运动员之家"（酒店）、上海市周边旅游集散市场。对外开放的羽毛球训练场、杭州黄龙体育中心内的好又多超市、恒利酒店、富有特色的黄龙体育中心酒吧一条街、乒乓球训练场、成都体育中心的会所经营、虹口足球场的健身馆等，各个业主均利用体育场馆开阔的场地大力创收经营。

（二）大型赛事、活动期的运营特点

体育场馆在大型赛事、活动举行时，最大的运营特点是人口密度在特定时间内迅速增大，结束后又急剧减少。

大型赛事、活动准备工作期间（7～15天），举办单位、参加单位、配合单位、新闻媒体的工作人员、服务人员，各类物资器材大量进场，体育场馆的各类专业设备设施全面开始

启用，如专业训练场、各类办公用房的使用准备等，足球比赛的画线、球门挂网准备，商业演出的舞台搭建、草坪盖板铺设等。

大型赛事、活动举行时，其安全服务人员、检票人员等工作人员及观众在1~3个小时内全部进场，人员迅速达到几万人，体育场馆所有机电设备，强弱电系统、配套功能用房、停车场等全面投入使用，配套的餐饮、商业网点的经营活动亦随之活跃起来。

大型赛事、活动一旦结束，运动员、演员要马上离场，为避免围观观众也要在短时间内退场，确保几万人在短时间内安全撤离，各设施设备满负荷运转充分发挥体育场馆强大的疏散功能，主办组织单位及体育场馆的各临时设施连夜撤卸等各工作的实施是大型赛事运营的又一大特点。

三、体育场馆物业的物业服务内容

根据体育场馆的物业特点、运营特点、客户特点，其物业服务要着重做好以下几方面的工作。

（一）人力资源管理

体育场馆建筑规模大、设备设施多、科技含量高、客户群体广等一系列特点要求专业物业服务企业必须在所涉及的每个领域都是专家，因此，要做好以下几个方面专业人才的配备工作。

（1）体育专业人才　体育场地使用的规范、体育器材的识别、体育运动的各项要求，没有专业人才，无法实现体育场馆赛事服务，甚至是管理处的保管员也应具有裁判员资格证。

（2）专业场地维护专业人才　足球草坪、田径跑道都是体育场馆的重要设施，本身价值都是几百万，甚至上千万，维护不当，不仅遭受巨大的经济损失，而且在同行的竞争中也会造成很坏的影响，专业场地维护专业人才的引进与培养是关键的一环。

（3）高科技专业人才　大型赛事、活动的大屏幕正常显示、音响设备的安全播放、检票口的规范操作、运动员休息的热水供应等每个工作环节，都要求专业人才持证上岗、熟练排除故障。

（4）全方位高素质的服务专业人才　体育场馆客户的特点要求我们的接待服务人员综合素质高，语言能力、沟通能力、接待礼仪、处事应变能力等是高水准服务的直接体现，也是企业精神风貌的充分展示。

（5）全民健身的带头人　是群众健身活动的组织者、倡导者。优秀的带头人使公众活动朝健康化发展，对社会的安定团结起着至关重要的作用。

这么多的专业人才，随着管理水平的不断提高、人才的成长，同时也能为公司的发展储备大量的人才，利用这储备资源向外扩张，独立承接单项服务也是市场拓展工作可以开辟新领域、新行业的有力保障。

（二）组织架构管理

体育场馆物业的使用频率远远低于其他一般物业，具有超长维护保养期，极短使用期的特点。科学合理安排人力资源、有效控制人力资源成本是体育场馆管理关注的一个重点。

一般物业使用时，物业服务工作均衡性强，时间持久，人员流量变化基本不大，而体育场馆在平常（非大型赛事、活动期间）情况下各功能设施都处于停止运行状态，无需操作，所需人员极少，而一旦进入大型赛事、活动期，则需要大量训练有素的专业人员，开启各项设备设施以及系统，并且满负荷运行，环境保障需在短时间内达到使用要求、安全服务要各就各位、服务人员要提供准确到位的服务等。实践管理表明，无论是大型赛事还是商业演出活动，体育场馆使用时需要的各类操作、服务人员是平时日常（非大型赛事、活动期）管理操作、服务人员的 2～6 倍,因此,如何设置有效、低成本的管理架构、人员岗位,是体育场馆实施专业物业服务的关键所在。

1. 日常管理工作组织架构

按照大型赛事、活动期设置管理处,按照非大型赛事、活动期配备部门人员,如武汉体育中心管理处设置各部门职能环境部,负责合同范围内保洁内容并协调与环卫部门的关系;场馆服务部负责体育馆内场草坪、跑道的日常维护和大型赛事、活动期间的服务保障;信息技术部负责体育场馆网络通信、智能化控制部分的日常维修保养,并保证大型赛事、活动期间监控系统、音响等正常运行;机电工程部负责体育场馆机电设备部分的日常维修保养,并保证大型赛事、活动期间电梯、空调等正常运行,人员配备总数为 50 人。在实地考察的体育场馆中,例如上海东亚体育文化中心正式员工 324 人,杭州黄龙体育中心编制 116 人,在岗 200 人左右;广东奥林匹克体育中心编制 100 人,在岗 160 人,基本上是按体育场馆大型赛事、活动期所需人员配置,实际情况是平常(非大型赛事、活动期)大量人员处于闲置状态。作为微利行业的物业服务,不可能长期雇佣大批量工作人员。在人力资源成本有效控制上,武汉体育中心采用专业物业服务的优势显示了出来。武汉体育中心业主单位正式员工 13 人,主要承担经营职能,而武汉招商局物业则充分发挥集约化、资源共享优势,设立的武汉体育中心管理处实际在岗人数 50 人,保证体育场馆日常管理。在举办大型赛事、活动时,调集公司各部门、其他管理处员工支援体育中心管理处,这样不仅有效地保证了大型赛事、活动的正常有序进行,融入更多人性化的服务,提升整体服务水平,同时也极大地降低了人力资源成本。

2. 大型赛事、活动保障工作组织架构

发挥专业物业服务公司人力资源优势,在原日常管理工作组织架构的基础上扩充各部门工作职能、人员配置等,集合专业物业服务公司上下之力组成"大型赛事、活动工作保障组",下分为若干个专业工作组,根据大型赛事、活动的工作需要,合理分配人力资源,保障各项工作的正常进行。以在武汉体育中心举行的"2004 奥运会男子足球亚洲区预选赛武汉赛区(U-23)"为例,人员配备总数为 297 人,各专业工作组职能如下。

接待服务组:负责主客队训练、比赛及各级领导、官员、教练员、球员、来宾、记者等人员的接待服务工作;负责部分售票工作。

保洁组:负责除外场以外全部区域的环境卫生工作。

机电设备组:负责各种机电设备设施的安全运行工作。

弱电组:负责各种弱电设备设施的安全运行保障工作及服务收费工作。

场地保障服务组:负责比赛场地设备设施的安装管理工作。

检票组:负责各检票口检票工作。

车辆管理组:负责体育中心外停车场车辆停放秩序维护及交通疏导。

综合保障组:负责公司支援人员及体育中心管理处人员的交通、饮食等生活保障工作,负责采购比赛所需的各项用品、工具、备件、耗材等。负责收集赛事信息及工作进展情况。

(三)设施设备的维护与管理

体育场馆面积大,配备必要的专业机械是减少人力成本、提高劳动效率的有效手段。如武汉体育中心疏散平台面积为 28275 平方米,如工人彻底保洁一次,需一人使用尘推花费 5 个工作日的时间完成,如用中型清扫车全面清扫吸尘一次,需一人驾驶花费半个工作日的时间完成。如近 20000 平方米的专业草坪,在配备齐各种机械设备后,包括修剪、浇水、撒药、覆沙等所有工作,仅需配备两名专职人员。

(四) 完善的运行和服务体系

1. 制定详细的覆盖各专业工作的规章制度

体育场馆大型赛事、活动时期的运行管理需要事先制订周密的计划，并提前一周时间安排部署、沟通协调。大型赛事、活动的举办，有电视现场直播，新闻记者的现场采访，国际、国家、地方组织官员的光临，一旦有任何工作不到位，负面影响是不可估量的，而且是即时的。通常各地的体育中心管理处每次接受大型赛事、活动时，都把它当作一次政治任务，每个环节都进入高度警备状态，不得有任何的失误，每次大型赛事、活动前模拟演练已成为检查大型赛事、活动时期的运行管理和服务保障情况的必要手段，并确保一次都不能少。

2. 制定大型赛事、演出活动的各种应急方案

针对大型赛事、活动期的运营特点，大型赛事、活动期的运行管理和服务保障主要体现在各种大型赛事、活动期的应急处理上。

(1) 机电设备设施的应急操作　体育场馆的机电设备设施在日常工作中，除了正常维保与检查外，在每场赛事活动前，制订演练计划并进行实操演习是必须要做的工作。特别是在赛事和活动进行时，要确保各设备的运行不能出现一点闪失，并能随时启动应急设备。其管理范围突发性地剧增，是对高科技人才做好维保、记录及日常实操管理水平的集中考验。

(2) 面面俱到的保洁工作　对于一个大容纳量的体育场馆，保洁面广、工作量大，工作任务集中，且在赛事、活动期间，要根据不同功能区域采取不同的保洁标准和程序，事前制定保洁标准、程序是确保大型赛事活动顺利进行的必要条件。

(3) 严谨细致的保卫工作　在大型赛事、活动期间，体育场馆观众密度会急剧增大。开场前，大量人群在短时间内集中进入，散场时，集中的人群又必须迅速疏散。这就要求安全人员必须具备训练有素的专业安全服务技能，加强设备设施的安全、观众的安全、贵宾的安全、工作人员的安全、车辆的管理及活动中各种突发事件的处理技能，同时要与地方对口管理机构保持密切有效联络，有力保证大型赛事、活动期间的安全。

3. 物业培训

体育场馆的全体物业服务人员都必须进行大型赛事、演出活动的物业服务培训。

4. 制定每次活动的物业服务方案

第一，覆盖各类客户的专业化、人性化服务。客户群体的多元化直接导致了物业使用人需要提供服务的复杂化和差异化，因此具有服务需求面广的特点。由于服务的对象广泛，特别对多元化的客户群体不同规格的接待都非常讲究细节服务，注意一些民族习俗、地域差异等，充分体现了涵盖面广的人性化服务的需求。

第二，内外人员的调度协调工作。

第三，对内的后勤保障工作。

5. 注意事项 在对体育场馆实施物业服务过程中应注意以下几个事项。

(1) 案例防范措施　安全问题，避免纠纷、人员受伤，提前开启通道。

(2) 避免法律纠纷　法律问题，对逃票、破坏设施人员的处置。

(3) 设施保护手段　收取押金，对组织单位将收保证金，防止设施受损。

(4) 内部纪律规定　对员工"以权谋私"的管理，如带人进入、与明星合影签字等。

体育场馆的物业服务面积如何测算也是必须明确的问题。由于体育场馆的草坪是举行赛事必需的，且造价高，日常维护费用所占比例不少，因此是日常物业服务的重要内容，如果不记入管理面积，管理草坪所耗的人力、物力和财力从何而来？这是体育场馆实施物业服务一个值得商榷的问题。

（五）安全服务

体育活动的一大特点是参与性强，有些项目还带有一定的刺激性和挑战性，参与者通过挑战和超越自我而获得满足和愉悦，这也正是体育活动的魅力所在。但也必须看到，有些项目具有一定的危险性。此外，在组织大型体育比赛时，治安问题也不容忽视，例如经常发生的球迷闹事事件就是很好的例子。专项体育活动不同于常规活动的地方就在于其难度更大、要求更高、操作规律和方式更具专门性，需要开发部门和接待部门密切配合，形成相对稳定的接待班子，相关人员如导游、司机、教练、安全员等都应具备丰富的相关知识、经验和技能。组织者必须高度重视安全问题，确保参与者的人身和财产安全。安全是体育活动的生命线，对体育设施和服务质量应严格把关，防患于未然。对于一些风险大的体育项目，在强调其刺激性、挑战性的同时更要注重其安全性，体育场馆的管理企业和有关活动的主管部门、主办单位有必要以行政干预方式监督安全保障问题。

【思考题】
1. 学校物业的物业服务特点是什么？
2. 学校物业的物业服务的内容有哪些？
3. 体育场馆物业的物业服务的内容有哪些？

参 考 文 献

[1] 李永生,郑文岭.仓储与配送管理.北京:机械工业出版社,2004.
[2] 尤建新,孙继德.物业服务实务.北京:中国建筑工业出版社,2003.
[3] 牛军.物业保洁管理.广州:广东人民出版社,2005.
[4] 马勇,肖轶楠.会展概论.北京:中国商务出版社,2004.
[5] 马勇,冯玮.会展管理.北京:机械工业出版社,2006.
[6] 李建华.安全员从业规范.北京:中国经济出版社,2004.
[7] 王光伟,姚小风.物业公司规范化管理操作范本.北京:人民邮电出版社,2007.
[8] 齐坚.物业管理教程.上海:同济大学出版社,2004.
[9] 戴玉林,王媚莎.物业服务实务.北京:化学工业出版社,2007.
[10] 宋建阳,陈锦锋,郑淑玲.商业物业管理实务.广州:华南理工大学出版社,2002.
[11] 陈来生.会展经济.上海:复旦大学出版社,2005.
[12] 中国物业服务协会.物业服务与经营.北京:中国建筑工业出版社,2006.
[13] 杨永华.ISO 90001:2000 物业服务应用与实施教程.广州:广东经济出版社,2002.
[14] 任长江.写字楼商业物业规范化管理制度范本.北京:人民邮电出版社,2007.
[15] 高炳华.物业环境管理.武汉:华中师范大学出版社,2007.
[16] 于卉敏.物业服务工作细化执行与模板.北京:人民邮电出版社,2008.
[17] 许进.商场超市规范化管理工具箱.北京:人民邮电出版社,2008.
[18] 孙宗虎,么秀杰.物业服务流程设计与工作标准.北京:人民邮电出版社,2007.
[19] 邹晓春.仓储部管理规范化管理工具箱.北京:人民邮电出版社,2008.
[20] 吴德云.商业物业招商管理实务.北京:人民邮电出版社,2007.
[21] 《物业标准化管理全程实施方案》编委会.标准管理文本与图表.北京:中国标准出版社,2003.
[22] 詹素娟.物业安全规范化管理工作手册.北京:中国纺织出版社,2008.
[23] 苏宝炜,李薇薇.物业安全服务工作手册.北京:人民邮电出版社,2007.
[24] 黎连业,黎恒浩.智能大厦智能小区物业服务与维护教程.北京:清华大学出版社,2008.
[25] 王瑞永.物业公司规范化管理工具箱.北京:人民邮电出版社,2007.
[26] 刘俊.物业人员实操培训.北京:电子工业出版社,2006.
[27] 苏宝炜,李薇薇.物业经理案头手册.北京:人民邮电出版社,2008.
[28] 张明媚.物业管理服务与经营.北京:电子工业出版社,2006.
[29] 鲁捷.物业管理案例分析与技巧训练.北京:电子工业出版社,2008.
[30] 赵向标,孙曙光.医院物业的物业服务实务.深圳:海天出版社,2008.